マ トリックス（マトリクス）

●L型マトリックス

	a	b	c
X			
Y			
Z			

●T型マトリックス

現象1				
現象2				
	原因1	原因2	原因3	原因4
対策1				
対策2				

●タテ軸・ヨコ軸に複数の項目を立て、マス目を作り、データや特徴などを記入
➡多様な視点から両方の軸にある各項目を比較

座 標軸

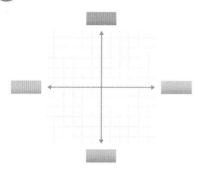

●タテ軸・ヨコ軸に対立する価値観を設定
➡両者の融合性・複合性の程度を表現
【例】タテ軸に個性や多様性などを、ヨコ軸に
自我の確立や社会性を示し、その人や集団
の傾向性を分析

「公共」では、これらの「思考ツール」に示された情報やデータから読み取れる内容や、与えられた条件からどのツールを活用するのが最適であるか、与えられた条件に基づく政策などが「思考ツール」のどの部分に該当するか、などを考え、判断する問題が出題されます。基本となる「思考・探究ツール」の特徴を、しっかりと押さえておきましょう。

大学受験 一問一答シリーズ

公共 一問一答【完全版】

東進ハイスクール・東進衛星予備校 講師

清水雅博（しみずまさひろ）

東進ブックス

はしがき

　2025年度より新設される共通テストの公民科目「公共」で高得点を狙うには、単なる事項羅列型「一問一答集」では不十分！　**社会における哲学・思想のキーポイント、制度・仕組みの理由や問題点などを押さえた入試実戦型の「一問一答集」**でなければ、飛躍的な得点力アップは望めません。

　このようなコンセプトのもと、予備校の現場で数多くの合格者を輩出してきた著者の信念のもとに編集された**全2,101問**の「一問一答集」、それが本書です。「公共」試作問題、共通テストやセンター試験の過去問（おもに「現代社会」）などを分析し、そこに予想問題を加えた一冊になっています。特に、「受験生の弱点になりやすいもの」という観点からテーマ別に問題を分類してあります。このような〝合格メソッド〟が集約されているがゆえに、本書は【完全版】なのです。

◎「公共」という科目について

　「公共」は、2022年度より高校での学習が始まりました。18歳への選挙権・成人年齢引き下げなどを受け、これからの社会を主体的に担っていくために、現代社会の様々な課題を知り、考え、自ら選択・判断する「思考方法」や「観点」を養う科目です。

　共通テストでは、2025年度より①「**地理総合，歴史総合，公共**」、②「**公共，倫理**」、③「**公共，政治・経済**」という形で科目が再編されます。「公共」は、①が大問4つで、配点は50点（2科目を選択）、②③は大問2つで、配点は25点です。

　「公共」では、社会で起きている出来事の背景や本質的な理解が問われます。**制度・仕組みの「定義」「理由」「問題点」「対策」の4つのポイント**とともに、現実の問題がどのような切り口で出題されるのかを知ることが大切です。本書では、問われるであろう**「公共」的な課題をどう考えるか**ということを、一問一答に加えて、会話文の問題や図表問題などを交えて演習します。今後の出題傾向を知ることは、高得点を得るための必須条件となるでしょう。

◎本書の特長

　入試本番での実戦力と得点力を効率的にアップさせる本書の特長は、以下の通りです。

① 基本事項と時事問題・テーマの融合

　まずは、頻出度 ★★★ と ★★ を中心に、**基本事項や重要なポイント**を押さえていきましょう。試作問題や過去問などをもとに**共通テストで求められる力を想定した予想問題**に改題・新作しています。「新たな出題傾向や時事的なテーマには対

応できないのでは」という不安は無用です。

② 時代の流れの中で思索のテーマを理解し、比較する

源流思想、中世・近代・現代と時代ごとに思索のテーマがあり、その解決を目指す哲学や思想が生まれています。まず、歴史的な流れに即したタテの理解を図ります。

加えて、「自由」「幸福」「責任」「義務」「正義」「公正」などについて、時代を超えて、また洋の東西を超えて**横断的に比較することが大切**です。古今東西の思想家が共通する、あるいは異なる考え方を主張しています。共通テストでは、**類似点や相違点を比較する問題**が得点差をつけます。

③ 統計・資料データ問題にも対応

共通テストでは、**統計・資料問題が大きな得点源**です。複雑でわかりにくい内容は、図表やフローチャートとして自然に理解できるように問題や解説を工夫しました。

統計・資料問題を苦手とする受験生は多いです。数字を覚えることは重要ではありません。制度・仕組みを理解した上で、**「現実にはどうなっているだろう」と考える際に必要なのが統計・資料**です。経済成長率や完全失業率の推移、貿易収支は黒字か赤字かなどのデータをチェックして現状を理解するのです。

④ 「得点差」となる理由・問題点・対策など背景や流れを重視

従来型の「一問一答集」では、単なる事項の暗記に陥ってしまいがちです。本書では、**制度・仕組みがなぜ作られ、対策がどのように行われているのか**といった背景や流れにこだわって問題を選びました。そこには、攻略のカギとなるという筆者の考えが込められています。

「公共」の学習は、興味を持つことが第一です。ニュースで社会の大きな動きや新たな政策を知ったら、「何でこんなことが起こっているんだろう」「背景にある思想はなんだろう」と考えてみましょう。例えば、少子高齢化の問題はなぜ起きているのか、どうすれば解決できるのか。**現実に起きていることの原因を探究する面白さを知り、その能力を高めていってほしい**と思います。

本書刊行によせて

清水 雅博

本書の使い方

　本書は、一問一答形式の「公共」問題集です。赤シートやしおりで正解を隠す基本的な学習だけでなく、問題文の赤文字を隠す（正解は隠さずに見る）という使い方も可能。右ページにある「スパイラル方式」の学習法もオススメです。自分に合ったやり方で効率的に用語の知識を固めていきましょう。

■ 正解を隠して学習する

② 問題文の赤文字を隠して学習する

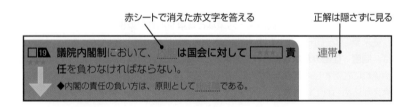

〈 凡 例 〉

❶＝**チェックボックス**。間違った問題に ✔ を入れ、反復演習に活用してください。

❷＝**問題文**。大学入試問題などをテーマごとに一問一答式に再編し収録しています。◆印では、上記の問題に関する「補足事項」や「より深く理解するための知識」などを記しています。

❸＝**空欄（＋頻出度）**。重要な用語や知識が空欄になっています。空欄内の★印は、大学入試における頻出度を3段階で示したものです。

※同じ用語で★の数が異なるものは、その用語の問われ方の頻度の違いによるものです。

※チェックボックスの下にも★印で頻出度を表示しています。問題文中の空欄と同じ★の数になっているので、「まず、どの問題から解くか、覚えるか」を選ぶ際に参照してください。

❹＝**正解**。原則、空欄と「同じ行の位置」に正解が掲載されるようにしています。別称や別解はカッコ書き（　）で示しています。

◎「頻出順」とスパイラル方式学習

　本書の問題は、その重要度や頻出度を徹底的に分析した重要頻度を3段階に分けました。

 **最頻出レベル**

　星3個の問題は、これらの知識が頭の中に入っていないと、入試で痛い目にあう（絶対に必須の）最頻出のものです。まずは星3個の問題だけでもやってみてください。なお、時事問題をはじめとして、今後の出題の可能性が極めて高いものも含まれます。星3個のものすべてが"基本中の基本"の知識です。

 **頻出レベル**

　星2個の問題は、確実に合格点を取るために頭の中に入れておかなければならない知識です。星3個が完璧になったら、次はこの星2個の問題にチャレンジしてみましょう。時間があれば、星3個の問題を解きながら解いてください。時間がなければ、星2個の問題だけピックアップして解いても構いません。

| 頻出度 1 ★ | **標準レベル** |

　星1個の問題は、限りなく満点に近い点数を取るために不可欠となる知識です。時間があれば、星3または2個の問題を解きながら取り組んでみてください。

　さらに、本書の特長として、空欄以外の問題文にも、**キーワードとなる語句**は赤文字になっています。付属の赤シートをかざすと消えて見えます。新たな「空欄」問題として取り組んでみましょう。
　一方、**理解のカギとなる語句やフレーズ**などは**太文字**にしています。赤文字、**太文字**いずれも空欄になっている重要語句とともに頭の中に入れてください。
　また、本書では、最近の入試で繰り返し問われている出題傾向（トレンド）も1つの「時事」として捉え、「時事問題」のポイントをさらに凝縮しています。一気に解き進めましょう。

　このように、下のレベルの問題を解く際に上のレベルの問題も解いていく、という学習をすることによって、**重要頻度の高い用語から順にバランス良く強化・復習（星3個の問題は最大3回復習）**することができます。
　これが、本書を含めた**東進ブックス「一問一答」**シリーズの最大の特長であるスパイラル（らせん）方式の学習法です。ぜひ実践して、その効果を味わってみてください（「一問一答」シリーズについては**右のQRコードからアクセス！**）。

目 次

●2025年度「大学入学共通テスト」出題科目など

教科	グループ	出題科目	出題方法（出題範囲、出題科目選択の方法等）	試験時間（配点）
国語		『国語』	・「現代の国語」及び「言語文化」を出題範囲とし、近代以降の文章及び古典（古文、漢文）を出題する。	90分(200点) ※1
地理歴史		『地理総合，地理探究』 『歴史総合，日本史探究』 『歴史総合，世界史探究』→(b) 『公共，倫理』 『公共，政治・経済』→(b) 『地理総合，歴史総合，公共』→(a) (a)：必履修科目を組み合わせた出題科目 (b)：必履修科目と選択科目を組み合わせた出題科目	・左記出題科目の6科目のうちから最大2科目を選択し、解答する。 ・(a)の「地理総合，歴史総合，公共」は、「地理総合」、「歴史総合」及び「公共」の3つを出題範囲とし、そのうち2つを選択解答する（配点は各50点）。 ・2科目を選択する場合、以下の組合せを選択することはできない。 (b)のうちから2科目を選択する場合 「公共，倫理」と「公共，政治・経済」の組合せを選択することはできない。 (b)のうちから1科目及び(a)を選択する場合 (b)については、(a)で選択解答するものと同一名称を含む科目を選択することはできない。※2 ・受験する科目数は出願時に申し出ること。	1科目選択 60分(100点) 2科目選択 130分 ※3 （うち解答時間120分） (200点)
公民				
数学	①	『数学Ⅰ，数学A』 『数学Ⅰ』	・左記出題科目の2科目のうちから1科目を選択し、解答する。 ・「数学A」については、図形の性質、場合の数と確率の2項目に対応した出題とし、全てを解答する。	70分(100点)
	②	『数学Ⅱ，数学B，数学C』	・「数学B」及び「数学C」については、数列（数学B）、統計的な推測（数学B）、ベクトル（数学C）及び平面上の曲線と複素数平面（数学C）の4項目に対応した出題とし、4項目のうち3項目の内容の問題を選択解答する。	70分(100点)
理科		『物理基礎，化学基礎， 生物基礎，地学基礎』 『物理』 『化学』 『生物』 『地学』	・左記出題科目の5科目のうちから最大2科目を選択し、解答する。 ・「物理基礎，化学基礎，生物基礎，地学基礎」は、「物理基礎」、「化学基礎」、「生物基礎」及び「地学基礎」の4つを出題範囲とし、そのうち2つを選択解答する（配点は各50点）。 ・受験する科目数は出願時に申し出ること。	1科目選択 60分(100点) 2科目選択 130分 ※3 （うち解答時間120分） (200点)
外国語		『英語』 『ドイツ語』 『フランス語』 『中国語』 『韓国語』	・左記出題科目の5科目のうちから1科目を選択し、解答する。 ・「英語」は「英語コミュニケーションⅠ」、「英語コミュニケーションⅡ」及び「論理・表現Ⅰ」を出題範囲とし、【リーディング】及び【リスニング】を出題する。受験者は、原則としてその両方を受験する。その他の科目については、「英語」に準じる出題範囲とし、【筆記】を出題する。 ・科目選択に当たり、「ドイツ語」、「フランス語」、「中国語」及び「韓国語」の問題冊子の配付を希望する場合は、出願時に申し出ること。	【英語】 【リーディング】 80分(100点) 【リスニング】 60分 ※4 （うち解答時間30分） (100点) 『ドイツ語』『フランス語』 『中国語』『韓国語』 【筆記】 80分(200点)
情報		『情報Ⅰ』		

※1　「国語」の分野別の大問数及び配点は、近代以降の文章が3問110点、古典が2問90点（古文・漢文各45点）とする。
※2　地理歴史及び公民で2科目を選択する受験者が、(b)のうちから1科目及び(a)を選択する場合において、選択可能な組合せは以下のとおり。
　　・(b)のうちから「地理総合，地理探究」を選択する場合、(a)では「歴史総合」及び「公共」の組合せ
　　・(b)のうちから「歴史総合，日本史探究」又は「歴史総合，世界史探究」を選択する場合、(a)では「地理総合」及び「公共」の組合せ
　　・(b)のうちから「公共，倫理」又は「公共，政治・経済」を選択する場合、(a)では「地理総合」及び「歴史総合」の組合せ
※3　地理歴史及び公民並びに理科の試験時間において2科目選択する場合、解答順に第1解答科目及び第2解答科目に区分し各60分間で解答を行うが、第1解答科目及び第2解答科目の間に答案回収等を行うために必要な時間を加えた時間を試験時間とする。
※4　【リスニング】は、音声問題を用い30分間で解答を行うが、解答開始時に受験者に配付したICプレーヤーの作動確認・音量調節を受験者本人が行うために必要な時間を加えた時間を試験時間とする。なお、「英語」以外の外国語を受験した場合、【リスニング】を受験することはできない。

　　　　　　　　　「公民」は、時事にかかわる事項に日々接することで学習が進みます。知らないことが出たら教科書や資料集にあたり、基本知識や理論（制度・仕組み）と結び付けるようにしましょう。特に、国際分野は、地図帳や地図サイト、地図アプリを参照し、地理的な情報を頭に入れた上で、どのようなことが原因や理由になっているのかを考えながら学習するといいでしょう。年6回実施の東進「共通テスト本番レベル模試」は、入試本番の出題を想定した形式と内容になっています。学習の進み具合を測る「ものさし」として、試験の予行演習として、ぜひ受験しましょう（QRコードからアクセス！）。

巻頭特集

SPECIAL SECTION

思考力・判断力・表現力を養う

1 図表読み取りのポイント

□■1
★★★
総人口と合計特殊出生率の推移を表す次の図より読み取れるポイントは、①日本の現状として、2000年代初頭(2008年)から人口 ★★★ 社会に入った。②その原因として、合計特殊出生率（**1人の女性が15〜49歳の間に産む子どもの平均人数**）の低下があり、05年と22年には最低値である ★★★ を記録した。

減少

1.26

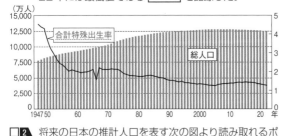

□■2
★★★
将来の日本の推計人口を表す次の図より読み取れるポイントは、①日本の総人口は、2015年が1億2,709万人、65年には8,807万人と予測され、50年間で約 ★★★ 万人減少、すなわち**将来50年間で日本の総人口は約 ★★★ 分の2に減少する**。② ★★★ 人口の比率は、2015年が26.6%、22年が29.1%、65年は38.4%と予測され、50年後の日本は約 ★★★ 割が高齢者となる。③一方、年少人口は10.4%と ★★★ 割ほどに減少する。

4,000,

3, 老年

4

1

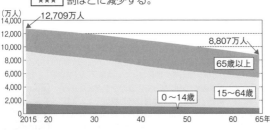

□■3 日本における外国人労働者数の推移を表す次の図より
★★★ 読み取れるポイントは、①外国人労働者数は2008年が
約 ★★★ 万人、22年が約182万人と ★★★ 倍超
に増加した。②日本の人口減少、少子高齢化の加速、
★★★ 年齢人口比率の低下から、日本人労働者の不
足が深刻化し、その代わりに外国人労働者が急増して
いる。

50, 3

生産

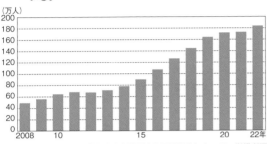

◆2019年4月に施行された改正出入国管理法によって、労働者不
足の特定14業種について外国人労働者を専門技能職だけでな
く、単純労働でも受け入れることが認められた。労働力不足の
対策となる外国人の受け入れは、人口減少社会を迎えた日本の
大きな課題である。

□■4 一般会計歳出と社会保障関係費の推移を表す次の図よ
★★★ り読み取れるポイントは、①一般会計歳出（一般会計
の規模）は、1967～2022年度まで ★★★ 傾向を示し、
当初予算でも最近の19～22年度で ★★★ 兆円を
突破した。②22年度の歳出内訳より、近年は社会保
障関係費が一般会計歳出の約 ★★★ 分の1を占めて
いる。その原因は、高齢化の加速に伴う ★★★ 給付
や高齢者 ★★★ 費の増加が挙げられる。

増加,
100

3,
年金,
医療

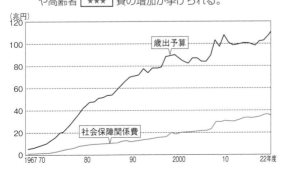

□**5** 国債残高と国内総生産（GDP）に対する比率を表す次
★★★
の図より読み取れるポイントは、①一般会計歳出の規
模が100**兆円を突破する超大型予算**になる中で、その
歳入として国債（国の借入金）、特に ★★★ 国債に依
存しており、国債残高は ★★★ 兆円を超える。地方
分を含めた債務残高は ★★★ の261.3%に達して
いる。②少子高齢化の中で増加する ★★★ 費を赤字
国債に依存することで、国債残高が急増している。

赤字、
1,000、
国内総生産(GDP)、
社会保障関係

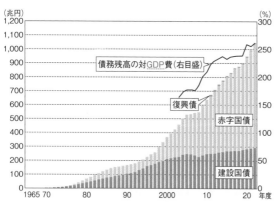

◆超高齢社会の進行が日本の財政破綻の危機を招いている大きな
要因である。**財政赤字の解消（財政再建）は急務である。** そのた
めに、①基礎的財政収支（プライマリー＝バランス）の均衡・黒
字化を目指す。すなわち、「一般歳入（国債を除く）≧ 国債償還
以外の一般歳出（借金返済以外の経常的支出）」を実現するため
に、無駄な歳出を減らし、税収の範囲内で経常的支出をまかな
うことを目指す。②税収を増加させる。すなわち、増税（消費税
などの引き上げ）＋減税（法人税の引き下げ）で景気回復を図り、
税収の自然増加を目指す。ただし、**逆進性のある** 消費税のさら
なる増税には国民の反発が予想される。なお、国債残高は、2020
年度の新型コロナ対策費の財源 として赤字国債が濫発されたこ
とによって激増し、22年度末で1,000兆円を超えている。岸
田内閣は向こう5年間で防衛費を倍増させる方針を示しており、
また、子育て支援額を増やすため、一般会計予算も23年度は
114兆円と巨額化している。

□ **6** 国民負担率の国際比較を表す次の図より読み取れる
★★★ ポイントは、①日本の国民所得に占める国民負担率
（ ★★★ 負担率＋ ★★★ 負担率）は、2023年度（見
込み）で ★★★ ％である。②福祉先進国といわれる
北欧諸国やフランスと比べて、日本の国民負担率は
★★★ い。

租税, 社会保障,
46.8

低

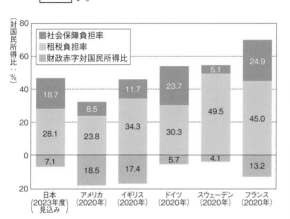

◆日本は、<u>少子高齢化</u>の加速による<u>人口減少</u>で、国民負担率の増
加が予想される。それは、可処分所得の減少を意味し、消費が
減退することで経済が低迷する可能性がある。

□**7** 社会保障給付費の推移（上図）と国民医療費の内訳
★★★ （下図）を表す次の2つの図より読み取れるポイント
は、①社会保障給付費の推移の内訳について、近年は
━━━━━━ が急増し、最も多くなっている。②その原因
★★★
は、超 ━━━━━━ 社会の進行が挙げられる。③医療費が
★★★
増加傾向で、特に ━━━━━━ 医療費の増加が医療費全体
★★★
を増加させている。④2020年度の社会保障給付費の総
額は130兆円を超えている。1年間の一般会計予算
約 ━━━━━━ 兆円と比べると、それを超える社会保障費
★★★
が1年間に給付されていることになる。

年金,

高齢,

後期高齢者

100

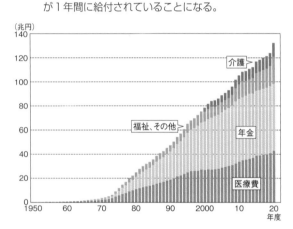

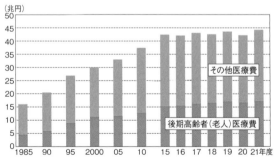

◆社会保障給付費の財源には社会保険料などもあてられているため、年間の社会保障給付総額は一般会計総額を超えている。**一般会計歳出で見ると約3分の1が** 社会保障関係費 **となっており、他の財政支出を圧迫している。**

□**8** 機能別社会保障給付費の推移を表す次の表より読み
★★★ 取れるポイントは、①この表は、社会保障給付費の
★★★ 先を示している。②2020年度の社会保障給付
費の総額約 ★★★ 兆円のうち、高齢者関係が約58.9
兆円と約 ★★★ 分の1を占めている。③高齢者関係
は、2000年度の約36.7兆円から、20年度の約58.9
兆円と ★★★ 兆円超も増加している。④今後の高齢
化率の上昇から推測すると、高齢者関係社会保障給付
費は ★★★ が予想され、年金給付費の削減や年金保
険料の引き上げなどの年金改革が急務の課題といえる。

使途,
132,
2,

20

増加

0 特集

1 図表読み取りのポイント

年度	合計	高齢	遺族	障害	労働災害	保健医療	家族	失業	住宅	生活保護その他
2000	784.0	366.9	59.6	21.5	10.6	255.8	23.7	26.4	2.0	17.6
01	816.7	387.8	60.9	22.2	10.5	261.4	26.4	26.6	2.2	18.7
02	838.4	410.2	61.7	22.9	10.2	257.7	27.8	25.5	2.5	19.9
03	845.3	417.9	62.5	23.0	10.1	260.2	28.0	19.5	2.8	21.3
04	860.8	428.2	63.3	23.6	9.9	264.8	30.7	14.7	3.1	22.5
05	888.5	441.0	64.6	24.0	9.8	274.9	32.3	14.5	4.3	23.1
06	906.7	452.0	65.3	27.1	10.0	280.3	31.8	13.5	3.6	23.2
07	930.8	463.6	66.1	29.5	9.8	290.3	31.7	12.8	3.8	23.3
08	958.4	478.7	66.7	31.6	9.9	296.5	33.0	14.2	4.0	23.9
09	1,016.7	503.8	67.4	34.0	9.6	308.0	34.1	27.9	4.6	27.1
10	1,053.6	513.4	67.9	34.0	9.4	322.1	50.1	22.5	5.1	29.1
11	1,082.7	517.8	68.0	35.3	9.6	331.8	52.6	22.6	5.5	39.5
12	1,090.7	532.1	67.8	37.7	9.5	337.7	50.5	18.3	5.7	31.5
13	1,107.8	542.6	67.4	39.3	9.3	344.7	50.6	16.2	5.9	31.8
14	1,121.7	544.5	66.7	40.1	9.3	351.3	54.5	14.7	5.9	34.7
15	1,154.0	552.4	66.7	42.2	9.1	364.9	64.4	14.4	6.2	33.8
16	1,169.0	555.8	65.7	43.4	9.0	367.1	68.5	14.2	6.0	39.3
17	1,202.4	565.2	65.5	45.6	9.1	377.4	82.6	14.0	6.1	36.9
18	1,215.4	572.8	65.0	47.5	9.1	380.8	86.4	14.3	6.0	33.5
19	1,239.2	578.3	64.5	49.0	9.3	390.1	91.9	14.6	6.0	34.7
20	1,322.2	589.2	64.1	52.3	9.0	411.4	102.6	50.2	6.0	37.2

（単位：1,000億円）

◆年金給付費の引き下げ、年金支給開始年齢の引き上げ、年金保険料の引き上げなどの年金改革は、少子高齢化社会が進む日本にとって避けて通れない「改革」となる。しかし、抜本的な対策は**少子高齢化を食い止めること**である。合計特殊出生率の引き上げ（安倍政権の「**希望出生率1.8**」）、子育て支援の充実（「**一億総活躍社会**」、岸田政権の「**異次元の少子化対策**」「**子育て支援額の倍増**」）などの施策が行われている。

15

□ **9** 次の図は、日本、アメリカ、イギリス、スウェーデン、
★★ ドイツ、フランスの**国民負担率**と**高齢化率**(2020年)を
示したものである。図中の空欄**A**〜**C**にあてはまる国
名を答えよ。

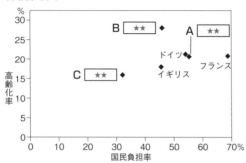

A　スウェーデン

B　日本

C　アメリカ

◆世界一の福祉国家と呼ばれた **A** の<u>スウェーデン</u>は、かつては
70%を超える**高負担**の国であったが、近年は経済停滞で国民負
担率を引き下げており、フランスの方が高い。空欄の3ヶ国で
は **C** の<u>アメリカ</u>、**B** の<u>日本</u>が低いが、<u>アメリカ</u>は生活自助、経
済成長重視の考え方が強く、可処分所得を減らさないために国
民負担率が著しく低い。<u>日本</u>は<u>45%前後</u>と他国と比べて低負担
ではあるものの、**急速な**<u>少子高齢化</u>**のために増加が予想**される。

□ **10** 次の図は、2021年の**合計特殊出生率**と30〜34歳の
★★★ **女性の労働力率**を示したものである。空欄**A**〜**D**には、
韓国、スウェーデン、日本、フランスのいずれかがあ
てはまる。それぞれの国名を答えよ。

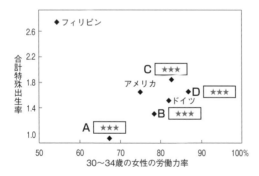

A　韓国

B　日本

C　フランス

D　スウェーデン

◆ **A** の<u>韓国</u>の合計特殊出生率は **B** の<u>日本</u>よりも低く、2022年の
0.78は OECD 加盟国中で最下位となっている。北欧の **D** <u>ス</u>
<u>ウェーデン</u>は女性の社会進出が進んでおり、女性の労働力率が
かなり高い。

□**11** 次のグラフは、主要国における高齢化率について、高
★★★　齢化社会となる7％から、高齢社会となる14％に到
　　　　達する時期と期間を表している（推定を含む）。空欄**A**
　　　　～**D**にはイギリス、韓国、スウェーデン、日本のいず
　　　　れかがあてはまる。それぞれの国名を答えよ。

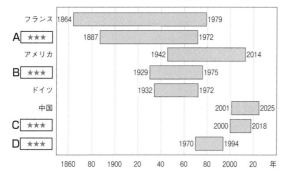

A　スウェーデン

B　イギリス

C　韓国

D　日本

　　◆経済成長が著しい国ほど、高齢化のスピードが速くなる傾向に
　　　ある。**C**の韓国は、**D**の日本以上の速さで高齢化し、中国も同
　　　じように急速な高齢化が進んでいくことが予想される。

□**12** 公共の授業で、日本における在留外国人の状況につい
★★　　て調べたところ、次の2つの特徴**ア**・**イ**があることが
　　　　わかった。これら2つの特徴について、グラフの特色
　　　　を最も活かして説明するためには、どの種類のグラフ
　　　　を用いるのが最も良いか。特徴**ア**・**イ**にそれぞれあて
　　　　はまるグラフを、後の語群から選べ。

　　　ア 2021年末時点における日本の在留外国人は、
　　　　　19.4％が東京都に、9.3％が愛知県に、8.9％が大
　　　　　阪府に、8.0％が神奈川県に、6.9％が埼玉県に暮
　　　　　らしており、5都府県で全体の52.5％を占めている。

　　　イ 1990年以降の在留外国人数は、90年の105万人
　　　　　から年を追って増加し、2008年には214万人になっ
　　　　　た。その後は減少傾向となったが、12年を境に増
　　　　　加傾向に転じ、21年末時点で307万人と過去最高
　　　　　を記録した。

　　　【語群】 折れ線グラフ　レーダーチャート
　　　　　　　マトリックス　円グラフ

ア　円グラフ

イ　折れ線グラフ

2 論理・思考力問題

□**1**
★★
　★★ とは、人間の行動を科学的に分析するために応用される理論のことで、利害関係を持つ相手がいる状況で、自分と相手の利益を考えて**最適な行動**を決めるための思考法である。

ゲーム理論

◆相手の行動が自分の結果に影響を与え、自分の行動が相手の結果に影響を与える。このような**戦略的状況**において、ゲーム理論は、現実の社会や自然界で複数の主体がかかわる意思決定の問題や、相互の行動に依存し合う状況を、数理的なモデルを用いて研究し、解決を図るものである。代表的な理論モデルに「**囚人のジレンマ**」がある。「囚人のジレンマ」とは、お互いが協力を選択する方がより良い結果になることはわかっていても、相手が協力しないだろうと考えると疑心暗鬼になり、結局、協力を選ぶことができないというジレンマ（葛藤）のこと。

□**2**
★★★
　国家間の協力が容易でないことを説明する際に、次の表で示したようなゲームを考えることができる。このゲームでは、甲国と乙国の２つの国があり、お互いに話し合えない設定において、それぞれが同時に「協力」「裏切り」のいずれかの戦略を選ぶとする。そうして選択された戦略の結果、それぞれの国は表中の該当する得点を得られる。より高い得点がそれぞれの国にとって望ましい。例えば、甲国は「A **★★★**」を、乙国は「B **★★★**」を選べば、甲国は１点を、乙国は11点をそれぞれ獲得する。よって、甲国にとって、乙国が「C **★★★**」でなく「D **★★★**」を選んだ方がより高い得点を得られる。このゲームからいえるのは、双方の国が同時に「E **★★★**」を選べば両国の合計得点は最大化できるが、もし相手国が「F **★★★**」を選んだ場合は、自国は最少の得点しか得られない結果となってしまう。相手国が「G **★★★**」を選ぶかどうかがわからないので、結局、甲国も乙国も「H **★★★**」を選択してしまう。

A　協力
B　裏切り

C　裏切り
D　協力
E　協力
F　裏切り

G　協力
H　裏切り

		乙国	
		協力	裏切り
甲国	協力	甲国に10点	甲国に 1 点
		乙国に10点	乙国に11点
	裏切り	甲国に11点	甲国に 2 点
		乙国に 1 点	乙国に 2 点

□**3** 次の表は、イ、ロ、ハという3つの政策の優劣につい
★★ て、X、Y、Zの3人が下したそれぞれの評価を示し
たものである。XとZは、イがロよりも、Yはロがイ
よりも、それぞれ優れていると考えていて、この場合
に3人で多数決を行うと、2対1で、イがロよりも優
れているという結論が出る。ロとハ、イとハの優劣に
ついても同じように決めるものとする。こうして定め
られた2つの政策相互の優劣の関係を前提に、3つの
政策の優劣を確定して最も優れた政策を多数決で決め
ようと考えた。3人の多数決でイがロよりも優れてい
るという結論が出た場合を「イ>ロ」と表すとする。こ
の方法を採用したとすると、**最も優れた政策を多数決
で決められない**という結果が導き出される。「ロ>
A ★★ 」であり、「イ>B ★★ 」であり、「ハ>
C ★★ 」となるからである。

A ハ
B ロ
C イ

	最も優れた政策	次いで優れた政策	最も劣った政策
X	イ	ロ	ハ
Y	ロ	ハ	イ
Z	ハ	イ	ロ

◆ロより劣ったものがあると評価しているのはXとYであり、こ
の2人を見ると、ロはハよりも優れている（ロ>ハ）。
イより劣ったものがあると評価しているのはXとZであり、こ
の2人を見ると、イはロよりも優れている（イ>ロ）。
ハより劣ったものがあると評価しているのはYとZであり、こ
の2人を見ると、ハはイよりも優れている（ハ>イ）。
すると、イが2票、ロが2票、ハが2票となり、すべて同数と
なる。結局、2つの政策相互の優位性を多数決で決める方法で
は、最も優れた政策を決定することができない。

公共の扉
SPECIAL SECTION
社会を作る私たち

1 生涯における青年期の意義

ANSWERS ☐☐☐

☐**1**
★★★
アリストテレスは、人間を本来的に他者とともに善く
生きるための社会を作る存在と考えて「 ★★★ 動物」
と表現した。

ポリス的（社会的、
国家的）

☐**2**
★
人間は思考力を持つ点で他の動物と区別される。人間
の属性は、ホモ=サピエンス（**知恵ある人、英知
人**）、 ★ （**工作する人、工作人**）、 ★ （**遊ぶ人、
遊戯人**）などと表現される。

ホモ=ファーベル,
ホモ=ルーデンス

◆「知恵ある人」という意味の現生人類の学名を命名したのは、18
世紀スウェーデンの博物学者リンネである。他の動物と比較し
て理性的な思考をするところに、人間の人間たる特質があると
する人間観を提唱した。

☐**3**
★
20世紀フランスの哲学者 ★ は、人間を自然に
働きかけて物を作り、環境を変えていく存在として
★ （**工作する人、工作人**）と呼んだ。

ベルクソン

ホモ=ファーベル

☐**4**
★
20世紀オランダの歴史学者 ★ は、 ★ を人
間存在そのものにかかわるものとして捉え、そのよう
な人間が文化を創造する点を指して、人間をホモ=ルー
デンス（**遊ぶ人**）と呼んだ。

ホイジンガ, 遊び

☐**5**
★
20世紀ドイツの哲学者 ★ は、人間を ★
（象徴）を介して世界を理解し、芸術や宗教を創り出す
存在と捉えた。

カッシーラー, シ
ンボル

◆人間は目の前にある現実の事物だけでなく、複数の事物や、存
在しない事物が持つイメージを象徴として扱うことで、幅や深
みを持った高度な思考を手に入れた。カッシーラーは、このよ
うな側面に着目した人間観をホモ=シンボリクス（アニマル=シ
ンボリクム）と呼んだ。

□**6** 20世紀ルーマニアの宗教学者エリアーデは、人間の
★ 特質は宗教であるとし、神による救済を信じ、祈りを
捧げるという行為を行う人間を「　★　」（**宗教人**）と
呼んだ。

ホモ=レリギオー
スス

□**7** 　★★★　とは、子どもから大人への**過渡期**である。こ
★★★ の時期には、★★★　が自覚・確立されて人格が徐々に
形成されていくが、**身体と　★★★　の成熟の度合いに
はズレがあり、心の揺らぎのある不安定な時期**でもある。

青年期,
自我,
精神

　　◆青年期は、おおむね12～13歳頃から22～23歳頃までを指
すが、現代では青年期が延長される傾向にあり、25歳頃までと
もいわれる。また、青年期の終わりから30歳頃までをプレ成人
期（前成人期）という。

□**8** 青年期には、感情の動揺が激しく、　★　　感（自己陶
★ 酔）と　★　　感（自己嫌悪）が交互に訪れる。

優越,
劣等

　　◆劣等感は自己向上の力となり、優越感は自我確立の達成感、す
なわち自信やプライドとして現れる。

□**9** 青年期の心理には権威や秩序、大人への反抗も見られ、
★★ 「　★★　反抗」となることもある。

理由なき

□**10** 古代ギリシアの哲学者アリストテレスは、人と人との
★★★ 間の**愛情**である友愛（　★★★　）を重視した。

フィリア

□**11** 一般社会とは異なる言葉や服装、行動などに見られる、
★★ **青少年層に支持されている文化的形態や活動**を若者文
化（　★★　）という。

ユースカルチャー

□**12** 次のイメージ図のように、**青年期は大人にも子どもに
★★★ も属さない中間的な立場にあり、大人と子どもの二面
性を併せ持つ　★★★　である**と指摘したのは、アメリ
カの心理学者　★★★　である。

境界人（周辺人、
マージナル=マン）,
レヴィン

　　◆青年期は、子どもから大人に成長しアイデンティティ（自我同一
性）を確立する一方、肉体は大人に変化するが精神的には子ども
であるという二面性を併せ持った不安定な時期である。

□**13** アメリカの心理学者ホリングワースは、子どもが両親
★★★ から精神的に分離、独立することを　★★★　と呼んだ。

心理的離乳

□**14** 親への依存度が高い子ども時代には意識されない
★★★ 　　★★★ 　が、青年期になると**他者の認識**とともに意識
されるようになる。こうして**親との距離**が離れていき
心理的離乳が進むが、フランスの思想家ルソーは、著
書『エミール』の中でこれを「　★★★ 　」と呼んだ。

自我

第二の誕生

□**15** 20世紀フランスの歴史学者　★★ 　は、著書『〈子供〉
★★ の誕生』で、近代以前のヨーロッパでは「子ども」とい
う概念が確立されておらず、中世では7歳以上の人間
は「**小さな**　★★ 　」とみなされていたと指摘した。

アリエス

大人

□**16** 「**自分が自分である**」という意識を　★★★ 　と呼ぶが、
★★★ アメリカの心理学者　★★★ 　は、自分自身の存在意義
を確立することが、**青年期の重要な課題**であるとした。
◆主著に『幼児期と社会』『アイデンティティとライフサイクル』が
ある。

アイデンティティ
（自我同一性），
エリクソン

□**17** エリクソンが提示した　★★ 　において、青年期以前
★★ の段階では、自発性や勤勉性を獲得することが目指さ
れ、青年期には「　★★ 　らしさ」を模索する中で、一
貫した自己を確立することが課題となっている。

ライフサイクル

自分

□**18** エリクソンによれば、乳児期に育つ基本的　★ 　が、
★ 自分自身や将来に対する　★ 　的な感覚を持つ基礎
となり、一生を通じて安定した人格の下地となる。
◆青年期の不安や混乱も、基本的信頼が土台になることで、自ら
の力で乗り越えていけるようになる。

信頼，

肯定

□**19** 　★★★ 　の拡散とは、**自分**は自分**である**という主観的
★★★ 感覚およびその連続性**が持てない状態**であり、　★★★ 　
に陥り何事にも意欲がわかないこともある。
◆アイデンティティという言葉は、民族文化やサイバー文化のよ
うな、歴史的に、または仮想的に形成された固有で独自な文化
への**帰属意識**についても用いられることがある。アパシーは無
関心のことであり、アノミーは無規範・無秩序のことである。

アイデンティティ
（自我同一性），
アパシー（または
アノミー）

□**20** エリクソンは、人間が**自己を形成し確立していく過程**
★★★ には ★★★ **つの段階**があり、各段階には達成すべき
心理的・ ★★★ 的課題が設定されていると考えた。

8,
社会

◆エリクソンの提唱した「**ライフサイクル**」論

発達段階	発達課題	人格的活力
①乳児期	基本的信頼	希望
②幼児期	自律性	意志
③児童期	自発性	目的
④学童期	勤勉性	有能感
⑤青年期	自我同一性	忠誠
⑥成人期	親密性	愛
⑦壮年期	生殖性 （次世代育成）	世話
⑧老年期	自我の完全性	英知

□**21** 親からの心理的離乳が進む青年前期は、依存心と
★★★ ★★★ の間で揺れ動く葛藤に悩む時期であり、この
時期は特に親に対して**反抗的な態度**が見られることか
ら、 ★★★ とも呼ばれる。

独立心

第二反抗期

□**22** 青年期には、大人の男性または女性としての身体的変
★★★ 化が現れる。これを ★★★ といい、それが現れる青
年期の時期は ★★★ とも呼ばれる。

第二次性徴,
思春期

□**23** 青年中期は主に10代後半の時期だが、自意識過剰に
★★ なったり、他人との比較の中で ★★ を抱いたりし
て、感情的に大きく揺れ動く。この時期を、アメリカ
の心理学者ホールは「 ★★ の時代」と呼んだ。

劣等感

疾風怒濤（シュ
トゥルム＝ウント＝
ドランク）

◆成長するにつれて、**現実と自己の調和**が図られ、**価値観が確立**
されていくと同時に、**社会の中の自分**という意識も確立されて
いく。この時期が青年後期にあたる。

□**24** ★★ は自分が一人の存在であるという自我意識の
★★ あらわれであるが、多くの場合、自我の確立は ★★
や恋愛の中で試みられる。

孤独感,
友情

◆「**友は第二の自己**」といわれ、友人どうしで自我の確立を目指し
ていることが多い。アリストテレスは、フィリア（友愛）＝友人
の人格を認め合う友情を重視した。また、恋愛は親から守られ
た「**愛される自己**」から、自立して主体性を持った「**愛する自己**」
への変化のあらわれであり、自我の確立の一面といえる。

☐ **25**
★★★

主に先進国では教育期間が比較的長く、青年期も長くなる傾向にある中で、職業や結婚など将来にわたる永続的な選択を先延ばしする傾向も見られる。このように青年が社会的役割を引き受けるようになるまでの猶予期間を ★★★ という。

モラトリアム（心理・社会的モラトリアム）

◆モラトリアムとは、もとは支払いの猶予（支払期日を延期すること）を示す経済用語である。青年期の存在は、地域や時代によって異なる。例えば未開社会や中世ヨーロッパの子どもたちは青年期を迎える前に生活に必要な知識や技術を身に付けて大人の仲間入りをし、青年期のような猶予期間はあまり見られない。

☐ **26**
★★★

自己選択ができない現代青年を指す ★★★ 人間、心がいつまでも夢見る子どものままである ★★★ ＝シンドロームや ★★★ ＝コンプレックスなどは、すべてアイデンティティの ★★★ の例にあたる。

モラトリアム,
ピーターパン,
シンデレラ,
拡散（危機）

◆モラトリアム人間は、大人への準備期間としてのモラトリアムをいつまでも続けようとしてしまう現代人の心理のことで、精神分析学者の小此木啓吾が提唱した。ピーターパン＝シンドロームは、アメリカの心理学者ダン＝カイリーが命名し、これを小此木が日本に紹介した。モラトリアム人間の概念に近い。

☐ **27**
★

目的もなく社会に出ることを避けている青年期の心的状態を ★ 的モラトリアムという。

消極

◆学校にも通わず、仕事も行わず、職業訓練も受けていない若者のことをニートと呼ぶが、これも消極的モラトリアムの例である。日本では厚生労働省が、ニートを15～34歳の職にも就かず、求職活動もせず、家事・通学もしていない若者と定義している。

☐ **28**
★★

出生や死などの人生の節目に行われる ★★ を、フランスの民俗学・民族学者アルノルト＝ファン＝ヘネップは、世界各地の事例をもとに体系的に論じた。

通過儀礼（イニシエーション）

☐ **29**
★★★

★★★ により明確に大人と子どもが分離されていた前近代社会と異なり、現代の社会は大人になるまでに身に付けるべき知識や技術が増えたため、「見習い期間」としての ★★★ 期が長期化している。

通過儀礼（イニシエーション）

青年

◆現代は、社会が複雑化し、社会の中での責務を果たすための高度な知識や技術が多く求められるようになり、一人の人間として自立するために長い準備期間が必要になったため、青年期は長くなっている。

□**30** アメリカの心理学者 ★★★ は、成熟した社会人とし
★★★　ての人間像について、感情をコントロールするため
　　　　の ★★★ の安定や、自己を ★★★ 視すること、統
　　　　一した人生観や他者との温かい人間関係、ユーモアの感
　　　　覚などをその基準として挙げている。

　　　　◆オルポートは、パーソナリティを単に「刺激−反応」の要素の集
　　　　　合体ではなく、「自己」を中心に変化し得るものと捉えた。

オルポート

情緒，客観

□**31** アメリカの教育学者 ★★★ は、青年期における10
★★★　の発達課題を掲げ、同年齢の洗練された交際を学ぶこ
　　　　と、両親や大人からの情緒的独立、社会的責任のある
　　　　行動、行動指針としての ★★★ や倫理体系の獲得、職
　　　　業選択の準備などを挙げた。

ハヴィガースト

価値観

□**32** 生物学的な性に対して、社会的・文化的に作られた性
★★★　は ★★★ と呼ばれる。第二次性徴を含め、自らの心
　　　　身に生じてくる性的な変化をいかに受け止め、どのよ
　　　　うに社会的・文化的な性を形成していくのかという問
　　　　題は、ハヴィガーストが提唱した青年期の ★★★ に
　　　　挙げられている。

ジェンダー

発達課題

2 青年期と自己形成の課題

□1 アメリカの心理学者 ★★★ は、人間の欲求には睡眠
★★★ や飲食などの単に ★★★ 的なものだけでなく、その
上位に位置づけられる、愛情や集団への帰属意識など
の ★★★ 的**欲求**もあるとして**欲求の段階説**を唱えた。

マズロー,
生理

精神

◆マズローは、欲求は「生理的**欲求**→安全の欲求→社会的**欲求**(所属と愛の欲求)→自我(承認・自尊)の欲求→自己実現の欲求」と高まっていくものと捉えた。なお、マズローの著書『人間性の心理学』には、このようなピラミッド型の図は描かれていない。

□2 人間には行動を駆り立てる様々な欲求があるが、主に
★★★ **食欲や睡眠欲、性欲**などを満たそうとする ★★★ 欲
求と、愛情や集団への**帰属**、**自己実現**などを求める
★★★ 欲求とに分けられる。これらが満たされない
時に ★★★ に陥る。

一次的 (生理的)

二次的 (社会的),
欲求不満 (フラス
トレーション)

□3 人間の心の中には多くの**両立しない欲求が対立**するこ
★★★ とがあるが、このような状態を ★★★ と呼ぶ。

葛藤 (コンフリクト)

□4 葛藤のタイプについての具体例として、「歴史と伝統の
★★ あるＡ大学に進学したいが、新進気鋭の指導者がいる
Ｂ大学にも進学したい」というのは、「 ★★ －
★★ 」型である。

接近,
接近

□5 葛藤のタイプについての具体例として、「学校のテスト
★★ をサボって大好きなアイドルグループのライブに行き
たいが、テストで赤点はとりたくない」というのは、
「 ★★ － ★★ 」型である。

接近, 回避

◆「～したい」は接近型、「～したくない」は回避型である。

□ **6**
★★
葛藤のタイプについての具体例として、「これ以上、勉強したくないので進学はしたくないが、かといって仕事で責任も負いたくない」というのは、「[　★★　] − [　★★　]」型である。

回避, 回避

□ **7**
★★
[　★★　]とは、相手に接近したい気持ちと、お互いが傷つくことへの恐れとが[　★★　]を起こし、適度な距離を見出しにくい状況を表す。これは、**ショーペンハウアーの寓話**に由来するものである。

やまあらしのジレンマ, 葛藤

□ **8**
★★★
同一の対象について、愛情と憎しみや従順と反抗などの**正反対の感情を同時に持つ**ことを[　★★★　]という。

アンビヴァレンス

□ **9**
★★★
人間は欲求不満に陥ると精神的に不安定になるが、オーストリアの精神医学者[　★★★　]は、そのような状態の人間は[　★★★　]のうちに欲求不満を解消し、**自我の崩壊を防ごうとする心的メカニズム**があることを指摘した。このような心的メカニズムを[　★★★　]という。

フロイト, 無意識

防衛機制（適応機制）

◆欲求不満に耐えられる自我の強さを耐性（トレランス）という。

□ **10**
★★★
防衛機制には、衝動の抑圧、現実からの[　★★★　]、以前の発達段階に逆戻りする退行、理屈で失敗を理由づける合理化、他人の功績を自分に重ねる同一視、自分の認めがたい感情を他人のせいにする[　★★★　]、欲求を代わりのもので満たそうとする代償、欲求を社会的に価値のあるものに求める[　★★★　]などがある。

逃避

投影（投射）

昇華

◆昇華の典型例は、失恋した人が突然絵画を描いたり、音楽に取り組んで気を紛らしたりするような、**文化的価値の高いもの**に代替を求めるケースである。

□ **11**
★★★
欲求不満の解消方法のうち、**欲求を無意識のうちに抑え込み思い出さないようにする**ことを[　★★★　]、口実をつけて**失敗を正当化する**ことを[　★★★　]、**正反対の行動をとって欲望の表出を防ぐ**ことを[　★★★　]という。

抑圧, 合理化, 反動形成

◆イソップ童話にある「**すっぱいブドウ**」の理論は、合理化の典型例の1つ。キツネが高い所に実っているブドウの実が食べられなかったのを、「どうせあのブドウの実はすっぱいにちがいない」と思って自らを納得させたという寓話である。

□12 欲求不満の解消方法のうち、問題から逃げることを逃
★★ 避といい、空想の世界で欲望を満たす ★★ 、発達
の前の段階に戻って欲求を満たそうとする ★★ 、
ある物語の主人公になったつもりで自己欲求を満た
す ★★ などがある。

白日夢 (白昼夢),
退行

同一視

□13 欲求不満の解消方法のうち、得られなかった本来の欲
★★ 求よりも低次なもので満足することを ★★ という。

代償

□14 防衛機制の1つに ★★ があるが、これは自身で認
★★ めがたい自らの感情を相手が持っていると思い込むこ
とを指す。

投影 (投射)

□15 芸術家や発明家が、寝食を忘れて創作活動や開発に没
★★ 頭し、創造力を発揮しようとするのは、低次の欲求が
強制的に ★★ された場合や、低次の欲求を自ら放
棄した場合でも ★★ の欲求が現れる事例である。

抑圧,
高次

□16 葛藤や欲求不満が生じた時の対処に関する次の記述A
★★★ ～Dについて、それぞれにあてはまる防衛機制の種類
を、後の語群から選べ。

A やらなければならない宿題があるのに、関係の
ない遊びなどに時間を費やしてしまう。

A 逃避

B 教室で親しくなりたい相手から話しかけられる
と、その気持ちとは裏腹に、思わず冷淡な態度を
とってしまう。

B 反動形成

C あこがれている先輩の髪型やファッション、言
葉づかいなどを取り入れて、似たように振る舞っ
てしまう。

C 同一視

D 希望する職業には就けそうにないとわかった時、
もし就いていたならば職場の人間関係が煩わし
かっただろうと思ってしまう。

D 合理化

【語群】 同一視 合理化 逃避 昇華 反動形成

□17 葛藤や欲求不満に適応することの1つとして、目標達
★ 成や問題解決に向けて努力や工夫を行うなど筋道を立
てて行動することを ★ という。

合理的解決

□**18** 葛藤や欲求不満に適応することの1つとして、努力や
★ 　工夫で問題を解決するのではなく、見当違いに他人へ
　 八つ当たりをするなど、**衝動的に行動**することを
　 ┃ ★ ┃という。

近道反応

□**19** 葛藤や欲求不満が続き、**心理的な緊張や重圧**を感じる
★ 　ことを┃ ★ ┃という。

ストレス

□**20** ┃ ★ ┃とは、戦争や災害、事故や事件、監禁や虐待
★ 　など**生命の危機**に瀕した時に深く心を傷つけ、後々ま
　 で苦しむことになる、精神に永続的に影響を与えるも
　 のを指す。

心的外傷 (トラウマ)

◆ PTSD (Post Traumatic Stress Disorder：心的外傷後ストレス障害)とは、死の危険に直面した後、その体験の記憶が自分の意志とは関係なく**フラッシュバック**(再体験症状)のように思い出されたり、悪夢に見たりすることが続き、不安や緊張が高まったり、つらさのあまり現実感を失ったりする状態を指す。

□**21** フロイトは、人間の心は┃ ★★ ┃、自我 (エゴ)、エス
★★ 　(イド) の**三層構造によって構成**されると捉えた。

超自我 (スーパーエゴ)

□**22** フロイトによると、人間のエネルギー源は┃ ★★★ ┃と
★★★ 　いう性衝動であるが、この**エネルギーが蓄えられる**無
　 意識部分を┃ ★★★ ┃という。これは、衝動を満足させ
　 て快楽を得ようとするが、これを┃ ★★★ ┃が**調整**する。

リビドー

エス (イド),
自我 (エゴ)

◆フロイトの「心の構造」理論

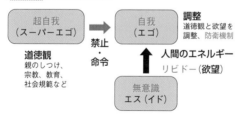

□**23** 人間の心のエネルギーが向かう方向によって性格を分
★★★ 　類したのはスイスの心理学者┃ ★★★ ┃である。彼は、社
　 交的でリーダーシップをとる一方で飽きっぽい人間
　 を┃ ★★★ ┃型、社交性はないがじっくりと考え慎重な
　 行動をとる人間を┃ ★★★ ┃型とした。

ユング

外向,
内向

◆ユングは、これに「思考」「感情」「感覚」「直観」の4つのタイプを重ね合わせた8つのパターンの性格類型を提唱した。

□24 ユングによると、**人間の心には**無意識**の領域がある**
★★★ が、 ★★★ 的無意識は個人的無意識よりも深い層に
あり、そこには ★★★ という神話的性格を帯びた**普
遍的イメージ**が生まれながらに備わっているとされる。

集合,
元型 (アーキタイ
プス)

　◆ユングによると、人間の心には「個人的無意識＋集合的無意識」
　の２つがある。集合的無意識は、人類が太古の昔に経験した蓄
　積が、いわば遺伝子的に組み込まれたものであり、共通して個
　人的無意識の前に持つ普遍的な無意識とされる。

□25 オーストリア出身の精神科医・心理学者の ★ は、
★ 人間は誰でも身体的または能力的に**他人より劣った部
分**があり、それに対する ★ 感**を克服**するために
理想の自分を思い描き、より良くなろうと努力する
★ の働きを主張した。

アドラー

劣等

補償

□26 個人が持っているその人らしい考え方や行動の仕方を
★★ 個性と呼ぶが、これは知能や技能のような ★★ 、生
まれつきの感情の傾向である気質、経験や人間関係の
中で培っていく ★★ の３つの要素からなる。これ
らを踏まえた人間の全体的な特徴を ★★ (人格)と
いう。

能力

性格,
パーソナリティ

□27 パーソナリティ(人格)は、遺伝的な要因を基礎にしつ
★★ つ、後天的な経験を積み重ねて形成されていく。その
過程には、**自分らしさを獲得していく** ★★ 化と、**社
会の文化や規範を身に付けていく** ★★ 化がある。

個性,
社会

　◆人の個人的特徴の形成は、遺伝と環境の両方に影響される。例
　えば、学力は生来の資質か学習環境かだけでは決まらない。

□28 アメリカの文化人類学者 ★★ は、**サモア島の通過
★★ 儀礼**などの研究と調査から、歴史的・地域的な状況が
★★ の形成に大きく影響すると考えた。

マーガレット＝
ミード,
個性

□29 スイスの児童心理学者 ★ は、子どもが**自己中心
★ 的なものの見方から脱却**し、**他者の視点を獲得**する過
程を「 ★ 」と呼び、思いやりの発生基盤とした。

ピアジェ

脱中心化

□30 ドイツの精神医学者 ★★ は、人間の体型と性格が
★★ 相関するという観点から、 ★★ 型には循環 (躁う
つ) 気質が、筋骨 (闘士) 型には粘着 (てんかん) 気質
が、やせ (細長) 型には ★★ 気質が見られるとした。

クレッチマー,
肥満

分裂

□**31** ドイツの心理学者 ★★★ は、人々の人生を方向づけ
★★★ る様々な価値観を整理して、 ★★★ **型**、経済**型**、審美
型、宗教**型**、 ★★★ **型**、社会 (社交) **型**に**類型化**した。

◆理論**型** (理屈っぽい)、経済**型** (利益追求)、審美**型** (芸術に関心)、
宗教**型** (神霊に興味)、権力 (政治) **型** (支配者になりたがる)、社
会 (社交) **型** (福祉や奉仕に意義を見出す)。

シュプランガー,
理論,
権力 (政治)
※順不同

□**32** **特性論**に立つパーソナリティ理論の1つとして、
★   ★ は、外向性、情緒安定性、責任感のある誠実
性、他者との調和性、知的な関心の開放性の**5つの因
子の組み合わせ**から、人の個性や性格を捉える。

ビッグファイブ

□**33** 次の表は、中学生から大学生を対象に、「友だちに望む
★★ ことや接し方、友だちへの気持ち」についてアンケー
ト調査を行い、統計的な方法を用いてこれらを表す諸
項目をグループ分けしたものである。<欲求Ⅰ>のグ
ループとして分類された項目群と「同調欲求」という名
称との関係を参考に、友人関係の<欲求Ⅱ>と<欲求
Ⅲ>の名称として最も適当なものを、<欲求Ⅱ>につ
いては【A群】の①〜④のうちから、<欲求Ⅲ>につい
ては【B群】の①〜④のうちからそれぞれ1つずつ選べ。

欲求の種類	項目：「友だちに望むことや接し方、友だちへの気持ち」
Ⅰ　同調欲求	友だちと同じ行動をしたい 友だちには私と同じ行動をしてほしい 友だちと趣味や好みが一致していたい 友だちには私の趣味や好みと一致していてほしい 友だちの行動や友だちの言うことには従いたい 友だちと一緒にいたい 友だちと遊びたい

Ⅱ	★★	友だちには一緒にいてほしい 友だちには私と遊んでほしい 友だちとは離れていたくない 友だちには私の意見をきちんと言いたい 友だちには私に対して自分の意見をきちんと言ってほしい
Ⅲ	★★	友だちとはお互いに言いたいことを言い合いたい 友だちの個性を尊重したい 友だちには私の個性を尊重してほしい

【A群】
① 親和欲求
② 競争回避欲求
③ 援助欲求
④ 自己実現欲求

【B群】
① 優越欲求
② 説得欲求
③ 自己尊重欲求
④ 相互尊重欲求

【A群】①

【B群】④

3 職業生活と社会参加

ANSWERS □□□

□ **1**
★★ 　★★ はナチスのアウシュヴィッツ強制収容所での体験を記録した『夜と霧』の中で、　★★ とは、**自分が生きる意味への意志**（生への意志）を持つことだと指摘した。

フランクル,
生きがい

□ **2**
★★ 　★★ はハンセン病患者の療養所での勤務体験をもとに著した『生きがいについて』の中で、生きがいとは　★★ 感を持つことから生じる**精神的満足**であると述べた。

神谷美恵子

使命

□ **3**
★★★ 青年期の課題である**生きがいや職業選択**について、フランスの実存主義者サルトルは「社会参加」を意味する　★★★ を重視し、まず活動することで**自己の存在意義**（「　★★★ ある実存**」）が見つかるとした。

アンガージュマン,
責任

□ **4**
★★ 自分の行いを正当化する価値を自明のものとして見出すことのできない状況について、サルトルは「**人間は　★★ の刑に処せられている**」と述べている。

自由

□**5** 　**管理社会**の中で既成のレールに乗って成長した青年の
★★　　中には、自己の主体性を欠いたまま大人になっていく
　　　　ため、勉学をはじめ学生生活全般に意欲がわかず無気
　　　　力な状態、つまり ｜　★★　｜ や「｜　★★　｜ 主義」（<u>無気力</u>、
　　　　<u>無責任</u>、<u>無関心</u>、<u>無感動</u>）に陥る者がいる。

スチューデント＝
アパシー, 四無（よんむ）

□**6** 　学校卒業後も長く親と同居して衣食住の生活費を負担
★　　　してもらい独身生活を続ける、いわゆる ｜　★　｜ ＝シン
　　　　グルの増加は、晩婚化や非婚化の要因とされる。

パラサイト

□**7** 　いじめや不登校などとともに ｜　★　｜ が社会問題化し
★　　　ている。これは学校卒業後も継続したり、卒業後に新
　　　　たに起こったりするもので、自宅や自室を物理的に一
　　　　歩も出ない状態だけでなく、人との交流をほとんどせ
　　　　ず ｜　★　｜ **参加をしない状態**が続くことも含まれる。

ひきこもり（社会
的ひきこもり）

社会

□**8** 　｜　★★　｜ とは、職業生活を中核として、生涯にわたっ
★★　　て築かれる経歴のことであり、余暇など仕事以外の生
　　　　活を含む。

キャリア

□**9** 　在学中に就業を体験することで、学生の職業意識を高
★★　　めることなどを目指す活動は ｜　★★　｜ と呼ばれる。

インターンシップ

□**10** 　｜　★★★　｜ とは、**自らの意志**で、社会活動などに**無償**で
★★★　参加する人および活動のことを意味する。

ボランティア

　　◆<u>ボランティア</u>は、**自主性**（**主体性**）・**社会性**（**連帯性**）・**無償性**の
　　　3つの考え方が基本となる。これらに加え、現場において創意
　　　工夫をしながら活動すること（**創造性**）も重要となる。日本では、
　　　1995年の<u>阪神・淡路大震災</u>の際に多くのボランティアが行われ
　　　たことから、この年は日本における「<u>ボランティア元年</u>」と呼ば
　　　れた。

□**11** 　次の記述 **A** ～ **F** について、成年年齢が18歳に引き下
★★　　げられて、18歳になるとできるようになったこととし
　　　　て適当なものをすべて選べ。

　　A 　公認会計士の資格を取得すること
　　B 　裁判員に選ばれること
　　C 　国民年金を納めなければならなくなること
　　D 　自分だけでスマートフォンを契約すること
　　E 　お酒を飲むこと
　　F 　代理人なしに民事訴訟を起こすこと

A

B

D

F　※順不同

4 日本の伝統・文化と私たち

□ **1** 日本人の行動様式として、**非日常的な**聖である ┌─★★★─┐
★★★ と**日常的な**俗である ┌─★★★─┐ がある。

ハレ,
ケ

□ **2** ハレの**生活のリズム**としては、四季の移り変わりの中
★★★ で行われる祭りなどの ┌─★★★─┐ が、**人生のリズム**とし
ては、七五三など人生の節目となる ┌─★★★─┐ がある。

年中行事,
通過儀礼 (イニシ
エーション)

□ **3** **人生の節目**を祝い、同時に自覚を高める儀式を通過儀
★★ 礼という。宮参りなどの**出生儀式**、初節句、七五三、成
人式などの ┌─★★─┐ 儀礼、結婚式、還暦、古希、喜寿、
米寿などの ┌─★★─┐ 祝い、葬式などの**葬送儀礼**がある。

生育,
年（とし）

◆日本の伝統文化として、田植えから収穫までの農耕文化に基づ
いているとされる**節句**や、先祖の霊を迎えて歓待し、やがて送
り出す**盂蘭盆会** (盆) などがある。これらの年中行事は、農耕儀
礼としての性格だけでなく、宗教的な意味合いも有する。

□ **4** 稲作農耕カレンダーに対応した年中行事が ┌─★─┐ で
★ ある。農耕開始時に豊作を祈念する春祭り、都市生活
の中での天災や疫病の防止を祈願する夏祭り、収穫を
神に感謝する ┌─★─┐ 祭りがある。

祭り

秋

◆非日常を創り出し、**気分の高揚**をもたらすハレの行事として、盆
踊りや夏祭りなどがある。

□ **5** 古代の日本における**アニミズム**の思想は、**社会秩序を**
★★ **重んじる**ものであり、これを乱す行為を罪や ┌─★★─┐
として忌み嫌った。 これにまつわることとして、正月
などの行事では ┌─★★─┐ を祀るために、家々に門松な
どの目印を用意する。

穢れ (ケガレ)

歳神（としがみ）
(年神（としがみ）)

◆文化人類学者の波平恵美子は、日常生活に災いをもたらす病気
や災害などを表す穢れ (ケガレ) という言葉を、不浄性を示す観
念として概念化した。

□ **6** 日本の農村社会で見られた家どうしの**協同**のあり方に
★ は、同属の分家が本家から受けた ┌─★─┐ に報いる**奉**
仕として行う**上下身分的**なものと、各家が**平等**に労力
や財を出し合って**共同作業**を行う ┌─★─┐ と呼ばれる
ものがある。

恩義

結 (ユイ) [または
もやい]

□**7** 和辻哲郎は、日本人の特性として、**しめやかでありな**
★★ **がらも突発的に激しい感情を示す**「　★★　」と、**突発** しめやかな激情,
的な激しい感情を示しつつも突然あきらめる「　★★　」 戦闘的な恬淡
という二重的性格を持つことを指摘した。

□**8** アメリカの文化人類学者ベネディクトは、著書
★★★ 『　★★★　』の中で、日本人の国民性として、**共同体の** 菊と刀,
　★★★　を重んじ、常に**世間の思惑や他人の目を気に** 和,
しながら行動することを「　★★★　の文化」と規定した。 恥

□**9** 「　★★★　の文化」の日本に対して、「　★★★　の文化」 恥, 罪
★★★ の欧米では、人々は内面的な罪の意識に基づき行動す
る傾向が強い。

□**10** 中根千枝は、**日本文化は上下関係を重視する**　★★★
★★★ **社会、西洋文化は契約関係を重視する**　★★★　社会と タテ,
規定した。 ヨコ

◆日本のタテ社会は中国の**儒教思想**の、欧米のヨコ社会は**キリス
ト教思想の影響**を受けている。

□**11** 日本人は、**表面的な意見である**「　★★　」と本当の考
★★ **えである**「　★★　」とを、時と場合に応じて使い分け 建て前(タテマエ),
る傾向が強い。 本音 (ホンネ)

□**12** 文化とは人々が社会的生活の中で作りあげてきた考え
★★★ や行動、生活様式の総体のことであり、具体的には物
質文化 (道具、機械、技術)、　★★★　文化 (法律、政治、 制度,
経済)、　★★★　文化 (学問、芸術、宗教) がある。 精神

◆文化は時代や地域で様々に異なるため、それぞれの歴史や社会
背景を探りながら、その文化を理解しようとすることが大切で
ある。

□**13** 　★★　とは、神や仏など超自然的な存在を信じ、そ
★★ れを信仰することで心の平安や希望を見出そうとする 宗教
人間の営みであり、その象徴的な体系のことである。

□**14** 伝統文化から現代文化までの**根底に存在して変化しに**
★★ **くい生活様式を**　★★　文化といい、その上に**一時的** 基層
かつ外面的に発現する、変化しやすい生活様式を
　★★　文化という。 表層

□**15**
★★
日本文化は、日本古来の基層文化の上に儒教、仏教、キリスト教などの習俗や東西の文化が融合した [★★] 文化である。

重層

□**16**
★★★
西洋における**自然**とは、[★★★] によって**創造された**物質として捉えられたが、日本では天地や山川草木から動植物に至る自然界のすべてを霊的存在として捉え、古来より**自然の中に霊的な力が宿る**という [★★★] 的な考えを抱いていた。

絶対神

アニミズム

□**17**
★
西洋では、自然は人間と対立すると考えられたことから、自然とは [★] の対象であるのに対し、日本では自然との [★] が重んじられ、人間は自然から生まれ [★] に帰ると考えられた。

征服,
一体感,
自然

□**18**
★★★
古代日本人にとっての [★★★] とは、大雨や干ばつのような**自然現象**や疫病など、災厄として現れる存在であったため、その形態は様々で、それらを総称して [★★★] と呼んだ。

◆一神教とは異なる、相対的な存在としての神である。

神

八百万神

□**19**
★★
清らかさが重んじられた古代日本では、罪や穢れを水に浸かって洗い清める [★★] や、儀式や祝詞などの [★★] と呼ばれる罪や穢れを取り払う行為があった。

禊,
祓い（祓え）

□**20**
★★★
古代日本人は、八百万神とともにこの世を生き、偽り欺くことや**隠しごとがなく純粋**であることを良しとしたが、そのような心のあり方として、**邪心のない清らかな心**である赤心（赤き心）や [★★★] を尊んだ。

◆清き明き心（清明心）の概念によって心の清らかさを求めた古代日本人は、自然の中にも清明さを重んじた。『万葉集』では、「清」という文字が「きよし」「さやけし」などとして、多くの歌に詠まれた。

清き明き心（清明心）

□**21**
★★★

日本の風土は、倫理学者の和辻哲郎による類型では ［ ★★★ ］型にあたる。大雨、洪水や干ばつなどの自然の猛威の中にも豊かな恵みを受ける風土では、人は自然に対し ［ ★★★ ］的・忍従的になり、**あらゆる**自然**物**に ［ ★★★ ］**が宿る**という信仰が生まれやすいとする。

モンスーン

受容,

神

◆モンスーンとは季節風のこと。和辻哲郎は著書『風土』で風土と人間性の関係を分析し、風土によって文化が異なると考えて、暑熱と湿気とが結合したモンスーン型、乾燥した砂漠（沙漠）型、夏は乾燥するものの、冬には雨の恵みがある従順な気候である牧場型の3つに文化を分類した。日本は高温多湿で、時として自然の暴威に見舞われるモンスーン型に属する。

□**22**
★★★

柳田国男が研究した、無名の人々である庶民の衣食住に関する生活様式のことを ［ ★★★ ］文化というが、その成果を記した著書が『 ［ ★★★ ］ 』である。

常民,

遠野物語（とおの）

□**23**
★★★

［ ★★★ ］は、**民衆の日用品**としての価値しかなかった品々に、固有の優れた美を見出し、それらに ［ ★★★ ］という概念を与えた。

柳宗悦（やなぎむねよし）,

民芸

◆雑誌『白樺』の創刊に加わり、後に民芸運動の創始者となった。民芸（民間工芸）に素朴な美を見出し、**日常雑器に宗教的真理を見出した。**

□**24**
★★★

6世紀頃までに日本に ［ ★★★ ］や儒教が伝来していたが、すでに根づいていた自然の ［ ★★★ ］への信仰と合わさって日本独特の重層的な文化が形成された。

仏教,

八百万神

□**25**
★★★

推古天皇**の摂政**となった ［ ★★★ ］は、仏教や儒教を積極的に受容し、［ ★★★ ］の制度や ［ ★★★ ］の制定など、仏教や儒教の精神を国づくりに取り込もうとした。

聖徳太子（しょうとくたいし）,

冠位十二階, 十七条憲法

□**26**
★★

「 ［ ★★ ］ **をもって貴しとし**」という言葉で始まる聖徳太子の十七条憲法は、調和の精神を為政者の倫理観として導入し、仏教と儒教を日本に紹介した。

和

□**27**
★★★

［ ★★★ ］は、6世紀頃までに日本に伝来したが、仏教のように民衆には広まらず、主に貴族や僧侶などの間で学ばれた。

儒教

□ 28
★★★
平安時代には、**日本古来の神と仏教信仰とが融合し**
た ★★★ の考え方が広まり、**仏が人々を救うために
神の姿となって現れる** ★★★ も受け入れられた。

◆仏が真理の根源である本地、神は仏が神の形となって現れた姿、
すなわち権現であると捉えられ、**仏教中心の神仏習合が生まれ**
た。

神仏習合,
本地垂迹説

□ 29
★
念仏を真剣に唱えれば仏の慈悲によって救われるとい
う ★ を旨とする鎌倉仏教の中で、**本気で念仏を
唱える悪人こそ救いにふさわしい対象である**とする仏
教の考えを ★ 説という。

◆鎌倉仏教は、易行によって仏教が庶民に広まったもの。**悪人正
機説は、親鸞の浄土真宗の教えである。**

他力本願

悪人正機

□ 30
★★
中世の美意識である「わび」などの**茶道の美**を大成させ
たのは ★★ であり、「幽玄」「花」などの**能楽の美**を
確立したのは ★★ である。

千利休,
世阿弥

□ 31
★★
鎌倉時代を経て戦乱の世の中で ★★ は衰退してい
き、江戸幕府の成立とともに ★★ **体制を支える思
想として儒学が発達した。**

◆江戸時代には、儒教の教えは学問としての儒学として普及した。
林羅山の朱子学は、江戸幕府の官学（御用学問）となり、土農
工商という武家社会におけるタテの身分関係を儒教の敬と礼に
よって正当化した。

仏教,

幕藩

□ 32
★★★
日本における**陽明学の祖**と呼ばれる ★★★ は、**形式
や身分秩序を重んじた** ★★★ **を批判し、**人は ★★★
の精神をもって分け隔てなくすべての人を敬うべきで
あるという**愛敬の心**を教えた。

◆中江藤樹は、朱子学に対抗して、仁はもともと家族中心の孝を
重視したものだと主張した。ゆえに、**身分は平等である**と主張
し、**身分制を正当化した朱子学を批判した。**

中江藤樹,
朱子学, 孝

□ 33
★★★
日本の古典である『万葉集』などを ★★★ 的方法に
よって深く掘り下げて**日本固有の思想を研究しよう**と
する、江戸時代中期に成立した学問は ★★★ である。

◆国学が生まれた背景には、仏教や儒教などの中国思想を導入し
たことへの反発がある。ゆえに、日本人古来の心を知るために、
日本の古典に戻ろうとする思想へとつながった。

文献学

国学

□34 仏教や儒教の説く理屈や議論を ★★★ として否定し、
★★★ **国学**を大成した本居宣長は、人は生まれつき持つ**素直**
でおおらかな感情である ★★★ によって生き、物事
に触れて湧き出てくる、しみじみとした感情である
★★★ を知ることで、理想的な生き方にたどり着け
ると考えた。

漢意（漢心）

真心

もののあわれ

　◆漢意（漢心）に対して、日本人固有の心情を大和心という。「も
　ののあわれ」を知る心とは、世の様々なことに出会い、それらの
　趣を感受して「あわれ」と思う心のことをいう。

□35 江戸期に町民や農民に広まった**石田梅岩**の ★ は、
★ 貨幣を稼ぐことは賤しいという ★ 思想を否定し、
勤勉の対価である貨幣と商業を正当化した。

石門心学,
賤貨

□36 **佐久間象山**は、**西洋諸国に対抗するためには科学技術**
★★★ **の移入が必要**であると考え、「 ★★★ 道徳」とともに
「 ★★★ 芸術」を詳しく学ぶべきであると唱えた。

東洋,
西洋

　◆この「芸術」とは科学的な技術のことを指す。佐久間象山のいう
　「東洋道徳、西洋芸術」とは、東洋では道徳が、西洋では技術が
　優れているので、**両者を兼ね合わせる必要**があるという意味で
　ある。また、欧米列強が強大な軍事力を持った要因を詳証術、つ
　まり数学に見出し、これを学ぶべきであるとも説いた。

□37 ★★★ は、独立心、天賦人権、数理学を唱え、「**一身**
★★★ **独立して一国独立す**」と主張した。

福沢諭吉

　◆個人の独立が実現してこそ、国家の独立が実現できると説いた。

□38 ★★★ は、「**天は人の上に人を造らず、人の下に人を**
★★★ **造らずと言へり**」と述べ、天賦人権論と ★★★ 思想
を紹介した。

福沢諭吉,
平等

□39 ★★ は、ルソーの『**社会契約論**』を『 ★★ 』と
★★ 題して漢文訳し、日本に主権在民や**抵抗権**の思想を紹
介したことから「東洋のルソー」と呼ばれ、自由・平
等・博愛の精神に基づく**民主共和制**を唱えた。

中江兆民, 民約訳
解

□40 ★★ は**無教会主義**に立って、Jesus（**イエス**）と
★★ Japan（**日本**）の武士道精神を融合する ★★ を
キーワードにキリスト教的倫理を追究した。

内村鑑三,
２つのJ

□**41**
★★
内村鑑三らとともに**札幌農学校**に学び<u>キリスト教</u>に入
信した ★★ は、「**太平洋の（懸け）橋とならん**」こ
とを志して渡米し、プロテスタントの一派の ★★
の信仰に出会った。その後、彼は**日本人の精神**を世界
に広く知らしめるべく、『 ★★ 』を英文で著した。

<u>新渡戸稲造</u>,
クェーカー

武士道

◆<u>新渡戸稲造</u>は、<u>キリスト教</u>を受け入れる精神的な素地としての
<u>武士道</u>に着目した。『武士道』の英文タイトルは "BUSHIDO：The
Soul of Japan" である。彼は<u>国際連盟</u>の事務次長も務めた。<u>内</u>
<u>村鑑三</u>と同じく、**日本の武士道**の**道徳性**が**誠実な**<u>キリスト教</u>**信**
仰に**接続**されるべきことを主張した。

□**42**
★★★
夏目漱石は、<u>他者への依存を捨てて</u><u>自我の内面的欲求</u>
に従うと同時に、他者を尊重する ★★★ という生き
方が重要であると唱え、そのような ★★★ 主義が
★★★ 開化の実現につながると考えた。

自己本位,
個人,
内発的

◆<u>夏目漱石</u>は、『私の個人主義』などにおいて、自己を見失い他者
に迎合するあり方を批判し、自己の本領を発揮しながらも他者
の個性や存在を認めて尊重し合う倫理的価値観を説いた。

□**43**
★★★
★★★ は、人間は常に人と人との「 ★★★ 」という
関係性においてのみ人間たり得るのであり、人間は**決**
して孤立した個人的な存在ではない ★★★ 存在であ
ると捉えた。

和辻哲郎, 間柄

間柄的

□**44**
★★★
日本における宗教や文化をめぐる考え方に関する記述
ア～ウと、それらに対応する名称**A～C**との組み合わ
せとして最も適当なものは、後の①～⑥のうちの
★★★ である。

ア 自然界に存在する様々なものには生命が宿ってい
るとして、これらを崇拝する古代からの宗教意識
イ 鎌倉時代に、武士や民衆の間で広まった、「南無阿
弥陀仏」とひたすら念仏を唱えれば救われるという、
仏教の考えの1つ
ウ 国学において、社会の秩序を維持してきたとされ
る、人が生まれつき持つ自然な心情

A 絶対他力　**B** 真心　**C** アニミズム

① アーA　イーB　ウーC
② アーA　イーC　ウーB

③ アーB　　イーA　　ウーC

④ アーB　　イーC　　ウーA

⑤ アーC　　イーA　　ウーB

⑥ アーC　　イーB　　ウーA

□**45** 欧米文化に言及した日本の思想家に関する記述**A**〜**C**
★★★ と、それらと関係の深い人物**ア**〜**ウ**の組み合わせとして最も適当なものは、後の①〜⑥のうちの ┌★★★┐ である。

A 幕末に「東洋の道徳、西洋の芸術」を唱え、東洋の儒教道徳と西洋の科学技術をつなげようとする思想を説いた。

B 日本の文明開化は外発的なものであり、内発的開化には「自己本位」の態度が必要であると説いた。

C 西洋の思想が主観と客観、精神と物質という区分で物事を捉えることを批判し、主客未分の「純粋経験」という考え方を展開した。

ア 西田幾多郎　**イ** 夏目漱石　**ウ** 佐久間象山

① A－ア　B－イ　C－ウ

② A－ア　B－ウ　C－イ

③ A－イ　B－ア　C－ウ

④ A－イ　B－ウ　C－ア

⑤ A－ウ　B－ア　C－イ

⑥ A－ウ　B－イ　C－ア

⑤

⑥

公共の扉
GENSYA

人間としてよく生きること

1 古代ギリシア思想

□1
★★
紀元前6世紀、小アジア西岸にある**イオニア地方のギリシアの植民都市**で生まれた自然哲学は、万物の根源、すなわち ★★ を探究する哲学である。

アルケー

□2
★
世界の秩序がミュトス(神話)によって説明されてきた時代を経て、紀元前6世紀のギリシアに生まれた ★ 哲学は、**自然や物事の本質や法則を** ★ **によって探究**するものである。

◆ロゴスとは「言葉」「論理」「理法」を意味するギリシア語である。

自然, ロゴス (理性)

□3
★★
「倫理学の創始者」と呼ばれる ★★ は、ソフィストたちが個人主義的な考え方を主張したのに対し、**人間の生き方の**普遍的な原理**を探究**した。

ソクラテス

□4
★★★
人は、自らが無知であることを自覚すること(★★★)によって、初めて謙虚に真の知恵を探究する ★★★ の態度を手に入れることができるとソクラテスは説いた。

無知の知,
愛知 (フィロソフィア)

□5
★★★
ソクラテスは「真」「善」「美」に配慮して魂の**卓越性**を目指して生きることを「 ★★★ 」と表現し、この生き方を最も重視した。

善く生きる

□6
★★★
ソクラテスの**弟子**であったプラトンは、世界を**現実の世界である** ★★★ と、**理性によって捉えられる完全かつ真の存在の世界である** ★★★ (英知界)によって説明した。このような考え方は ★★★ 論と呼ばれる。

現象界,
イデア界,
イデア

□7
★★★
プラトンは、事物の理想形である ★★★ を追究し、理想的な自己になりたいと思慕する魂の動きである ★★★ を愛と捉えた。

イデア,
エロース(エロス)

□8
★★★
プラトンは、 ★★★ のイデア**を持った哲学者**が国を治めるべきだと主張し、これを ★★★ と呼んだ。

善,
哲人政治

□ **9** プラトンに学んだアリストテレスは、プラトンの主張
★★★ した**二元論的世界観**である**イデア**論を批判し、 ★★★
と ★★★ が合体して現象が発生するという**一元論的**
世界観を展開した。

ヒュレー（質料）,
エイドス（形相）
※順不同

□ **10** アリストテレスによると、人間の**幸福**とは**真理**を求め
★★★ る**アレテー**（徳）に従った**魂**の活動であり、**最高善**の**幸**
福とは「 ★★★ **生活**」によって求められるという。

観想的（テオリア的）

◆アリストテレスは、真理を求める観想的生活（テオリア的生活）
こそが幸福（エウダイモニア）であるとし、倫理**的徳**（習性**的徳**）
は中庸（メソテース）を習慣化することで形成されるとした。

□ **11** **倫理的徳**（習性的徳）は、行為の際に**思慮**を働かせて、
★★★ 感情や欲望の過大と過小という両極端を避ける、つま
り ★★★ を保つ訓練を通して修得される。

中庸（メソテース）

◆アリストテレスは、極端を避けるメソテース（中庸）の精神を重
視した。これは**調和**や**公共性**の主張の下にある考え方といえる。

□ **12** アリストテレスは、個人にとっての**善**と共同体にとっ
★★ ての**善**とは切り離すことができず、各共同体で共通さ
れる ★★ （公共善）とのつながりによって、個人
の ★★ で充実した生が実現すると考えた。

共通善,
幸福

□ **13** アリストテレスは、「**人間は** ★★★ **的動物である**」と
★★★ いう**本性に従って社会生活を営む存在**であるとして社
会性・公共性を重視し、 ★★★ と ★★★ の徳もポリ
スを離れては実現しないとした。

ポリス

正義,
友愛（フィリア）
※順不同

◆アリストテレスが重視した愛はフィリアと呼ばれる。フィリア
とは友愛のことであり、**公共的な愛**を意味する。

□ **14** 富と権力が公平に分配された社会を正義が実現した社
★★★ 会であると考えたアリストテレスは、法を守るという
全体的正義に対して、部分的正義には各々の**成果や能**
力に応じた報酬を配分する ★★★ 的正義と、対人関
係における**利害関係を公平に裁く** ★★★ 的正義の
2つがあると説いた。

配分,
調整

◆配分的正義とは、働いた者にそれに応じた**報い**が与えられるこ
と。調整的正義とは、悪い行いをした者にはそれに応じた**制裁**
が与えられること。

□ **15** 次の先生と生徒A・Bの会話を読み、空欄（　a　）・
★★ （　b　）に入る語句の組合せとして最も適当なもの
を、後の①〜④のうちから1つ選べ。

先　生：原子力発電所やごみ処理場など、人々の暮ら
しには必要であるが、それらが立地される場所の住
民としては受け入れたくない施設について、建設場
所はどのようにして決定されると思いますか？

生徒A：民主主義のプロセスによると、（　a　）が害
され、どうしても過疎地か、政治参加や意思表示に
熱心な人の少ない地域に決定されるのではないで
しょうか。

生徒B：政治判断として、地域環境への負荷や、万が
一の事故が発生した場合に影響が少ない場所が選択
される可能性もあります。

先　生：少数者に犠牲を強いるというのは、真の民主
主義といえるのかも考えるべきでしょうね。

生徒A：確かに、多くの人々が利益を得るのなら、犠
牲を強いられる少数者には、何らかの対価や利益が
ないと公正とはいえないような気がします。

生徒B：そういえば、アリストテレスが分類した正義
の1つに（　b　）がありました。何らかの補償がな
いと、正義とはいえないですよね。だから、政治決
定する時には、受け入れてくれる地域に国から財政
援助や社会資本の整備などが行われているのではな
いでしょうか。

① a　多数者の人権　　b　配分的正義
② a　多数者の人権　　b　調整的正義
③ a　少数者の人権　　b　配分的正義
④ a　少数者の人権　　b　調整的正義

④

2 宗教の教え

☐**1**
★
ユダヤ教、ヒンドゥー教、神道(しんとう)などのように、**特定の民族間で信仰されているもの**を ┌─★─┐ 宗教という。

民族

☐**2**
★★★
キリスト教、仏教、イスラーム教のように**民族を超えて広く信仰**されているものを ┌─★★★─┐ 宗教という。

世界

◆この3つの宗教を世界三大宗教という。

☐**3**
★★★
ユダヤ人(イスラエル人)の民族宗教である ┌─★★★─┐ は『┌─★★★─┐』を聖典とし、後に『┌─★★★─┐』を聖典とするキリスト教が民族を超えた ┌─★★★─┐ 宗教となった。

ユダヤ教,
旧約聖書, 新約聖書,
世界

☐**4**
★★★
ユダヤ教は、ユダヤ人が神から選ばれた民族であるとする ┌─★★★─┐ 思想をその特徴とすることから、世界宗教とはなり得ず、┌─★★★─┐ 宗教にとどまった。

選民,
民族

◆神から選ばれた民族であるゆえに、ユダヤ人は自身の優位性、優秀性を意識するようになる。

☐**5**
★★
ユダヤ教では、神は ┌─★★─┐ の神であり、律法(トーラー)を重視する ┌─★★─┐ 主義を特徴とする。

裁き,
律法

☐**6**
★★
ユダヤ教では、神との契約の内容を示した ┌─★★─┐ が律法として重視されている。

モーセの十戒

◆モーセの十戒には、偶像崇拝の禁止、安息日の厳守、父母への敬愛、殺人の禁止、窃盗の禁止などの戒律がある。

☐**7**
★★★
イエスは30歳の頃、後に ┌─★★★─┐ 主義と呼ばれるようになったパリサイ派の思想を批判し、形式的に律法(トーラー)を守ることよりも神を信じる内面的な信仰心が大切であると説いた。

律法

☐**8**
★★★
イエスは、人は生まれながらに ┌─★★★─┐ であると述べた。これを ┌─★★★─┐ といい、すべての人はまず自らの罪を悔い改めなければならないと説いている。

罪人(つみびと),
原罪

☐**9**
★★★
キリスト教では、神がすべての者に ┌─★★★─┐ という**無差別・平等の愛**を注ぐとした。

アガペー

☐**10**
★★★
キリスト教では、アガペーの考え方から、罪深い人が救われるためには、┌─★★★─┐ への愛と ┌─★★★─┐ への愛を実践することが必要だとした。

神, 隣人 ※順不同

□**11** キリスト教の思想は、欧米の**ヨコ社会**を基礎づける**人**
★★★ **と人との対等な** ★★★ 思想や、反戦論、人種差別撤
廃、生命への畏敬を求める現代 ★★★ に影響を及ぼ
している。

契約,
ヒューマニズム

□**12** ユダヤ教の神は**裁く神**であるが、**イエス**の説く神はす
★★★ べての人を**平等に愛する神**である。この ★★★ とい
う**愛の思想**が、 ★★★ 思想を持った**ユダヤ教**が**民族**
宗教にとどまったのに対し、**キリスト教**が ★★★
宗教へと発展した要因といえる。

アガペー,
選民,
世界

□**13** 十字架上で処刑された**イエス**が、その**3日後に** ★★★
★★★ したとされることによって**イエス**こそが ★★★ であ
るという信仰が生まれ、 ★★★ が始まった。

復活,
メシア（救世主）,
キリスト教

□**14** **イエスの十字架の刑による死**は、**人類が背負っている**
★★★ **原罪を消し去る** ★★★ **の死**であると考えられている。

しょくざい
贖罪

　◆**イエスが処刑後**、3日目に**復活**して**昇天**したということは、**イ**
　エスが神の子である証だと考えられている。その後、イエスの
　使徒**ペテロ**らによってキリスト教が布教されていく。

□**15** **アリストテレス**の哲学を導入した ★★ は、キリス
★★ ト教の教義を哲学によって体系化したが、自然の光に
基づく理性による真理に対して恩寵の光に基づく
★★ の優位を説いて、両者の調和を導いた。

トマス＝アクィナス

信仰

□**16** **7世紀前半**に**アラビア半島**で ★★★ によって開かれ
★★★ た**イスラーム教**は、『 ★★★ 』を聖典とする。

ムハンマド,
クルアーン（コー
ラン）

　◆**イスラーム**はアラビア語で「**絶対的帰依、服従**」を意味する。

□**17** ★★ 教徒や ★★ 教徒は、**イスラーム教徒**と同
★★ じく**唯一神**を信仰し、その神の**啓示**による**聖典を持つ**
民として、**イスラーム世界**では「 ★★ 」と呼ばれる。

ユダヤ, キリスト
※順不同
啓典の民

　◆**仏教**、**キリスト教**、**イスラーム教**は**世界三大宗教**と呼ばれる。な
　お、イスラーム教は神の啓示として**『旧約聖書』**と**『新約聖書』**を
　認めているが、**『クルアーン』**が完全なる啓示となる書である。

□**18** **ムハンマド**は、ヒラー山の洞窟で**天使ガブリエル**を通
★★ じて**唯一神** ★★ の**啓示を受け**、 ★★ としての
自覚を持った。

アッラー, 預言者

□19 ムハンマドは、**唯一絶対神**アッラーのもとで人間は
★★ 　**★★** であると説いた。

平等

◆アッラーは、**唯一絶対神**であり**創造の神**。人間の言葉で人間に
語りかけてくれる人格神でもあり慈悲深いが、終末には**最後の
審判**を下し、人間の来世を天国と地獄に振り分ける。

□20 ムハンマドが **★★** で布教を始めた当時、アラブ世
★★ 界では部族中心の**多神教**が広く信仰されていたため、
一神教であるイスラーム教は迫害を受け、ムハンマド
は **★★** へ移住した。これを **★★** という。

メッカ

メディナ, ヒジュ
ラ (聖遷)

◆ヒジュラ(聖遷)が行われた**622年**がイスラーム暦の元年となる。

□21 イスラーム教徒はアラビア語で **★★** と呼ばれ、全
★★ 生活は『クルアーン (コーラン)』に基づいて営まれて
いる。彼らは、部族や民族の枠を越えて開かれた、**宗
教と政治とが一体となった信仰共同体である **★★**
を形成**している。

ムスリム

ウンマ

◆「**すべてのムスリムはみな兄弟である**」(『クルアーン』)とするイ
スラーム教の連帯感は強固である。歴史上、**政治と宗教が一体
化する**政教一致も見られる。

□22 **★★★** とは、①唯一神 **★★★** 、②天使、③『クル
★★★ アーン (コーラン)』、モーセ五書、イエスの福音書など
の **★★★** 、④預言者、⑤来世、⑥天命の６つを信仰
することをいう。

六信, アッラー

啓典

□23 六信と並び『クルアーン (コーラン)』が定める宗教的
★★★ 務めとして **★★★** があり、アッラーへの**信仰告白**、1
日5回の **★★★** 、貧者への喜捨、ラマダーンの月の
★★★ 、一生に１度の聖地メッカへの**巡礼**からなる。

五行,
礼拝,
断食

□24 イスラーム教において、**★★★** はしばしば「**聖戦**」と
★★★ 訳されるが、もともとは「(神の道において) 奮闘努力
する」ことを意味し、六信・五行を全うする際に生じ
る葛藤との心における戦いのことである。

ジハード

◆近年のイスラーム教原理主義的なテロ集団は、異教徒との戦い
をジハードとしてテロ行為を正当化する例もあるが、本来はそ
のような意味ではない。

□**25**
★★
イスラーム教では、ザカートと呼ばれる ★★ が義務とされるが、これは宗教税とも呼ばれ、信者の相互扶助や ★★ などに用いられる。

喜捨

貧民救済

◆喜捨（ザカート）とは、自らの財産を貧しい兄弟姉妹（イスラーム教徒）に対して提供することをいう。彼らの苦しみを知るためにラマダーンの月の断食があると捉えることもできる。

□**26**
★
★ 法とは、『クルアーン（コーラン）』などに基づき、宗教的儀礼から日常生活までイスラーム教徒の守るべき掟を体系化したもので、 ★ ともいう。

イスラーム

シャリーア

◆日常生活では、豚肉を食べることや酒を飲むことを禁じるなど食生活に様々な制限を設ける。そのような戒律を守った料理をハラールという。また、シャリーアでは利子をつけることが禁じられており、ムハンマドの伝えたこれらのような**イスラームの社会規範のこと**をスンナ、それを信奉する者をスンナ派（スンニ派、スンニー）という。その他、イスラームでは礼拝堂をモスク、都市の街区をハーラ、市場をスーク（バザール）という。

□**27**
★★★
イスラーム教においては、アッラー以外に神性を認めず ★★★ を禁じている。したがって、預言者ムハンマドは ★★★ であり、神格化の対象とされてはならず、イスラーム教徒は ★★★ 信と ★★★ 行を実践することで、天国か地獄かというアッラーの**最後の審判**に備えている。

偶像崇拝,

人間,

六, 五

◆この点で、キリスト教における三位一体の教義は否定される。

□**28**
★
イスラーム教は、ムハンマドの後継者とされる ★ たちによって広められ、 ★ 以後はヨーロッパまでイスラーム哲学**が伝播**し、学問の発達に貢献した。

カリフ,

十字軍

□**29**
★★
第４代正統カリフであるアリーの死後、イスラーム教は多数派の ★★ と、アリーとその子孫のみをウンマの指導者として認める少数派の ★★ に分かれた。

スンナ派（スンニ派）, シーア派

◆スンナ派は、教団が選んだカリフをムハンマドの後継者として認め、ウンマの分裂を避け、その団結と預言者のスンナ（言行）に従うことを重視し、イスラーム教徒のおよそ９割を占める。

□**30**
★★★
仏教は、苦しみの原因は無常・無我の真理を知らずにこの世の事物に執着する ★★★ を持つことにあるとした。そして、生きとし生けるものすべてに**慈しみと憐れみの心を注ぐ** ★★★ が愛の本質であるとした。

煩悩

慈悲

◆煩悩とは執着心のことであり、人が本質的に持つ我執や貪・瞋・癡の三毒などを実体とする。

□ **31** ウパニシャッド哲学など古代インドの思想は、生命が
★★★ 永遠無限に繰り返すという ★★★ の思想に立脚する。

輪廻転生 (りんねてんしょう)

□ **32** ブッダが開いた仏教には、あらゆる事物は絶えず変化・
★★★ 消滅し、**永久不変の存在などあり得ない**という ★★★
の考えがある。

諸行無常 (しょぎょうむじょう)

□ **33** 仏教は、一切の存在は互いに依存し合っているとする
★★★ ★★★ 説に立つとともに、**常に変化し永遠の実体は**
存在しないとする ★★★ ・**無我を本質**とし、我 (アー
トマン) を否定した。

　◆仏教では、このような本質のことをダルマ (法) と呼んでいる。

縁起 (えんぎ),

無常

□ **34** 仏教では、真理を悟り煩悩を断ち切れば、一切の苦し
★★★ みから ★★★ し、**心静かな平安の状態である** ★★★
に至るとした。

解脱 (げだつ), 涅槃 (ねはん) (ニル
ヴァーナ)

□ **35** ブッダの死後、仏教は2つの異なる教派に分かれて各
★★ 地に広まっていった。**スリランカ (セイロン島) や東南**
アジアへと広まったのは ★★ 仏教、**中国や朝鮮半**
島を経て日本へと伝わったのは ★★ 仏教である。

　◆大乗仏教は、いわば大きな乗り物 (船) に乗って皆が極楽浄土に
　往生できるという考え方であるのに対し、上座部仏教は厳しい
　修行に耐えた者だけが小さな乗り物 (船) に乗って極楽浄土に往
　生できると考えることから、大乗仏教側から見て小乗仏教とも
　いわれる。スリランカ、ミャンマー (ビルマ)、タイ、カンボジ
　ア、ラオス、インドネシアのジャワ島などに伝わったことから
　南伝仏教とも呼ばれる。

上座部 (南伝) (じょうざぶ),
大乗 (北伝) (だいじょう)

□ **36** 大乗仏教における ★★★ とは、生きとし生けるものは
★★★ すべて悟りを開く可能性を持っているという意味である。

　◆すべての人には仏性 (ぶっしょう) が備わっており、仏の慈悲によって救われ
　るとする考え方で、如来蔵思想と呼ばれる。日本では他力本願
　の易行を基本とする仏教の宗派に影響を与えた。

一切衆生悉有仏性 (いっさいしゅじょうしつうぶっしょう)

□ **37** インドの大乗仏教で説かれた ★★ 教思想は、中国
★★ を経て、平安時代後期以降の日本で主流をなしたが、こ
の思想で説かれる誓願 (本願) (せいがん) とは『無量寿経』(むりょうじゅきょう) に説かれ
た48の誓願 (本願) からなり、 ★★ を信じてひたむ
きに称名念仏を称える者は、みな浄土へ ★★ させ
るという内容を中心とする。

浄土

阿弥陀仏,

往生

□**38** バラモン教に民間の信仰や慣習を取り込んだ ★★
★★ は、徐々にインド社会に定着し、現在のインドにおける代表的な宗教となっている。

ヒンドゥー教

- ◆ヒンドゥー教は、破壊と創造の神である**シヴァ神**、世界維持の神である**ヴィシュヌ神**をはじめとした多くの神々を信仰する多神教で、仏教の輪廻や解脱の思想なども取り入れた。

□**39** 孔子の教えの根幹には、家族の間に**自然に生まれる親**
★★ **愛の心**をすべての人への愛にまで高めることを意味する ★★ という概念がある。これを実践するためには、親に対する ★★ や年長者に対する**恭順の心**である ★★ が必要であるという。

仁,
孝,
悌

□**40** 孔子は、混乱の中にあった春秋・戦国時代の中国において、**道徳的な人格を完成させた** ★★★ が政治の指
★★★ **導者となるべき**であると考えたが、このような理想的な人物が国を治めることを ★★★ 主義という。

君子

徳治

- ◆孔子は、「己を修めて以て百姓を安んず」と述べ、**理想的な人格者**である君子が為政者となって民衆を教化する徳治主義を唱えた。その教えのポイントをまとめると以下の通り。

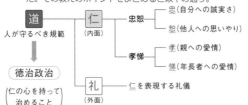

```
道          仁 ─── 忠恕 ─── 忠(自分への誠実さ)
人が守るべき規範  (内面)        恕(他人への思いやり)

                   孝悌 ─── 孝(親への愛情)
 ↓                             悌(年長者への愛情)

徳治政治
              礼 ─── 仁を表現する礼儀
(仁の心を持って    (外面)
  治めること)
```

□**41** 孔子の目指した理想的な社会とは、各人が ★★★ と
★★★ ★★★ によって自らを高めることで、**命令や刑罰などを必要としない平穏な社会**であった。

仁,
礼 ※順不同

- ◆『論語』によると、仁の実践は、**他人の力ではなく自己の力**によるものであるから、**自己に打ち克ち、礼に立ち返る者が仁を身につけられる**という。この克己復礼とは、わがままや私利私欲を捨て去り、客観的・外面的徳性である礼に自覚的に従うことである。

□ **42** 朱子（朱熹）は、現実の人間は、本性として備わっている
★★★ ┃★★★┃ が ┃★★★┃ によって妨げられているために私欲
が生じる状態にあるとした。私欲が勝つと天理を滅ぼ
すことになるので、**本性の涵養と事物の** ┃★★★┃ **の探**
究によって**本来の** ┃★★★┃ **を発現**すべきであるとした。

理，気

理，

理

◆気とは、事物の物質的な意味での根源となる構成要素を指す。理
とは、事物の存在の根源となる理法であり、宇宙の根本原理で
ある。気は感情や欲望を生み出すが、理は本然の性である善の
心を司る。これを性即理と呼ぶ。人間の本性は理であり、悪い
性質を持ちやすい気の作用を抑えて本然の性である理に従うこ
とを説いた。

□ **43** ┃★★★┃ は、朱子（朱熹）の説が世界を貫く規範である
★★★ ┃★★★┃ を事物に求める傾向にあると批判し、それは
自らの心にあると唱えた。

王陽明（王守仁），

理

◆王陽明は、すべての人々の内面にある先天的な良知によって理
が生まれるという「心即理」を説いた。

□ **44** 日本では朱子学派の儒者たちによって支持された儒教
★★★ の考え方は、**幕藩体制や** ┃★★★┃ **制度を正当化**する江
戸幕府の思想的な柱となった。

封建

◆儒教の教えは江戸時代に学問としての儒学として普及した。林
羅山の朱子学は、江戸幕府の官学（御用学問）となり、士農工商
という身分関係を儒教の敬と礼によって正当化した。

□ **45** 江戸幕府は、林羅山の ┃★★┃ 学を御用学問として、武
★★ 家社会の**身分制を正当化**することに利用した。

朱子

◆朱子学では上下定分の理が重視された。

□ **46** 中江藤樹らは、朱子学に対抗して、仁はもともと**家族**
★★ **中心の**孝を重視したものだとする ┃★★┃ 学の考え方
を主張した。

陽明

□ **47** 人間が作り上げた社会道徳の中に「道」を求めた儒教に
★★ 対し、老子や ┃★★┃ に始まる ┃★★┃ 思想は、万物
をはぐくむ自然の中に「道」を見出そうとした。老子は、
人間がそのような自然と調和して柔弱謙下で安らかな
生を営むことを ┃★★┃ と呼び、理想とした。

荘子，道家（道教）

無為自然

□ **48** 老子は、無為自然の生き方を実践するための理想的な
★★ 社会を ┃★★┃ とした。これは、大国ではなく小さな
共同体の中で、人々が素朴で質素な暮らしをするもの
である。

小国寡民

□**49** 次の先生と生徒Ａ・Ｂの会話を読み、空欄**イ**〜**ニ**にあ
★★★　てはまる適語を、後の語群より選べ。

先　生：人と社会のあり方を探究した考え方は、古今
東西に存在しています。何か思い浮かぶものはあり
ますか？

生徒Ａ：古代ギリシアの三大哲学者に数えられるアリ
ストテレスではないでしょうか。「人間はポリス的動
物である」と述べて、社会性や公共性を重視するこ
とを説いてます。彼が愛の本質を友愛（**イ** ★★★ ）
と考えたのは、人間はみな仲良くして友愛の精神を
持つべきことを主張したのだと思います。

イ　フィリア

先　生：極端を避けて中庸の精神を持つ**ロ** ★★★ の
主張は、ある意味で社会的な調和をポリス市民に求
めたのでしょうね。

ロ　メソテース

生徒Ｂ：そういえば、日本でも聖徳太子が「**ハ** ★★★
をもって貴しとし」と述べていました。これって、同
じ考え方なんでしょうか。

ハ　和

先　生：確かに似ています。中国の儒教の考え方を十七
条憲法の中で示したものですね。

生徒Ａ：東洋の儒教にも似た考え方があったんですね。
孔子は愛の本質を**ニ** ★★★ と考えていました。親
愛の情を人の倫理の基準としていましたが、アリス
トテレスの愛の本質である**イ** ★★★ とすごく似て
いると思います。

ニ　仁

生徒Ｂ：もともと儒教は為政者の心のあり方を求めた
倫理でしたよね。それが広がって、人間が社会の中
で生きるための倫理観となっていきました。
ニ ★★★ の心をもって「礼」を尽くすことの大切さ
は、人間と社会のかかわり方を示していたんですね。

先　生：2人とも、いいところに気づきました。人間
はひとりでは生きていけません。社会とのかかわり
合いの中で、人間がどう生きていくべきかは、昔か
ら洋の東西を越えて考えられてきたのです。

【語群】　エロース　フィリア　メソテース
　　　　　アタラクシア　誠　和　慈悲　仁

3 人間性の尊重

□**1** 神中心から人間中心へ考え方が変化する契機となった
★★★ 14～16世紀の ★★★ （文芸復興）では、人間の能力が信頼され、 ★★★ が理想とされた。

ルネサンス,
万能人（普遍人）

□**2** 人文主義者の ★★ は著書『人間の尊厳について』の
★★ 中で、人間は他の動物とは違って ★★ を持っているため、何物にも束縛されず**無限に自分を発展させる可能性**を持つと説き、人間の ★★ を強調した。

ピコ=デラ=ミランドラ,
自由意志
尊厳

◆ピコ=デラ=ミランドラは著書『人間の尊厳について』の中で、「汝は**最下級の被造物である禽獣に堕落する**こともあり得るが、しかし汝の魂の決断によって、神的な高級なものに再生することもできるのである」と述べて、**自由意志**である魂の決断が人間の尊厳を高めることを指摘した。

□**3** ルターやカルヴァンの ★★ も、世俗化した教会中
★★ 心の信仰から聖書中心の主体的信仰に転換させる**宗教的ヒューマニズム**の確立を目指した。

宗教改革

□**4** ルネサンス期には、 ★★★ 説を唱えたコペルニクス
★★★ や、**落体の法則**を発見した ★★★ 、**万有引力の法則**を発見し**古典力学を確立した** ★★★ 、惑星が太陽を1つの焦点とする楕円軌道を描くとする法則を発見した ★★★ などの自然科学者が数多く現れた。

地動,
ガリレイ,
ニュートン

ケプラー

□**5** **不合理な制度や考え方を批判し、人間が権威や偏見、無**
★★★ **知から抜け出す**ように**人間の知性を啓発する**考え方を ★★★ 思想という。

啓蒙

□**6** ★★★ 的精神に基づいて啓蒙思想家たちは、人間の
★★★ 社会にも自然法則のように特定の時代や社会のあり方に制約されない**普遍的な原則**としての ★★★ 法があると主張するようになった。

合理

自然

◆啓蒙思想家として、専制政治を批判した**ヴォルテール**、社会契約説を唱えた**ロック**、**ルソー**、三権分立を唱えた**モンテスキュー**らがいる。

□**7** イギリス経験論を唱えた ★★★ は、「 ★★★ 」と述
★★★ べて、**観察と実験による科学的知識**が人間の生きる力になることを指摘した。

ベーコン, 知は力なり

□ 8 大陸合理論を唱え「**近代哲学の父**」と呼ばれた ★★★
★★★ は、すべての人には公平に（物事の）真偽を判断する
★★★ が具わっているとした。

デカルト

ボン゠サンス（良識）

□ 9 17世紀 ★★★ 論の哲学者 ★★★ は、先入観や偏見
★★★ を取り除いて**自然をありのままに**観察し、★★★ す
ることによって得られた事実や経験を知識の源として
思索を行うべきだとする、科学的な思考法としての
★★★ 法を唱えた。

経験，ベーコン，
実験

帰納

◆ベーコンはイギリス経験論に立脚する思想家である。デカルト
らの大陸合理論に対し、ベーコンをはじめ、ロック、ホッブズ
らのイギリス経験論は、知識の源を実験と経験に求めた。

□ 10 ベーコンは、人間が持つ先入観や偏見を ★★★ と呼
★★★ び、これには4つの種類が存在することを指摘した。そ
れは、錯覚など人間であるがゆえに陥る「種族のイド
ラ」、他人の言葉やうわさによって陥る「★★★」、個
人的立場や偏狭な視野によって陥る「★★★」、伝統
的権威を盲信することによって陥る「★★★」である。

イドラ（幻影）

市場のイドラ，
洞窟のイドラ，
劇場のイドラ

□ 11 ベーコンは、先入観や偏見を取り除いた観察や実験を
★★★ 通して得られた**科学的事実**の中から普遍的な法則を見
つけ出すという ★★★ 法を正しい思索の方法である
とし、著書『★★★』の中で「★★★」という言葉
を残している。

帰納，
ノヴム゠オルガヌ
ム（新機関），知は
力なり

◆ベーコンが重視した「知」とは、道徳的・理性的な「知」ではな
く、科学的な「知」（知識）を意味する。

□ 12 ベーコンが事実に基づく経験を知識の源としたのに対
★★★ し、フランスの ★★★ は ★★★ を知識の源とした。

デカルト，理性

□ 13 デカルトは、ベーコンの ★★★ 法とは逆に、最も確
★★★ 実な真理から出発して理性的な推論によって真理を導
く思考法である ★★★ 法を唱えた。

帰納

演繹

□ 14 どんなに確実だと思われる事柄についても、少しでも
★★★ **疑う余地があれば疑ってみる**ことを ★★★ と呼ぶが、
このような疑いの果てにデカルトは、「疑っている
★★★」の存在という、**疑い得ない確実な真理が存在
する**ことにたどり着いた。

方法的懐疑

自分

□**15** 「『ソクラテスは死んだ。プラトンも死んだ。アリスト
★★★ テレスも死んだ』。ゆえに、『人間は死ぬ』」と推論する
思考法は ★★★ 法である。

帰納

□**16** 「人間は死ぬ」という公理を立て、「『ソクラテスは人間
★★★ である』。ゆえに、『ソクラテスは死ぬ』」とする思考法
は、俗に ★★★ と呼ばれる**数学的証明法**である。こ
の立場は、 ★★★ 法的な思考法に近似している。

三段論法,
演繹

◆三段論法は、論理学的な意味での演繹法である。デカルトの演
繹法は、**哲学の第一原理**に基づいて定立された絶対的で確実な
公理に基づく知識体系を構築することを意味し、論理学的な形
式的演繹法（自然演繹法）に対しては批判的な立場をとる。

□**17** 次の文章の空欄**A**～**D**に入るものを、後の語群より選
★★★ べ。

近代合理主義の祖といわれる**A** ★★★ は、知識の獲
得に際して、数学のように誰も疑うことのできない真
理から出発する立場を鮮明にした。これは**B** ★★★
とする立場であり、その考え方の出発点となる**C**
★★★ とは、**D** ★★★ のことである。

【語群】 **A**
ヘーゲル　ベーコン　カント　デカルト
B
理性を重んじ、理性を通じて知識は得られる
知識は経験を通じて得られる
普遍的原理は神によってあらかじめ定められ
ている
C
演繹法　帰納法　弁証法
D
普遍的原理を立てて個々の事実を証明しよう
とする科学的研究の方法
個々の事実を実験観察し、その共通点を見出
して一般法則を立てる科学的研究の方法
肯定する立場と否定する立場の対立や矛盾を
より高い次元で統合する哲学の方法

A デカルト

B 理性を重んじ、
理性を通じて知識
は得られる
C 演繹法
D 普遍的原理を
立てて個々の事実
を証明しようとす
る科学的研究の方
法

□ **18** 科学的思考法に関する次の記述 **A・B** と、それを唱え
★★ た人物名 **a・b**、推論の例 **ア・イ** の組合せの中から、**演
繹法**を説明する組合せとして最も適当なものは、後の
①～⑧のうちの ★★ である。

A 誰もが疑うことのできないことから出発し、推論
と論証を積み重ねて、新しい知識を発見していく思
考法

B 観察や実験によって得られた個々の事実から共通
性を見出して、一般的法則を導く思考法

a ベーコン **b** デカルト

ア 衆議院議員は、25歳以上であると定められてい
る。Xさんは、衆議院議員である。したがって、「X
さんは、25歳以上である」と考える。

イ 政党Yは、SNSを開設している。したがって、「す
べての政党は、SNSを開設している」と考える。

① A―a―ア ② A―a―イ ③ A―b―ア
④ A―b―イ ⑤ B―a―ア ⑥ B―a―イ
⑦ B―b―ア ⑧ B―b―イ

③

□ **19** 自分で調べて得たデータを分析し、発表するためには
★★★ 様々な工夫が必要になる。まず、データの分析に際し
ては、経験的事実からそれらに共通する一般化可能な
規則性を発見するという ★★★ 法の考え方などが求
められる。また、分析結果の発表に際して、視覚的な
理解を促すためには図表が役立つ。例えば、 ★★★ を
用いると、様々な時点におけるデータの時系列的な変
化を1つのグラフで示すことができる。こうした工夫
は、分析結果についての1つの解釈に対して、それを
支持する立場と支持しない立場に形式的に分かれ、互
いに意見を交わす ★★★ で、それぞれの立場の主張
を展開する際にも有用だろう。

帰納

折れ線グラフ

ディベート

4 人間の自由と尊厳

□**1** 18世紀に<u>ドイツ観念論</u>を唱えた ★★★ は、**理性**に
★★★ よる ★★★ 主義に立ち、結果よりも<u>善意志</u>による**動**
機の正しさを重視して、「**汝〜すべし**」という ★★★
を定立した。

カント,
人格,
定言命法

□**2** <u>カント</u>は「**汝の意志の格率が常に同時に普遍的立法の**
★★★ **原理として妥当しうるように行為せよ**」と述べて
★★★ **的法則**を重視し、これに従うことが**真の自由**
であるとした。

道徳

◆カントは、理性には**自然法則を認識する科学的理性**である<u>純粋</u>
<u>理性</u>（<u>理論理性</u>）と、経験以外の**道徳的理性**である<u>実践理性</u>があ
るとした。

□**3** <u>カント</u>はすべての人が互いの<u>人格</u>を ★★★ として尊
★★★ 重し合う理想の共同体を「 ★★★ 」と呼び、それを世
界において実現するためには ★★★ を確立しなけれ
ばならないと説いた。

目的,
目的の王国,
永久平和

□**4** <u>カント</u>による<u>永久平和</u>の思想は、著書『 ★★★ 』に明
★★★ らかなように、近代社会における人間尊重の神髄であ
る。この思想は、後に ★★★ の精神に引き継がれた。

永久平和のために
（永遠平和のために）
国際連盟

◆<u>カント</u>の<u>永久平和</u>の思想は、<u>アメリカ大統領ウィルソン</u>に影響
を与え、同大統領は「14カ条の平和原則」において<u>国際連盟</u>の
設立を提唱した。

□**5** <u>ドイツ観念論</u>を完成させた ★★★ は、個人の<u>実践理</u>
★★★ <u>性</u>に基づく<u>自由</u>を主張した ★★★ を主観的であると
批判し、<u>自由</u>とは<u>歴史</u>や社会の中で実現されるべきも
のであると考えた。

ヘーゲル,
カント

□**6** <u>ヘーゲル</u>の考えでは、<u>歴史</u>や社会から人間の**精神**に至
★★★ るまで、あらゆる事柄が ★★★ **的な考察に基づく3**
つの段階からなる論理によって貫かれている。

弁証法

□**7** <u>弁証法</u>の**第一段階**は、自らの立場のみの視点しか持た
★★ ず他との対立を知らない ★★ と呼ばれる段階であ
る。続く**第二段階**では自らの立場に加え他の立場が現
れることで2つの立場が<u>対立</u>する現象が起こるが、こ
の段階を ★★ と呼ぶ。

正（テーゼ）

反（アンチテーゼ）

☐8 弁証法では、**第二段階の反**（アンチテーゼ）から**第三段
★★★ 階**である ★★★ に至る過程で、**2つの対立する立場**
を総合・統一する ★★★ を経ることで、結論がより
高次元となる**新たな秩序へと統合**され、高められる。

合（ジンテーゼ），
止揚（アウフヘー
ベン）

☐9 ヘーゲルの良心に関する見解として、良心にかかわる
★★ **内的で主観的な** ★★ と、所有や契約を扱う**外的で
客観的な** ★★ は、具体的な ★★ において統合
される。

道徳，
法，人倫

◆カントが内面における理性の**命令である**自由を説いたのに対し
て、ヘーゲルは外面的な社会や国家との関係の中で、内面的に
判断する道徳と外面的に人間関係を規制する法との対立を止揚
（アウフヘーベン）した人倫の中に**真の**自由**が実現**すると説いた。

☐10 ヘーゲルの唱える人倫の三体系について説明した次の
★★★ 図の空欄 A ～ D にあてはまる適語を答えよ。

※人倫の完成 （A ★★★）
（最高段階）

B ★★★ の共同性と
C ★★★ の個人の独
立性を調整した真の
D ★★★ の実現！

（B ★★★）⇔（C ★★★）
※人倫の始まり ※人倫の喪失

A 国家
B 家族
C 市民社会
D 自由

◆家族は愛情の体系であり、ここで人倫が始まる。市民社会は欲
望の体系であり、競争し合っているため、人倫を喪失する。そ
こで国家は人倫の**最高段階（完成態）**であり、欲望を調整し自由
を実現する。

☐11 ヘーゲルは、社会契約説が国家を権利を保障するため
★★★ の道具とみなしている点を批判し、 ★★★ の最高形態
（完成態）である国家において、公共性と個人の
★★★ との対立が ★★★ されるべきものと考えた。

人倫

自由，
止揚（アウフヘー
ベン）

◆だが、実際には、国家の個人に対する優位性が強調され、当時
の立憲君主制**を擁護**するものとなっている。

5 個人と社会

☐1 ★★ とは、**幸福を追求する考え方**である。幸福は
★★ 量であり計測することができるとする ★★ 的功利
主義や、幸福には**質的**な差があるとする ★★ 的功
利主義がある。

功利主義，

量，
質

□2 快楽と [★★] こそ人間を支配するものと考えたベン
★★ サムは、個々人の感じる快楽の [★★] を合算して社
会全体の [★★] の総量を求める場合に、各人は誰も
が等しく1人として数えられ、誰もそれ以上に数えら
れてはならないと主張した。

苦痛,

量,

幸福

□3 ベンサムは、人間が [★★★] と [★★★] によって支配
★★★ されており、その上で社会の一人ひとりが平等に扱わ
れる必要があると考え、「 [★★★] 」を実現する社会の
確立を目指すべきだとした。

快楽, 苦痛

※順不同

最大多数の最大幸
福

□4 ベンサムが重視した「 [★★] 」を実現するためには、
★★ 議会制度の改革を行い、議会における議決方法として
[★★] 原理を導入すべきだといえる。

◆ベンサムは、「最大多数の最大幸福」の原理により特権階級を批
判し、民主主義的な制度改革を主張した。

最大多数の最大幸
福

多数決

□5 快楽計算によって幸福を量的に計算しようとした
★★★ [★★★] の考え方に対し、幸福は [★★★] 的な側面か
ら捉えられるべきだと主張したのは、同じくイギリス
の哲学者であり経済学者の [★★★] である。

ベンサム, 質

J.S. ミル

□6 J.S. ミルは著書『 [★★] 』の中で「満足した豚より
★★ も、不満足な人間の方が良く、満足した愚者よりも、不
満足なソクラテスの方が良い」と述べ、感覚的な幸福
よりも [★★] な幸福を追求した。

功利主義

精神的

□7 ベンサムが行動の規律として重視した制裁は外面的な
★★ 規制であったのに対して、J.S. ミルが重視した内的制
裁は、 [★★] などの内面的な規制である。

◆量的功利主義に立つベンサムは、人の幸福追求の行動は法や道
徳、宗教などの外面的な制裁による規制を受けるべきだとした
のに対して、質的功利主義に立つJ.S. ミルは、「己の欲すると
ころを人に施せ」というキリスト教の隣人愛的な同情心である
内面的な規制を受けるべきだと説いた。

良心

□8 J.S. ミルは著書『 [★★] 』の中で、人間には個性あ
★★ る精神作用があり、各々に精神的自由が与えられてい
る点で幸福であると述べた。個性ある精神的な考え方
を認め、その政治的な表明の機会を保障するためには、
[★★] の確立が必要であるとした。

◆ J.S. ミルは、晩年に下院議員として選挙法改正や女性参政権を
主張するなど、イギリス社会の改革に取り組んだ。

自由論

普通選挙

□**9** J.S. ミルは、精神的自由として、内面の考え方である
★★★　　**★★★** の自由と、その外部表現である **★★★** の自由
を他者に危害を及ぼさない限りにおいて**尊重**すべきと
する **★★★** の原則を唱えた。

思想, 言論 (表現)

他者危害

　◆ J.S. ミルは、精神的自由が人々の個性を発展させ、それが社会
全体の進歩と幸福の実現につながると考えた。この考え方は、自
由には愚かな行為を行う愚行権が保障されている一方で、一定
の限界があることを示している。例えば、日本国憲法では人権の
限界として「公共の福祉」を規定しているが、この規定に J.S. ミ
ルの唱えた他者危害の原則が影響を与えている。

□**10** 18世紀後半のイギリスで始まった **★★** により、産
★★　　業界は工場制手工業 (**★★**) から工場制機械工業
(機械制大工業) へと変化した。これに伴い、資本家と
労働者という階級が形成される中で、**資本主義経済の
欠陥や矛盾を批判・是正する** **★★** 思想が台頭した。

産業革命,
マニュファクチュ
ア

社会主義

□**11**　**★★** 社会主義は、ドイツの **★★** とエンゲルス
★★　　によって確立されたが、彼らが **★★** 社会主義と呼
んだのは、イギリスのオーウェンやフランスのサン゠
シモン、フーリエらが主張した思想である。

科学的, マルクス,
空想的

□**12** 19世紀ドイツの経済学者・哲学者 **★★★** は、人間
★★★　を**他者との社会的関係の中で生きる** **★★★** として捉
え、また**人間の本質と生産の源泉を** **★★★** に見出
し、 **★★★** と『**共産党宣言**』を著した。

マルクス,
類的存在,
労働,
エンゲルス

　◆ エンゲルスは、マルクスと終生変わらぬ関係を結び、ともに富
の不平等を告発する社会主義思想を「空想から科学へ」と進展さ
せることに取り組んだ。著書に『**空想から科学へ**』『**イギリスに
おける労働者階級の状態**』などがある。

□**13**　**★★★** は著書『資本論』の中で、労働者はその **★★★**
★★★　の再生産に必要な**価値 (賃金) 以上の価値**を生み、それ
が資本家により搾取されているという **★★★** 説を唱
えた。

マルクス, 労働(労
働力)
剰余価値

□**14** 資本主義経済では、労働者の労働力の価値を超えて生
★★★　み出される生産物 (**★★★**) が **★★★** を持つ資本家
の利益になる。こうして生産物は、それらを作り出し
た労働者から遠ざけられ、彼らの生きがいや自己実現、
人間的な連帯を見失わせるという**人間性の喪失**につな
がる。この状況を、マルクスは**労働の** **★★★** と呼んだ。

剰余価値, 生産手
段

疎外

□**15** マルクスとエンゲルスによって確立された ★★★ と
★★★ は、歴史の発展を**社会の物質的な生産力と生産関係
の** ★★★ **的な発展と捉える**歴史観のことである。

唯物史観（史的唯
物論）
弁証法

□**16** マルクスとエンゲルスの唯物史観（史的唯物論）による
★★★ と、社会の土台である ★★★ 構造、つまりその社会
の生産様式が、政治制度や法律、文化などの ★★★ 構
造を規定する。

下部,
上部

□**17** マルクスは、資本主義の下では資本家と労働者の間で
★★★ ★★★ が激化し、やがて**労働者による革命**（ ★★★ ）
が起こり、歴史必然的に下部構造である**生産関係**が変化
し、上部構造である政治体制も社会変革されると説いた。

階級闘争, プロレタ
リア革命（プロレタ
リアート革命）

□**18** 次の先生と生徒Ａ・Ｂの会話を読み、空欄（ **a** ）・
★★ （ **b** ）に入る語句の組合せとして最も適当なもの
を、後の①〜⑥のうちから１つ選べ。

先　生：イギリスの哲学者フィリッパ＝フットが提示し
た思考実験の１つである「トロッコ問題」を知ってい
ますか？

生徒Ａ：制御不能になったトロッコの先に５人の作業
員がいて、分岐先には１人の作業員がいるという話
ですよね。

先　生：そうです。自分だけが線路の分岐器を操作で
きる状況にあると仮定して、分岐器を操作して線路
の切り替えをすべきか、あるいは操作しないままに
すべきかという問題です。みなさんだったら、どち
らを選択しますか？

生徒Ｂ：それは究極の選択ですね。難しい判断です。

生徒Ａ：（ **a** ）の立場に従えば、１人の命より、５
人の命を助ける方が幸福の量を増やすことができる
んじゃないでしょうか。私だったら分岐器を切り替
えて、５人の命を助ける方を選ぶかもしれません。

生徒Ｂ：でも、自然に任せれば、５人の作業員が命を
落とし、１人の作業員は助かるんですよね。私は、人
の運命を変えるほどの勇気はありません。それに、命
を秤にかけて、助かる運命にあった１人の命を奪う
はかり
判断って、動機が不純じゃないでしょうか。犠牲に

なる1人の作業員には、その死を悲しむ家族や友人がいるでしょうし。この考え方は（　**b**　）の立場から導き出される結論ではないでしょうか。

①	a　ミル	b　ヘーゲル	
②	a　ヘーゲル	b　ミル	
③	a　ベンサム	b　カント	③
④	a　カント	b　ベンサム	
⑤	a　エピクロス	b　サルトル	
⑥	a　サルトル	b　エピクロス	

◆極限状態において、どちらを選択するのが正義なのかという思考実験についての会話である。生徒Aは、量的功利主義のベンサムの立場で結論を導いている。ベンサムは快楽計算説に立ち、「最大多数の最大幸福」という彼の言葉に示されるように**幸福の量を最大化することを重視**している。その結果、5人死ぬよりも1人死ぬことにとどめる方が妥当だという持論を導き出している。これに対して生徒Bは、命の尊厳に数の差はないと考え、5人の命を助けるために1人の命を犠牲にすることはカントの人格主義に反するのではないか、ひいては**多数者の利益のために少数者の人権を無視することは妥当なのか**、と疑問を呈している。また、正義だけではなく、残された家族の感情など、他にも考慮する要素があるのではないかと、様々な視点から苦慮していることがうかがえる。

◎功利主義……**ベンサム**：量的功利主義→快楽計算説
「最大多数の最大幸福」：多くの命を救済することが幸福の最高善
∴　5人の命を救うために、分岐器を切り替えるべきである。
◎ドイツ観念論……**カント**：道徳論→結果より動機の正しさを尊重
本来なら救われる1人の命を奪う判断は不純な動機
∴　分岐器を切り替えるべきではない。

□**19**
★★ 大災害や感染症の拡大などで大勢の患者が同時発生した緊急の医療現場では、傷病者に治療の優先順位を付けて「**命の選別**」を行う ★★ が実施される。助かる命を可能な限り救うという点で ★★ の量的功利主義の価値観を重視する考え方となる。

トリアージ，
ベンサム

◆トリアージの区分は、**命の選別**になるので慎重かつ繊細な判断となる。「助けられる命をすべて助ける」という目標である。一般にトリアージ区分は、**0（黒）、Ⅰ（赤）、Ⅱ（黄）、Ⅲ（緑）**の「トリアージタッグ」を患者に貼り付けていく。0（黒）は、死亡もしくは回復見込みのない状態と判断し、人工呼吸や心臓マッサージなどの蘇生術を行わない。Ⅰ（赤）は、最優先で緊急治療を行う。Ⅱ（黄）は、赤タッグの患者の措置が終わり次第、治療する。Ⅲ（緑）は、軽症で医師以外による手当ても可能な患者である。

□20 **命の選別**などが行われる際には、正義論や功利主義の
★★ 観点だけでなく、治療を後回しにされた患者や治療を
施してもらえなかった家族の心の ★★ を大切にし
ないと、正当性が失われるおそれがある。

ケア

□21 人間の本性の捉え方と国家や法・道徳の関係について
★★★ 交わした次の先生と生徒A・Bの会話を読み、空欄イ
～ホにあてはまる適語を、後の語群より選べ。

先　生：人間の本来の性質をどう考えるかによって、国
家や法・道徳のあり方に何らかの影響があるのかど
うかを考えてみましょう。

生徒A：人間の本来の性質は「悪」であると考える性悪
説に立った場合、社会秩序を守るためには強い国家
や法による罰則などを強化する必要があると考え
るのではないでしょうか。社会契約説に立つ
イ ★★★ も、この立場から人々は契約を結び、結
果的に絶対君主制を正当化することになりましたね。

イ　ホッブズ

生徒B：古代中国の諸子百家に数えられる韓非子など
の ロ ★★★ も、刑罰による法の強化を唱えました。

ロ　法家

生徒A：逆に、人間の本来の性質を「善」であると考え
る性善説に立った場合、法や道徳による規制を重視
する必要はないような気がします。例えば、
ハ ★★★ は徳に基づく徳治政治について述べてい
ました。これは、人はもともと徳を備えているとい
う性善説に立っているのだと思います。

ハ　儒教（儒家）

先　生：確かに、一般的にはそういえるかもしれませ
ん。しかし、性善説であっても法や道徳の大切さを
述べる思想家もいます。例えば、ニ ★★★ は善意
志による理性的命令に基づく道徳を行為の基準とす
べきと主張しています。

ニ　カント

生徒B：そういえば、現代国家の刑罰の考え方である
ホ ★★★ も、犯罪者を矯正して社会復帰させると
いう人道的な考え方だと思います。

ホ　「犯罪者にも
人権あり」という
自由主義刑法の考
え方

生徒A：それって、犯罪者には相応の刑罰を与えると
いう単純な応報刑の発想とは違うような気がします。
ある意味、性悪説ではなく性善説的な価値観に立っ
ていると思います。

63

【語群1】(空欄**イ〜ニ**)

ホッブズ　ロック　デカルト　カント

儒教（儒家）　道家（道教）　法家

【語群2】(空欄**ホ**)

「目には目を、歯には歯を」という同害復讐（タリオ）的な考え方

「犯罪者にも人権あり」という自由主義刑法の考え方

□ **22**
★★★
次の文章**A〜F**は、幸福に関する哲学者の思想について述べたものである。それぞれに該当する人物を、後の語群より選べ。

A 様々な問題を思索する観想的生活であるテオリア自体を幸福と考え、思索することを人生の価値として重視した。

A アリストテレス

B 快楽主義を主張したが、快楽の本質を享楽的・肉体的快楽ではなく、精神の平静・安定であるアタラクシアと捉えた。

B エピクロス

C 快楽は一瞬であり、永続しないものであるから、快楽が最高善であるとは限らないと疑問を呈し、自然に従って生きることが幸福であると考えた。

C セネカ

D アパテイア（不動心）による禁欲主義を主張し、邪念を捨て去るストイックな生き方自体に幸福を見出した。

D ゼノン

E 精神的な満足感を重視し、キリスト教の黄金律である隣人愛の実践としての利他主義的な奉仕の心に幸福を見出した。

E J.S. ミル

F 快楽を計算し最大化すべきであるとして、外面的制裁による行為規制の下での快楽追求を幸福のあるべき姿と捉えた。

F ベンサム

【語群】　プラトン　アリストテレス　エピクロス
　　　　　ゼノン　セネカ　ベンサム　J.S. ミル

◆幸福を追求する考え方には、主に3つの局面があることに注目してみる。第1に、**個人の内面において幸福とは何かを探求する局面**である。第2に、**個人の幸福追求と社会との調和を考えて公共的な幸福を探求する局面**である。第3に、**国家が政策実現の指標・目標として幸福とは何かを探求する局面**である。この問題で第1の局面に属するのは、<u>アリストテレス</u>（A）、<u>エピクロス</u>（B）、<u>セネカ</u>（C）、<u>ゼノン</u>（D）である。ただし、<u>アリストテレス</u>はポリス市民としての生き方を探求した点では、第2の局面に入りつつあった。

◆この問題で第2の局面に属するのは、功利主義者の<u>J.S.ミル</u>（E）と<u>ベンサム</u>（F）である。<u>J.S.ミル</u>は、**精神的な幸福を追求する自由を重視**したが、**他者に危害を与える自由は制限される**として、隣人愛に根ざした良心による**内面的制裁**を認め、幸福追求の自由と社会との調和を図った。一方、<u>ベンサム</u>は、**快楽の最大化を幸福追求の本質**と考えたが、**外面的制裁として快楽追求も制限**されることを認め、幸福追求と社会との調和を図った。

◆第3の局面として、現代国家における政策実現の指標として幸福を具体的に数値化する動きがある。例えば、経済学者<u>ケインズ</u>の主張は福祉国家の実現を国家目標としたが、幸福の指数として**国民総生産（GNP）、国内総生産（GDP）、1人あたりGDP、国民純福祉（NNW）、「世界幸福度」**なども考案されている。これらは市場の価格や福祉を金銭的な価値に換算したものである。しかし、精神的・内面的な幸福を金銭評価することは厳密には困難であり、人それぞれで相対的なものである。そうであっても、国家の政策目標として一応の指標を掲げることは、目標達成への政治努力を期待するという点で無意味ともいえない。

6 主体性の確立

ANSWERS ☐☐☐

□**1**
★★★

☐ ★★★ 主義とは、現代文明の中で起こる**人間性の危機**（人間 ★★★ ）を、人間の内面の問題として捉え、 ★★★ を回復しようとする思想である。

実存,

疎外,

主体性

◆**資本主義経済の発展**の中で、人々は組織の歯車となり、本来持つべき<u>人間性</u>を失いつつあった。<u>人間疎外</u>の状況から<u>主体性</u>を回復することを**人間の内面改革**によって実現しようとするのが<u>実存主義</u>である。一方、外面的な制度改革で実現しようとしたのが<u>社会主義思想</u>である。

□**2**
★★★

19世紀デンマークの思想家 ★★★ は、従来のドイツ哲学が物事を客観的・論理的に捉えようとしてきたのに対し、自分自身が一度限りの人生をいかに**主体的に生きる**かを問う ★★★ を追究した。

キルケゴール

主体的真理

◆<u>実存主義</u>においては自分が存在するという事実、すなわち<u>実存</u>を確認することが不可欠となる。<u>実存</u>（existence）とは、基本的な意味においては「（何かが）存在するという事実（the fact of being）」を指すが、<u>実存主義</u>（existentialism）とは特に「自分自身が存在するという事実」を主題的に探究することを試みる哲学の潮流であるとされる。

□**3** キルケゴールは著書『死に至る病』で、**絶望からの飛躍**
★★　のためには神の前の ★★ になることが必要だとし
　た。

単独者

□**4** ヤスパースは、絶望という限界**状況**から抜け出すため
★★　には**魂と魂との実存的** ★★ が必要だとした。

交わり

□**5** キルケゴールが宗教的実存により人間性の回復を目指
★★★　したのに対し、ドイツの哲学者 ★★★ はヨーロッパ
　の頽廃の原因を ★★★ に求めて「 ★★★ は死んだ」
　と宣言した。

ニーチェ，
キリスト教，神

　◆ニーチェは、キリスト教的な思考法や世界観が人間の価値観を
　転倒させたと主張した。弱者である人間が、**救いを求めて**キリス
　ト教的な信仰に走るのであり、そのために、ありもしない彼岸
　を志向して現世における**生を蔑ろ**にするのである。したがって、
　人間性を回復し、自らの存在を自覚するには、あらゆる価値の
　存在を否定して自らの**強い意志**を持つことが重要であると説い
　た。

□**6** ニーチェは神の存在を否定し、自らの情熱的意志、す
★★★　なわち ★★★ によって ★★★ 的な生き方をすべき
　だと説いた。神や真理、超越的なものの存在を否定す
　るこの思想を ★★★ という。

権力への意志，超
人
ニヒリズム（虚無
主義）

　◆ニーチェは、キリスト教的道徳観が人間を弱者にしたと主張し、
　能動的にキリスト教を否定する能動的ニヒリズムに立脚して、
　主体的に情熱を持って生きれば人間疎外は克服できるとした。

□**7** ドイツの実存哲学者 ★★★ によると、「 ★★★ 」は
★★★　気晴らし**を求めて日常のうちに埋没**してしまう。人間
　は、 ★★★ に臨む存在（**死への存在**）であることを自覚
　することによって、本来の自己のあり方に立ち返るこ
　とができる。

ハイデッガー，ひ
と（世人、ダス=マ
ン）
死

　◆ハイデッガーは、日常生活において享楽に**埋没**している「ひと」
　（世人、ダス=マン）も、どうやっても避けることができない自
　分の死**を自覚**することで自己の固有の存在を最も鋭く捉えるこ
　とができることを指摘した。主著に『存在と時間』などがある。

□**8** ハイデッガーによると、人間は ★★ という自己の
★★　存在に対して自覚的な存在であり、世界の中に投げ出
　されており（**被投性**）、様々な事物や他者とかかわりな
　がら ★★ として具体的な現実の中に存在している。

現存在（ダーザイ
ン）

世界―内―存在

□**9** ハイデッガーは、人間は**自己の極限の可能性**である
★★ 　 **★★** へと先駆することで、自らのかかわる**身のま**
わりの世界に没入した状態から、自らに**最も固有な自**
己に覚醒すると説いた。

死

□**10** フランスの哲学者である **★★★** は、人間は **★★★**
★★★ に自らの行動を選び取り自分自身を作り上げていくと
説いた。このように、実存の上に本質を作り上げてい
くことを彼は「 **★★★** 」と言い表した。

サルトル，自由

実存は本質に先立
つ

　◆サルトルのいう「実存は本質に先立つ」とは、自分の存在は先に
　あり、自分の本質は自分が自由に作り築き上げていくものであ
　ることを示している。したがって、自分の本質は、自分が自由
　な選択によって作り築き上げたものである以上、自分が責任を
　負わなければならないと指摘した。

□**11** 人間はまったくの自由である。ゆえに、その選択や行
★★★ 動には **★★★** を負うべきであり、それは**全人類ない**
し社会全体に対して負う重大な **★★★ である。サル**
トルはより良い社会を作るために、まずは**社会に参加**
する **★★★** の重要性を説き、その中で自分に課され
る社会的 **★★★** を自覚するべきとした。

責任，
責任

アンガージュマン，
責任

　◆アンガージュマンは「**政治参加**」「**社会参加**」などを意味する。サ
　ルトルは、自らの本質は**自己責任において自由に作るもの**であ
　り、そのためにも**社会参加**を積極的に行い、社会的貢献を自覚
　する必要性を説き、人々にアンガージュマンを呼びかけた。

□**12** **★★** は小説『**ペスト**』の中で、ペストに象徴される
★★ 悪に対し、人間が **★★** な運命と闘いながら互いに
連帯し、人間として最後まで誠実に生きることの尊さ
を表現している。

カミュ，
不条理

　◆カミュは作品の中で人間の生が不条理であることを示し、その
　中で生き続けるという人間の運命を描いた。他の代表作に『シー
　シュポスの神話』などがある。

□**13** 第一次世界大戦後、繁栄を迎えたアメリカでプラグマ
★★★ ティズムを大きく発展させた **★★★** は、知性を人間
が環境に適応し生きていくための手段であると位置づ
けた。彼の思想は **★★★** 主義と呼ばれる。

デューイ

道具

□**14** デューイは、知性を創造的なものとみなす視点から、知
★★★ 性により社会が改善され、個人と社会が調和し、多様
な価値観が認められる ___★★★___ 主義社会が実現するこ
とを理想とし、___★★★___ が既成の価値観の単なる伝達
となることを批判した。

民主,
教育

◆デューイは、著書『民主主義と教育』で、民主主義における**教育
の役割を強調**し、**人間の改良（人間変革）を追究**するという**教育
改革思想**において、**問題解決型教育**の重要性を主張した。民主
主義は人々の共有する問題の解決を目標とした連帯であり共同
経験であるとして、自分自身の行動を他者や社会との関係で決
定する動機づけになると考えた。

7 他者の尊重

ANSWERS ☐☐☐

□**1** 20世紀になると、___★★___ 中心主義に対する批判の高
★★ まりとも呼応して、真理の基準はますます多様化し、そ
の ___★★___ 妥当性は揺らいでいった。

理性

普遍

◆現代思想では、**近代の自己重視の考え方を反省**し、他者との関係
を重視することも主張される。レヴィ=ストロースは未開社会の
「野生の思考」に大切な視点があることを構造主義から証明し、
西洋中心の主体的文化観を疑問視した。レヴィナスは、自己中
心の近代的倫理に代えて他者を自己に対する他なる「顔」として
理解し、他者に応答することが他者に責任を果たすことであり、
人の倫理的生き方であると唱えた。フーコーは、近代の理性が
異なる考え方を「狂気」として排除してきたことを批判した。

□**2** フランスの哲学者 ___★★___ は、他者と自己の関係につ
★★ いて、自己の理解や予測を絶対的に超える者として他
者を規定し、自己とは**絶対的な差異**を持つ「顔」として
現れるとした。また、自己がその他者に無限の ___★★___
を負うことが人間の倫理的なあり方であるとし、___★★___
とは他者の否認であるとした。

レヴィナス

責任,
暴力

◆主著に『全体性と無限』『存在の彼方へ』などがある。

□**3** ドイツの ___★★___ 学派は、急速に発達した近代文明の
★★ **矛盾**を批判し、___★★___ や管理社会がなぜ出現したの
かを、大衆心理学や社会学の面から考察した。

フランクフルト,
ファシズム

□**4** フランクフルト学派の ___★★___ やアドルノは、近代的
★★ な理性について、自然を客体化し、技術的に支配する
ことを可能にする能力であるとして、手段的・___★★___ 的
なものであると考えた。

ホルクハイマー

道具

□**5** ホルクハイマーによれば、近代の啓蒙的 ★★ は、人
間が自然を支配するための ★★ となったが、この
「 ★★ 」が作り出した科学技術や社会体制は、か
えって**人間を支配**するようになった。

理性,
道具,
道具的理性

◆道具的理性とは、一定の目的を実現するための手段や道具とし
ての理性である。その対義語となる批判的理性は、既存の社会
を支配する思想的な枠組みを批判・吟味し、その矛盾や問題点
を明らかにする働きを行う理性である。

□**6** ホルクハイマーは、 ★★★ との共著『啓蒙の弁証法』
の中で、人類の歴史が啓蒙の歩みと野蛮への後退を繰
り返す ★★★ 的な過程であると述べた上で、結果的
に近代化の中の ★★★ がファシズムのような抑圧的
な支配体制を正当化してしまったと分析している。

アドルノ

弁証法,
啓蒙

◆社会的な理性や無批判がファシズムの温床となったと指摘した。

□**7** フランクフルト学派の ★★★ は、現代人の社会的性
格を「 ★★★ 」と呼び、自己判断を避けることで**責任
を回避**し、**権威**に**盲従**しがちであると指摘した。

アドルノ,
権威主義的パーソ
ナリティ

◆アドルノは、権威主義的パーソナリティが、民衆によるファシ
ズムへの支持の根底に存在すると指摘した。

□**8** 社会の秩序を考える上での知性と理性に関する記述**ア**
～**ウ**と、それらと関係する人物**A**～**C**との組合せとし
て最も適当なものは、後の①～⑥のうちの ★★
である。

ア 現実の生活における具体的な問題を把握して、社
会を改善へと導いていくような知性が重要であると
論じた。

イ 公共性に根ざした合意を目指す対話的理性には、
理性的な社会秩序を構築する可能性があるとして、
コミュニケーション的行為の理論を唱えた。

ウ 文明社会へ人々を導くはずの啓蒙がナチスの台頭
などを招いたことを、理性の道具化として批判した。

A ハーバーマス **B** アドルノ **C** デューイ

① アー**A** イー**B** ウー**C**
② アー**A** イー**C** ウー**B**
③ アー**B** イー**A** ウー**C**

④　アーB　イーC　ウーA

⑤　アーC　イーA　ウーB

⑥　アーC　イーB　ウーA

⑤

□**9**
★★★

『人間の条件』の著者で政治学者の ★★★ は、人間の活動を「 ★★★ 」「 ★★★ 」「活動」の3つに分け、前者の2つは物と人との間で成立するのに対し、「活動」は**人と人とが直接かかわり合う行為**であると捉えた。

ハンナ=アーレント,
労働，仕事
※順不同

◆ハンナ=アーレントは、人間の営みには「労働」「仕事」「活動」があるとし、「労働」とは生物としての人間が生きていくために不可欠な営みであり、「仕事」とは世界の中に作品を作り上げることであり、「活動」とは他の**人々と語り合う公的領域に参加すること**と捉えた。

□**10**
★★

ハンナ=アーレントは、**帰属意識を失い不安を抱えた**大衆が、**個人よりも**全体**を優先する思想**に惹かれていく過程に ★★ 主義**の起源**を見出した。

全体

□**11**
★★

ハンナ=アーレントは、古代ギリシアのポリスで市民が対等な立場で政治や哲学について語り合う空間のことを ★★ という言葉で表現した。

公共的空間 (公共性)

◆公共的空間は、ドイツ語で「エッフェントリヒカイト」というが、「エッフェン」とは「開かれている」という意味である。誰もが参加できる公共の場で多様な価値観を認めた上での対話やコミュニケーションが行われることが、孤立することを防ぎ、自らの存在価値を認める社会を形成する上で大切である。

□**12**
★★

ドイツの社会学者 ★★ は、人は互いに合意に至ることを可能にするような理性を持っているとした上で、そのような理性を対等な立場が保障された上で使用するならば、**社会の全員が合意できる社会のルールを発見できる**と考えた。

ハーバーマス

□**13**
★★★

ハーバーマスの「 ★★★ 」という考え方によると、社会規範は多数決ではなく社会の構成員による十分な ★★★ を経た合意の上に築かれるべきである。

対話的理性(コミュニケーション的合理性)
討議

◆ハーバーマスは、相手の承認を求め合意を目指す行為をコミュニケーション的行為と呼び、それに基づく理性的な討論と熟議によって社会形成を行うべきと主張した。18世紀イギリスのコーヒー=ハウスは自由な討論の場として機能したが、自由な討論を尽くすことで対立が調整され、目標が共有されて、人々に公共性がはぐくまれると考えられた。

□**14** フランスの文化人類学者レヴィ=ストロースは、停滞す
★★★
る ★★★ 社会と進歩する ★★★ 社会とに世界を二
分して後者が前者を支配し克服すべきだという考えは
西洋中心主義に基づく誤りであるとして、★★★ 社
会の ★★★ の思考と ★★★ 社会の科学的思考の間
に価値の差はないと唱えた。

未開, 文明

未開,
野生, 文明

◆レヴィ=ストロースは著書『野生の思考』の中で、未開社会の神話
的思考には、実は世界を秩序づけるに十分な論理性を備えた個
人の主観的意志を超えたシステムが存在していると述べ、未開
から文明へ向かって進歩するという現代の考え方を批判した。

□**15** レヴィ=ストロースは、いかなる文化も他の文化の道徳
★★★
的・知的価値を批判できる基準を持たないと述べ
て、★★★ 主義を唱え、自民族を中心と考える自民族
中心主義(★★★)を克服すべきと主張した。このよ
うな考え方によって、多元的文化の ★★★ が可能と
なり、多様な価値観を認める**多文化共生社会**の可能性
が開かれる。

文化相対,
エスノセントリズ
ム,
共存

◆レヴィナスも人間の責任として他者の痛みに無条件に反応する
応答可能性が共生の必要条件であると捉えた。

□**16** フーコーは、**近代社会**は非理性的な ★★★ を排除す
★★★
ることで成長したと捉え、近代の知とは社会構造・言
語構造などによって無意識に作られた妄想であり、そ
れを断ち切ることが必要であるとして、近代の人間中
心の ★★★ 主義や理性主義を批判した。

狂気

合理

□**17** ★★★ は、西洋人による「東洋」に対する**異国趣味**は、
★★★
非西洋社会に対する**無知**や**誤解**に根ざした一面的な理
解のあらわれであるとして、そこに見られるような
西洋中心の ★★★ 的な思考様式を批判し、これを
★★★ と呼んだ。

サイード

帝国主義,
オリエンタリズム

8 公正な社会と正義

ANSWERS □□□

□**1** 近代の ★★ 権思想が主張した「**人間は生まれなが**
★★
らにして ★★ **かつ** ★★ **である**」という考えは、
今日でも ★★ な社会の基礎となる原理である。

自然,
自由, 平等,
公正

II
公共の扉
8
公正な社会と正義

71

□**2**
★★
1994年に国連開発計画 (UNDP) が『人間開発報告書』
において、飢餓、人権侵害、貧困などから**人間の生活
を守る** ┌ **★★** ┐ という概念を提起した。

人間の安全保障

◆人間の安全保障とは、世界的に人口が急増する中で飢餓や貧困、
人権侵害、差別などの**人間的な問題が紛争を招く大きな原因**と
なっていることから、これらの諸問題を解決することで、人間
開発**を通じた平和と安全を実現する**という考え方である。

□**3**
★★★
インド生まれの経済学者で1998年に**アジア初のノーベ
ル経済学賞を受賞した** ┌ **★★★** ┐ は、貧困解消のために
は、人間の潜在能力 (ケイパビリティ) を等しく保障し、
またこれを向上させる必要があると指摘し、┌ **★★★** ┐
という考え方を示した。

アマーティア=セ
ン,
人間の安全保障

□**4**
★★
┌ **★★** ┐ (HDI) は、教育や所得などの人間的な暮らし
に関する「質」を示す指数で、平均 ┌ **★★** ┐ や成人
┌ **★★** ┐ 率、初等・中等・高等教育の総就学率、1人あ
たりの GDP などで算出される。

人間開発指数,
余命,
識字

◆人間開発指数 (Human Development Index) とは、各国の
人々の生活の質や度合いを示す指標で、パキスタンの経済学者
マブーブ=ハックによって作成された。アマーティア=センの
潜在能力アプローチを発展させたものであり、国連開発計画
(UNDP) の『人間開発報告書』で発表される。0〜1で示され、
指数の最も高い国が1、最も低い国が0となる。0.55以下の国
は、中央アフリカ地域に多く分布する。

□**5**
★★★
アマーティア=センによると、様々な問題はあるが、経
済発展のためには市場を利用することが不可欠である。
ただし、┌ **★★★** ┐ **な発展**を推進するためには、民主主義
の確立や ┌ **★★★** ┐ **の拡充**などが必要であるという。

公正,
教育

□**6**
★★
アマーティア=センは、著書『不平等の再検討』におい
て、「すべての人の ┌ **★★** ┐ **に配慮**しようとすれば、不
利な立場の人を優遇する、『┌ **★★** ┐ **な扱い**』が必要な
場合がある」と述べている。

平等,
不平等

□**7**
★★
フランスの経済学者 ┌ **★★** ┐ は、資産収入の拡大が所
得格差を生み出すとして、格差**の是正**を唱え、著書
『**21世紀の資本**』は世界的なベストセラーとなった。

トマ=ピケティ

□8 アメリカの政治哲学者 ★★★ は著書『正義論』の中 ★★★ で、社会を規律する<u>正義</u>とは、自らの利益を追求する 合理的な人々が共存する**相互の**<u>合意</u>によってもたらさ れるとして、 ★★★ 説の考え方を活かしつつ基本的 な<u>財</u>の<u>配分</u>をめぐる<u>平等</u>の原理として<u>正義</u>を捉え直し た。

ロールズ

社会契約

◆<u>ロールズ</u>は、正義とは単に幸福を追求する<u>功利主義</u>の思想に立 つものではなく、多くの人々が納得できる**普遍的原理**を意味し、 <u>社会契約説</u>の考え方に基づいて最も不遇な人を救う差別のよう な誰もが納得のできる**合理的差別**は正当化できると主張した。

□9 ロールズは、全員に等しい<u>機会</u>が与えられた ★★★ ★★★ な競争であっても、社会的 ★★★ が生じることはあ るとした上で、もしそうした競争により社会の中で最 も恵まれない人々の暮らし向きが改善しないならば、 **社会的** ★★★ **は是正されなければならない**と説いた。

公正,

格差

格差

◆ロールズは、性別や人種などのあらゆる属性を排除した「**無知の ヴェール**」を想定し、そこから<u>正義</u>を改めて考えた。多くの人々 が納得できる弱者保護のための<u>格差</u>(差別)を<u>正義</u>として承認す る前提として、第1原理には、各人は制度・枠組みに対して<u>平 等</u>**な権利**を与えられていること、第2原理には、①その不平等 が社会で最も恵まれない境遇の者に最大の便益をもたらすと無 理なく予期されるものであること、②全員に開かれている地位 や職務に付帯する制限であることを挙げている。

□10 ★★★ は、個人の身体や思想などの**人格的**<u>自由</u>**とと ★★★ もに経済的**<u>自由</u>**を最大限に尊重し**、これによって経済 活動への法的規制を最小限にすべきであるとする考え 方で、アメリカの ★★★ らが提唱した。

リバタリアニズム (自由至上主義)

ノージック

◆<u>ノージック</u>は、国家が個人の自由を制約しない「**最小国家**」を理 想とし、国家が経済に介入する「**拡張国家**」を否定した。<u>ノー ジック</u>は<u>ロールズ</u>の**弱者保障**などの国家介入も批判している。

□11 ★★★ とは、<u>自由主義</u>が前提とする人間像や社会観 ★★★ を批判し、個人があって社会があるのではなく、**個人 の**<u>自由</u>**はその人が所属する**<u>共同体</u>**に根拠を持つ**とする 考え方で、アメリカの政治哲学者<u>サンデル</u>らが主張し ている。

コミュニタリアニ ズム(共同体主義)

◆<u>コミュニタリアニズム</u>は、諸個人が共同体の下で生きていると いう事実を重視し、そのような共同体から離れて抽象的に<u>正義</u> について論じることはできないとする考え方で、個人の自由と 社会全体の公正や正義のバランスをとる社会思想である。アメ リカの<u>マッキンタイア</u>や<u>サンデル</u>などが提唱者として知られ る。

□12
★★
1970年代後半に国際労働機関(ILO)が提唱した ┌─★★─┐ という概念は、衣食住だけでなく、安全な飲み水や公衆衛生の整備、医療、教育、雇用などの生活条件を含む、**人が生きていく上で最低限必要なもの**を指す。

ベーシック＝
ヒューマン＝ニー
ズ (BHN)

◆2000年の国連ミレニアム・サミットで、15年までに世界の**絶対的貧困** (Absolute Poverty) を半減させることを目標にミレニアム開発目標(MDGs)を採択した。**絶対的貧困**とはベーシック＝ヒューマン＝ニーズ (BHN) が達成されていない状態で、1日1.90ドル(約200円)以下の生活を余儀なくされている人々の生活状態を指す (2015年改定)。

□13
★★★
「公共とは何か」について交わした次の先生と生徒A・Bの会話を読み、空欄**イ～ト**にあてはまる適語を、後の語群よりそれぞれ選べ。

先　生：社会における関心事について、誰もが自由かつ平等な立場で参加し、議論できる空間のことを**イ** ┌─★★★─┐ といいます。政治哲学者のハンナ＝アーレントは、古代ギリシアの都市国家 (ポリス) で市民たちが政治や哲学に関する共通の関心事を討論したことを**ロ** ┌─★★★─┐ という言葉で示しています。

イ　公共的空間

ロ　公的領域

生徒A：このような環境が保障されれば、価値観の**ハ** ┌─★★★─┐ が認められ、個人の尊厳や人格も守られますよね。

ハ　多様性

生徒B：これって、**ニ** ┌─★★★─┐ の基本的な考え方を示している気がします。討論の過程では**ホ** ┌─★★★─┐ 意見を尊重することが大切なんですね。

ニ　民主主義
ホ　少数

生徒A：私もその意見には賛成です。他人の多数意見にただ従ったり、権力者のいっていることを鵜呑みにしたり、マス＝メディアの論調を無批判に受け入れたり、SNSで流れてきた情報を確認もしないで信じたりすることって、自分の**ヘ** ┌─★★★─┐ を失ってしまう気がします。

ヘ　アイデンティ
ティ

先　生：そうですね。自分の価値観を持つこと、自らが自らの意思をもって選択することは大切です。でも、討論もすごく大切で、自分の判断の誤りや独断に気づかせてくれることもあります。討論する中で、自分の考え方がより高まっていくことがあるのです。

生徒B：対話って、やはり大切なんですね。

生徒A：そうか。**ト** ┌─★★★─┐ が、コミュニケーション

ト　ハーバーマス

による対話が対立を調整し、問題解決の意識を共有
させる合理性を持つと述べていました。これが「公
共性をはぐくむ」ということなんですね。

【語群】

イ	★★★	私的空間	公共的空間
ロ	★★★	私的領域	公的領域
ハ	★★★	多様性	共通性
ニ	★★★	民主主義	社会主義
ホ	★★★	少数	多数
ヘ	★★★	アイデンティティ	パーソナリティ
ト	★★★	カント	ハーバーマス

□**14** 次の文章**A～D**は、人と社会とのかかわり方に関する
★★★　哲学者の思想について述べたものである。それぞれに
該当する人物を、後の語群より選べ。

A 「家族→市民社会→国家」の存在を弁証法で証明
し、市民社会は欲望の体系であるが、国家の下に人
倫が確立され、真の自由が実現されると考えた。

A ヘーゲル

B 民主主義が全体主義を生み出した歴史的事実を反
省し、言葉による対話的コミュニケーションにより
人々が問題意識を共有することの大切さと、対立の
調整の可能性を追求して、コミュニケーションに
よって結び付く社会の回復と構築を主張した。

B ハーバーマス

C 民主主義を政治のあり方としただけでなく、様々
な問題解決を導くための道具であり、連帯的な共同
経験と捉え、民主主義教育の大切さを主張した。

C デューイ

D 「人間は自由の刑に処せられている」と述べて、自
分の行動を選択する責任を自覚することを促した。
自らの責任を非現実的な空想ではなく、現実的な社
会参加（アンガージュマン）によって社会的責任とし
て自覚するという実践原理を主張した。

D サルトル

【語群】　ニーチェ　ヘーゲル　カント　ハーバーマス
　　　　　デューイ　デリダ　サルトル　レヴィナス

□**15** 正義とは何かについて交わした次の先生と生徒A・Bの
★★★ 会話を読み、空欄**イ〜ヘ**にあてはまる適語を、後の
語群より選べ。

先　生：今日は「正義」とは何かについて考えてみま
しょう。「正義」は、古代ギリシア以来、現在も議論
されているテーマです。

生徒A：プラトンは、四元徳として知恵・勇気・節制・
正義を掲げ、国家の徳としては正義の実現を最も重
視していました。

生徒B：アリストテレスも全体的正義と部分的正義を
挙げて、後者には**イ** ★★★ という配分的正義と**ロ**
★★★ という調整的正義があると考えていました。

先　生：現代の私たちも「正義」を実現することが正し
い行為だと考えていますが、「正義」とは善か悪か、
犯罪にかかわる違法行為か否かというだけでなく、
公平や公正、妥当性という広い意味で用いられてい
ると思いませんか？

生徒A：私もそう思います。例えば、ロールズの「正
義」の捉え方は**ハ** ★★★ でした。性別や人種といっ
た立場などを排除した"無知のヴェール"から、「公
正としての正義」を唱えました。みんなが納得でき
る合理的差別を正義として正当化したのは、実質的
公平の実現を「正義」と考えたからではないでしょう
か。

生徒B：インドの経済学者アマーティア=センは、ロー
ルズと同じリバタリアンの立場ながらも、ロールズ
の唱える「正義論」を批判しました。彼は「正義」と
いう言葉は用いませんでしたが、不利な人々を平等
に扱うには不平等な扱いが必要な時があることを認
め、**ニ** ★★★ が大切であると述べていました。こ
れって、公正な社会を実現する条件を整えることが
「正義」と考えていたと理解できるのではないでしょ
うか。

先　生：いい点に気づきましたね。実質的公平・平等
を実現するための合理的差別といえば、どのような
例がありますか？

イ 努力した者に
相応の対価や地位
や名誉が与えられ
るべきだ

ロ 不正な方法で
利益を得た者には
刑罰や賠償責任を
与えるべきだ

ハ 社会契約説的
な立場から最も不
遇な人々が救われ
る差別を認めるこ
と

ニ 潜在能力（ケ
イパビリティ）を
開発し、発揮でき
る教育や社会環境
を整えること

生徒Ｂ：例えば、近年、ホ ★★★ が注目されています。社会的弱者を守るには機会の平等だけでなく、結果の平等を実現することが必要です。例えば、女性や障がいのある人を保護する場合です。

生徒Ａ：確かにそうですね。ただ、その合理的差別が正当性をもって「正義」といえるのかは、その社会共同体の特性によって考える必要があると思います。

先　生：なるほど。君のように共同体の中の共通善を「正義」と考えた現代の哲学者にヘ ★★★ がいます。

生徒Ｂ：「正義」とは何かを考えるには、色々な具体例を様々な社会の中で検討していく柔軟性が求められるんですね。

【語群１】（空欄イ・ロ）

ポリス（都市国家）の法や道徳などの社会規範を守るべきだ

努力した者に相応の対価や地位や名誉が与えられるべきだ

不正な方法で利益を得た者には刑罰や賠償責任を与えるべきだ

【語群２】（空欄ハ・ニ）

潜在能力（ケイパビリティ）を開発し、発揮できる教育や社会環境を整えること

功利主義的な立場から多くの人々の幸福追求を認めること

社会契約説的な立場から最も不遇な人々が救われる差別を認めること

【語群３】（空欄ホ）

ポジティブ゠アクション（アファーマティブ゠アクション、積極的差別是正措置）

ノーマライゼーション（共生化、等生化）

【語群４】（空欄ヘ）　ノージック　サンデル

ホ　ポジティブ゠アクション（アファーマティブ゠アクション、積極的差別是正措置）

ヘ　サンデル

□ **16** 誰でも自由に利用できる共有財産がある場合、協力し
★★★ 合うことなく自らの利益を追求し、自分勝手に共有財
産を乱用することによって、最終的に共有財産が失わ
れ、みんなが損失を被ってしまうおそれがある。アメ
リカの生態学者ハーディンは、この仮説を ┃ ★★★ ┃ と
呼んだ。**持続可能な社会**を実現するためには共有財産
の乱用を防ぐ自制や規制が求められ、これが現在世代
の将来世代に対する責任であり ┃ ★★★ ┃ 倫理のあり方
といえる。

共有地の悲劇

世代間

◆環境倫理における「**持続可能な開発**」という考え方は、世代間倫
理の典型例である。

□ **17** 新自由主義（ネオ=リベラリズム）に基づく政策で競争
★★ が促進された一方で、経済の安定のための ┃ ★★ ┃ が
緩和・撤廃されたために、多くの国で所得 ┃ ★★ ┃ の
拡大や経済危機、混乱が起こった。

規制,
格差

□ **18** 先進国では高度な医療を享受できるのに、発展途上国
★★ では貧困の中で高い乳児死亡率に直面し、違法な臓器
売買も行われているなど、科学技術の発達が引き起こ
した生命にかかわる問題の1つに「生命の ┃ ★★ ┃ 問
題」と呼ばれる格差がある。

南北

◆新型コロナウイルス感染症（COVID-19）の世界的な拡大におい
ても、この生命の南北問題が大きく作用している。感染症対策
では医療や科学分野を中心に、グローバルな協力・連携体制が
必要不可欠である。

公共の扉

ETHICS

民主社会の倫理

1 人間の尊厳と平等

ANSWERS ☐☐☐

□**1** インドの民衆から「マハトマ」(偉大な魂)と尊敬され
★★ た**インド独立運動の最高指導者** ★★ は、イギリス
の植民地支配に対して ★★ の手段により立ち向か
い、すべての生物を同胞とみなす ★★ を実践する
思想を説いた。

ガンディー,
非暴力,
不殺生 (アヒン
サー)

□**2** 中国の民族解放運動の指導者 ★ は、民族主義、民
★ 権主義、民生主義の三原則からなる ★ を掲げた。

孫文,
三民主義

◆孫文は、中国の辛亥革命 (1911〜12年) を指導し、共和制中国の
「建国の父」と呼ばれる。インドのガンディーと並ぶアジアの代
表的なヒューマニストでもある。

□**3** フランスの神学者で音楽家の ★★ は、人々に奉仕
★★ するため医学を学び、**アフリカ**に赴いて現地での医療
活動に生涯を捧げた。彼は、**生命あるものすべてを価値
あるもの**として尊重する「 ★★ 」を根本理念とした。

シュヴァイツァー

生命への畏敬
(い けい)

◆シュヴァイツァーは、その生涯にわたる活動から「密林の聖者」
とも呼ばれ、身をもって奉仕の精神の大切さを示した。

□**4** ★★ は、フランスの作家・平和主義者で、ヒュー
★★ マニズムを代表する人物である。 ★★ 主義は、
ヒューマニズムに立脚した彼の**反戦思想**である。

ロマン=ロラン,
絶対平和

□**5** ★★★ 戦争に際し、内村鑑三はいかなる理由があっ
★★★ ても剣を持って争ってはならないという絶対平和主義
を主張し、 ★★★ 論を唱えた。

日露

非戦

□**6** 画家の ★ は「ゲルニカ」という作品を通して、ナ
★ チスの無差別爆撃を糾弾した。

ピカソ

□7 『**人類に未来はあるか**』の著者である、イギリスの平和
★★　主義者 ★★ は、アインシュタインらとともに ★★
兵器による人類破滅の危険性を警告する宣言を発表
し、 ★★ 会議を開催するなど ★★ 運動と平和
運動に精力的に取り組んだ。

ラッセル，核

パグウォッシュ，
核兵器廃絶

◆ラッセルは、**自由主義**と**平和主義**を主張し、自由の根源として
の平和の意義を訴え、1955年にはラッセル＝アインシュタイン宣
言を発表した。パグウォッシュ会議は、**科学者**らを中心に核兵
器**反対**を軸とした平和の実現を目指す国際会議である。この会
議には、日本の物理学者であり、日本初のノーベル賞受賞者で
ある湯川秀樹も参加して核兵器廃絶運動に取り組んだ。

□8 ★★ は、ガンディーの ★★ 主義の影響を受け
★★　て1960年代のアメリカで**黒人公民権運動**を指導し、
64年には ★★ を受賞した。

キング牧師，非暴
力
ノーベル平和賞

◆1963年にキング牧師の呼びかけで、人種差別撤廃を求めた**ワシ
ントン大行進**が行われた。行進の最中に行われたキング牧師の
演説「私には夢がある……」は有名である。

□9 インドのスラム街などで奉仕活動に取り組んだカト
★★　リック**の修道女** ★★ は、**無差別・無償の愛**である
★★ の実践者で、1979年に ★★ を受賞した。

マザー＝テレサ，
アガペー（隣人愛），
ノーベル平和賞

◆マザー＝テレサは、貧民のための奉仕活動を行い、ハンセン病患
者の救済活動や「**死を待つ人の家**」と呼ばれる施設を開設するな
ど、貧しい人の不幸の原因は物質的な貧困よりも、**他人から見
捨てられる**という絶望感にあると考え、心の支援やケアの大切
さを唱えた。

□10 2014年にノーベル平和賞を受賞したパキスタンの人権
★　活動家 ★ は、**女性と子どもの権利の確立**、およ
び ★ の自立の実現に向け、世界中のすべての子ど
もに質の高い ★ が保障されるように訴えている。

マララ＝ユスフザイ，
女性，
教育

□11 性別役割分担を**社会的・文化的**性差（ ★★★ ）に依拠
★★★　するものとして問い直すことは、その不平等によって
不利益を被る人たちを救うだけでなく、 ★★★ 社会
を促進し、社会全体の活性化を促すことにつながる。

ジェンダー

男女共同参画

◆フェミニズムは、「**男性らしさ**」や「**女性らしさ**」のイメージを人
為的な構築物とみなし、それらは文化や慣習、社会通念などが暗
に前提としている性差別的な構造であると指摘している。なお、
2023年発表の「**ジェンダーギャップ指数**」で、日本は世界146ヶ
国の中で第**125位**であった。経済（第123位）と政治参加（第
138位）の分野で男女間の格差が大きく、女性の社会参画が極
めて遅れている。

□**12** 男女の平等については、**1979年**に国連総会で [★★★]
★★★ 条約が採択され、85年に同条約を批准した日本は、男
女差別撤廃に向けて、[★★★] 法を**制定**した。

□**13** 1999年に日本では [★★★] 法が制定され、性別役割分
★★★ 担を見直し、男女平等な社会の実現を目指すとともに、
女性に対する積極的差別是正措置([★★★])を行うこ
とが明記された。

□**14** 男女雇用機会均等法は、職場での [★★] (性的いやが
★★ らせ) を防止する義務を事業主に課している。

□**15** **高齢者**や**障がい者**を施設や制度で隔離し保護する形を
★★★ 改め、他の人々と**共生して日常生活を送ることができ
るよう生活の諸条件を整える**考え方を [★★★] と呼ぶ。

  ◆ボランティア活動を通じて高齢者や障がい者と触れ合うことも、
  高齢者や障がい者から見れば、**ともに生きること** (共生) を意味
  する点でノーマライゼーションの具体的方法といえる。このよう
  に社会から隔離したり排除したりするのではなく、社会の中でと
  もに支え、助け合いながら生きていこうとする考え方をソーシャ
  ルインクルージョン (**社会的包容力、社会的包摂**) という。

□**16** 近年は、**高齢者などが不便なく利用できる** [★★★] の
★★★ 設備が整備され、**誰にでも使いやすい** [★★★] に配慮
した商品が実用化されている。

□**17** [★★] とは、女性同性愛者 (Lesbian)、男性同性愛
★★ 者 (Gay)、両性愛者 (Bisexual)、心と体の性が一致
しないトランスジェンダー (Transgender) の頭文字
を組み合わせた、性的少数者の総称である。

  ◆性的指向や性自認が定まっていないクエスチョニング
  (Questioning) またはクイア (Queer) と合わせて「LGBTQ」と
  表現することもある。

女子差別撤廃 (女
性差別撤廃)

男女雇用機会均等

男女共同参画社会
基本

ポジティブ=アク
ション(アファーマ
ティブ=アクション)

セクシャル = ハラ
スメント

ノーマライゼー
ション

バリアフリー,
ユニバーサルデザ
イン

LGBT

III 公共の扉

1 人間の尊厳と平等

□ **18** 同性間の社会生活上の関係を公認するものの一例とし
★★ て、2015年に東京都渋谷区は条例によって、同性間に
おいても男女の　★★　関係と異ならない程度の実質
を備えた関係にある場合には、当事者の申請に基づき
　★★　を交付する制度を初めて導入した。

婚姻

パートナーシップ
証明書

◆近年、性の**多様性**（ダイバーシティ）を尊重すべきであるという
考え方から、日本では地方自治体が同性カップルに対し結婚に
相当する関係と認める**パートナーシップ証明書**を発行する例が
増えつつある。2022年11月、東京地裁が同性パートナーと家
族になる法制度が存在しないことは同性カップルの人格的生存
に対する重大な脅威、障害であるとして、現行制度を**憲法第**24
条に対する「**違憲状態**」と判断した。また、アメリカでは同年12
月にバイデン大統領が同性婚の権利を合法化されたすべての州
で保護する**同性婚保護法**に署名、成立させるなど、権利拡大の
動きが起きている。

2 自由・権利と責任・義務

ANSWERS □□□

□ **1** 次の先生と生徒A〜Cの会話を読み、空欄**イ〜ホ**にあ
★★★ てはまる適語を答えよ。

先　生：今日は「自由」とは何かを考えてみましょう。
近代になって、中世の制度化された人間から離れ、自
由な人間性というものが追求されることになりまし
た。でも、自由というのは何をやっても許されるこ
となのでしょうか。

生徒A：確かに、市民革命で国家からの自由が求めら
れて、政治的な自由が保障されましたよね。それを
支えたのが**イ**　★★★　説を唱えた思想家ですよね。

イ　社会契約

生徒B：それって、自由権の保障という意味ですよね。
その後、自由の本質を考察する思想家が登場したと
思います。例えば、カントは、常に善をなそうとす
る善意志に従う自由を自由の本質と捉えたはずです。
カントの自由とは**ロ**　★★★　に従う自由ということ
であり、反**ロ**　★★★　的な行為を選択する自由は認
めていません。

ロ　道徳

生徒C：そういえば、現代の実存主義者サルトルは、自
由とは自己の選択に**ハ**　★★★　を引き受けることだ
と主張していましたね。自由に選択することは、社
会的**ハ**　★★★　を負うことになる非常に重大なこと

ハ　責任

であるという意味で「人間は自由の刑に処されている」と表現しました。

先　生：「自由」とは、利己心に基づいた自分勝手な「自由」ではなくて、ロ ★★★ やハ ★★★ を果たすための自由選択ということが、先哲によって繰り返し主張されてきたのです。

生徒A：功利主義者のJ.S.ミルも『自由論』という著書を残していますよね。彼は、自ら愚かな行為を選択することも自由として認めました。

生徒B：その一方で、ニ ★★★ の原則を主張し、あくまで他者に危害を与えない範囲での自由のみを認めました。つまり、他者を害して不幸にするような自分勝手な自由を認めることはできないということですね。

生徒C：自由放任主義を唱えたアダム=スミスも、弱肉強食による経済的自由競争を主張したのではなくて、ホ ★★★ の得られる範囲内でのフェアプレーにおける自由放任を正当化しました。この考え方は現代の公共的な問題を解決する糸口となるかもしれません。

先　生：例えば、こんな問題が考えられます。
- 環境を破壊してでも開発をする自由があるのかという世代間の環境倫理の問題
- 喫煙する自由と嫌煙権の衝突の問題
- 薬物乱用を個人の自由として許すか、厳しく規制するかの問題
- 主にアメリカで問題になっている銃規制の問題
- カジノの開帳を認めるか、賭博罪として規制すべきかの問題

他にもいろんな問題があると思います。考えてみてくださいね。

◆自由をめぐる問題を、この会話中で取り上げた思想家たちは次のように論じた。

◎**社会契約説**（ホッブズ、ロック、ルソー）
政治的自由=国家からの自由→**自由権**

◎**ドイツ観念論**（カント）
道徳的自由=善意志に従う意志の自律→**人格主義**
　　　　↑
ただし、**動機の正しさを求められる**（動機説）

ニ　他者危害

ホ　共感（シンパシー）

◎**実存主義**（サルトル）
　責任的自由＝社会的責任を伴う自由
　　→全人類に社会的責任を果たす下での自由選択
　　　（「**自由の刑に処せられている**」）
◎**功利主義**（J.S. ミル）
　愚行権（愚かな行為を選択するのも本人の自由）
　ただし、自由には限界あり
　＝他者を害さない範囲内での自由（他者危害の原理）

□**2**　★★★　成長のために環境を犠牲にして開発が進められてしまったことに対する反省から、環境を保全するという条件下で、**将来世代のニーズを満たす能力を損なうことなく、現在世代のニーズを満たすように今後の開発を行うこと**を「　★★★　」という。

経済

持続可能な開発

◆**1992年**に国連環境開発会議（環境と開発に関する国連会議、地球サミット）で「持続可能な開発」という概念が掲げられた。**2015年9月の国連サミット**では、持続可能な開発目標（SDGs）が採択され、30年までに達成すべき**17の目標**（**ゴール**）と**169の具体的な目標**（**ターゲット**）が掲げられた。17の目標は下記の通り。

①	貧困をなくそう	②	飢餓をゼロに	③	すべての人に健康と福祉を
④	質の高い教育をみんなに	⑤	ジェンダー平等を実現しよう	⑥	安全な水とトイレを世界中に
⑦	エネルギーをみんなに、そしてクリーンに	⑧	働きがいも経済成長も	⑨	産業と技術革新の基盤をつくろう
⑩	人や国の不平等をなくそう	⑪	住み続けられるまちづくりを	⑫	つくる責任、つかう責任
⑬	気候変動に具体的な対策を	⑭	海の豊かさを守ろう	⑮	陸の豊かさも守ろう
⑯	平和と公正をすべての人に	⑰	パートナーシップで目標を達成しよう		

□**3**　★★★　とは、　★★★　破壊や資源問題などは長期間にわたって影響を及ぼすので、子や孫ばかりでなく、**はるか後の世代の人間に対する生存可能性に対し現在世代は**義務や　★★★　**を負っている**という考え方である。

世代間倫理，環境

責任

◆世代間倫理は、ドイツ出身の哲学者ハンス＝ヨナスが「**未来倫理**」という言葉で思想的に基礎づけた。地球環境問題においては、現在の討議や民主的決定手続に参加できない未来（将来）**世代**が、**現在の世代から深刻な環境危機を押し付けられる**おそれがある。

□ **4** アメリカの環境学者レオポルドは、人間と自然は「支
★　　配」と「被支配」の関係ではなく生態学的に平等な関係
であり、**人間は生態系の一構成員**として生態系という
共同体を尊重し他の構成員に配慮して行動すべきだと
する　★　の思想を唱えた。

土地倫理

□ **5** 1999年、　★★　の主導により、国連に**人間の安全保障**
★★　**基金**が設立された。2000年の国連ミレニアム・サミッ
トで当時の　★★　国連事務総長は、　★★　からの
自由と欠乏からの自由をキーワードに、地球規模の課
題の解決を訴えた。

日本

コフィ＝アナン,
恐怖

□ **6** 利害の異なる複数の人々が両者に利益の相反する問題
★　　を公正かつ公平に解決する方法には、次のような方法
がある。仮に2人の場合、1人が提案し、もう1人が
その提案を受け入れるか否かを決定する権限を持つと
いう方法である。前提条件として、提案が拒否されれ
ば、両者とも利益は得られないとする。この方法は
　★　と呼ばれる。

最後通牒ゲーム

◆最後通牒ゲームの理論に則れば、例えば、1万円を2人で公平に
分ける際に、1人が自分に不利な金額はそもそも提案せず、自
分に有利な金額を提案しても、もう1人に拒否されることが予
想される。そこで、公平な金額となる5,000円を提示し、もう
1人もその金額を受け入れると考えられる。かつて、議会に二
院制を導入する案を提案した17世紀イギリスの政治思想家ハ
リントンは、第一院を提案の院、第二院を議決の院とする案を
出したことがある。

3 生命倫理の課題

ANSWERS □□□

□ **1** 生命科学や医療技術の発展に伴って　★★★　（バイオエ
★★★　シックス）の領域が注目される中で、**脳死・臓器移植**、
安楽死や尊厳死、遺伝子診断（着床前診断）などに関し
て　★★★　権が尊重されるべきだという議論がある。

生命倫理

自己決定

◆自己決定権は、一定の私的な事柄について他者の干渉を受けず
に自ら決定できる**新しい権利**であり、**幸福追求権**に根拠を持つ。

□ **2** 自己決定権をめぐる議論の背景には、J.S.ミルの**自由**
★★★　**論**があり、個人の幸福の総計が社会全体の幸福になる
とする　★★★　主義の立場から、**自らの運命を決定する**
ことも尊重されるべきではないかとする考え方がある。

功利

85

□ **3** 1997**年の**臓器移植法**制定**以来、臓器移植を行う場合、
★★★ ┌─★★★─┐ の書面による**意思表示**、┌─★★★─┐ の**同意**、経験
のある医師2人以上の ┌─★★★─┐ **認定**が必要であった。

ドナー (提供者),
家族,
脳死

□ **4** 2009年の臓器移植法**改正**で、ドナー本人の意思が不明
★★ の場合、┌─★★─┐ の**同意**のみで臓器の提供が可能と
なった。臓器提供の意思表示ができないとされる
┌─★★─┐ **歳未満の臓器提供**にも道を開き、子どもの
┌─★★─┐ (臓器を受け取る人) の命を救う可能性を持つ。

家族

15,
レシピエント

◆2009**年の法改正**では、親族に優先的に臓器を提供できる意思表
示も可能になった。

□ **5** 生前に、**自分の臓器提供に関する意思を示しておくこ
★★ とができるカード**は「┌─★★─┐ **カード**」と呼ばれ、2009**年**
の臓器移植法**改正**により、臓器を「**提供しない**」という
意思を表示することが大きな意味を持つようになった。

臓器提供意思表示
(ドナー)

□ **6** 薬を投与してもらうなどして本人の意思に基づいて死
★★★ を選択することを ┌─★★★─┐ (積極的安楽死)、延命装置
を取りはずして人間としての尊厳を守りつつ自然死を
迎えることを ┌─★★★─┐ (消極的安楽死) という。

安楽死

尊厳死

◆近年、リヴィング=ウィルにより、意識があるうちに延命措置を
不要とする**意思表示**をし、尊厳死を迎えようという人が増えて
いる。なお、日本では、末期 (終末期) の患者が**耐えがたい苦痛**
からのがれるために、医師による致死薬の投与など直接死に至
らしめる処置を受ける権利を定めた法律はない。また、2000年
頃に**オランダやベルギー**などで安楽死法が制定されている。

□ **7** 緩和ケアは、┌─★★★─┐ **医療** (ターミナル=ケア) に限定さ
★★★ れるものではなく、治療の過程で生じる様々な苦痛を
和らげようとするアプローチであり、緩和ケアが改善
しようとしている ┌─★★★─┐ (QOL) には、患者本人だけ
でなく、患者を取り巻く家族の生活の質も含まれる。

末期 (終末期)

クオリティ=オブ=
ライフ (生命の質)

◆ QOL に対して、命を救うことを優先する医療のあり方は SOL
(Sanctity of Life、生命の尊厳) と呼ばれる。SOL は、医者
が命を救う決定を下してあげるという、医療における伝統的な
パターナリズム (父権主義) の考え方に立つものであった。

□**8** **★★★** とは、患者が医師から症状や治療法について
★★★ **十分な** **★★★** を受け、それを**理解**し、**★★★** した上
で**治療方針を自ら選ぶこと**である。

> ◆インフォームド=コンセントは、必要な情報を知り、その情報に
> 基づいて自己決定を行う患者の権利を尊重することであり、医
> 師と患者の関係を平等なものへと転換することが原則となる。

インフォームド=
コンセント,
説明, 同意

□**9** 生殖技術の進歩により、従来は不可能とされた **★**
★ 受精や **★** 出産で子どもが誕生するケースが増え
ている一方で、胎児の異常について遺伝的なものも含
めて妊娠初期に判定できる **★** の結果を受けて
★ を選択する人もいる。

> ◆様々な事情で妊娠することができない場合、別の女性に代理母
> として妊娠、出産してもらうことを代理出産(代理懐胎)という。
> また、出生前診断には、妊婦のお腹に針を刺して羊水を採取す
> る**羊水検査**、母体の血清中のたんぱく質から診断する**血清マー**
> **カー検査**、超音波画像機器による**超音波検査**などがある。この
> ように生殖技術が進歩する一方で、このことが「**命の選別**」につ
> ながるのではないかという指摘もある。

体外,
代理

出生前診断,
人工妊娠中絶

□**10** **★★** は、受精卵の遺伝子を調べることにより、子
★★ どもの**重篤な遺伝性疾患**の有無や発症の確率を事前に
予測できるという利点がある反面、**優生思想**につなが
る危険性がある。

> ◆着床前診断の技術が進んだ結果、受精卵の段階で遺伝病のリス
> クなどを知ることができるようになった。しかし、この診断結果
> が出産の判断材料にされるようになると、**生きるに値する生命**
> **とそうでない生命を区別する**優生思想につながってしまう。

着床前診断

□**11** ヒトゲノムの DNA の塩基配列すべてを読み取ること
★★ を目標にした **★★** が、国際的な共同プロジェクト
として行われた。1997年には国連教育科学文化機関
(UNESCO)で「ヒトゲノムと人権に関する世界宣言」
が採択され、人間のクローンの作成が禁止された。

> ◆ヒトゲノムとは人間(ヒト)の持つすべての遺伝情報のこと。遺
> 伝情報は究極のプライバシーといわれるように、慎重な取り扱
> いが求められる。

ヒトゲノム計画

□**12** 1990年代後半、クローン**羊**の **★★** が**誕生**し、ほ乳
★★ 類の体細胞クローンの作成が可能であると知られるよ
うになった。この技術を応用すれば、 **★★** のない移
植用 **★★** の作成が可能になるという主張もある。

ドリー

拒絶反応,
臓器

□ **13** クローン技術の人への応用は、人の尊厳の保持、生命
★ や身体の安全確保などに影響を与えるおそれがあるこ
とから、 ★ 法によって制限されている。

クローン技術規制

□ **14** ★★ によって個人の将来の病気のかかりやすさを
★★ 予測することで、例えば、就職や保険加入、結婚の場面
で差別を生む危険性がある。

遺伝子診断

◆遺伝子診断は、深刻な病気を未然に防ぐなどの有益な用途もあ
り得るが、就職や民間の保険加入、結婚などの人生における重
要な場面で著しい不利益を強いられる事態も起こり得る。

□ **15** ★ とは、ある遺伝子を様々な方法で生体細胞内
★ に取り入れることで、先天性の遺伝性疾患やがん、感
染症などの治療を行う医療技術である。

遺伝子治療

□ **16** 医療技術が誕生と死をも操作するようになった結果、
★★★ 生命倫理（ ★★★ ）という分野が成立し、治療や研究
に倫理的指針を与えるだけでなく、患者の ★★★ 権
がインフォームド=コンセントという形で提唱された。

バイオエシックス,
自己決定

□ **17** 再生医療のもととなる細胞を ★★★ というが、その
★★★ 中の ★★★ には、不妊治療で使われなくなった受精
卵を壊して利用するという倫理的問題や、他人の細胞
であるため移植の際に拒絶反応が起こるリスクがある。

万能細胞,
ES細胞（胚性幹
細胞、ヒトES細
胞）

□ **18** 様々な臓器になり得る ES細胞と同程度の万能性を持
★★★ つ ★★★ は、人間の細胞を用いて、傷ついた臓器や
失われた皮膚を新たに作り出す ★★★ 医療を飛躍的
に進歩させる可能性がある。

アイピーエス
iPS細胞,
再生

◆ iPS（アイピーエス : induced Pluripotent Stem cell、人工
多能性幹細胞）を命名し、その研究を行う京都大学の山中伸弥教
授は、2012年10月にノーベル生理学・医学賞を受賞した。万能
細胞の1つである iPS（アイピーエス）細胞は、受精卵ではなく
その人自身の体細胞を用いるため、産まれてくる命を奪うとい
う倫理上の問題や移植時の拒絶反応を軽減できる。

□ **19** 日本では、トウモロコシなどいくつかの作物に関し
★★ て、 ★★ 作物の輸入が許可されている。

遺伝子組み換え

◆遺伝子組み換え食品の取り扱いについては、品目ごとに法律で
定められている。食物の安全性は長年摂取しなければ確認でき
ないため、遺伝子組み換え食品が人体にどのような影響を及ぼ
していくのか注視しなければならない。生態系に及ぼす影響な
どバイオハザード（有害な生物による災害）も懸念されている。

IV

政治分野①

POLITICS

民主国家における基本原理

1 国家の機能

□**1** プラトンは著書『 ★★ 』において、優れた知恵を備
★★　えた哲学者が善のイデアを認識して国を治めるという
　　　 ★★ を理想国家のあり方として説いた。

国家

哲人政治

　◆善のイデアを求める気持ちエロース（エロス）の思想を記した著
　　書は『饗宴』である。

□**2** 人間は生きていく上で、必ず ★★★ という生活共同
★★★　体に参加する。古代ギリシアの哲学者 ★★★ は「人
　　　間は ★★★ 動物」であると説いた。

社会,
アリストテレス,
ポリス的（社会的、
国家的）

　◆アリストテレスは、人間とはポリスという共同体の中に生きる
　　上で、相手の善を互いに願うことが大切であるとして友愛（フィ
　　リア）を重視した。

□**3** アリストテレスは、政治制度を君主政治、貴族政治、共
★★　和政治の３つに分類し、 ★★ を最も望ましい政治
　　　の形とし、安定している制度とした。

共和政治

□**4** 国家は社会集団の１つに過ぎないと捉えながらも、諸
★★　集団や個人が持つ様々な利益の矛盾・対立を調整する
　　　のが国家の役割だとする国家論を ★★ という。

多元的国家論

□**5** 国家を構成する３つの要素とは、主権、 ★★ （領土・
★★　領海・領空）および ★★ である。

領域,
人民（国民）

□**6** 主権には統治権以外に、国の政治の ★★ 、 ★★
★★　（最高独立性）という２つの意味がある。

最高意思決定権,
対外的独立性

　◆フランスの思想家ボーダン（ボダン）は、著書『国家論』で主権
　　の概念を提唱し、主権を君主に与えるべきと説いた。

□**7** 国家主権や君主主権における「主権」とは、国の政治の
★　　 ★ を意味する。

最高意思決定権

□**8** ポツダム宣言第８条の「日本国の主権は、本州、北海
★　　道、九州及四国……に局限せらる」にいう「主権」とは
　　　 ★ の意味である。

統治権

□**9** 日本国憲法前文**3段**の「いづれの国家も、自国のこと
★　のみに専念して他国を無視してはならないのであつて、
　　政治道徳の法則は……自国の**主権**を維持し、他国と対
　　等関係に立たうとする各国の責務であると信ずる。」に
　　いう「**主権**」とは、　★　を意味する。

対外的独立性

□**10** 国家の**主権**が及ぶ範囲（領域）に関する次の図中の空欄
★★★　**A〜E**にあてはまる語句を答えよ。

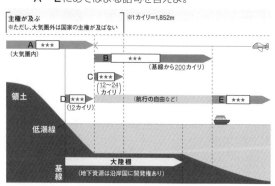

A　領空

B　排他的経済水
　　域（EEZ）

C　接続水域

D　領海

E　公海

□**11** 国連海洋法条約は、　★★　（EEZ）を　★★　カイリ
★★　と規定しているが、この水域が国どうしで重なる場合、
　　　★★　を設定する外交努力が行われることがある。

排他的経済水域,
200
中間線

◆領海（12カイリ）と排他的経済水域（200カイリ）を除いた海
洋のすべては公海という。すべての国が航行の自由、上空飛行の
自由、漁業の自由、調査の自由などを持つ。大陸棚が200カイ
リよりも先に続く場合には、**その限界点まで**排他的経済水域が
自然延長される。また、基線から計測して24カイリ（領海12
カイリを除く）を沿岸国は接続水域に設定でき、通関、財政、出
入国管理、密輸入や密猟など違法行為が疑われる船舶を予防的
に取り締まる警察活動を行うことができる。

□**12** **イェリネック**などが説いた　★★　では、国家は政治
★★　的行為を組織的に遂行する**法人**であるとする。

国家法人説

□**13**　★★　に立ち、美濃部達吉が　★★　を主張したが、
★★　**天皇を対外的代表機関に過ぎない**と捉えた点で天皇制
　　批判とみなされ、昭和前期に弾圧を受けた。

国家法人説, 天皇
機関説

□**14** **ホッブズ**、**ロック**、**ルソー**が説いた　★★　では、国
★★　家は、**自然権を守る**ために**人々の自発的な**合意と契約
　　によって作られた権利擁護機構であるとする。

社会契約説

□**15** 社会契約説を主張するロックは、**君主が絶対的な権限**
★ **を有する政治体制である**絶対王政（絶対主義）と、それ
を正当化する政治思想である ★ を批判した。

王権神授説

□**16** 国防や治安など**必要最小限の役割**を果たす18・19世
★★★ 紀頃の国家のことを ★★★ 国家という。それは、**国**
民の自由**権を守る**ことを目的とする ★★★ 国家であ
り、**必要最小限の法律**を作る ★★★ 国家である。

夜警,

自由,

立法

◆ドイツの社会主義者ラッサールが、消極国家で自由放任の「小さ
な政府」を皮肉って「夜警国家」と名づけた。

□**17** 夜警国家**を支えた経済学説**は、 ★★ の ★★ 主
★★ 義の考え方である。

アダム=スミス, 自
由放任

□**18** 景気や物価対策、完全雇用政策といった**国民の福祉充**
★★★ **実**などの役割を果たす20世紀以降の現代国家のこと
を ★★★ 国家という。これは、**国民の**生存**権を守る**
ことを目的とする ★★★ 国家であり、市場介入のため
の施策を専門家集団が行う ★★★ 国家である。

福祉,

社会,

行政

◆福祉国家**を支えた経済学説**は、ケインズの有効需要論である。

□**19** 福祉国家**では巨額の** ★★★ **が発生するため**、反ケイ
★★★ ンズ主義に基づき財政再建を目指し、**再び**小さな政府
に戻ろうとする国家観が主張されるようになった。こ
れを ★★★ 主義（ネオ=リベラリズム）という。

財政赤字

新自由

2 社会契約説

□**1** ★★★ は、社会契約説の立場から、 ★★★ には**自然**
★★★ **状態における**万人の万人に対する ★★★ を防ぐ役割
が与えられると説いた。

ホッブズ, 国家,
闘争

□**2** ホッブズは、自然状態における「闘争**状態」を避けるた**
★★★ め、人々は自らの主権を自然法に基づいて放棄（全面譲
渡）**する** ★★★ を結んで国家を作ったとした。

社会契約

□**3** 性善説に立つ ★★★ は、生命、自由、財産など人間
★★★ **として保有している前国家的な権利である** ★★★ を、
理性の法の観点から正当化した。

ロック,

自然権

◆ホッブズが**性悪説**に立つのに対し、ロックは人間の自然**状態**を
「自由・平等・平和」な状態だとする**性善説**に立っていた。

□ **4** ロックは、国民の ★★★ を受けた政府が、国民の
★★★
★★★ である生命、自由、財産の権利を侵害した場
合、**国民は政府に対し** ★★★ **する権利**があるとした。

信託 (委託),
自然権,
抵抗

◆ロックは、国民は政府に対する信託 (委託) 契約の取り消しの権
利、すなわち抵抗権 (革命権) を行使できるとし、1688年の**名誉
革命**を正当化した。また国民主権と間接民主制が政治の基本形
態であるとした。

□ **5** ロックは、**権力の濫用**を防ぐため政治権力の分立を唱
★★★
え、モンテスキューの先駆けとなる**権力分立**を示した。
この三権とは ★★★ 、 ★★★ (行政権)、 ★★★
(連合権、外交権) であり、その中では ★★★ **が優越
する**と考えた。

立法権, 執行権,
同盟権,
立法権

□ **6** ルソーは、主権は個々の ★★★ に存在し、 ★★★ が
★★★
集合して融合する社会契約によって作られたものが国
家であると考え、その政治形態の基本は ★★★ 民主
制であるとした。

人民, 人民

直接

◆ルソーは、人民主権を主張し、「イギリス人が自由なのは選挙
をする時だけで、選挙が終われば奴隷になってしまう」と述べ、
ロックの間接民主制を批判した。

□ **7** ★★★ は、著書『**社会契約論**』の中で、**公共の利益を図
★★★
る意志**である ★★★ に基づく直接民主制を主張した。

ルソー,
一般意志

◆ルソーは、人民は直接、共同体において議決権を行使するが、公
共の利益を図るという一般意志に従って議決を行うことで、市
民としての自由が得られると考えた。

□ **8** ルソーは、公共の利益を求める普遍的な意志は人民自
★★★
体のものであるから、人民に存する ★★★ は ★★★
も分割もできないと主張した。

主権, 譲渡

□ **9** ロックの思想は ★★★ 宣言に反映されており、ルソ
★★★
ーの平等思想は ★★★ 宣言に盛り込まれている。

アメリカ独立,
フランス人権

◆アメリカ独立宣言には、ロックの抵抗権 (革命権) が明記されて
いる。フランス人権宣言第１条には、**ルソーの平等思想**が明記
されている。

3 民主政治とその形態

ANSWERS □□□

□ **1** **マックス=ウェーバー**の分類によると、**絶対君主制は伝
★★★
統的支配**、**独裁政治は** ★★★ **的支配**、**議会民主制は**
★★★ **的支配**とされる。

カリスマ,
合法

□**2** 直接民主制は**古代ギリシアの都市国家である** ★★
★★ や ★★ の一部の州（カントン）など人口の少ない地
域で実施されることがある。

◆植民地時代のアメリカの**タウン=ミーティング**も直接民主制の
一例といえる。

ポリス，
スイス

□**3** 間接民主制は、国民の意見を ★★ によって選ばれ
★★ た代表者の集まりである ★★ を媒介として立法に
反映させる民主政治形態である。

選挙，
議会

□**4** 日本国憲法**前文**は「日本国民は、**正当に選挙された国**
★★★ **会**における ★★★ を通じて行動」すると述べ、 ★★★
民主制を採用することを明らかにしている。

代表者，間接

□**5** ロックの**権力分立**の考え方から影響を受けたフランス
★★★ の ★★★ は『 ★★★ 』を著し、**司法権を独立**させた
現代に通じる三権分立を唱えた。

◆ロックは、政治権力を立法権、執行権、同盟権（連合権、外交
権）に分けることを主張し、中でも立法権が執行権・同盟権より
も優位に立つべきと考えた。一方、厳格な三権分立論（立法権、
行政権、司法権）を展開したモンテスキューは、権力間の**抑制と
均衡**（チェック=アンド=バランス）で権力の濫用や腐敗を防ぐこ
とを唱え、アメリカ合衆国の政治体制などに影響を与えた。

モンテスキュー，
法の精神

□**6** **三権分立**の目的は、国家権力を ★★★ 権・ ★★★ 権・
★★★ ★★★ 権の**三権に分けて**権力の濫用を防ぐことであ
る。

◆フランス人権宣言第16条では「**権利の**保障が確保されず、権力
の分立が定められていない社会は、およそ憲法を持つものでは
ない」と述べられている。

立法，行政，
司法 ※順不同

□**7** ★★ 制は**立法権**を行使する議会を2つに分けて、一
★★ 院の暴走を防止する議会システムである。

◆イギリスの**ハリントン**は、審議の院と議決の院に分けるべきで
あると主張した。

二院

□**8** 日本の裁判制度に導入されている権力分立制は ★★★
★★★ である。

三審制（審級制）

□**9** 内閣が議会（下院）に対して連帯責任を負うとする政治
★★★ 制度を ★★★ 制という。

◆国民代表議会の信任によって**行政権を持つ内閣**が成り立つ制度
のことであり、責任内閣制ともいう。**イギリス**や**日本**などが採
用している。

議院内閣

□**10**
★★ 近代的な**議会政治の３つの原理**とは、 ★★ の原理、
★★ の原理、**行政監督**の原理である。

代表,
審議 ※順不同

◆代表の原理、審議の原理、多数決の原理を、議会政治の三原理
と呼ぶ場合もある。

□**11**
★★★ 行政権を持つ主体を ★★★ が選挙という形でコント
ロールする政治制度を ★★★ 制という。

国民,
大統領

◆大統領制はアメリカやフランス、ロシア、韓国などが採用して
いるが、アメリカの大統領は間接選挙で、上記の他の国々は直
接選挙で選ばれている。

□**12**
★ **旧ソ連**では、権力分立とは異なる考え方に基づいて、プ
ロレタリアート(労働者)階級を代表する合議体に**すべ
ての権力**を集中させる ★ 制を採用していた。

民主集中 (権力集
中)

□**13**
★★★ **日本**では、フランスなどヨーロッパの多くの国とは異
なり、憲法改正を除いた**国政レベルの重要問題**につい
て、直接民主制に基づく ★★★ 制度が認められてい
ない。

国民投票

◆重要問題についての国民投票制度は、日本、アメリカ、イギリ
スでは法的には存在していないが、フランスやスイスなどヨー
ロッパの多くの国々では導入されている。

□**14**
★★ 2002年に ★★ では**国際連合(国連)加盟の是非**を問
う**国民投票が実施**され、加盟を決定した。

スイス

◆2014年9月には、スコットランドでイギリスからの分離・独立
の是非を問う住民投票が行われたが、**独立は否決**された。

□**15**
★★★ 近年、日本でも一部の**地方公共団体**で重要問題の決定
の際に ★★★ を**自主的に実施する**例が増えている。

住民投票

◆住民投票条例などを自主的に制定して実施する例が増えてい
る。市町村合併の賛否を問う際に行われることも多い。なお、地
方で実施されている日本の**住民投票**は、住民の意思を問うもの
であるが、国政に対しては**法的拘束力を持たず**、単なる**民主ア
ピール**に過ぎない。

4 法の支配と法治主義

ANSWERS □□□

□**1**
★★★ ★★★ とは、権力者の専断的・恣意的支配である人
の支配を排し、たとえ**権力者といえども正義の法であ
る** ★★★ **法**に拘束されるという原理である。

法の支配

自然

◆**日本国憲法**は**人権保障**を目指す点で法の支配の立場にある。

□**2** 1215年、イギリスで ★★ (大憲章) が採択され、裁
★★ 判官ブラクトンは「たとえ国王といえども**神と** ★★
の下にあるべし」と述べたが、この言葉は**法の支配の**
確立を国王に対して要求したものである。

　◆エドワード゠コークは、王権神授説を唱える国王ジェームズ1
　世に対して、このブラクトンが述べた言葉を引用し、法の支配を
　主張した。彼は権利請願 (1628年) の起草者としても知られる。

マグナ゠カルタ,
法

□**3** **法の支配**の具体的なあらわれとして、日本国憲法第
★★★ 81条の ★★★ 制度、第14条の法の下の平等、第
31条などの ★★★ 主義、第98条の憲法の ★★★
性などがある。

　◆**法の支配**の具体的なあらわれのうち、権力者も自然法 (正義の
　法) に拘束されることを明記するのが、日本国憲法第99条であ
　る。同条の規定は国民にではなく公務員に**憲法尊重擁護義務**を
　課している。

違憲審査 (違憲立
法審査),
罪刑法定, 最高法
規

□**4** **形式的法治主義**の具体的なあらわれとして、明治憲法
★★ において、**権利の制限を正当化する** ★★ の規定が
ある。

　◆**形式的法治主義**は、法律に基づいて統治を行う方が効率的であ
　るとする考え方で、法は統治の道具とみなされている。そのため
　に「**悪法も法なり**」とする**法律万能主義**に陥りやすい。ドイツの
　プロイセン憲法や明治憲法 (大日本帝国憲法) が典型例である。

法律の留保

5 基本的人権の種類と歴史

ANSWERS □□□

□**1** 近代市民革命によって獲得された**権利**は国家権力**から**
★★★ の個人**の自由の保障を求める** ★★★ であったが、そ
の後、資本主義経済が発展するとその歪みが露呈し、**国**
家の積極的介入を求める ★★★ も主張されるように
なった。

自由権

社会権

□**2** 自由権は、**国家からの自由を本質とする** ★★★ 的権
★★★ 利であるのに対して、 ★★★ 権は、**国家による自由を**
本質とする ★★★ 的権利である。

　◆資本主義経済の発展に伴って生じた弊害に対応するために、**人**
　たるに値する生活の保障を国家に求めるという趣旨から社会権
　が登場した。社会権は**経済的弱者を保護して実質的平等を実現**
　することを目的としている。特に、生存権は貧困**からの自由**と
　もいわれる。

消極,
社会,
積極

□ **3** 参政権は、**国家への（政治参加の）自由**を実質とする
★★★ ┃ ★★★ ┃ 的権利であり、**選挙権**や ┃ ★★★ ┃ などを含む。

能動, 被選挙権

□ **4** 17世紀のイギリスでは、**ピューリタン革命（清教徒革**
★★ **命）** と ┃ ★★ ┃ を経て1689年に ┃ ★★ ┃ が採択され、**民**
主的統治と**自由権**が獲得された。

名誉革命, 権利章
典

◆権利請願 (1628年) で、議会は国王チャールズ1世に対して**議会**
の同意のない課税の禁止や**身体の自由の保障**を求めたが、後に
国王がこれを無視したためにピューリタン革命につながった。
名誉革命 (1688年) の集大成として権利章典 (1689年) が発布さ
れ、国民の請願の自由、信教の自由、財産の自由や王権制限など
の民主的な統治構造が規定された。

□ **5** 1776年6月に制定されたアメリカの ┃ ★★ ┃ は、世界
★★ で初めて**生来的権利の不可侵性を明記した成文憲法**で
ある。

ヴァージニア権利
章典 (ヴァージニ
ア州憲法)

□ **6** 1776年7月に採択された ┃ ★★★ ┃ は、「われわれは、**自**
★★★ **明の真理**として、**すべての人は** ┃ ★★★ ┃ **に造られ**、造
物主によって一定の奪いがたい不可侵の権利を付与さ
れ、……」と謳って、┃ ★★★ ┃ 人権の考え方を明記した。

アメリカ独立宣言,
平等

天賦

□ **7** 1789年採択の ┃ ★★★ ┃ は、**自由と平等、所有権の** ┃ ★★★ ┃
★★★ **性**を明記し、**自由権を集大成した歴史文書**である。

フランス人権宣言,
神聖不可侵

◆「**人および市民の権利宣言**」とも呼ぶ。第2条で自然権を「自由、
所有権、安全および圧制への抵抗」と位置づけ、第3条では「す
べての主権の原理は、本質的に国民にある」として国民主権を定
めている。

□ **8** 人間の基本的権利は、時代とともにその内容が拡大し
★★★ てきた。近代になって最初に強調された権利とは
┃ ★★★ ┃ であり、**国家権力に対する制限**や**身分制から**
の解放を求めた市民革命期の権利宣言にその起源を求
めることができる。

自由権

□ **9** **参政権**拡大の理論的根拠となった思想には、19世紀
★★ イギリスの ┃ ★★ ┃ 主義がある。

功利

◆功利主義とは、幸福を追求する考え方で、幸福は**数量化でき計**
測可能であるとする**量的功利主義**（ベンサム）や、幸福には**精神**
的満足にあるとする**質的功利主義**（J.S. ミル）がある。

□**10** J.S. ミルは、幸福の１つである ★★★ を達成する手
★★★ 段として**民主政治を確立**する必要があるとして
★★★ の拡大を説き、ベンサムは「**最大多数の最大幸
福**」を実現するために**多数意見**を採用して議論の決着
を図る ★★★ 原理を導入する**議会改革**を唱えた。

自由

参政権

多数決

□**11** 普通選挙とは ★★★ 以外に関する制限を設けない選
★★★ **挙**のことであり、性別や ★★★ 、教育などの**資格制
限を撤廃**する選挙制度である。

年齢,
財産 (納税額)

◆性別などの資格制限を撤廃し、成年男女に等しく選挙権を与え
る制度を**男女**普通**選挙**という。なお、平等**選挙**とは「１人１票」
（数の平等）と「１票の価値の平等」の２つの原則を意味する。

□**12** イギリスの ★★★ 期には労働者階級が形成され、や
★★★ がて政治意識を高めた**労働者**たちは ★★★ 運動で制
限選挙に反対し、**普通選挙の確立**を要求した。

産業革命,
チャーティスト

◆1837〜50年代に起こったチャーティスト運動は、男子を中心と
した世界初の**普通選挙権の獲得運動**であった。しかし、イギリ
スで**普通選挙**が確立したのは、20世紀に入ってからである。第
４回選挙法改正（**1918年**）で21歳以上の男子と、30歳以上の
女子に、第５回選挙法改正（**1928年**）で21歳以上の男女に選挙
権が認められた。

□**13** 1848年に**世界で初めて**制度として男子普通選挙を実現
★★ したのは ★★ である。

フランス

□**14** 1893年、**世界初の**女子選挙権は ★★ で実現された。
★★

ニュージーランド

◆ヨーロッパの先進国でありながら、女子選挙権の確立が1971年
と遅くなった国はスイスである。

□**15** 日本では、1925年に ★★ **歳以上の男子**普通**選挙**が、
★★ 第二次世界大戦後の45年に ★★ **歳以上の男女**普
通**選挙**が確立した。

25,

20

□**16** 1919年、**ドイツの**ワイマールで開かれた国民議会で制
★★★ 定された憲法は**世界で最初に** ★★★ **権**を規定したこ
とで有名で、中でも重要な権利は「人たるに値する権
利」を保障する ★★★ **権**である。

社会

生存

□**17** 社会権とは、国民が国家に対して「 ★★★ 」の保障を
★★★ 求める ★★★ **的権利**で、**貧困からの自由**などを意味
する。

人間に値する生活
（人たるに値する
生活）,
積極

◆ワイマール憲法第151条では「**人たるに値する生活**」の保障を
正義の原則に適合するものと規定している。

□**18** ドイツのワイマール憲法は、**経済への** ★★★ **の介入**
★★★ とともに、労働基本権や ★★★ **権を明記**しており、日
本国憲法など現代の憲法に対して大きな影響を与えた。

国家,

生存

6 人権の国際化

ANSWERS □□□

□**1** 18**世紀的権利**である自由権が登場した歴史的背景に
★★★ は ★★★ が、19**世紀的権利**である参政権が登場し
た歴史的背景には ★★★ が、20**世紀的権利**である
社会権が浸透した背景には ★★★ がある。

市民革命,

普通選挙運動,

世界恐慌

□**2** アメリカ大統領の ★★★ は、教書の中で「 ★★★ 」
★★★ を唱え、それらの権利は世界人権宣言に明記された。

フランクリン=

ローズヴェルト,

4つの自由

◆「4つの自由」とは、「言論の自由」「信仰の自由」「恐怖からの自由」「欠乏からの自由」である。

□**3** 大西洋憲章や国際連合憲章で人権尊重と**人権の国際化**
★★★ が唱えられてきた中で、**1948年**に ★★★ がその集大
成として**国連総会で採択**された。

世界人権宣言

◆世界人権宣言は、世界的なレベルで人権の保障を目指した最初の国際的文書であり、すべての人間は、生まれながらにして自由であり、尊厳および権利について平等であることを規定している。

□**4** 1948年の世界人権宣言は最も基本的な人権である自由
★★ 権のみならず ★★ 権を規定するなど、基本的人権
の尊重を謳っているが、 ★★ は持たない。

社会,

法的拘束力

□**5** ★★★ は、 ★★★ に**法的拘束力**を付与する目的で
★★★ **1966年に国連総会で採択**され、**76年に発効**した。「経
済的・社会的及び文化的権利に関する国際規約（A規
約、社会権規約）」と「市民的及び政治的権利に関する
国際規約（B規約、自由権規約）」とがあり、いずれも
締約国に対して ★★★ を持つ。

国際人権規約, 世

界人権宣言

法的拘束力

◆国際人権規約は、批准国に条約内容の実現を義務づけている。

□**6** **国際人権規約**のA規約について、日本は祝祭日の給
★★ 与、**公務員の** ★★ **権**などは留保し、**1979年に批准**
した。

争議

◆中等・高等教育の漸進的無償化についても日本は批准を留保していたが、2012年に留保を撤回し批准に踏み切った。民主党政権下で実施された国公立の高等学校の無償化を考慮したものである。

□**7** 国際人権規約の B 規約の ★★★ は、所属する国家
★★★ (政府)によって自由権と参政権を侵害された国民個人
が ★★★ に通報し、その救済を求めることができる
旨を定めているが、日本は批准していない。

選択議定書

規約人権委員会

◆一般に個人通報制度と呼ぶ。国際司法裁判所には救済申立てが
できない。同裁判所は国家間の紛争解決に特化している。なお、
国連の人権理事会は、それまで活動してきた「人権委員会」に代
わり、2006年に国連総会の決議によって設置されたが、規約人
権委員会とは別組織である。

□**8** 2008年、国際人権規約のA規約の ★★★ が採択され、
★★★ 13年に発効したが、日本は批准していない。

選択議定書

□**9** 1989年に国連で採択された国際人権規約の B 規約の
★★★ 第二選択議定書、すなわち ★★★ 条約を日本は批准
していない。

死刑廃止

□**10** 1951年、国連で採択された ★★ 条約の批准国は、帰
★★ 国すると迫害されるおそれがある者を保護しなければ
ならないと定められているが、保護(庇護)義務のある
「難民」は ★★ と政治難民で、 ★★ は「難民」に
はあたらず対象とされていない。

難民(難民の地位
に関する)

戦争難民, 経済難
民

◆難民を迫害の危険にさらされている国へ送還せず、これを
保護するという国際法上の原則をノン＝ルフールマン(non-
refoulement)の原則といい、難民条約の基礎をなす。

□**11** 日本は、1981年に難民条約(難民の地位に関する条約)
★★★ を批准したのを機に、翌82年に出入国管理令を ★★★
法に改正した。

出入国管理及び難
民認定

◆1981年に難民条約に加入した日本は難民の受け入れを始めた
が、実際に「難民」として認められる人の数はわずかで、2022年
の難民認定者数は1万人超の申請数のうち202人と非常に少
なく、欧米各国と大きく隔たりがある。

□**12** 1948年に国連で採択された、集団殺害罪の防止及び処
★★ 罰に関する条約を ★★ 条約という。

ジェノサイド

◆日本は現在もジェノサイド条約を批准していない。

□**13** 1965年に国連で ★★ 条約が採択され、アパルトヘ
★★ イトのような人種差別を深刻な人権侵害として、廃止
を要請している。

人種差別撤廃

◆南アフリカ共和国で1948〜91年にかけて行われた人種隔離政策
をアパルトヘイトという。少数派の白人政権が大多数の黒人を
政治的・社会的に差別した。

□**14** 日本では、1995年の人種差別撤廃条約批准を契機に、
★   アイヌ民族を差別的に扱ってきた ［ ★ ］ 法を廃止し、
97年に ［ ★ ］ 法を制定したが、先住民族としての
権利は明記されず、2019年4月成立の「［ ★ ］」で
アイヌ民族を**法律上初めて先住民族と認める**も、**先住**
民の権利は明記されなかった。

北海道旧土人保護,
アイヌ文化振興,
アイヌ民族支援法

□**15** 日本が、**1985年**に ［ ★★★ ］ 差別撤廃条約を批准するの
★★★ に先立って制定ないし改正した法律として、［ ★★★ ］
法、改正**労働基準法**、改正 ［ ★★★ ］ 法がある。

女子(女性),
男女雇用機会均等,
国籍

□**16** **1984年**に国籍法が改正され、日本国籍取得の要件が
★★   ［ ★★ ］ 血統主義から ［ ★★ ］ 血統主義に改められた。

父系, 父母両系

◆父系**血統主義**：　父が日本人 ▶ 子は日本人
　　　　↓
父母両系**血統主義**：父または母が日本人 ▶ 子は日本人

改正前の父系**血統主義**では、**父が日本人で母が外国人の場合**、子
は日本人となれるが、**母が日本人でも父が外国人の場合**、子は
日本人となれないことになっていた。これは、子に対してはも
ちろん、日本人の母に対する差別となることから、父または母
が日本人であれば子は日本人となれるとする父母両系**血統主義**
に改められた。

□**17** **1999年**制定の ［ ★★★ ］ 法は、女子の社会参加のための
★★★ 積極的差別是正措置（［ ★★★ ］）を公的機関に求めてい
る。

男女共同参画社会
基本,
ポジティブ=アク
ション(アファー
マティブ=アクシ
ョン)

◆ポジティブ=アクション（アファーマティブ=アクション）は、
ジェンダー（文化的・社会的に作られる性差）だけでなく、人種
など社会における構造的差別の解消に向けて実施される積極的
是正措置であり、機会の平等よりも結果の平等を実現するもの
である。日本では、高齢者やハンディキャップのある者への**法**
定雇用率（民間企業や公的機関への雇用の義務づけ措置）が導入
されている。

□**18** 1989年に国連総会で採択された ［ ★ ］ 条約は、子ど
★   もの意見表明権などを明記し、子どもが保護されるだ
けでなく権利の主体であるべきことを定めている。

子どもの権利(児童
の権利に関する)

◆「子ども」とは**満18歳未満**で、**意見表明権**、**人格権**、**プライバ**
シーの権利、**飢餓からの解放の権利**などが与えられている。な
お、日本は、子どもの権利条約を批准した当初には国内法制定
を不要としていたが、2022年にこども基本法が制定され、翌23
年に施行された。なお、近年、重要視されている「子どもアドボ
カシー」は、子どもに権利があることを伝え、その意見に耳を傾
け、思いや不満を受け止め、子どもが選択できるように情報を
提供し、行動を支援することを意味する。

□**19** ★★ ★★　　★★　条約は、**2006年**に国連で採択されたもので、締約国に障がい者**の広範な問題を解決する施策**を実施するよう要請している。

障害者権利

□**20** ★★ ★★　　★★　は思想、信条、人種などの理由で不当に弾圧されている「**良心の囚人**」**の救済**や死刑**の廃止運動**に取り組む国際人権NGO（非政府組織）で、国連との協議資格も有している。

アムネスティ=インターナショナル

□**21** ★　オランダに本部を置く**国際環境保護団体**　★　は、**非暴力直接行動**を特徴とし、国連より「**総合協議資格**」を認められている。

グリーンピース

□**22** ★　　★　は、**1863年**に**戦時の負傷者を救済する目的**でアンリ=デュナンによって創設され、現在では**人道支援**のため幅広い活動をしている。

赤十字国際委員会

□**23** ★★ ★★　　★★　はフランスで設立された組織で、世界各地の戦災地、災害被災地、難民キャンプなどで医療活動を行い、**1999年**にはノーベル平和賞を受賞した。

国境なき医師団（MSF）

□**24** ★★ **2006年**にノーベル平和賞を受賞した**バングラデシュの経済学者**　★★　は　★★　を設立し、既存の銀行では不可能だと思われていた**貧しい人々の零細な事業に対する融資**（マイクロクレジット）を無担保で行い貧困**の解消**に取り組んだ。

ムハマド=ユヌス, グラミン銀行

◆マイクロクレジットの返済率が高かったのは、返済が滞れば同じ共同体メンバーには融資を行わないとする方法を導入したことが理由といわれている。

7 各国の政治機構

ANSWERS □□□

□**1** ★★★ イギリスの首相は日本と同じく通常は　★★★　の**第一党の**党首**が就任し、国民**（有権者）**の選挙によって選ばれるアメリカ**などの大統領**と対照的**である。

国会（議会）

◆イギリスは伝統的に二大政党制なので、首相には**下院**の第一党（多数党）**の党首**が国王によって当然に任命される。日本は国会で首相の指名が行われるが、イギリスでは形式的には議会による首相指名行為は省略されている。

□**2**
★★
イギリス議会の**上院**の正式名称は ★★ 、**下院**は ★★ で、上院は**非民選**、下院は**民選**である。

貴族院,
庶民院

□**3**
★★
イギリスの下院議員は、18歳以上の有権者による ★★ 選挙区制の選挙で選出され、議員の任期は ★★ 年である。

小,
5

◆なお、上院（貴族院）は、貴族身分を有する者、世襲貴族などで構成され、非民選で任期は終身である。1990年代に労働党のブレア政権下で上院改革が行われ、議員数がほぼ半分に削減された。世襲貴族の対象が限定され、代わりに功績のある者を一代貴族と認めて上院議員の地位を与えている。

□**4**
★★★
イギリスでは**二院制**を採用しているが、**法律案や金銭法案**などにおいて ★★★ の原則が確立している。

下院優越

◆日本の衆議院の優越は、**イギリスを模範**にしたものである。

□**5**
★★★
イギリスなどの議院内閣制では、**議会が行政権を持つ内閣を** ★★★ 決議によって**コントロール**するのに対して、**内閣は議会を** ★★★ させることによって対抗できる。

不信任,
解散

□**6**
★★
イギリスは成文の憲法がない ★★ の国であるが、数多くの成文法や**権利請願**、**権利章典**などの**歴史文書**、 ★★ が**憲法**の役割を果たしている。

不文憲法

判例法

□**7**
★
イギリスでは、**2009年の司法改革で** ★ が創設され、その地位も ★ からの独立性が保障されたが、アメリカや日本と異なり ★ 権は有しない。

最高裁判所,
上院,
違憲立法審査

◆従来、**イギリスの最高裁判所に該当した最高法院**は、上院議員たる少数の法律貴族で構成され、**司法権の独立が弱かった**。

□**8**
★★
イギリスの**二大政党**は、資本家や貴族、地主階級の支持を受ける ★★ と、労働者階級の支持を受ける ★★ である。

保守党,
労働党

□**9**
★★
イギリスでは、**2010年の下院総選挙**の結果、第一党が ★★ から ★★ に移ったものの、第三の政党である ★★ が健闘したため、どの政党も過半数の議席を獲得できなかった。

労働党, 保守党,
自由民主党

◆二大政党制が崩れたため、2010年5月、保守党と自由民主党が連立政権を組織し、**第二次世界大戦後初の連立政権であるキャ**メロン**政権が発足**した。どの政党も単独過半数を確保できない状況をイギリスでは**ハングパーラメント**(宙ぶらりん議会)と呼び、この場合、連立政権によって政権が運営されることになる。なお、15年の下院総選挙で保守党の単独政権に戻っている。

□10 イギリスでは、政権を担当していない**野党**は ★★★ を組織し、**政権交代に備える**ことが慣例になっている。

影の内閣（シャドー＝キャビネット）

□11 伝統的に二大政党制であったイギリスでは、与野党の党首が政治争点について直接議会で討論する ★★★ 制が採用されてきたが、これを模範として日本でも**国会審議を活性化**するために ★★★ 制が導入された。

クエスチョン＝タイム

党首討論

□12 アメリカの大統領は、**軍の最高指揮権**（**統帥権**）を持つとともに、各省長官や大使その他の外交使節、連邦最高裁判所裁判官などの高級官吏の ★★ 権を持つ。

◆ただし、高級官吏任命には連邦議会の上院の同意が必要である。

任命

□13 アメリカの大統領は、連邦議会の ★★ 院の ★★ を得て、条約を締結する権限を有する。

上，同意

□14 アメリカの立法機関である連邦議会は二院制で、法律案や予算案などについて上院と下院の関係は ★★ である。

◆アメリカ大統領の任期の半分にあたる2年目に、上院と下院の同時選挙となる中間選挙が行われる。その結果、上院と下院の多数党が食い違うねじれ現象が起こると、債務上限の引き上げなどの一般議案が成立しにくくなり、国政が混乱することがある。なお、上院には条約締結同意権と高級官吏任命同意権などの優越事項が存在する。

対等

□15 アメリカの大統領は**連邦議会から** ★★★ **されない**点で強い地位にあり、任期中、政治責任は問われない。

◆アメリカの大統領制は、イギリスの議院内閣制とは異なり、大統領は任期中、政治責任を問われないため、強力なリーダーシップを発揮できる。その反面、無能な大統領が選ばれると4年間、国政の混乱が続いてしまう。なお、大統領の弾劾については、下院の訴追により、上院の出席議員の3分の2以上の賛成で弾劾裁決を行うことができる。弾劾は大統領の憲法・法律違反の責任を問うものであり、政治責任を問うものではない。

不信任

□16 アメリカの大統領は**連邦議会に対する** ★★★ **権を持たない**が、日本やイギリスなどの議院内閣制の下では、内閣はこの権限を下院に対して行使できる。

解散

□17 アメリカでは**厳格な三権分立**が採用されており、大統領には ★★ 権はないが、連邦議会で制定された法案に対する ★★ 権を発動できる。

◆議会で可決した法案を大統領が拒否した場合、法案は連邦議会に差し戻され、上・下院で出席議員の3分の2以上の賛成で再可決されれば成立する。

法案提出，

拒否

□**18** アメリカの大統領は法案提出権を持たないが、**必要な**
★★ **立法は** ★★ **という形で連邦議会に勧告できる。**

教書

◆一般教書、大統領経済報告、予算教書が「三大教書」と呼ばれる。
原則として年１回、大統領は連邦議会に対して、国の現状やこ
れからの政策方針を説明する一般教書演説を行う。これは国民
に向けてテレビ中継も行われる。

□**19** アメリカ合衆国憲法修正第22条で、大統領の**任期**
★★ **は** ★★ **年で** ★★ **選は禁止**と定められている。

4, 3

◆唯一の例外は第32代のフランクリン゠ローズヴェルト大統領で
３選を果たした（任1933〜45年）。彼の死後、憲法が修正されて
正式に２選までとされた。

□**20** アメリカの大統領選挙では、まず ★ **歳以上の有**
★ **権者が、大統領を選出する** ★ **を**間接選挙によっ
て選ぶ。

18,
大統領選挙人

◆アメリカの大統領選挙は大統領選挙人による間接選挙である
が、それは形式的であり、実質的には直接選挙といえる。なお、
アメリカ大統領に就任するには、①アメリカ生まれ、②アメリカ
に14年以上居住、③35歳以上、という３つの条件を要する。

□**21** ★★★ **権とは、連邦議会の行った立法や、行政府に**
★★★ **よる命令や処分などが憲法に適合するか否かを**裁判所
が審査する権限で、アメリカでは判例法により確立し
た。

違憲立法審査

◆イギリスの最高裁判所（旧最高法院）は**違憲立法審査権を持たな**
い。日本では憲法第81条に違憲立法審査制度（違憲立法審査権）
が明記されている。

□**22** アメリカの二大政党は、黒人や労働組合など大衆の支
★★ 持を受けて**リベラルな主張を行う** ★★ **と、資本家**
の支持を受けて保守的な主張を行う ★★ **である。**

民主党,
共和党

□**23** 社会主義国では**国民代表議会に**権力**を集める** ★
★ 制が採用されることが多い。

民主的権力集中
（民主集中）

◆旧ソ連邦の最高権力機関は立法権を持つ最高ソビエト（最高会
議）であり、そこに権力が集中されていた。

□**24** 15の共和国の集合体だった旧ソ連邦は1991年12月
★ に解体し、**緩やかな主権国家の統合を目指す** ★
を結成した。

独立国家共同体
（CIS）

◆当初は12ヶ国で構成された国家連合体であるが、2009年にグ
ルジア（ジョージア）が脱退し、23年４月現在、正式加盟国は
９ヶ国である。

□25 ロシア連邦議会の下院は大統領に対する □★□ 決議
★　権を持たないが、□★□ は下院の解散権を持つ。

不信任,
大統領

□26 2004年、□★□ は大統領に再選され、以後も政権担当
★　に意欲を見せたが、当時のロシア憲法では連続3選が
禁止であったため、一旦 □★□ が大統領に就任した。
しかし、12年に再び □★□ が大統領に当選した。

プーチン

メドベージェフ,
プーチン

　◆2020年7月の憲法改正で、これまでの在任期間をリセットした
　上で、今後は連続して3選禁止から、通算して3選禁止（生涯2
　期まで）と定められたため、プーチンは2024年から任期6年×
　2期、最長2036年まで大統領に在任することが可能となり、超
　長期政権への道が開かれた。

□27 中国（中華人民共和国）の国家元首は、全国人民代表大
★　会（全人代）で選出される □★□ で、内閣の長であ
る □★□ （首相）とともに政治を行う。

国家主席,
国務院総理

　◆2013年には国家主席に習近平が、国務院総理（首相）に李克強が
　就任した。18年には憲法を改正し、国家主席（任期5年）の三
　選禁止規定を撤廃したため、習近平が恒久的に在職する体制が
　整えられた。23年3月には李強が新たな首相に選出された。

□28 中国の議会である □★★□ は国家の最高機関として位
★★　置づけられており、□★★□ 制である。

全国人民代表大会
（全人代）,
一院

□29 1978年12月、当時の中国の意最高指導者であった
★★★　□★★★□ は、閉ざされた社会主義国家だった中国を
□★★★□ 政策によって転換する決定を行った。

鄧小平,
改革・開放

□30 フランスはドイツと同じく大統領制と □★★□ の複合
★★　型の政治制度を採用しているが、□★★□ は前者を中
心として大統領が強い権限を持ち、□★★□ は後者を
中心として首相が強い権限を持つ。

議院内閣制,
フランス,
ドイツ

　◆フランス大統領は議会（下院）から不信任されないが、下院の解
　散権を持つ。また、重要問題について国民投票施行権を持つ。
　2005年にはEU憲法をめぐる国民投票が行われた。

□**31** 国の政治体制を次の表中**A**～**F**のように分類した場合、
★★　後の語群の各国があてはまるものを記号で答えよ。

	議院内閣制	半大統領制	大統領制
連邦国家	A	B	C
単一国家	D	E	F

※この「単一国家」とは、中央政府に統治権が集中する国家を指す。

【語群】　イギリス　アメリカ　フランス　ロシア
　　　　　ドイツ　　日本

◆**イギリス**は単一国家で議院内閣制（<u>D</u>）である。議院内閣制とは
議会の信任に基づいて首相を中心とした内閣が存立し、<u>行政権</u>
を行使する仕組みであり、**イギリス**で発達した。一般に首相は
下院の第１党の党首が務め、<u>下院優位</u>の原則が認められている。
これは**日本**も同様（<u>D</u>）である（日本の下院は衆議院にあたる）。
正式な国名は「グレートブリテン及び北アイルランド連合王国」
で、イングランド、ウェールズ、スコットランド、北アイルラン
ドの４つの王国の連合体であり、その統一性が重視されている。
アメリカは自治権の認められた州（state）の連合による連邦国
家で、大統領制（<u>C</u>）を採用している。各州が刑法、民法など州
法を立法する権利を有し、州が１つの国家の実質を持つので連
邦国家と考えられている。**フランス**は単一国家で半大統領制（大
統領制と議院内閣制の複合型：<u>E</u>）である。身分制国家であった
王政を市民革命で覆して共和国となった歴史を持つ。**ドイツ**は
連邦国家で、フランスと同様に形式的には大統領制と議院内閣
制の複合型の政治体制であるが、実質的には首相に権限があり、
通常は議院内閣制を中心とする政治体制と分類される（<u>A</u>）。**ロ
シア**は連邦国家で半大統領制（大統領制と議院内閣制の複合型：
<u>B</u>）である。

イギリス	D
アメリカ	C
フランス	E
ロシア	B
ドイツ	A
日本	D

□**32** 　★★　とは、いくつかの中南米やアジア諸国で行わ
★★　れている体制で、西欧諸国が導入している議会制
　　　★★　主義とは異なり、経済開発を政権の正当性の
根拠として**強権的独裁政治**を行う。

開発独裁,

民主

◆<u>開発独裁</u>は、**経済的発展と開発**を掲げることで独裁政治が民衆
の一定の支持を受ける<u>大衆迎合主義（ポピュリズム）</u>的な側面を
持つ政治体制であるが、経済成長が達成され、国民生活が豊か
になるのに伴い、<u>民主主義</u>を求める動きが強まり、その政権は
崩壊する場合も多い。冷戦期の東南アジアでは**フィリピン**の<u>マ
ルコス</u>政権や**インドネシア**の<u>スハルト</u>政権、東アジアでは**韓国**
の<u>朴正熙</u>政権が開発独裁体制であった。

政治分野②

POLITICS

日本国憲法の理念と性質

1 明治憲法から日本国憲法へ ～国民主権の確立

ANSWERS ☐☐☐

□**1** 明治憲法は、天皇が定めた憲法を国民に対して与える
★★　形式の ☐**★★** 憲法であるのに対して、**日本国憲法**は
主権者たる国民が定めた ☐**★★** 憲法である。

欽定,
民定

□**2** 明治憲法下では、天皇は**統治権**を ☐**★★** する存在で
★★　あり、**軍の** ☐**★★** など広範な天皇大権を持っていた。

総攬（そうらん）,
統帥権（とうすい）

◆明治憲法は天皇大権として、**独立命令、緊急勅令、宣戦・講和**
の権利などを認めていた。

□**3** 明治憲法下では、帝国議会は天皇の立法権の ☐**★★**
★★　機関であり、それぞれの**国務大臣**は天皇の行政権の
☐**★★** 機関であった。

協賛

輔弼（ほひつ）

◆内閣制度は、1885年の太政官達（だじょうかんたつ）により創始され、89年公布の
内閣官制で、その運用基準が示された。**明治憲法**（1889年発布、
90年施行）には内閣制度に関する規定はなく、**内閣総理大臣**は
天皇によって任命されたが、強い権限は与えられず、内閣にお
ける同輩中の首席でしかなかった。

□**4** **帝国議会**は、皇族・華族・勅任議員からなる ☐**★★** と
★★　民選議員からなる ☐**★★** の**二院制**で、両議院の地位
はほぼ対等であるが、天皇の立法権行使の ☐**★★** 機
関に過ぎず、天皇に単独立法権が認められていた。

貴族院,
衆議院,
協賛

◆天皇の単独立法権には、独立命令（法律から独立して平時におい
て公共の安寧秩序を守り、または臣民の幸福を増進するために
発布する立法形式）と、緊急勅令（帝国議会が閉会中に公共の安
全保持、または災厄を避けるために緊急の必要がある場合に発
布する立法形式）の2つがあった。

□**5** 明治憲法下の臣民の二大義務は、☐**★★** と ☐**★★**
★★　である。

兵役, 納税
※順不同

□ **6** 明治憲法下において ［ ★★ ］ 権の独立の侵害が問題になった ［ ★★ ］ 事件では、訪日中のロシア皇太子を襲い負傷させた被告に死刑を求める政府の圧力に対して、当時の**大審院長である** ［ ★★ ］ はこれを退けた。

司法，
大津 (ロシア皇太子傷害)
児島惟謙

◆**大審院**とは、明治憲法下における最高裁判所のこと。

□ **7** **明治憲法下**では、特別裁判所として**行政事件を扱う** ［ ★★★ ］ 、皇室の問題を扱う**皇室裁判所**、軍事犯罪を扱う ［ ★★★ ］ が設置されていた。

行政裁判所，
軍法会議

□ **8** 明治憲法下の裁判はすべて ［ ★★★ ］ の名の下において行われ、また通常の裁判所以外に皇族間の民事訴訟や軍事犯罪などを扱う ［ ★★★ ］ が置かれた。

天皇

特別裁判所

◆明治憲法では、軍法会議、行政裁判所、皇室裁判所などの特別裁判所の設置が認められた。

□ **9** 明治憲法に定められている臣民の権利は、法律によっていつでも制限できた。これを ［ ★★★ ］ という。

法律の留保

◆明治憲法では、法律の留保という条件はあるが、言論・著作・印刷・集会・結社の自由 (第29条)、財産権 (第27条) などは認められていた。また、「安寧秩序ヲ妨ケス及臣民タルノ義務二背カサル限二於テ」という条件つきで、信教の自由 (第28条) も認められていた。

□ **10** 明治憲法には、規定されている権利の種類が少なく、20**世紀的権利**の ［ ★★★ ］ 権や ［ ★★★ ］ 選挙権、身分制度を否定する ［ ★★★ ］ の規定などが欠けていた。

社会，普通，
法の下の平等

◆明治憲法には、**精神的自由**である学問の自由と思想・良心の自由の規定も欠けていた。言論の自由と信教の自由は形式上、規定されていたが、法律の留保などの制限が伴っていた。

□ **11** 日本国政府の明治憲法改正草案となる ［ ★ ］ 案は**GHQ (連合国軍最高司令官総司令部)** によって拒否され、その直後に出された ［ ★ ］ 案が一部修正された後、帝国議会で可決されて日本国憲法となった。

松本

マッカーサー

◆松本案は、国務大臣であった松本烝治が委員長を務めた憲法問題調査委員会が主体となり作成された。

□ **12** **日本国憲法**の根幹をなす三大原則 (三大原理) とは、国民主権、 ［ ★★★ ］ 主義、 ［ ★★★ ］ の尊重である。

平和，基本的人権

□**13** 日本国憲法前文では、「そもそも国政は、国民の厳粛な
★★★ 　　**★★★**　　によるものであつて、その権威は　**★★★**　に
　　由来し、その権力は国民の　**★★★**　がこれを行使し、そ
　　の福利は国民がこれを享受する。これは人類普遍の原
　　理であり、この憲法は、かかる原理に基くものである」
　　と定め、近代民主政治原理として　**★★★**　を採用する
　　ことを宣言している。

信託，国民，
代表者

間接民主制

　　◆立憲主義とは憲法が保障する国民の権利を権力者から守るとい
　　　う英米系の市民革命の歴史的結論であり、そこで主張された法
　　　の支配の要求とは、権力者を自然法や正義の法に拘束されると
　　　して権力濫用を抑止するというものであった。

□**14** 明治憲法では**主権は**天皇にあったが、**日本国憲法は前**
★★★ **文**で「ここに　**★★★**　が国民に存することを宣言」し、
　　第１条で天皇の地位は「　**★★★**　の存する日本国民の
　　総意に基く」として　**★★★**　を明示した。

主権，
主権，
国民主権

□**15** **日本国憲法第１条**で天皇の地位は**日本国及び日本国民**
★★★ **統合の**　**★★★**　と明記された。

象徴

□**16** 日本国民の**三大義務**は、　**★★★**　の義務（第30条）、
★★★ 　**★★★**　の義務（第26条）、勤労の義務（第27条）で
　　ある。

納税，
教育

　　◆教育の義務は、正確には「**教育を受けさせる義務**」である。

□**17** 日本国憲法で**天皇**はその神格性が否定され、**日本国お**
★★ **よび国民**統合の　**★★**　として、**内閣の**助言と　**★★**
　　に基づき**形式的・儀礼的行為**である　**★★**　を行うに
　　とどまる。

象徴，承認，
国事行為

　　◆**第１条**が明記する象徴天皇制は、国民主権と表裏一体である。

□**18** 日本国憲法下における**天皇の**国事行為には、憲法改正・
★★★ 法律・政令・条約の　**★★★**　、内閣総理大臣による国
　　務大臣の任免および、長以外の最高裁判所裁判官の任
　　命の　**★★★**　などがある。また、　**★★★**　**の解散**を認
　　めているが、その決定自体は　**★★★**　が行っている。

公布

認証，衆議院，
内閣

□**19** 日本国憲法が例外的に**直接民制**を導入している具体
★★★ 例として、　**★★★**　**の国民投票**、地方特別法の**住民投**
　　票、　**★★★**　**の国民審査**の３つがある。

憲法改正，
最高裁判所裁判官

109

□**20** 日本国憲法の規定では、 ★★ 裁判官は国民審査に
★★ よって ★★ される場合がある。

最高裁判所,
罷免

□**21** 日本国憲法は、一般法よりも**厳格な改正手続**を必要と
★★★ する ★★★ 憲法である。

硬性

□**22** 日本国憲法の改正について、第 ★★★ 条で「各議院の
★★★ 総議員の ★★★ 以上の賛成で、国会が、これを ★★★
し、国民に提案してその承認を経なければならない。こ
の承認には、特別の ★★★ 又は国会の定める選挙の
際行はれる投票において、その ★★★ の賛成を必要
とする」と定めている。

96,
三分の二,発議

国民投票,
過半数

2 日本国憲法(1)～平和主義

ANSWERS ☐☐☐

□**1** 憲法第9条では、 ★★★ 放棄、 ★★★ 不保持、交戦
★★★ 権の否認が規定されている。

戦争,戦力

□**2** 1950年に発足した ★★ は、52年に ★★ 、54
★★ 年に自衛隊に改組・編成された。

警察予備隊,保安
隊

◆自衛隊創設から60年後となる2014年7月、それまでの歴代内
閣による公式見解を改め、**第二次安倍内閣**が自衛隊の役割を大
きく変えることとなる集団的自衛権の行使を容認することを閣
議決定した。

□**3** 自衛隊は ★★★ のための必要最小限度の ★★★ に
★★★ **過ぎない**として**合憲説**に立つのが政府見解である。

自衛,実力

◆1972年の田中角栄内閣の見解では、憲法第9条2項が保持を禁
止する「戦力」とは自衛のための必要最小限度の実力を超えるも
のと解釈している。

□**4** 憲法第9条の規定は変えずに**自衛隊の存在を認めるこ**
★★★ **と**のように、 ★★★ を行わずに条文の解釈を変える
考え方を、一般に ★★★ という。

憲法改正,
解釈改憲(憲法の
変遷)

◆憲法の条文と現実のズレを解消する手段として用いられる論理
である。**自衛隊違憲説**に立ちながらも**存在の必要性から事実上、
自衛隊を認めようとする見解**は解釈改憲(憲法の変遷)を根拠と
する場合が多い。

□**5** 自衛権は、相手から武力攻撃を受けた時にのみ行使すべ
★★ きであるという原則を ★★ の原則といい、 ★★
の禁止を意味する。

専守防衛,先制攻
撃

□**6** ★★★ ★★★ とは、自国と密接な関係にある同盟国などが武力攻撃を受けた場合、自国が直接攻撃されていなくても、共同して武力をもって反撃する権利である。

集団的自衛権

□**7** ★★ 第二次安倍内閣以前の歴代内閣は、憲法**第9条2項後段**が「 ★★ の否認」を規定していることから、自衛権について<u>自然権</u>**としての正当防衛**である ★★ の**行使は認められる**が、政策的自衛となる ★★ の行使は認められないと解釈してきた。

交戦権,
個別的自衛権,
集団的自衛権

□**8** ★★★ 2014年7月、**第二次安倍内閣**は ★★★ を、国連憲章第51条によって国際法上は保持するも憲法**第9条2項後段**にある「 ★★★ の否認」の規定により行使できないとしてきたという**従来の政府見解を閣議決定で変更**し、**行使も可能**であるとして、これを容認した。

集団的自衛権

交戦権

□**9** ★★★ ★★★ は<u>自衛隊</u>の**最高指揮監督権**を、<u>防衛大臣</u>は**統括権**を持つが、**憲法第66条2項**は、「内閣総理大臣その他の国務大臣は、 ★★★ でなければならない」と定め、最高指揮監督・統括権を軍人や軍国主義者が持ってはならないとする ★★★ を原則とする。

内閣総理大臣

文民

文民統制 (シビリアン=コントロール)

◆<u>文民統制</u>（シビリアン=コントロール）は、自衛隊が暴走して戦争に至ることを防ぐための原則である。議院内閣制のあらわれではないことに注意！

□**10** ★★★ **非核三原則**とは「**核兵器を** ★★★ 、**作らず**、 ★★★ 」というもので、<u>佐藤栄作</u>内閣が提唱した。

持たず, 持ち込ませず

◆**非核三原則**は<u>佐藤栄作</u>首相が提示し、日本人で初めて**ノーベル平和賞**を受賞することにつながったが、日本側がアメリカに対して核兵器の通過を認める**核密約**の存在が疑われ、2009年に民主党鳩山政権がその存在を証明する証拠を開示した。自民党は<u>持ち込ませず</u>とは「持ち込んで日本に配備する意味である」と解釈し、通過はこの原則に反していないと主張している。

□**11** ★ 武器と武器関連技術の海外移転を行う際に政府が掲げる三原則を「 ★ 」といい、1967年に**佐藤栄作**首相が表明した。① ★ 、②国連で武器の輸出が禁止されている国、③国際 ★ 当事国またはそのおそれのある国、に対しての武器輸出は禁止されていた。

武器輸出三原則,
共産圏,
紛争

◆1976年の**三木武夫**首相により、可能な限り武器の輸出は慎むとして、事実上の全面禁止に拡大した。

□**12** 2014年、第二次安倍内閣は、国連が認めている平和貢
★★ 献や日本の安全保障に資する場合の、同盟国に対する
防衛装備の移転を事実上解禁し、従来の「　★★　」を
「　★★　」に改めた。

武器輸出三原則,
防衛装備移転三原則

◆**防衛装備移転三原則**とは、①条約に基づく義務や国連安保理決議の違反国、**紛争当事国**への移転は認めないこと、②平和貢献や日本の安全保障に資する場合は、**厳格な審査**の下で移転を認めること、③防衛装備の**目的外使用**や**第三国移転**については日本の**事前同意**を必要とすること、の3つである。これに基づき、日本の軍事関連製品を製造する企業も国際武器見本市に出展するなど、**軍事関連製品を成長産業の一分野とする方針転換**を図っている。その担当機関として2015年、防衛省の中に防衛装備庁が創設された。なお、安全保障上、慎重な検討を要する「重要案件」に関しては、国家安全保障会議で審議を行う。

□**13** 1976年、三木武夫内閣は、**防衛関係費**については GNP
★★ の　★★　%を超えないものとしていたが、87年に
　★★　内閣はこの枠を廃止した。

1,
中曽根康弘

◆岸田文雄内閣は、2022年12月に向こう5年間で防衛費を2倍に増額し、敵基地攻撃能力(反撃能力)を保持する方針を示した。実現すれば防衛費は GNP の2%程度になる。

□**14** 　★★★　とは、**高度な**政治性**を有する問題**について、裁
★★★ 判所は**合憲・違憲の判断は行うべきではない**とする考
え方であり、**司法**消極**主義に立脚**する理論である。

統治行為論

□**15** **在日米軍基地**の拡張をめぐる**反対闘争**でデモ隊が基地
★★★ 内に立ち入ったため起訴された　★★★　事件で、被告
は**日米安全保障条約、駐留アメリカ軍の違憲性**を主張
した。1959年、東京地裁は駐留アメリカ軍を　★★★　と
する判決を下したが、同年の**最高裁**判決では駐留の根
拠条約となる日米安全保障条約に対する**憲法判断を**
　★★★　を用いて回避した。

砂川

違憲

統治行為論

□**16** 　★★★　訴訟で、1973年の**札幌地裁**(福島判決)は**初め**
★★★ て自衛隊**違憲判決**を下したが、76年に**札幌高裁**は自
衛隊の違憲判断を　★★★　を用いて回避した。

長沼ナイキ基地

統治行為論

□**17** 旧日米安全保障条約は**1951年の**　★★　**条約と同じ日**
★★ に調印され、　★★　**の日本駐留の根拠**となった。

サンフランシスコ平和,
アメリカ軍(米軍)

□**18** 1960年の新日米安全保障条約では、新たに**日米** ★★
★★ **義務**が明記され、また在日米軍の重要な武器や基地の
変更の際には、**日本政府との** ★★ が必要となった。

共同防衛

事前協議

◆正式名称は「日本国とアメリカ合衆国との間の相互協力及び安
全保障条約」。制定当初は10年間の条約であったが、それ以降
は、一方が1年前に解除通告をしない限り自動延長されること
になっている。**日米共同防衛義務**により、日本本土が攻撃され
た際にはアメリカは自国の憲法上の規定および手続に従って日
本を守る義務が生じ、一方、在日駐留米軍が攻撃された際には
日本はこれを守る義務が生じる。**アメリカ本土が攻撃された際
は、日本に共同防衛義務は発生しない**点に注意！

□**19** 日米安全保障条約第6条及び日米地位協定に基づきア
★ メリカ軍は日本に駐留しており、その**経費の一部**を
「 ★ **予算**」として**日本政府が負担**している。

思いやり

V
政治分野

□**20** 1978年策定の ★ （日米防衛協力のための指針）
★ は、**日米共同防衛体制**下における日本の対アメリカ協
力について定めたものである。

日米ガイドライン

2
日本国憲法(1)〜平和主義

□**21** **1999年**、小渕内閣下で日米(新)ガイドライン関連法の
★★ 中心となる ★★ **法**が制定され、日本が直接的な攻
撃を受ける前段階となる日本周辺で発生した**有事**が日
本に**危害**を及ぼすおそれがある場合を規定するととも
に、アメリカ軍への協力内容として ★★ **活動**と
★★ **活動**を定めた。

周辺事態

後方地域支援,
捜索救助 ※順不同

◆日本は直接的な攻撃を受けていないので自衛権としての武力の
発動はできないが、**アメリカ軍への協力が可能**となった。2015
年、安倍政権下で安全保障関連法の1つとして、周辺事態法は
重要影響事態法に発展的に改正され、派遣先を日本周辺の極東
から世界中に拡大するとともに、アメリカ軍のみならず軍事行
動を行う外国軍への協力を可能とした。

□**22** 2001年9月の**アメリカ同時多発テロ**を受けて ★
★ **法**が時限立法として制定され、**自衛隊**は ★ で展
開する**アメリカ軍の後方支援活動**を行い、 ★ で
情報収集や給油・給水活動などを行った。

テロ対策特別措置,
アフガニスタン,
インド洋

□**23** 2003年制定の **★★** 法は、有事法制の中心となる法
★★ 律であるが、安全保障会議が「**武力攻撃事態**」はもとよ
り、「**武力攻撃予測事態**」と認定した場合でも個別的自
衛権が**発動することを明記**するとともに、有事の際の
国民の **★★** を定めている。

武力攻撃事態（武
力攻撃事態対処）

協力義務

◆2015年の武力攻撃事態（対処）法改正で「武力攻撃事態等」（「武
力攻撃予測事態」を含むと解釈）が発生した場合、**武力行使を含
めた**個別的自衛権**の行使が可能**となっている。

□**24** 2004年に **★★** 法などが制定され、有事の際に国民
★★ の生命と安全を守るために行う国と地方の役割が定め
られ、予定していたすべての **★★** が整備された。

国民保護

有事法制

◆有事法制は、戦争状態への対応だけでなく大規模テロも含めた
有事の際の国と地方の役割を明記している。

□**25** 2009年、民主党鳩山由紀夫政権は、 **★★** 基地の国外
★★ ないし県外移転を提唱したが決着できず、10年5月、
沖縄県名護市の **★★** にあるキャンプ・シュワブ移
転に決着した。

普天間
(ふてんま)

辺野古
(へのこ)

□**26** 2015年、安倍内閣は **★★** 平和主義の実現を目指し
★★ た安全保障関連法として、自衛隊法や周辺事態法など
10の法律を束ねて改正する **★★** 整備法と、新た
な **★★** 法の計11本の法律を可決、成立させた。

積極的

平和安全法制,
国際平和支援

□**27** 安全保障関連法の1つとして、**武力攻撃事態（対処）法
★★★ を改正し、政府が「存立危機事態」**と認定した場合
に **★★★** 自衛権の行使が可能となり、さらに危険レ
ベルが進み「**武力攻撃事態等**」と認定された場合
は **★★★** 自衛権の行使が可能であるとした。

集団的

個別的

□**28** 2022年12月、岸田内閣は①**国家安全保障戦略、②国
★★ 家防衛戦略、③防衛力整備計画**の「 **★★** 」を改定し、
日本の外交・防衛政策の基本方針となる①には、新た
に **★★** 能力を持つ必要があると明記した。

安全保障3文書
（安保3文書）

敵基地攻撃（反撃）

◆国家安全保障戦略は、2013年に第二次安倍内閣によって策定さ
れ、今回の改定で敵基地攻撃能力が明記された。**国家防衛戦略**
は、従来の防衛計画の大綱（防衛大綱）を改称し、今後10年間
の防衛力強化の目標が示されている。**防衛力整備計画**も従来の
中期防衛力整備計画（中期防）を改称し、今後5年間で整備する
主要な装備品の数や必要な予算を定めた。毎年度の防衛予算は
同計画に基づく。これら「安全保障3文書」の改定は、専守防衛
を掲げてきた**日本の安全保障政策の大転換**といえる。

3 日本国憲法 (2) ~基本的人権の尊重

☐ **1** 基本的人権は、[★★★]権、自由権、社会権に、[★★★]
★★★ 権と請求権を加えて5つに分類される。

平等，参政

☐ **2** 憲法第11条と第97条では、人権の[★★]性につい
★★ て規定し、人権を自然権と捉えている。

永久不可侵

☐ **3** 憲法第13条後段で規定された[★★]は、個人の尊
★★ 厳を保護するために、国家が**最大限に尊重しなければ**
ならない国民の権利のことを指す。

幸福追求権

◆幸福追求権は、**プライバシーの権利**、**環境権**など「新しい人権」
の主張の根拠をなすものである。

☐ **4** 憲法第13条は基本的人権を、[★★★]に反しない限
★★★ り、[★★★]その他の**国政の上で最大限に尊重**しなけ
ればならないものと規定している。

公共の福祉，
立法

◆**人権の限界**を示す憲法上の文言が「公共の福祉」である。人権と
人権が衝突した場合、他者の人権を守るために、一歩譲るべき
であると定めている。一方で、不当な制限を防ぐために、その
解釈と運用は慎重さを要する。

☐ **5** 憲法第12条と第13条は、[★★]的公共の福祉の考
★★ えから**人権に一般的かつ内在的限界があること**を示し
ているが、第22条と第29条については、[★★]的
公共の福祉の考えから**経済的弱者を保護するための政**
策的見地に基づき、より広い権利の制限を認めている。

自由国家

福祉国家

◆最高裁は合憲か違憲かの判定基準として**二重の基準**を採用し、
精神**的自由の規制は厳格**に（必要最小限度の規制のみ認められ
る）、経済**的自由の規制は緩やか**に（広く合理性ありと推定する合
理性の基準もしくは合憲性推定の原則に基づき）判定している。

☐ **6** 1978年、**マクリーン事件**の上告審で最高裁は、憲法上
★★ の人権保障は性質上、日本国民のみを対象とするもの
を除き**日本に在留する**[★★]にも及ぶと判断した。

外国人

☐ **7** 基本的人権を保障する国際的な取り組みに応じて政治
★★★ や法の仕組みを整備することは、日本国憲法の[★★★]
などに掲げられている[★★★]主義の精神に合致する。

前文，
国際協調

4 日本国憲法 (3)〜自由権

ANSWERS □□□

□1 日本国憲法で定める**自由権**には、★★★ 自由、経済的
★★★ 自由、★★★ の自由の3種類がある。

精神的,
人身 (身体)

□2 精神的自由には、憲法第 ★★★ 条の「**思想および良**
★★★ **心の自由**」、第20条の「★★★ の自由」、第21条の
「**表現の自由**」、第23条の「★★★ の自由」がある。

19,
信教,
学問

□3 精神的自由権のうち**内心の自由**として、憲法**第19条**
★★ に思想および ★★ が定められている。

良心の自由

□4 憲法第19条の**思想および良心の自由**は、人の内心の
★★★ 考え方を自由に認めていることから、理論上は ★★★
による規制は受けない。

公共の福祉

◆日本国憲法の下では、内心を外部に表明していない段階は、他者
の人権とは衝突しないことから、**内心を規制することは理論上
許されない**。ただし、現実には第二次世界大戦後、共産党員の
公職追放 (レッド・パージ) など思想弾圧が行われた例がある。

□5 ★★ 事件では、**思想**を理由に会社が仮採用者の本
★★ 採用を取り消したことが、憲法**第14・★★ 条**に反
しているか否かについて争われた。

三菱樹脂,
19

◆最高裁は、**憲法**とは**公法**であり、民間企業と従業員個人の**私人
間に直接適用されるものではなく**、私人間では**契約自由の原則**
が優先し、企業の雇用の自由 (憲法第22条) が尊重されるべき
だとして、企業の本採用拒否を合憲と判断した。

□6 1999年に、**日の丸**を国旗、**君が代**を国歌とする ★★
★★ 法が制定されたが、これは思想統制を行うもので
★★ を侵害する疑いがあるという批判も出された。

国旗・国歌

思想および良心の
自由

◆思想および良心の自由は、自分の思想と異なる内容の表明を拒否
する権利や沈黙の自由を保障している。「君が代起立命令訴訟」で
は、「君が代」の起立・斉唱を拒否した教師などの懲戒処分や定年
後再雇用拒否について最高裁は**合憲・合法**とする判断を示した。

□7 2006年の**教育基本法改正**で、教育の目的を「**我が ★★**
★★ **と ★★ を愛する**」態度を養うこととした点に対し、
★★ を侵害する疑いが指摘された。

国,
郷土,
思想および良心の
自由

◆当初、自民党案では「国を愛する心 (愛国心) を養う」としてい
たが、連立政権を組む公明党の反対などもあり「郷土」を加え、
「心」を「態度」という表現に改めた。

□8 憲法**第20条3項**、**第89条**は、信教**の自由**を制度的に
★★★ 保障するものとして ★★★ の原則を定めている。

政教分離

□**9** 政教分離の原則は、国や地方公共団体などは**政治行為**
★★ **として** ★★ **をしてはならない**とする憲法**第20条**
3項の規定から認められる。

宗教的活動

◆憲法第20条3項では「国及びその機関は、宗教教育その他いか
なる宗教的活動もしてはならない」と定められている。

□**10** ★★ **訴訟**では、市が公金で神社神道に基づいた儀
★★ 式(地鎮祭)を行ったことが政教分離の原則に違反して

津地鎮祭

いるか否かについて争われ、1977年に最高裁は ★★

合憲

判決を下した。

◆最高裁は、国に禁止されている「宗教的活動」を、目的において
宗教的意義があり、効果において**特定宗教への援助・助長の効
果**または他宗教への**圧迫・干渉の効果**がある行為を指す「**目的・
効果論**」で認定している。地鎮祭は、専ら世俗的であり、いずれ
にも該当しないと判断した。

□**11** 箕面 ★★★ **訴訟**では、市が移転費用として公金を用
★★★ いたことが政教分離の原則に違反しているか否かにつ

忠魂碑

いて争われ、1993年に最高裁は ★★★ 判決を下した。

合憲

◆忠魂碑は単なる記念碑であり**宗教的意義・目的なし**と判断した。

□**12** 1997年に最高裁が憲法**第20条**の政教分離の原則に関
★★★ して最初の違憲判決を下したのは ★★★ **訴訟**である。

愛媛靖国神社玉串
料支出(愛媛玉串
料)

◆最高裁は、県が靖国神社に対して**公金**をもって玉串料を支出す
る行為は、その目的において**宗教的意義**があり、その効果にお
いても神道への**援助・助長効果**があるとし、政教分離の原則に
違反すると判断した。

□**13** 2010年、北海道砂川市 ★★ **神社への公有地無償貸**
★★ **与訴訟**で、憲法**第20条**の政教分離の原則に関して2
度目の違憲判決が下された。

空知太

□**14** 首相や閣僚が靖国神社に公的に参拝し、献花・献金に
★★ 公金を支出する行為を靖国神社への ★★ という。

公式参拝

□**15** 憲法**第21条**1項は、「**集会、結社及び** ★★★ 、**出版**
★★★ **その他一切の** ★★★ 」を保障すると規定している。

言論,
表現の自由

□**16** 表現の自由などの ★★ 的自由は ★★ を支える
★★ **優越的な権利**であるから、 ★★ の名の下に安易に
規制することは許されない。

精神, 民主主義,
公共の福祉

◆最高裁は、表現の自由など精神的自由に対する規制が「公共の福
祉」の視点から許容されるのは、**規制の目的に合理性**があり、な
おかつ**規制の手段が必要最小限度の場合**、またはその**権利行使
を認めると明らかに危険が発生する場合**(明白かつ現在の危険
の法理)であるという合憲性判定基準を示している。

□**17** 表現物の内容を事前に行政機関が審査し、内容を理由
★★★ に発表を差し止めることを禁止したのが、憲法第21
条2項の ★★★ の禁止の規定である。

検閲

□**18** ★★ 事件では、わいせつ文書の販売を処罰するこ
★★ とを定めた刑法第175条が、憲法第21条に規定され

チャタレー

る ★★ の自由の不当な制限であるか否かが争点と

表現,

なったが、1957年に最高裁は ★★ 判決を下した。

合憲

◆合憲の理由は、善良な性道徳や性的秩序を維持することは、公
共の福祉の内容をなすためである。わいせつ文書などの禁制品
の輸入を制限する税関検査が表現の自由の制限か否かが争われ
た事件でも、1984年に最高裁は合憲判決を下した。

□**19** デモ行進 (集団示威行動) の許可制・届出制を定める東
★ 京都の ★ が憲法第21条に違反するか否かが争

公安条例

われた事件で、1960年に最高裁は合憲判決を下した。

◆合憲判決の理由は、他者の通行の自由と安全を守ることは、公共
の福祉の内容をなすためであるが、デモ行進の暴徒化の危険性
ありと判断した点は批判されている。新潟県公安条例事件、徳
島市公安条例事件でも最高裁は合憲判決を下している。

□**20** 他人の私生活を本人の同意なく記述した小説の出版を
★★★ 事前に差し止めたことは ★★★ の自由に対する不当

表現,

な制限か否かが争われた『 ★★★ 』事件で、2002年に

石に泳ぐ魚,

最高裁は出版の差止めは ★★★ を保障するためのや

プライバシーの権利

むを得ない措置であるとする判断を下した。

◆『石に泳ぐ魚』は柳美里の小説。プライバシーの権利を根拠とす
る小説発刊差止めは初めてのことである。

□**21** ★★ 事件における1963年の最高裁判決は、憲法第
★★ 23条の学問の自由を認めるための制度的保障として

東大ポポロ劇団

一般原則的には ★★ が認められるとした。

大学の自治

◆大学の自治とは、学問の研究内容や教授内容に対して公権力が
介入してはならないとする原則であり、これによって、明治憲
法下のように学問弾圧が起こらないようにすることを目指した
ものである。ただし、同判決は、学生運動を行うサークルには
大学の自治は保障されていないとする事実認定を行った。

□**22** 公権力による不当逮捕を防止し、個人の行動の自由と
★★★ 個人の尊厳を守るのが ★★★ の自由である。

人身 (身体)

□23 憲法第31条は、**法律の定める手続によらなければ処**
★★ **罰されない**という ★★ の保障を規定している。

法定手続

　◆法定手続の保障とは、有罪の確定までに**適正な手続を保障**し、反
　論の機会を与えるとする原則であるが、その目的は誤判を防ぐ
　ことにあり、刑事訴訟法だけでなく、**行政手続法にも適用**され
　る。憲法第31条は、刑事実体面として罪刑法定主義を、**刑事手**
　続面として法定手続の保障を規定し、**法の支配**を徹底している。

□24 罪刑法定主義とは、**あらかじめどのような行為が犯罪**
★★ **に該当するのかを法律によって明確に示す**ことによ
　　り、 ★★ の萎縮を防止することを目的としており、
　　そこにいう「法」とは六法でいうと ★★ である。

人権,

刑法

□25 憲法第35条は、公権力による住居侵入、捜査、押収
★★ には ★★ による ★★ が必要だとし、同条は新
　　しい人権である ★★ の根拠規定にもなっている。

司法官憲(裁判官),

令状,

プライバシーの権
利

　◆逮捕する際に必要な令状を「逮捕令状」という（憲法第33条）。
　令状なくして逮捕できる例として、憲法上は「**現行犯**」、刑事訴
　訟法では「**緊急逮捕**」（指名手配者などの逮捕）がある。

□26 刑事被告人には、憲法第37条で公平な裁判所の迅速
★★ な ★★ 裁判を受ける権利や ★★ を依頼する権
　　利などが保障されている。

公開, 弁護人

□27 **刑事被告人が自ら弁護人を依頼することができない場**
★★ **合**には、**国が公費で弁護人を附する**ことが憲法第37
　　条に明記されており、この弁護人を ★★ という。

国選弁護人

　◆国選弁護人は、憲法上は**刑事**被告人に**のみ附する**ことになって
　いるが、改正刑事訴訟法の施行で、2006年と09年と18年の3
　段階で対象が拡大し、現在は勾留されているすべての被疑者に
　附することになった。

□28 憲法第36条は、**残虐刑**とともに ★★ を禁止し、第
★★ 38条ではそれを含めた一切の ★★ による自白は
　　裁判で証拠として採用されないことを規定している。

拷問,

強要

□29 憲法第38条では、**自己に**不利益**な供述は強要されな**
★★ **いことを保障する** ★★ と、強制、拷問、脅迫によ
　　る、または不当に長期間抑留、拘禁された後の ★★
　　は証拠にできないことが規定されている。

黙秘権,

自白

□30 **行為後に制定された刑罰法規によっては処罰されない**
★★★ という刑事司法原則を ★★★ の禁止というが、この
原則は ★★★ 主義のあらわれである。

遡及処罰,
罪刑法定

◆遡及処罰の禁止は、**事後法処罰の禁止**とも呼ばれる。

□31 憲法第39条には、**判決が確定した犯罪行為については**
★★ **再び裁判をしてはならない**とする ★★ が規定され
ている。

一事不再理

□32 憲法第39条は**一事不再理**の原則を規定しているが、
★★ 確定判決後に新しい ★★ が発見され、**有罪の確定**
判決が疑わしくなった場合には ★★ が認められる。

証拠,
再審

□33 **白鳥事件**において、1975年に最高裁は「**疑わしきは**
★★★ ★★★ **の利益に**」という刑事司法の大原則を ★★★
の決定手続にも適用するという判断を下した。

被告人, 再審

◆1980年代には、死刑囚の**再審**で従来の有罪(死刑)判決の誤りが
明らかとなり、**冤罪**が認められた**逆転無罪判決**が続いた。

□34 憲法第22条の**職業選択の自由**、第29条の ★★★
★★★ は**資本主義を支える** ★★★ 自由である。

財産権,
経済的

□35 憲法第22条1項は、「何人も、 ★★ に反しない限
★★ り、 ★★ 、移転及び ★★ の自由を有する」と規
定している。

公共の福祉,
居住, 職業選択

◆一方で、職業における**国家資格制度**は、憲法第22条が認める**公**
共の福祉による規制として認められる。

□36 憲法第22条1項の ★★ の自由を侵害し、**違憲と**
★★ 最高裁が判断した例に、 ★★ 法の ★★ 制限規
定がある。

職業選択,
薬事, 薬局距離

◆1975年の最高裁判決は、**薬事法の立法目的**(不良薬品供給防止)
と**薬局の開設等に関する距離制限に因果関係はなく**、不必要な
規制であるとした。**憲法第22条1項の職業選択の自由**の解釈か
ら、**営業の自由**が認められる。

□37 憲法第29条1項では ★★ の不可侵性を、同条2
★★ 項では**財産権**の内容は ★★ に適合するように法律
でこれを定めることを規定している。

財産権,
公共の福祉

□38 憲法第29条3項の「**私有財産は、正当な** ★★ の下
★★ に、これを ★★ のために用ひることができる」こ
との例が ★★ 法による土地の強制収用である。

補償,
公共,
土地収用

□**39** 憲法第29条の ★★ 権を侵害し、最高裁が**違憲**と
★★ 判断した例には、 ★★ 法の ★★ 制限規定がある。

財産,
森林，共有林分割

◆1987年の最高裁判決は、森林の共有持分権者の所有権＝財産権
に対する不当な侵害であるとした。

□**40** 政治の基本原理には、主権者たる国民の意思に基づく
★★★ 政治を実現する**民主主義**と、国民の基本的人権、特に
自由権を保障する**自由主義**の2つがある。特に前者を尊
重する例を**A**、特に後者を尊重する例を**B**とする場合、
次の①〜⑦はどちらに該当するか、それぞれ答えよ。

①公務員に憲法尊重擁護義務を課すること

②裁判所が違憲立法審査権を有すること

③国会を国権の最高機関とすること

④司法権の独立を保障すること

⑤高度な政治性を有する問題について憲法判断を行
わないとする統治行為論の考え方をとること

⑥情報公開制度を導入すること

⑦法の支配を徹底すること

①	B
②	B
③	A
④	B
⑤	A
⑥	A
⑦	B

◆①憲法第99条は**権力者と公務員に憲法を尊重し擁護する義務**
を課す。権力濫用を防ぎ、国民の人権、特に自由権を守ること
を主目的とする（B）。②憲法第81条の違憲立法審査権は、人権
侵害の法律を違憲とし無効にする権限を裁判所が有する点で自
由主義を尊重する（B）。③憲法第41条は「国会は、国権の最高
機関」とし、主権者たる国民の代表機関である国会を尊重してい
ることから、民主主義を尊重している（A）。④憲法第76条の
司法権の独立は、裁判所に憲法が定める人権を保障する公正中
立な機関であることを担保するので、自由主義を尊重する（B）。
⑤統治行為論は、政治性の高い問題は国民の代表機関である国
会の意思を尊重することであるから、民主主義を尊重する（A）。
⑥情報公開制度は、主権者たる国民が行政情報を知る権利に対
して奉仕し、**行政に対する民主的コントロール**を及ぼす民主主
義を尊重する制度である（A）。⑦「**法の支配**」とは、自然法＝正
義の法による支配を権力者に要求する原理であり、権力は法律
に基づいて支配を行えば足りるとする法治主義を批判し、悪法
による支配を認めない考え方である。よって、国民の人権、特
に自由権を守る原理といえる（B）。

5 日本国憲法 (4)~平等権

ANSWERS □□□

□**1** 政治的、経済的または ★★★ 関係におけるあらゆる
★★★ 差別を禁止した憲法の規定が法の下の ★★★ である。

社会的,
平等

□**2** 憲法に規定された「法の下の平等」は、 ★★★ 平等を
★★★ 保障する規定であり、 ★★★ のある差別は禁止して
いないと解釈される。

実質的,
合理的理由

◆**合理的差別**の具体例に、労働基準法の女子労働者に対する母性
保護規定、公務員資格を日本国民に限るとした国籍条項、刑法
における業務上犯罪の刑加重規定、外国人に選挙権を認めてい
ない公職選挙法の規定などがある。

□**3** **夫婦同姓**を定める現行の民法について、一方の配偶者
★★ が不利益を被ることもあるとして ★★ を求める動
きがあるが、2015年に最高裁は夫婦同姓を定める民法
の規定を合憲とした。

選択的夫婦別姓制
度

□**4** 憲法第24条は家族生活における**男女両性**の ★★
★★ を定め、婚姻の成立は ★★ のみに基づくとする。

本質的平等,
両性の合意

◆**婚姻可能年齢**については、2018年に成人年齢を20歳から18歳
に引き下げることなどを内容とする民法の改正が行われ、22年
4月より男女ともに18歳からとなった。1896年の民法制定以来
の改定で、初めて男女の婚姻可能年齢が統一された。

□**5** 離婚した際、女性だけが6ヶ月を経過した後でなけれ
★ ば再婚できないとする民法の規定を一般に ★ 期
間（**再婚禁止期間**）というが、2015年に最高裁は**100**
日を超える部分を違憲とする判決を下した。

待婚

◆2016年の民法改正で、待婚期間を**100日**とし、離婚時に懐胎
（妊娠）していない場合、100日以内でも再婚が可能となった。
さらに、23年の民法改正で、待婚期間の撤廃が決定し、24年
4月から施行される。

□**6** 憲法第26条は、「すべて国民は、法律の定めるところ
★★ により、その ★★ に応じて、ひとしく教育を受け
る権利を有する」として ★★ の均等を定めるとと
もに、**義務教育**は ★★ であるとしている。

能力,
教育機会,
無償

◆**教育を受ける権利**の法的性質は、社会権と同時に平等権でもあ
るという二面性を持っている。また、憲法第26条は**教育を受け**
させる義務を定めていることから、教育を施す自由を与えられ
ているとも解釈されている。これらの点により、教育を受ける
権利は自由権としての側面も持つ**複合的な権利**であるといえる。

□**7** 憲法第44条は、第14条とともに選挙の平等を保障
★★ し、1人1票という ★★ の平等と、与えられた1
票の ★★ の平等を定めている。

数,
価値

◆第44条は「人種、信条、性別、社会的身分、門地、教育、財産
又は収入によつて差別してはならない」と平等選挙を定めてい
る。

□**8** 1973年、最高裁として初の法律に対する**違憲**判決が下
★★★ され、**刑法第200条**における父母など直系尊属を殺害
した場合の ★★★ 規定の法定刑が死刑または無期懲
役と重すぎることが**憲法第**14**条の** ★★★ **に違反す**
るとした。

尊属殺重罰,
法の下の平等

◆1995年、国会は刑法改正を行い尊属殺重罰規定を削除した。

□**9** 最高裁は ★★★ に関する1票の格差が1：4.99と
★★★ 1：4.40に達した事例で過去2回**違憲判決**を下したが、
選挙は無効とせず、選挙のやり直しを命じなかった。

衆議院

□**10** 最高裁は衆議院の1票の格差について違憲判決を下し
★★ たが、**すでに行われた選挙については** ★★ **判決の**
法理に基づき**無効とした**例はない。

事情

□**11** 最高裁は ★★★ に関する1票の格差が1：6.59、1：
★★★ 5.0、1：4.77となった事例でいずれも**違憲状態**とした
が、**過去1度も**違憲**判決を出していない。**

参議院

◆参議院に下された違憲状態判決とは、**違憲の疑いのある状態で**
あって違憲とは断定できないという意味であるから、理論上**す**
でに行われた選挙は有効となる。参議院選挙については、1996
年9月に1：6.59、2012年10月に1：5.0、14年11月に1：
4.77という格差の事例が違憲状態とされ、違憲という判決は出
されなかった。したがって、理論上では**選挙無効・やり直し**の
判決は下されなかった。

□**12** 2010年代に入り、最高裁は衆議院の1票の格差が1：
★★ 2を超える**事例**については ★★ とする判決を繰り
返している。その中で、国会は1票の格差について衆
議院は1： ★★ 未満に、参議院は1： ★★ 未満
に抑える施策を行っている。

違憲状態

2，3

◆衆議院議員選挙では、1：2.30（2011年）、1：2.43（2013年）、
1：2.13（2015年）について、いずれも違憲状態という最高裁
判決が下されている。

□**13** 1979**年**、女性に対する政治的・経済的・社会的差別
★★★ を禁じた ★★★ 条約が国連総会で採択され、85**年に**
日本は同条約を批准し、 ★★★ 法を制定した。

女子差別撤廃（女
性差別撤廃），
男女雇用機会均等

◆女性差別撤廃条約の批准に先立ち、1984年には国籍法改正が行
われ、日本国籍を取得するための要件が見直され、それまでの
父系血統主義から父母両系血統主義へと改められた。父系血統
主義とは、父が日本人ならば子は日本国籍を取得できるとする
もの。父母両系血統主義とは、父または母が日本人ならば子は
日本国籍を取得できるとするもの。

123

☐ **14** 1997年に<u>男女雇用機会均等法</u>が改正され、**事業主の**
★★ 　　 **★★** **規定**が<u>義務</u>（禁止）**規定に高められて**、**違反事** 努力
　　 業主には企業名公表の罰則が設けられた。

☐ **15** 日本では1999年に **★★★** 法が制定され、女性を行政 男女共同参画社会
★★★ 会議などに参画させる<u>積極的差別是正措置</u>（ **★★★** ） 基本,
　　 を行うことが明記された。 ポジティブ=アク
ション(アファーマ
　　 ◆例えば、弱者や少数者を保護する手段として、会議などで一定 ティブ=アクション)
　　 の人数枠を確保する措置などがある。

☐ **16** **★★** 法に基づき在留外国人には従来、 **★★** 制 外国人登録, 指紋
★★ 度が設けられていたが、1993年には永住及び特別永住 押捺(おうなつ)
　　 者に、99年には非永住者についても廃止された。

　　 ◆2012年には外国人登録証の常時携行を定住外国人などに義務づ
　　 けた<u>外国人登録法</u>が廃止され、**日本人と同じく住民登録される**
　　 こととなった。

☐ **17** 公務員の資格を日本国民に限る **★★** 条項について、 国籍
★★ 最高裁は**合理的差別であり**<u>合憲</u>であると判断したが、
　　 1996年に **★★** 市が地方公務員には当てはまらない 川崎
　　 との見解を示し、特定の業務を除いて運用の上で自主
　　 的に撤廃した。

☐ **18** 1995年、最高裁は **★★** 選挙において**定住外国人**に 国政
★★ 選挙権を与えないことは日本国民との**合理的差別**とい
　　 えるが、 **★★** 選挙では立法措置により**選挙権を与** 地方
　　 えることは**違憲とは断定できない**とする判断を示した。

　　 ◆この判決を受けて、2001年に小泉内閣下で<u>定住外国人</u>への地方
　　 選挙権付与法案が国会で審議されたが見送りとなり、23年4月
　　 現在法案は成立していない。

☐ **19** 2008年、最高裁は結婚していない日本人父と外国人母
★★ との間に生まれた子について、日本人父が認知したと
　　 しても **★★** を取得できないとする **★★** 法第3 日本国籍, 国籍,
　　 条の規定を **★★** と判断した（憲法**第14条**）。 違憲

　　 ◆国籍法婚外子差別規定違憲判決を受けて<u>国籍法第3条</u>は改正さ
　　 れ、現在は認知された婚外子の<u>日本国籍</u>取得を認めている。

□ **20**　次の**A〜D**の事例について、外国人に相当するのは
★★　　　`★★`である。

D

A　日本人の両親との間にドイツで生まれ、日本に出
生届を出し、ドイツ語で初等教育を受けたことも
あり日本語を得意としないが、日本国籍を選択し
たピアニスト

B　ミャンマーから日本に働きに来たミャンマー人の
母と、日本で知り合った日本人の父との間に生ま
れた、日本で出生届を出したファッションモデル

C　アルゼンチン出身で、Jリーグで活躍後、帰化し
て日本代表に選ばれたが、日本語は話せないサッ
カー選手

D　在日韓国人三世で、特別永住資格を得て、日本名
の通称を持ち、日本の学校で教育を受けた、日本
語のみ話すエンジニア

◆日本在留の韓国・朝鮮人や永住外国人（特別および一般）は外国
人となる。片親が日本国籍で、日本に出生届を提出して帰化す
る、あるいは日本を国籍に選ぶと日本人となる。

□ **21**　2013年、最高裁は婚姻関係にない男女間の子（`★★`）
★★　の**法定相続分**を婚姻関係にある男女間の子（嫡出子）の
2分の1とする民法**第900条**の規定を`★★`とする
判決を下した。

非嫡出子

違憲

◆非嫡出子**法定相続分差別規定**（民法**第900条**）について、1995
年に最高裁は法律上の家族を尊重するものとして**合憲と判断**し
ていたが、2013年に**判例を変更**して違憲判決を下した。この判
決を受けて民法第900条は改正され、**現在の法定相続分は平等**
である。

□ **22**　2016年、大阪市（大阪府）が全国で初めて特定の人種や
★★　民族への**憎悪**や`★★`**意識を煽る言動や表現**に対す
る抑止条例を定め、同年、国も`★★`対策法を制定
し、施行した。

差別,
ヘイトスピーチ

◆ヘイトスピーチ解消のための国と地域の責務を定めた法律とし
て、相談、教育および啓発活動の実施について定めている。ただ
し、表現の自由との衝突が懸念されることから、禁止や罰則に
ついては規定されていない。なお、2019年に川崎市（神奈川県）
がヘイトスピーチに対する罰則規定を設けた全国初の条例を制
定した（2020年7月全面施行）。

6 日本国憲法 (5)〜社会権

☐**1** 社会権は、国民が国家に対して何らかのサービスの提
★★★ 供を求める ★★★ 的権利であり、★★★ 請求権を
本質とする。

積極, 作為

◆自由権は、**不作為請求権を本質とする消極的権利**である。

☐**2** 憲法第25条は、**健康で ★★★ な ★★★ の生活を**
★★★ **営む権利**を国民に保障し、国は**社会福祉、社会保障、公**
衆衛生の向上および増進に努めるべきだと定めている。

文化的, 最低限度

☐**3** 日本国憲法に規定のある社会権として、**第25条の**生
★★★ 存権や**第26条の ★★★ 、第27条の勤労権、第28**
条の ★★★ がある。

教育を受ける権利,
労働三権

☐**4** 社会権の1つである ★★★ 権を保障するため、★★★
★★★ が定める基準に基づき生活困窮者に対して公費を財源
に**生活保護**を行うことが法律で定められている。

生存, 厚生労働大
臣

☐**5** 最高裁は朝日訴訟や堀木訴訟で、憲法**第25条の**生存
★★★ 権に関する規定は**国の ★★★ を明言**したものであっ
て、国民に具体的な権利を保障するものではないとす
る ★★★ 説に立つことを判示した。

努力目標

プログラム規定

◆プログラム規定とは、政治指針としての**努力目標**のこと。なお、
憲法第25条を根拠に**具体的な請求ができる**とする見解（学説）
を法的権利説という。厚生大臣（当時）の定める**生活保護基準の**
合憲性が争われた朝日訴訟の最高裁判決は、憲法第25条の生存
権をプログラム規定であると判示し、国民に具体的請求権を与
えたものではないとした。堀木訴訟では、**障害福祉年金と児童**
扶養手当の併給禁止を定める旧児童扶養手当法の規定は憲法第
25条に違反しているか否かが争点となったが、プログラム規定
説に立ち、**立法裁量の枠内であり合憲**とする判決を下した。

☐**6** **文化的生存権**の一部として、**すべての国民に ★★**
★★ **を受ける権利**がある。また、これを保障する目的で日
本国憲法は国民（大人一般）に対し、その保護する子女
に ★★ **を受けさせる義務**を課している。

教育

普通教育

☐**7** **教育を受ける権利**を保障するために、憲法**第26条は**
★★ **義務教育の ★★ を定めている。**

無償

□**8** **★★** 法は、憲法**第26条**の精神に基づいて1947年
★★ に制定され、第二次世界大戦後の新しい日本の教育の
目的を明示するとともに、教育制度の根本を確立する
ことを目的に掲げている。

教育基本

◆教育基本法の前文には、その制定目的を「日本国憲法の精神に
のっとり、我が国の未来を切り拓く教育の基本を確立し、その
振興を図る」とあり、憲法そのものの精神が踏まえられている。

□**9** 文部省(当時)による**教科書検定制度**が憲法**第26条**の
★★ 解釈上認められる**国民教育権**(教師の教育の自由)を侵
害し、**第21条2項が禁止する** **★★** に該当するか
否かが争われた **★★** 訴訟では、最高裁は**教科書検
定制度それ自体を合憲とする判決**を下した。

検閲,
家永

□**10** **労働三権**とは、労働組合を結成する **★★★**、労働組
★★★ 合が団体で使用者と交渉する **★★★**、争議行為など
の実力行使によって要求を実現する **★★★** を指す。

団結権,
団体交渉権,
団体行動権(争議権)

□**11** **団体行動権**(争議権)の具体例には、労働者側からの
★★ 手段として、**同盟罷業**= **★★**、**怠業**=サボター
ジュ、**★★**=スト**破り防止**などがある。

ストライキ,
ピケッティング

◆使用者側からの争議権の手段として、ロックアウト(**作業所閉
鎖**)がある。これは、閉鎖期間中の賃金支払義務を免れ、労働者
に打撃を与えるものである。

□**12** **労働三権**のうちの **★★** は、**すべての公務員に認め
★★ られていない。**その条文上の根拠の1つとして、公務
員の立場を憲法**第15条2項**が **★★** と規定してい
ることがある。

団体行動権(争議
権)
全体の奉仕者

◆労働三権すべてが認められていない職種には警察官、消防官、自
衛官、刑務官、海上保安庁職員がある。

□**13** 憲法**第28条**が「**★★** の団結する権利及び団体交渉
★★ その他の団体行動をする権利は、これを保障する」と
定める通り、これらの権利が保障されるのは使用者と
対等な立場で労働条件の改善などを求める必要があ
る **★★** のみである。

勤労者

勤労者

◆**勤労者**とは、**他者に雇用**され、**労働力を提供**する対価として賃
金(俸給)を得ている労働者を指し、**労働三権が保障**される。例
えば、個人で飲食店を営む事業主はこれにあたらず、労働三権
は保障されない。

127

□**14**
★★★ ┃ ★★★ ┃を設置し、求職者に職業を紹介することを法律で定め、社会権の１つである┃ ★★★ ┃権を保障している。

公共職業安定所
（ハローワーク），
勤労

□**15**
★★ 現在、多くの社会保障制度で法律上の国籍要件が撤廃され、外国人でも受給できるようになった。しかし、**最低限度の生活**を維持できない人々に対する┃ ★★ ┃制度には、なお法律上の国籍要件が定められている。

生活保護

□**16**
★★★ 次の表は日本国憲法の三大原則にかかわる３つの裁判に関するものである。最高裁判所が採用した考え方を表す空欄 **A** 〜 **C** にあてはまる語を、後の語群から選べ。

●１票の格差とその選挙について（1976・85年の衆議院定数訴訟）	●衆議院解散の効力について（苫米地事件）	●生存権について（朝日訴訟）
A ★★★	B ★★★	C ★★★

【語群】 統治行為論　プログラム規定説　事情判決

A　事情判決
B　統治行為論
C　プログラム規定説

7 日本国憲法 (6)〜参政権・請求権

ANSWERS ☐☐☐

□**1**
★★★ 参政権には、主権者たる国民の**代表を選ぶ**┃ ★★★ ┃権と、自らがその**代表者に立候補する**┃ ★★★ ┃権の２つの側面がある。

選挙，
被選挙

□**2**
★★ 憲法第15条は、「公務員を┃ ★★ ┃し、及びこれを┃ ★★ ┃することは、国民固有の権利である」、「すべて公務員は、**全体の**┃ ★★ ┃であつて、**一部の**┃ ★★ ┃**ではない**」と定めている。

選定，
罷免，
奉仕者，奉仕者

□**3**
★★★ 憲法第15条は、第３項で┃ ★★★ ┃選挙を、第４項で秘密選挙を規定し、憲法第44条は平等選挙を規定している。

普通

◆憲法第15条は選挙権を国民に保障しているが、当然、**被選挙権**すなわち立候補**の自由**も保障していると解釈される。

□**4** 日本国憲法において国政上、直接民主制を採用する制
★★★ 度として、最高裁判所**裁判官**の ★★★ や**地方特別法**
の ★★★ 、**憲法改正**における ★★★ の３つがある。

　◆地方には地方自治法に基づいて条例の制定・改廃請求や首長・議
　　員の解職請求などの直接民主制的制度が複数存在している。

国民審査,
住民投票, 国民投
票

□**5** **国民の政治参加の手段**として司法の民主化が進められ、
★★★ 憲法で最高裁判所**の裁判官に対する** ★★★ が認めら
れ、リコール制度が導入されている。

　◆ただし、裁判官がこの制度で罷免された実例は、これまでにない。

国民審査

□**6** 日本国憲法に規定されている**４つの国務請求権**とは、
★★★ 請願権、刑事補償請求権、 ★★★ 権（国・地方への損
害賠償請求権）、裁判請求権（ ★★★ ）である。

　◆裁判は、独立性を保障された裁判所の公開の法廷で行われる必
　　要がある。憲法は、そのような裁判を受ける権利を平等に保障
　　している。

国家賠償請求,
裁判を受ける権利

□**7** 憲法**第**16**条**に規定される ★★ 権は、**行政腐敗**を
★★ 是正し、行政を ★★ 化する現代的機能を持つ歴史
伝統的な権利である。

　◆請願権は憲法に明記されているので、新しい人権ではない。

請願,
民主

□**8** 憲法**第**16**条**は、国民が国や地方公共団体などの**公権**
★★ **力**に対して、 ★★ に ★★ **する権利**を保障して
いる。

平穏, 請願

□**9** 憲法**第**17**条**に規定される**国や地方公共団体に対する**
★★ ★★ 権は、高度経済成長期に発生した ★★ 、非
加熱血液製剤によるエイズ訴訟やＣ型肝炎訴訟と
いった ★★ などの**行政責任追及**の手段となる。

損害賠償請求, 公
害
薬害

□**10** 憲法**第**17**条**は、**公務員**が不法行為により第三者に損
★★ 害を与えた場合、加害者の雇い主である**国または地方**
公共団体に対して ★★ **を請求**する国家賠償請求権
（国・地方への損害賠償請求権）を被害者に保障してい
る。

損害賠償

□ **11** 公害訴訟や薬害訴訟では、被害者は加害者たる民間企
★★ 業に対しては ★★ に基づく**損害賠償請求**を、国や
地方公共団体に対しては憲法**第17条**に基づく ★★
（国・地方への損害賠償請求）を行うことができる。

◆2004年に最高裁は関西水俣病訴訟における国と県の損害賠償責
任を認める判決を下している。

民法，
国家賠償請求

□ **12** 2002年に最高裁は、**損害賠償**を郵便物の紛失、損壊、
★★ 汚わいなどに限定し、遅配に伴う拡大被害に認めな
い ★★ 法の規定を、 ★★ 権を定める憲法**第17
条に違反**するものと判断した。

郵便，国家賠償請
求

□ **13** 何人も抑留または拘禁された後に無罪判決を受けた
★★ 時、 ★★ 法に従って国に補償を請求できる。

◆国家賠償請求権ではなく、特に刑事補償請求権と呼ばれている
ことに注意。刑事補償は間違って有罪判決を下した国の故意過
失を立証することなく、当然に請求することができる。

刑事補償

□ **14** 次のA〜Iを、自由権に関するものには①、参政権に
★★★ 関するものには②、社会権に関するものには③と、そ
れぞれ分類せよ。

A ★★★ 能動的権利　　B ★★★ 消極的権利

C ★★★ 積極的権利　　D ★★★ 国家による自由

E ★★★ 国家からの自由

F ★★★ 国家への自由

G ★★★ 法定手続の保障

H ★★★ 最高裁判所裁判官の国民審査

I ★★★ 健康で文化的な最低限度の生活を営む権利

◆①の自由権は「**国家からの自由**」を本質とする消極的権利、②の
参政権は「**国家への自由**」を本質とする能動的権利、③の社会権
は「**国家による自由**」を本質とする積極的権利である。

A ②
B ①
C ③
D ③
E ①
F ②
G ①
H ②
I ③

8 新しい人権と法

ANSWERS ☐☐☐

□ **1** 憲法に明文規定はないが、社会状況の変化などを受け
★★★ て解釈上、**権利性を認めるべき人権**のことを一般に
★★★ という。

新しい人権

□**2**
★★★
　　[★★★]権は、**良好な環境を享受する権利**として公害
差止め請求を根拠づけるものとして主張され、憲法**第
13条**の[★★★]権や**第25条**の[★★★]権の解釈に
よって認められる新しい人権の１つである。

　◆日照権、静穏権、眺望権、通風権など、**人がより良い環境で生
きる権利**としての環境権は、高層ビルの建築差止めを求めた日
照権訴訟など個別的な権利として登場し、近年は総括して環境
権と呼ばれている。また、地球環境にかかわる意思決定過程へ
の参加権として理解されることもある。

環境

幸福追求，生存

□**3**
★★
　　[★★]権は、大阪空港騒音訴訟の被害者側の**弁護団**
によって主張されたが、**最高裁が正式に認めたわけで
はない。**

　◆名古屋新幹線訴訟も同様に、**過去の損害賠償については人格権**
の侵害を理由に認容しており、環境権を根拠とはしていない。

環境

□**4**
★★★
　　[★★★]**権利**は、**情報を受け取る**「知る自由」として登
場したが、**行政権の肥大化**や秘密行政の増加に伴い、主
権者たる国民が積極的に**行政情報**の[★★★]**を請求す
る権利**に発展している。

　◆知る権利は、自由権としての「知る自由」として登場したが、最近
では社会権および請求権としての情報公開請求権に発展した。

知る

公開

□**5**
★★★
　　知る権利の解釈根拠となる条文として、憲法**第13条**
の[★★★]権の他、**第21条**の[★★★]、**前文**および
第１条などの国民主権に関する規定が挙げられる。

　◆知る権利は、行政への民主的コントロールの前提であることか
ら、国民主権一般の規定が解釈根拠となる。

幸福追求，表現の
自由

□**6**
★★
　　自分に関する報道への反論権を争った[★★]**事件**で
主張された権利を[★★]権という。

　◆1987年の最高裁判決は、反論権（反論文無料掲載請求権）につい
て、自分に関する記事の内容に**名誉毀損が成立しない限り、反
論権を認める法律上の規定がなければ、その請求を具体的に求
めることはできない**とした。狭義のアクセス権は、メディア
に対する**反論記事の無料掲載請求権**や意見広告権の総称であり、
一般に情報源への接近権と呼ばれている。ただし、一般報道や
自分に関する報道に対して反論する自由は憲法**第21条の表現
の自由**で認められる点に注意！

サンケイ新聞，
アクセス

□**7**
★★★
　　[★★★]は、自由権的側面ではみだりに私生活を**干渉さ
れない権利**であり、社会権・請求権的側面では自己に
関する[★★★]を自らコントロールする権利である。

プライバシーの権
利
情報

□8 プライバシーの権利の解釈根拠条文には、憲法第13
★★ 条の幸福追求権、第21条2項の ★★ の秘密、第 通信,
35条の ★★ の不可侵、第15条4項の ★★ の 住居, 投票
秘密などがある。

◆憲法第21条2項の「検閲の禁止」は、プライバシーの権利の根
拠ではなく、表現の自由を制度的に保障する規定である。

□9 三島由紀夫の小説『 ★★ 』をめぐる裁判で、モデル 宴のあと
★★ となった国務大臣の私生活を本人の同意なしに描いた
ことが争点となり、1964年に**東京地裁**は ★★ の権 プライバシー
利の侵害を理由に損害賠償責任を認めた。

◆この判決が最高裁ではなく**第一審の東京地裁**である点に注意！

□10 『 ★★★ 』事件において、2002年に**最高裁**が初めて 石に泳ぐ魚,
★★★ ★★★ の権利を正式に認め、その権利に基づく**小説** プライバシー
の出版差止め判決を下した。

□11 長沼ナイキ基地訴訟における自衛隊**違憲訴訟**で、原告
★ 側は平和の基礎となる**新しい人権**として ★ を主 平和的生存権
張したが、最高裁はこれを正式には認めていない。

□12 ★★★ 法は、**裁判官が発する** ★★★ に基づいた特 通信傍受, 令状
★★★ 定の電話や電子メールの警察による傍受を認めている。

□13 1999年制定時の通信傍受法では、 ★★ 、 ★★ 、 組織的殺人,薬物・
★★ ★★ などの**反社会性の高い組織犯罪**に限り、第三 銃器犯罪, 集団密
者の立ち会いの下、最長 ★★ 日間の傍受が認めら 航 ※順不同, 30
れた。

◆2016年の法改正で、傍受できる対象が窃盗、詐欺、傷害、放火、
誘拐、監禁、爆破物、児童ポルノなどの一般犯罪に拡大され、傍
受の要件となっていた通信事業者などによる**第三者の立ち会い
が廃止**された。窃盗団や詐欺グループなどの集団犯罪を捜査す
るための法改正であると説明されているが、**単独犯への通信傍
受も可能**となり、第三者の立ち会いがなくなることで**別件捜査**
のリスクが高まったという批判もある。

□14 指紋押捺拒否権を尊重し、1993年には ★★ 外国人 特別永住,
★★ について、**99年**には ★★ 外国人について、外国 定住
人登録法に基づく**指紋採取が廃止**された。

□15 2007年11月、 ★★ 対策として改正出入国管理法が テロ
★★ 施行され、外国人が日本に入国する際に**顔写真撮影**と
★★ 採取・照合が義務づけられることになった。 指紋

□**16** 近年、公権力や企業などによって理由なく**容貌を撮影**
★★　**されない権利**として　★★　権が確立されつつある。

肖像

□**17** 近年、著名人が、自身の名前や記事により雑誌や新聞
★　などが販売部数を伸ばした場合、その**使用料を請求す**
る　★　権が裁判で認められる事例が出ている。

パブリシティ

◆パブリシティ権は、人に備わる顧客吸引力を中核とする**経済的価**
値を保障する権利一般を指し、広義の人格権のあらわれである。

□**18** 近年、インターネット上に掲載された**自分に関する情**
★　**報**を削除**してもらう権利**である「　★　権利」が、新
しい人権として主張されている。

忘れられる

◆2017年、最高裁は犯罪歴について削除を認めないとする決定を
下した。欧州連合 (EU) では「忘れられる権利」が法的な権利と
して認められている。

□**19** 新しい人権として**自分の運命を自ら決定する権利**であ
★★★　る　★★★　権が主張され、末期ガン患者が苦痛から解
放されることを目的として投薬による**死**を選択する
　★★★　**の権利**や延命治療を拒否して**自然死**を選択す
る　★★★　**の権利**などがこれにあたる。

自己決定

安楽死 (積極的安
楽死),

尊厳死 (消極的安
楽死)

◆自己決定権は、一定の私的な事柄について他者の干渉を受けず
に**自ら決定**できる権利であり、幸福追求権に根拠を持つ。なお、
オランダやベルギーには安楽死を認める法律があるが、**日本に**
は存在していない。

□**20** 病状や治療方針を**患者**に説明し同意を得る　★★★　は、
★★★　患者側の　★★★　権を尊重する観点から、現在の医療
現場で積極的に導入されている。

インフォームド゠
コンセント,

自己決定

□**21** 日本では、**1997年**に　★★★　**法**が成立し、　★★★　の人
★★★　からの臓器移植が、本人の臓器提供の意思が表示され
ている場合に可能になった。その後、**2009年の法改正**
で、本人の意思が不明の場合は、　★★★　の同意のみに
よる臓器移植ができるようになった。

臓器移植, 脳死

家族

◆この法改正で、民法の解釈上、本人の意思表示ができない15歳
未満の子どもの臓器提供が家族の意思で可能となった。

□**22**　★★　を解読しようという試みは2003年に完了が宣
★★　言されたが、自分の遺伝情報に関しての　★★　、**知**
らないでいる権利、　★★　**に知られない権利**などの
尊重といった倫理的問題への取り組みも求められる。

ヒトゲノム,

知る権利,

他人

□**23** 権利の種類に関する次の表の空欄 **A**〜**F**にあてはま
★★ る語句を、後の語群から選べ。ただし、空欄 **A**、**B**、**C**、
D、**E**は2つ選べ。なお、同じ語句を繰り返し選んでも
よい。

権利の種類	関連する憲法の条文	関連する判例・法律
プライバシーの権利	A ★★	B ★★
知る権利	C ★★	D ★★
環境権	E ★★	F ★★

【語群】 第13条 第21条 第25条
『石に泳ぐ魚』事件 大阪空港公害訴訟
外務省公電漏洩事件 個人情報保護法
情報公開法

A 第13条、第
21条 ※順不同

B 『石に泳ぐ魚』事
件、個人情報保
護法 ※順不同

C 第13条、第
21条 ※順不同

D 外務省公電漏洩
事件、情報公開
法 ※順不同

E 第13条、第
25条 ※順不同

F 大阪空港公害
訴訟

9 情報化社会と法

ANSWERS □□□

□**1** マスコミ（マス=コミュニケーション）の発達で、**大量**
★★★ **の情報が効率的に伝達**されるようになり、社会の中
の ★★★ 形成に大きな影響を与えるようになった。
これに対し、会話や電話など個人間で行われる意思伝
達を ★★★ =コミュニケーションと呼ぶ。

世論

パーソナル

□**2** 近年、 ★★ 的な性質を持つソーシャル=メディアの
★★ **発達と普及**によって、不特定多数の人々によるコミュ
ニケーションが活発に行われるようになった。

双方向

□**3** いつでも、どこでも、誰でもコンピュータ=ネットワー
★★★ クに接続し、情報を利用できる社会を ★★★ という。
一方で、個人情報がコンピュータに蓄積され、**公権力**
による管理が進み、個人や集団が様々な場面で管理さ
れる社会は一般に ★★★ と呼ばれる。

ユビキタス社会

管理社会

◆ユビキタスとは、ラテン語で「神はあまねく存在する」という意
味である。2000年には**高度情報通信ネットワーク社会形成基本
法(IT基本法)** が制定された。最高水準の情報通信ネットワーク
を実現し、国民すべてがその恩恵を受けられるようにすること
などを基本理念に掲げている。

□**4** イギリスの小説家**ジョージ=オーウェル**は『**1984年**』の
★★★ 中で、技術の進歩がもたらす双方向的な通信技術に
よって、　★★★　が守られた生活は終わりを告げ、個人
の行動が　★★★　され、思想が統制される<u>管理社会</u>**の**
危険性を予見した。

プライバシー,
監視

□**5** インターネットには　★★　性という従来のマス=メ
★★ ディアとは異なる特性があるため、嘘のニュース
（　★★　）を気軽に発信したり、他人を安易に誹謗中
傷するといった問題が起きやすい。

匿名

フェイクニュース

　　◆**ソーシャル=メディア**を中心に、**偽りの報道**（<u>フェイクニュース</u>）
　　が一瞬にして世界に拡散するリスクがある中で、現代は情報の
　　真実性や客観性よりも、虚偽であっても個人の感情に訴えるも
　　のの方が世論において強い影響力を持つという「**ポスト・トゥ**
　　ルース」の状況にある。

□**6** インターネットや SNS（**ソーシャル=ネットワーキン**
★★ **グ=サービス**）上での**プライバシー侵害や誹謗中傷**が社
会問題化しているが、このような行為は刑法上の
　★★　罪に該当する場合がある。

侮辱

　　◆2022年、日本では刑法が改正され、<u>侮辱</u>罪の法定刑が厳罰化さ
　　れた。「1年以下の懲役または禁錮」という拘禁刑が新設され、
　　罰金も「30万円以下」に引き上げられた。

□**7** 　★★　とは、情報システムの<u>脆弱</u>_{ぜいじゃく}性を突いた**コン**
★★ **ピュータ=ネットワークへの攻撃**のことである。

サイバーテロ

　　◆官公庁や大企業のコンピュータやデータベースなどに侵入し、
　　破壊工作を行う<u>サイバーテロ</u>も発生している。2000年にはイン
　　ターネットなどのコンピュータ=ネットワークへの不正アクセ
　　ス、またはそれを助長する行為を禁止する法律（<u>不正アクセス禁</u>
　　<u>止法</u>）が施行されている。

□**8** 高度情報化社会の到来によって日常生活が便利になっ
★★★ た一方で、違法コピーなどの　★★★　の侵害や、悪質
なハッカーによる　★★★　、コンピュータ=ウイルスの
被害などのサイバー犯罪が増えている。

知的財産権,
不正アクセス

□**9** これからの高度情報化社会では、　★★★　の保護や個
★★★ 人情報を守るための　★★★　の厳重化、情報をめぐる
新たなルールづくりや人々のモラルが、よりいっそう
求められる。

プライバシー,
セキュリティ

□**10**
★★★
情報化社会の進展に伴い、小説や音楽など知的創造物の権利を守る ★★★ 保護や悪質なハッカーなどによるサイバー犯罪、情報公開と個人の ★★★ 保護の問題など日常生活に関する問題点も浮上している。

知的財産権,
プライバシー

◆映画や音楽などを無断でインターネット上にアップロードすることはもとより、アップロードされたコンテンツをダウンロードまたは複製する行為も著作権法に違反し、処罰の対象となっている。保護される知的財産の分類は下記の通り。

- 知的財産権
  - 著 作 権 ……文芸・学術・美術・プログラム等の作品
  - 産業財産権
    - 商 標 権 ……商品やサービスのマーク
    - 実用新案権 ……物品の形状等の考案
    - 意 匠 権 ……デザイン
    - 特 許 権 ……発明
  - そ の 他 (回路配置利用権・育成者権など)

□**11**
★★
インターネットの普及は、場所や時間にとらわれない働き方を可能にする ★★ や ★★ (e コマース)を拡大させた。これらは新型コロナウイルス感染症（COVID-19）の感染拡大を受けて日常化したライフスタイルでもある。

テレワーク(リモートワーク), 電子商取引

□**12**
★★
情報通信の付加価値取引の仲介業であり、サービス基盤を提供する ★★ ビジネスが急速に拡大し、現在、★★ と総称されるアメリカの巨大な IT 大手4社が国際経済を牽引している。

プラットフォーム,
GAFA(ガーファ)

◆プラットフォーマーの代表格であるGAFA は Google（グーグル）、Amazon（アマゾン）、Facebook（フェイスブック。現在の Meta）、Apple（アップル）の4社の頭文字をとった総称で、これに Microsoft（マイクロソフト）を加え、GAFAM（ガーファム）という。現在、市場における独占的な地位から、アメリカでは反トラスト法（日本の独占禁止法に相当）で規制する動きがあり、2020年10月、23年1月には司法省が Google を同法違反の疑いで提訴した。また、グローバル企業である GAFA は、タックス=ヘイブン（租税回避地）に利益を留保し、税負担を避けている疑いがあることから、過度な節税を防ぐために経済協力開発機構（OECD）が主導しデジタル課税を行うことが協議されている。

□**13** メディアが提供する情報が真実か否かを判断する能力
★★★ を受け手である国民自身が身に付ける必要があるが、
この情報判断能力を ★★★ という。

◆特に、現在はインターネットなどを介して大量の誤った情報が
瞬時に拡散し、社会や人々が混乱に陥るような状態 (インフォデ
ミック) も起こりやすい。ゆえに、メディア=リテラシーがさら
に重要な意味を持っている。近年、世界各国ではソーシャル=メ
ディアでの公私の区別、フェイクニュースに惑わされないため
のリテラシーなどといった「**デジタル=シチズンシップ**」の教育
の取り組みが行われている。また、メディアでは政治家などの
発言について真実か否か確認するファクトチェックを行うこと
も増えている。

メディア=リテラ
シー

□**14** 情報メディアを使いこなせる人とそうでない人の間に
★★★ 生じる格差のことを ★★★ と呼ぶ。

◆デジタル=デバイドによる経済格差の拡大を防ぐため、誰でも簡
単に使える情報機器の開発や環境整備が必要となる。

デジタル=デバイド

□**15** 国や地方などの行政機関に対して**情報の開示を求める**
★★★ **制度**を ★★★ といい、地方では条例が作られていっ
たが、国に対する根拠となる法律は ★★★ 法である。

情報公開制度,
情報公開

□**16** 2013年、第二次安倍内閣は国家機密となる外交や防衛、
★★ 特定有害活動 (スパイ活動) 防止やテロ防止に関する特
定事項を漏洩した公務員などに懲役10年以下の刑罰
を科する ★★ 法を制定した。

◆特定秘密保護法は、その性質から情報公開法と対立し、国民の
知る権利を侵害するおそれや、国家機密の情報流出を促したと
されたメディア関係者が刑罰の対象とされる可能性が指摘され
ている。外国の利益を図る目的の場合は、一般国民も処罰対象
となる。なお、特定秘密は行政機関の長が指定するが、上限5
年で更新が可能である。通算30年を超えることができないが、
内閣が承認すれば最長60年の指定が有効とされる。

特定秘密保護

□**17** 情報公開制度は、**行政腐敗を監視し防止する機能**を果
★★★ たすことから ★★★ のための重要な手段といえる。

行政民主化

□**18** 情報公開制度は ★★★ の制度化といえるが、この
★★★ 権利は ★★★ 法に明文化されておらず、国の ★★★
(アカウンタビリティ) が定められているに過ぎない。

知る権利,
情報公開, 説明責
任

□**19** 行政機関や独立行政法人および個人データを保有する
★★★ 民間事業主が保有する個人情報を適正に取り扱うこと
を定め、本人の同意なく第三者に流出させることを禁
止する法律を ★★★ 法という。

個人情報保護

137

□20
★★ ┃ **★★** ┃法では、個人に国のすべての行政機関に対して、自分の個人情報の開示・訂正・削除を請求する ┃ **★★** ┃権を認めている。

個人情報保護

個人情報開示請求

◆個人情報開示**制度**は**プライバシーの権利**における**自己情報管理権のあらわれ**である。**知る権利**のあらわれではないことに注意。

□21
★★ 2002年、**住民の個人情報**を全国規模でオンライン化し一元的に管理する ┃ **★★** ┃ネットワークが導入された。

住民基本台帳 (住基)

◆略称「**住基ネット**」。全国民に11ケタの住民票コードが割り当てられたことから、**国民総背番号制**の第一歩といわれている。2003年8月の第二次稼働で**住民基本台帳カード**の配付と利用を開始した。その結果、住基カードを提示すれば各地方公共団体の窓口で**住民票の写し**などが入手でき、利便性は高まったが、**プライバシーの権利**が侵害されるおそれがあるとの批判もある。

□22
★★ 2013年、課税や社会保障に関する**個人情報を国が一元的に管理**する ┃ **★★** ┃(共通番号) 制度の導入が決定し、16年1月より稼働している。

マイナンバー

◆**マイナンバー**は個人が12ケタ、法人が13ケタの番号を割り当てられ、希望者に氏名、住所、顔写真などを記載した IC チップ入りの「**個人番号カード**」を配付する。このカードは公的な本人確認の他、納税記録や行政手続時の確認、災害時の本人確認にも利用可能とされる。多くの秘匿性の高い情報がひもづけられて行政機関に保存・利用されることから、**自ら情報をコントロールする権利**や**プライバシーの権利**が侵害されるとして**マイナンバー**制度の憲法適合性を争う住民訴訟が起こされたが、2023年3月に最高裁は同制度が合憲であるとの判断を示した。

□23
★ 「 ┃ **★** ┃ 」とは、民間事業者、国の行政機関、独立行政法人向けにそれぞれ個人情報保護に関連する法規があり、さらに地方自治体も独自に条例を制定し、その数がおよそ2,000に及ぶことから、個人データの流通に支障をきたすという問題を指す。

2000個問題

□24
★★ 2021年5月、**デジタル庁**の創設を定めた**デジタル庁設置法**や個人情報保護法改正などを柱とする ┃ **★★** ┃法が制定され、国や地方公共団体などで異なっていた**個人情報保護のルールが一元化**されることになった。

デジタル改革関連

◆**デジタル庁**は内閣総理大臣を長とし、大臣、副大臣、大臣政務官が置かれ、デジタル大臣を補佐する**デジタル監**と呼ばれる特別職も設けられた。従来の「**タテ割り行政**」の打破を図り、デジタル技術によって**行政サービスを一元化**する役割を担う。

□**25** **★★** **★★** （AI）の開発と普及によって、これまで人間が行ってきた多くの仕事がコンピュータによって代替され、**人間の雇用が奪われるおそれ**があると指摘されている。

◆2005年、アメリカのカーツワイルは、45年に AI（Artificial Intelligence：人工知能）が**人類の知能を超える**と予言し、その転換点は**シンギュラリティ（技術的特異点）**と呼ばれる。

□**26** **★★** 2022年11月に公開された **★★** をはじめとする生成 AI の開発が進み、人間の質問に対して精度の高い回答を示すことなどから利用者が増えている。

◆一方で、誤った情報や偽情報であるか否かの判断が困難であったり、それらが悪用されたりする危険性、著作権などの知的財産権が侵害される可能性、フェイクニュースの拡散や倫理観を無視した差別的情報提供のおそれなど、様々な問題点が指摘されている。

□**27** **★★** 情報通信技術（ **★★** ）の発達による、インターネット上の膨大な情報の蓄積を一般に **★★** という。これをコンピュータや人工知能（AI）で処理することで、消費者のニーズに合った新商品の開発や販売、マーケティング、社会的な各種サービスの向上が期待される。

◆1970年代末に登場した車載型などの移動電話を第1世代（**1G**）、90年代のアナログからデジタルへ移行した多機能な携帯電話を第2世代（**2G**）、2000年代に入り、全世界共通でモバイルが使用可能となった第3世代（**3G**）、10年代以降の**高速・大容量化**が急速に発達・普及した第4世代（**4G**）に続き、20年以降には**超高速・大容量**のモバイル通信が可能となる第5世代（**5G**）が、情報通信技術（ICT）の基盤になるとされる。

□**28** **★★** 日本が提唱する未来社会のあり方として、サイバー空間（**仮想空間**）とフィジカル空間（**現実空間**）を高度に融合させたシステムにより、人工知能（AI）やロボットが経済発展と社会的課題の解決を両立させるような社会を **★★** という。

◆「1.0（狩猟社会）→2.0（農耕社会）→3.0（工業社会）→4.0（情報社会）」の次にあるものが Society5.0 である。現在、**人工知能**（AI）、情報通信技術（**ICT**）、**モノのインターネット**（IoT）、**ビッグデータ**などを活かした未来社会へ移行する**技術革新**（イノベーション）が進んでいる。その中で、例えば日本では2020年の**国家戦略特区法改正**で、人工知能（AI）やビッグデータを活用した日常生活やビジネスのしやすい最先端の都市計画である**スーパーシティ**の実現が目指されている。

政治分野③

POLITICS

日本の政治機構と政治参加

1 日本の統治機構(1)～三権分立

ANSWERS □□□

□**1** 行政府の首長である ★★★ は、憲法第67条によれ
★★★ ば ★★★ の中から ★★★ の議決で指名されるとあ
り、最大議席を有する政党から選出しなくてもよい。

◆指名の対象は衆議院議員に限らないが、現憲法下ではすべて衆議院議員の中から指名されている。

内閣総理大臣,
国会議員, 国会

□**2** ★★★ は、**出席議員の過半数の賛成**によって ★★★
★★★ **決議**を行い、内閣の責任を問うことができる。

衆議院, 内閣不信
任

□**3** 内閣は、憲法第69条の規定により、 ★★★ **によって**
★★★ **不信任決議が可決された時には** ★★★ **日以内に衆議**
院**を解散するか、または** ★★★ **する形で国会に対し
て責任を負わなければならない。**

衆議院,
10,
総辞職

□**4** 衆参各院は、行政のあらゆる内容をチェックするため
★★★ に書類の提出や証人の証言を求める ★★★ 権を持つ。

国政調査

□**5** 日本国憲法によると、**内閣**は行政権の行使にあたって、
★★★ ★★★ **に対して** ★★★ **して責任を負う。**

◆内閣の連帯責任とは、内閣の一体性に基づき総辞職という責任の負い方をすること。

国会, 連帯

□**6** 裁判官の罷免を決定する権限を持つ、国会内に設置さ
★★ れる機関が ★★ で、衆参各院7名で組織される。

弾劾裁判所

□**7** 内閣は、**最高裁判所長官の** ★★ **や長以外の最高裁**
★★ **の裁判官の** ★★ **など裁判官の人事権を持つ。**

指名,
任命

□**8** 内閣は、 ★ の指名した者の名簿によって下級裁
★ 判所の裁判官を ★ する。

最高裁判所,
任命

□**9** 日本では、国民の政治参加の手段としては、国会に対
★★ しては選挙はできるものの、**国会議員の** ★★ 制度
や、内閣に対しては**首相を国民が選挙する** ★★ 制、
首相や国務大臣の ★★ 制度が存在しない。

リコール,
首相公選,
リコール

□**10** **★★★** 権とは、裁判所が法律、命令、規則、処分について **★★★** に適合するか否かを判断する権限である。
★★★

違憲立法審査,
憲法

□**11** 裁判所による **★★★** 制度は、**国家権力の ★★★ を防ぐ機能**を果たしており、最高裁判所だけでなく**すべての ★★★ 裁判所も行使**することができる。
★★★

違憲立法審査, 濫用
下級

□**12** 次の図は、日本の三権分立について示したものである。空欄①〜⑪にあてはまる適語を答えよ。
★★★

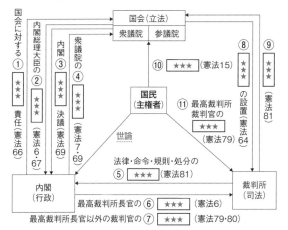

国会に対する① **★★★** 責任（憲法66）

内閣総理大臣の② **★★★** （憲法6・67）

内閣③ **★★★** （憲法69）

衆議院の④ **★★★** 決議（憲法7・69）

国会（立法）
衆議院　参議院

国民（主権者）

世論

法律・命令・規則・処分の ⑤ **★★★** （憲法81）

⑩ **★★★** （憲法15）

⑪ 最高裁判所裁判官の **★★★** （憲法79）

⑧ **★★★** の設置（憲法64）

⑨ **★★★** （憲法81）

内閣（行政）

最高裁判所長官の⑥ **★★★** （憲法6）
最高裁判所長官以外の裁判官の⑦ **★★★** （憲法79・80）

裁判所（司法）

① 連帯
② 指名
③ 信任・不信任
④ 解散
⑤ 違憲審査（法令審査）
⑥ 指名
⑦ 任命
⑧ 弾劾裁判所
⑨ 違憲審査（違憲立法審査）
⑩ 選挙
⑪ 国民審査

□**13** 議院内閣制では、行政府の長を選出するにあたって、 **★★★** で内閣総理大臣が指名されるため、国民の意思を **★★★** 的に反映させる制度といえる。一方、国会と裁判所との関係として、**衆議院議員総選挙の際に同時に行われる ★★★** は最高裁判所裁判官の任命に対して国民の意思を **★★★** 的に反映させる制度といえる。
★★★

国会,
間接

国民審査,
直接

141

2 日本の統治機構 (2)~国会 (立法)

ANSWERS ☐☐☐

☐**1** 国会は、憲法**第41条**の規定により、国権の ★★★ で
★★★　あって、国の唯一の ★★★ 機関である。

最高機関,
立法

◆憲法**第41条**は、国会は国権の最高機関であることを規定しているが、国会が内閣や裁判所に優越するという意味ではなく、**民主的な機関であるから重要である**という程度の政治的美称であると捉えられている。

☐**2** 憲法**第41条**は、**国会は国の**唯一の立法機関であると
★　規定しているが、その意味としては、国会が立法を行うとする**国会** ★ **の原則**と、国会の議決のみで法律は成立するという**国会** ★ **の原則**が含まれている。

中心立法,
単独立法

☐**3** 国会中心立法の原則の例外としては、政府 (内閣) による ★★ や地方公共団体による ★★ があり、国
★★　会単独立法の原則の例外としては ★★ がある。

政令, 条例,
地方特別法

◆国会は国権の最高機関であって唯一の立法機関であるが、内閣の政令、最高裁の裁判所規則、地方公共団体の条例の制定も立法作用を持つことがある。地方特別法は、特定の地方公共団体のみに適用される法律のこと。国会の議決に加えて、適用される地方公共団体の住民投票 (過半数の賛成) が必要である。

☐**4** 国会は ★★ な国民の意見を国政に反映し、かつ**審**
★★　**議の慎重を期する**ために ★★ **制**を採用しているが、これも権力分立の一種である。

多様,
二院

☐**5** 衆議院議員と参議院議員の**任期**はそれぞれ ★★★ 年
★★★　と ★★★ 年であるが、参議院は ★★★ **年ごとに半数を改選**する。

4,
6, 3

☐**6** 衆議院議員の定数は、**小選挙区** ★★★ 人、**比例代表**
★★★　**区** ★★★ 人の合計 ★★★ 人である。

289,
176, 465

◆衆議院議員の定数は、1994年改正で小選挙区比例代表並立制が導入され、①小選挙区300人＋②比例代表 (全国11区) 200人＝③合計500人となった。以後、2000年改正：①300人＋②180人＝③480人→2013年改正：①295人＋②180人＝③475人→2016年改正：①289人＋②176人＝③465人、と削減されている。

☐**7** 参議院議員の定数は、選挙区 ★★★ 人、比例代表区
★★★　(全国区) ★★★ 人の合計 ★★★ 人である。

148,
100, 248

◆参議院の定数は1983年には選挙区152人、比例代表100人の計252人であったが、2000年の改正で選挙区146人、比例代表96人の計242人となり、2018年の改正で定数が増加して選挙区148人、比例代表100人の計248人となっている。

□**8** 衆議院議員の被選挙権は満 ★★ 歳以上、参議院議
★★ 員の被選挙権は満 ★★ 歳以上である。

25,
30

◆被選挙権は**参議院**議員と**都道府県知事**が満30歳以上、**衆議院**議
　員と**市区町村長・地方議会**議員が満25歳以上である。

□**9** 国会の権限には立法権以外にも、 ★★★ の議決や財
★★★ 政監督を行う財政権限、内閣総理大臣の指名、 ★★★
の承認、弾劾裁判所の設置といった国務権限がある。

予算,
条約

□**10** 予算案は、 ★★ が**先議**することになっている。
★★

衆議院

□**11** 条約の締結権は ★★★ が持つが、条約の承認権は
★★★ ★★★ が持っている。

内閣,
国会

□**12** **衆議院の優越**に関する次の表の空欄 A ～ K にあては
★★★ まる適語を答えよ。

・A ★★★ 案の議決
衆議院が可決した議案を参議院が否決した場合（衆議院が可決した後、B ★★★ 日以内に参議院が議決しない時は、衆議院は参議院が否決したものとみなすことができる）、衆議院で出席議員の C ★★★ 以上の多数で再可決すると、議案は成立する。

A　法律

B　60

C　3分の2

・D ★★★ の承認、E ★★★ の議決
衆議院が可決した議案を参議院が否決した場合、F ★★★ を開いても意見が一致しない時、ないし衆議院が可決した後、G ★★★ 日以内に参議院が議決しない時は、衆議院の議決が国会の議決となる。

D　条約
E　予算

F　両院協議会
G　30

・H ★★★ の指名
衆議院の指名と参議院の指名が異なった場合、I ★★★ を開いても意見が一致しない時、ないし衆議院の指名を受け取った後、J ★★★ 日以内に参議院が指名しない時は、K ★★★ の指名が国会の指名となる。

H　内閣総理大臣

I　両院協議会

J　10

K　衆議院

◆①条約の承認、②予算の議決、③内閣総理大臣の指名を参議院
　が一定期間内（①と②は30日以内、③は10日以内）に行わな
　い場合、衆議院の議決が成立することを自然成立という。

□**13**
★★
衆参各院は ★★ のための証人喚問を行うことがで
き、証人は正当な理由なく出頭を拒否したり虚偽の証
言をしたりする場合は ★★ を科される。

国政調査

刑罰

◆国政調査では、証人は証言前に虚偽 (ウソ) の証言を述べないと
いう**宣誓義務**があるため、もし虚偽の証言をした場合は**偽証罪**
が成立する。これに対して、**政治倫理審査会**や**参考人招致**には
宣誓義務がなく偽証罪には問われない。

□**14**
★★★
衆参各院が持つ国政調査権は、1970年代に発覚した**田
中角栄内閣**下の ★★★ 事件の際などに行使されたよ
うに**行政腐敗**を是正する行政民主化の**機能**を有す。ま
た、立法時の補助的機能のみならず、国民の ★★★ に
奉仕し、**行政に対するコントロール機能**も持つ。

ロッキード

知る権利

□**15**
★★★
浦和事件における判決の量刑の妥当性に関する国政調
査については、 ★★★ の独立を侵害するとして中止
が求められた。

司法権

◆浦和事件は、国政調査権の限界 (判決内容への調査は許されない
こと) を示す事例であるとともに、国会 (正確には議院) による
司法権の独立侵害の具体例ともいえる。

□**16**
★★
選挙を通じて選出された国会議員は、衆議院と参議院
のそれぞれに設置される ★★ のいずれかに所属し、
議案の発議や討議、表決を少数メンバーで迅速かつ専
門的に行い、委員会可決議案が国会の本会議にかけら
れる。

常任委員会

□**17**
★★
衆参両院は、常設の委員会である ★★ 委員会の他
に、必要に応じて特定の案件を扱うための ★★ 委
員会を設置することができる。

常任,
特別

◆国会の各院には常任委員会以外に特別委員会、憲法審査会、政
治倫理審査会、情報監視審査会が設置されており、参議院には
長期的政策の審議を行う**調査会**も置かれている。

□**18**
★★★
内閣不信任決議権は ★★★ **のみの権限**であり、 ★★★
には与えられていない。

衆議院,参議院

□**19**
★★★
衆参両院のうち、 ★★★ は憲法上、内閣の責任を問う
手段を持っていないが、政治的および道義的責任の追
及として首相や国務大臣に対する ★★★ を行うこと
ができる。ただし、その決議には**法的拘束力はない**。

参議院

問責決議

□**20** 衆議院の多数派政党と参議院の多数派政党が異なる国
★★★ 会の状態を ★★★ 国会といい、国会運営は停滞する
とともに ★★★ の優越と呼ばれる憲法の規定に従っ
て議案が成立する場合が増えるとされる。

ねじれ,
衆議院

□**21** 2013年7月、自民党の ★★★ 内閣下で行われた第23
★★★ 回参議院議員通常選挙で民主党が惨敗し、自民党が大
勝したことで、連立を組む公明党と合わせた議席が過
半数を上回り、10年7月の菅直人内閣下で発生して
いた衆議院の参議院の ★★★ 現象は解消された。

安倍晋三

ねじれ

□**22** 次の表は、**国会の会期**についてのものである。空欄 A
★★ 〜 H にあてはまる適語を答えよ。

A ★★	年1回。1月中に召集。会期 B ★★ 日。来年度予算などを審議。
C ★★	①内閣が決定。②いずれかの院の総議員の D ★★ 以上の要求で召集する。③衆議院の任期満了選挙、または参議院通常選挙後**30日以内**に召集。
E ★★	会期不定。衆議院の解散後**40日以内**に総選挙を行い、総選挙後 F ★★ 日**以内**に召集。内閣総理大臣の指名を実施。
G ★★	会期不定。衆議院の解散中に緊急の必要がある際に内閣が召集。なお、次の国会で H ★★ 日**以内**に衆議院の同意がなければ議決は無効。

A 常会（通常国
　会）
B 150

C 臨時会（臨時
　国会）

D 4分の1

E 特別会（特別
　国会）

F 30

G 参議院の緊急
　集会

H 10

◆国会は審議の充実を図るため通年(万年)**国会を禁止**し、**会期制**
を採用している。その目的は審議の充実を図るとともに、国会議
員が有権者と接触し、**民意を吸収する**機会を与えることにある。

□**23** 衆議院解散中に緊急事態が発生した場合、内閣は
★★ ★★ を召集することができるが、**新国会召集の日**
から ★★ **日以内**に新たな衆議院が同意しない場合
は、その議決の効力は失われる。

参議院の緊急集会,

10

□**24** 衆議院が解散された場合、★★ **日以内**に総選挙を
★★ 行い、**総選挙後** ★★ **日以内**に新たな国会を召集す
ることになっているが、この新たな国会を ★★ と
いい、新しい**内閣総理大臣**を指名する。

40,

30,

特別会(特別国会)

□25 衆議院で内閣不信任案が可決された場合、直ちに内閣
★★★ は総辞職し、その国会において新たな ★★★ を指名
するか、10日以内に**衆議院を**解散しなければならな
いが、解散したとしても総選挙後に開かれる国会で
新たな ★★★ を指名するので、その時点で内閣は
★★★ する。

内閣総理大臣

内閣総理大臣,
総辞職

□26 衆議院の解散は、憲法**第69条**に基づいて行われる場
★★★ 合と、**第 ★★★ 条**に基づいて行われる場合があり、**第
69条**に基づくものは過去 ★★★ 回だけである。

7,

4

◆この4例は以下の通り。①第二次吉田茂内閣(1948年：「**なれあ
い解散**」)、②第四次吉田茂内閣(1953年：「**バカヤロー解散**」)、
③第二次大平正芳内閣(1980年：「**ハプニング解散**」)、④宮澤喜
一内閣(1993年：「**嘘つき解散**」)。なお、衆議院の任期4年を満
了したのは、三木武夫内閣(1974〜76年)の1回だけである。

□27 三権のうち、憲法には**国会は ★★ 、裁判も ★★
★★ の原則を規定している。

公開, 公開

□28 国会での議事・議決には、**各議院の総議員の ★ 以
★ 上の出席が必要**となる。これを ★ という。

3分の1,
定足数

□29 国会は ★★ **を原則**とするが、出席議員の ★★
★★ 以上の賛成で**公開を停止**し、 ★★ とすることがで
きる。

公開, 3分の2,
秘密会

□30 国会における**議決要件**は、**原則として**出席議員の過半
★★ 数である。例外として、衆議院の法律案再可決、議員
の議席剥奪または除名には ★★ 以上の賛成、**憲法
改正の発議**には各議院の ★★ 以上の賛成が必要で
ある。

出席議員の3分の2,
総議員の3分の2

□31 国会議員には、 ★★ 特権、 ★★ 特権、免責特権
★★ の3つの特権がある。

歳費, 不逮捕
※順不同

□32 国会議員は**会期中に逮捕されない**という不逮捕特権を
★★ 有するが、 ★★ の場合と所属する議院の ★★
がある場合は、例外的に会期中の逮捕が認められる。

現行犯, 許諾

◆国会議員が逮捕されないのは**会期中のみ**であり、任期中や一生
涯ではない点に注意。議員活動を妨害する不当逮捕を防ぐこと
を趣旨とするからである。

□33 国会議員は、発言と表決などの政治活動については院外
★★ で ★★ 上の責任を問われないが、院内 ★★ な
どの政治的責任は問われる可能性がある。

法律，懲罰

□34 国会議員の当選時の資格の有無を争う ★★ の裁判
★★ は各 ★★ で行い、出席議員の ★★ 以上の賛成
で議席剥奪の決定が行われる。

資格争訟，
議院，3分の2

□35 議院内の秩序を乱したなど、国会議員の当選後の議員
★★ 活動に関する政治責任を追及して、その議員に ★★
を与えることができるが、議員資格を奪う ★★ の
決定には出席議員の ★★ 以上の賛成が必要である。

懲罰，
除名，
3分の2

□36 2007年の憲法改正の国民投票法制定に伴い、衆参両院
★★ に憲法改正原案を審議する ★★ が創設された。

憲法審査会

□37 ★★ 制とは、首相と野党党首が国家基本政策委員
★★ 会で討論し、政策の違いを明確に示す制度で、 ★★
のクエスチョン=タイム制を模範に導入された。

党首討論，
イギリス

3 日本の統治機構 (3)~内閣 (行政)

ANSWERS □□□

□1 内閣は ★★ 権の主体で、その意思決定は ★★
★★ によって行われ、その下に中央省庁などの官僚機構が
組織される。

行政，閣議

□2 閣議の議決は ★★ によって行われ、国会や裁判所
★★ と異なり、その議事の過程は ★★ である。

全会一致，
非公開

◆内閣の閣議は全会一致制であり、国務大臣が1人でも反対した
状態では閣議決定とはならない。なお、2014年より閣議の議事
録が首相官邸のホームページで公開されるようになった。その
公開の内容や範囲は政府によって決められる。

□3 国務大臣は ★★★ によって任命され、その過半数は
★★★ ★★★ の中から選ばれなければならない。

内閣総理大臣，
国会議員

◆国務大臣は半数未満であれば民間人から登用される可能性があ
る。

□4 国務大臣は内閣総理大臣が ★★★ することから、内
★★★ 閣総理大臣が内閣の ★★★ である。

任免，
首長

◆任免とは、任命することと罷免すること。内閣総理大臣は国務
大臣の任免権と訴追同意権を持つ。

□**5** 国務大臣は内閣の一員であり、**2001年**に**中央省庁をス**
★★★ **リム化**した当初は**原則** ★★★ **人以内** (最大 ★★★
人まで可能) とされた。

14, 17

　　◆プラス3人分は、担当官庁を持たない**特命担当大臣 (無任所大臣)**
　　である。なお、復興庁および東京オリンピック・パラリンピッ
　　ク競技大会推進本部の設置中は19人以内とすることができる
　　とする特別措置法が制定され、復興大臣と五輪担当大臣が置か
　　れた。また、万博特措法により、上限は一時20人となった (現
　　在は五輪担当大臣が廃止され19人に戻る)。復興庁は2012年よ
　　り10年間設置の予定であったが、存続が決まっている。

□**6** 軍国主義化を防止するため、憲法**第66条2項**で定め
★★★ る文民統制 (シビリアン=コントロール) の原則によ
　　り、 ★★★ および国務大臣は ★★★ でなければな
　　らない。

内閣総理大臣,
文民

　　◆文民とは非軍人という意味であるが、政府は現在、自衛隊に加
　　入しておらず、かつ強い軍国主義思想を持たない人物と解釈し
　　ている。

□**7** 自衛隊の**最高指揮監督権**は ★★★ が、現場の**統括権**
★★★ は ★★★ が持っているが、これらはいずれも ★★★
　　でなければならない。

内閣総理大臣,
防衛大臣, 文民

□**8** 官僚主導から政治主導への転換を図るため、**政務次官**
★★ **制度**を廃止し、各省に大臣を補佐する ★★ と大臣
　　 ★★ を置き、国務大臣に代わり政府職員が答弁す
　　る ★★ 制度を廃止するなどの改革が行われた。

副大臣,
政務官,
政府委員

□**9** 内閣の権限には、**条約** ★★ **権**、**予算案の** ★★
★★ **権**、**法律の** ★★ **権**の他、確定判決の刑を減免する
　　恩赦決定権などがある。

締結, 作成・提出,
執行

□**10** 内閣は裁判所に対して、 ★★ **長官の指名**およびそ
★★ れ以外の**裁判官の** ★★ を行う権限がある。

最高裁判所,
任命

□**11** 日本の内閣は、法律を誠実に ★★ するのみで、ア
★★ メリカ大統領とは異なり成立した**法律の** ★★ **権は**
　　持っていない。

執行,
拒否

□**12** 内閣は条約 $\boxed{\text{★★}}$ 権を持つ。具体的な手続は原則と
★★ して以下の①〜④の順となる。

締結

①内閣が任命した全権委員が条約に $\boxed{\text{★★}}$ する。

署名・調印,

②国会が条約を $\boxed{\text{★★}}$ する。

承認,

③内閣が条約を $\boxed{\text{★★}}$ する。

批准,

④当事国間で $\boxed{\text{★★}}$ 書を交換する。

批准

◆条約に関してそれぞれ次のような意味がある：①明示、②成立、
③成立の確認、④条約の国際法的効力の発生。なお、①→③→
②の順で行う場合の国会の承認を事後承認という。

□**13** 内閣は、事実上の立法として政令の制定権を持つが、政
★ 令には憲法・法律の規定を実施するための $\boxed{\text{★}}$ と、

執行命令,

法律の委任に基づき罰則を設ける $\boxed{\text{★}}$ がある。

委任命令

□**14** 内閣は天皇の国事行為について $\boxed{\text{★★}}$ と $\boxed{\text{★★}}$ を
★★ 与える。

助言, 承認

□**15** 内閣は自らの裁量によって、**衆議院の** $\boxed{\text{★★}}$ を決定
★★ することができる。

解散

◆憲法第7条解散。内閣は天皇への助言と承認によって国事行為
を利用して衆議院を解散することができる。

□**16** 国務を総理するのは $\boxed{\text{★★}}$ の権限であるが、行政各
★★ 部を指揮監督するのは $\boxed{\text{★★}}$ の権限である。

内閣,
内閣総理大臣

◆国務の総理は内閣の権限であり、内閣総理大臣の権限ではない
ことに注意！

□**17** 内閣総理大臣は、**内閣を代表して** $\boxed{\text{★★}}$ を国会に提
★★ 出するとともに、法律や政令に $\boxed{\text{★★}}$ または連署する。

議案,
署名

◆法律と政令について、主務担当大臣が存在する場合は、その国
務大臣が署名し、内閣総理大臣が連署する。

□**18** 内閣総理大臣および国務大臣は、国会に議席を有する、
★★ 有しないにかかわらず、**議院への** $\boxed{\text{★★}}$ の権利およ
び義務を負う。

出席

□**19** **議院内閣制**において、内閣は**国会に対して** $\boxed{\text{★★★}}$ **責**
★★★ **任**を負わなければならない。

連帯

◆内閣の責任の負い方は、原則として総辞職である。

□**20**
★★★
内閣総辞職の3つの場合について、空欄にあてはまる
適語を答えよ。

①内閣が衆議院によって ★★★ 決議案を可決され、
10日以内に衆議院を ★★★ しない場合

不信任,
解散

②衆議院議員総選挙後、新たな国会が召集された場合

③ ★★★ が欠けた場合や自ら辞任を表明した場合

内閣総理大臣

◆③は内閣総理大臣が**辞任**、**死亡**した場合など。この場合、選挙
は行わず同じ国会で臨時会を開き、新しい内閣総理大臣の指名
を行う。なお、内閣は総辞職を決定したとしても、新たな内閣
総理大臣が任命されるまでの間、職務の執行を続けなければな
らない。これを**職務執行内閣**という。2020年9月の安倍晋三首
相辞任に伴う交代は、③の手続によるものである。

□**21**
★★
★★ は、公正で中立的な行政を実現し、専門的な
知識を要する行政に対応する、**内閣から独立した行政
機関**であり、準 ★★ 的かつ準司法的機能を有する。

行政委員会(独立
行政委員会)
立法

◆公正取引委員会、国家公安委員会、中央労働委員会などがある。

4 日本の統治機構 (4)〜裁判所 (司法)

ANSWERS □□□

□**1**
★★★
明治憲法下に存在した**行政裁判所**や**皇室裁判所**、**軍法
会議**などの ★★★ は、**日本国憲法下で廃止**された。

特別裁判所

□**2**
★★
憲法第 ★★ 条1項では、「すべて司法権は、 ★★
及び法律の定めるところにより設置する下級裁判所に
属する」と規定し、これに基づき裁判所法などが制定
され、全国に裁判所が設置されている。

76, 最高裁判所

□**3**
★★★
最高裁判所の下に、**下級裁判所**として高等裁判所、地
方裁判所、軽微な事件を扱う ★★★ 裁判所、および
★★★ 裁判所がある。

簡易,
家庭

◆民事裁判で**訴額(訴訟対象金額)**が**140万円以下**の民事事件の
場合、原告は簡易裁判所に訴えを起こし、その判決に不服があっ
た場合、地方裁判所に控訴することができる。罰金以下の刑にあ
たる罪など軽微な刑事事件も第1審は簡易裁判所であるが、そ
の判決に不服がある場合、高等裁判所に対して控訴する。

□**4**
★★★
家庭裁判所は、民事事件としては家庭内トラブル、刑
事事件としては ★★★ 犯罪などの特殊事件を扱う**通
常裁判所**である。

少年

□**5** 2005年、東京高等裁判所内に特許権や ★★ 権など
★★ に関する紛争を裁く**初の専門裁判所**として ★★ が
設置された。

著作,
知的財産高等裁判
所

□**6** 判決に不服申立てをすれば**同一裁判手続内**で、原則と
★★★ して**計3回まで審判を受けられる**制度を ★★★ とい
う。

三審制

◆三審制の例外として、政府転覆を目的に暴動を行う内乱罪につ
いての訴訟は、高等裁判所、最高裁判所の**二審制**で行われる。

□**7** **第一審の判決に不服申立て**をすることを ★★ 、**第**
★★ **二審の判決に不服申立て**をすることを ★★ という。

控訴,
上告

□**8** **行政委員会**は第 ★ 審として**準司法的権限**を持つ
★ ことがあるが、行政機関による ★ 裁判は禁止さ
れている。

一,
終審

◆ただし、2013年の独占禁止法改正で公正取引委員会による行政
処分に対する不服申立ての審判権限を同委員会から奪い、第一
審を東京地方裁判所とした。

□**9** 裁判の公正を保つために ★★★ の**独立**が保障されて
★★★ いるが、その内容には、他の国家機関からの裁判所へ
の干渉を排除する ★★★ 独立性と、裁判所内部にお
ける裁判干渉を排除する ★★★ 独立性の2つがある。

司法権

対外的,
対内的

◆司法の独立性確保のための一例として、最高裁判所には訴訟に
関する手続や裁判所の内部規律などに関する**規則制定権**が付与
されている。

□**10** 2003年に ★★ 法が制定され、**第一審は訴訟開始か**
★★ **ら** ★★ **年以内に判決を下す**という規定がある。

裁判迅速化,
2

◆日本国憲法は、すべての刑事裁判において、被告人に、公平な
裁判所の**迅速な公開の裁判を受ける権利**を保障しているが、現
実には裁判が長期にわたる例が少なくなかった。

□**11** 2004年、裁判所による訴訟手続以外の方法で**民事上の**
★ **紛争を迅速かつ簡単に解決**するため、 ★ （裁判外
紛争解決手続）の拡充・活性化が図られた。

ADR

◆ ADR（Alternative Dispute Resolution：裁判外紛争解決手
続）は、民事上の紛争当事者のために弁護士や行政機関など公正
な第三者が関与し、その解決を図る手続である。例えば、国民
生活センターが仲介し、消費者間の問題を解決する**紛争解決委**
員会などがある。

□12 憲法第76条3項は、「すべて裁判官は、その ★★ に
★★ 従ひ ★★ してその職権を行ひ、この ★★ にの
み拘束される」と定めており、**国会や内閣などの外部
または上級裁判所や他の裁判官から干渉されない。**

良心,
独立, 憲法及び法
律

□13 裁判官が罷免されるのは、次の場合である。空欄 A ～
★★ E にあてはまる適語を答えよ。

　①**国会による A** ★★ **裁判**

A　弾劾

　　　　　　　　（ⅰ）著しい職務上の B ★★ 違反

B　義務

　　弾劾事由 ⎨（ⅱ）著しく職務を怠った

　　　　　　　　（ⅲ）裁判官の威信を失う著しい

　　　　　　　　　　　C ★★

C　非行

　②**裁判所による D** ★★ **裁判 —— 心身の故障**

D　分限

　③**最高裁判所裁判官に対する E** ★★

E　国民審査

◆国会内に設置される**裁判官訴追委員会**（衆参両院各10人の議員
で組織）で訴追の適否を審査し、訴追が行われた場合、**裁判官弾
劾裁判所**（衆参両院各7人の議員で組織）で審理が行われる。

□14 最高裁判所の裁判官に対する ★★★ は、任命後初の
★★★ **衆議院議員総選挙時**と、以後 ★★★ 年が経過した後
に初めて行われる衆議院議員総選挙時に実施される。

国民審査,
10

□15 下級裁判所の裁判官は、 ★★★ が指名した者の名簿
★★★ に基づき**内閣が任命**し、その任期は ★★★ 年である。

最高裁判所,
10

◆裁判官は、特段の事情がない限り、**10年ごとに再任されること
を原則**として運用されている。

□16 すべての裁判所は、 ★★★ 、命令、規則または処分が
★★★ **憲法に適合するか否かを決定する権限**を持っている。
この権限を一般に ★★★ という。

法律

違憲立法審査権

□17 **最高裁判所は、法令などの合憲性を審査する** ★★
★★ 裁判所であることから「 ★★ 」と呼ばれている。

終審,
憲法の番人

◆憲法第81条は「**最高裁判所**は、一切の法律、命令、規則又は処
分が憲法に適合するかしないかを決定する権限を有する終審**裁
判所である」**と定めている。

□ **18** 日本の違憲審査は ★★★ 裁判所で具体的（付随的）事
★★★ 件解決の前提として行われることから、法令に対する
違憲判決の効力は、当該事件の解決の前提として当該
法令を違憲無効として扱うという ★★★ 的効力に過
ぎないと解釈されている。

通常

個別

◆**アメリカと日本は通常裁判所型の**具体的（付随的）審査制であ
る。日本では裁判開始の要件として具体的な事件性が必要であ
ることから、過去、**自衛隊の前身である**警察予備隊の違憲訴訟
が退けられたことがある。

□ **19** ドイツやフランスの違憲審査は ★★★ 裁判所で行わ
★★★ れる抽象的審査制を採用しているので、法令に対する
違憲判決の効力は直ちに当該法令を違憲無効として扱う
★★★ 的効力**を持つ**と解釈されている。

憲法

一般

□ **20** 裁判の公正を確保するために裁判 ★★★ の原則が採
★★★ られているが、裁判官が全員一致で公序良俗に反する
と決定した場合には ★★★ を非公開にできる。ただ
し、 ★★★ は例外なく公開されなければならない。

公開

対審,

判決

◆対審は、①政治犯罪、②出版犯罪、③憲法第３章が保障する国
民の権利が問題になっている事件については、**必ず**公開する。

□ **21** 検察官が不起訴処分を決定した場合でも、その決定に
★★ 不服がある時は ★★ に申し立てることができ、そ
の是非について審査が行われる。

検察審査会

◆検察審査会は抽選によって選ばれた選挙権を有する国民で構成
され、任期は６ヶ月で複数の案件が可能性がある。2004年
の法改正で検察審査会が同一の事件について２回続けて起訴相
当と決定した際、必ず起訴しなければならない強制起訴の制度
が導入された。その際に検察官の役割を担うのは裁判所が選任
した指定弁護士である。

□ **22** 裁判員制度では、重大な ★★★ 裁判について事件ご
★★★ とに**一般市民６名**が選出され、その裁判員が**職業裁判**
官 ★★★ 名と協力して事実認定と ★★★ を行う。

刑事

3, 量刑

◆制度は、一般市民（民間人）が裁判に直接参加することを認める
ものである。裁判員には審理への出頭義務や評議中にやりとり
した意見についての守秘義務が課せられ、違反に対しては罰則
が設けられている。なお、裁判員は任期制ではなく、当該事件
１件のみを扱う。

□ **23** アメリカやイギリスで行われている ★★★ 制は、有
★★★ 罪か無罪かの**事実認定**を ★★★ だけで行い、量刑は
職業裁判官が決定するという分業制になっている。

陪審,

民間人

153

□24 事実認定に加え有罪の場合の**量刑**にも**民意を反映**させ
★★★ るのが ★★★ 制なのに対し、 ★★★ 制は有罪か無
罪かの**事実認定にのみ民意を反映**させる。

参審，陪審

□25 日本の裁判員制度は、ドイツやフランスで行われてい
★★★ る ★★★ 制と同様に、有罪か無罪かの**事実認定と量
刑**の決定に民間人と職業裁判官が共同でかかわる。

参審

◆日本が参審制型の裁判員制度を導入した理由は、**量刑**に**民意を
反映**させる点にある。ドイツ・フランス型参審制と日本の裁判員
制度の違いは、参審員は任期制で複数の刑事事件を担当するこ
ともあり、特殊事件では民間の専門家や有識者を含むのに対し、
裁判員は当該刑事事件1件のみを担当するだけで、抽選で無作
為に抽選された**一般市民**（18歳以上の有権者）である点にある。

□26 **裁判員**に**は審理への出頭義務**や ★★ が課せられ、
★★ これらの**義務違反**に対しては**罰則**も設けられている。

守秘義務

□27 裁判員制度に対する次のA～Dの意見について、**賛成
★★ 論**と**反対論**であるものをそれぞれ**2つ**選べ。

A 裁判にとって重要な事実を認定する能力などでも、
経験豊かな裁判官の方が裁判員よりも優れていると
思う。

B 裁判の透明性が高まるという意味で、一般市民が
裁判に参加するのは有意義だと思う。

C 裁判は法律の専門家である裁判官に任せた方が冤
罪が起こりにくくなると思う。

D 裁判員は一般市民であるだけに裁判に市民の感覚
を反映させることができると思う。

賛成論 B，D
反対論 A，C

□28 次の表は、①日本の裁判員制度、②アメリカの陪審制
★★★ 度、③ドイツの参審制度を比較したものである。空欄
A～Eにあてはまる語句を、表中からそれぞれ選べ。

	参加市民の任期	裁判官が評議に加わるか否か	参加市民が有罪・無罪を判断するか否か	参加市民が量刑を判断するか否か
①	A ★★★	B ★★★	判断する	C ★★★
②	事件ごと	加わらない	D ★★★	判断しない
③	一定年数	加わる	判断する	E ★★★

A 事件ごと
B 加わる
C 判断する
D 判断する
E 判断する

□**29** 2009年の裁判員制度の導入に先立ち、03年に制定さ
★★ れた裁判迅速化法では、**訴訟開始から** ★★ **年以内
に第一審の判決を下す**ものとした。また、刑事訴訟法
改正により、裁判開始前に検察側と弁護側の双方が主
張内容と証拠を提出し、**争点を整理してから刑事裁判
の審理に入る** ★★ が導入された。

2

公判前整理手続

□**30** 裁判員制度の導入により、自白の信憑性の判断をわか
★★ りやすくするため、取り調べ状況を録画する ★★
化が進められている。

可視

◆2016年成立の刑事司法改革関連法が、**19年に完全施行**され、取
調室の録音・録画 (可視化) が義務化されたが、その対象は限定
的で、任意の取り調べや参考人の取り調べは対象外である。ま
た、同法により司法取引制度が導入された。刑事事件の容疑者
や被告に他人の犯罪を明かしてもらう見返りに、起訴の見送り
や求刑を軽くすることで組織犯罪の解明につながることが期待
されるが、虚偽の供述が冤罪を招くおそれも指摘されている。

□**31** 2000年改正で ★★ 法が厳罰化され、刑事責任年齢
★★ が16歳以上から ★★ 歳以上に引き下げられた。

少年,

14

□**32** 2000年の少年法改正で、16**歳以上の未成年者**が故意
★ に被害者を死亡させた場合、家庭裁判所は検察官から
送致された被疑者を再び検察官に ★ することが
原則となり、その場合、検察官は成年者と同じく**被疑
者を** ★ **などに起訴する**ことになった。

逆送致 (逆送)

地方裁判所

◆家庭裁判所は**非公開かつ検察官の出廷を認めず**、地方裁判所な
どは**公開かつ検察官の出廷を認めること**を原則とする。2007年
の少年法改正により、少年院への送致が可能な年齢を従来の
「14歳以上」から、「おおむね12歳以上」に引き下げた。

□**33** 2021年、少年法が改正され、 ★★★ 歳を「**特定少年**」
★★★ と規定して少年法の保護が及ぶとしつつも、逆送致の
適用犯罪を殺人などから強盗などに拡大し、起訴後は
実名報道も可能とした。

18・19

□**34** 2007年の刑事訴訟法改正で、刑事裁判手続に被害者や
★★ 被害者遺族が直接参加する ★★ が08年12月より
始まり、被害者などが被告人に直接質問することや、事
実関係に意見を述べることができるようになった。

被害者参加制度

□**35** 司法制度改革によって、2006年に法律相談や裁判費用
★ の援助などを行う独立行政法人として ［ ★ ］（日本
司法支援センター）が設立された。

法テラス

　◆2008年には**犯罪被害者保護法**、**総合法律支援法**が改正され、刑
　事裁判に被害者や遺族が参加する際の**被害者参加弁護士**の候補
　者を法テラス（日本司法支援センター）が裁判所に通知すること
　になった。

□**36** 社会経験の豊富な者が法曹（法律家）になる道を広げる
★★ とともに法曹人口を増やすために、2004年から大学卒
業後に ［ ★★ ］ を修了すれば司法試験の受験資格を与
える制度が始められた。

法科大学院（ロー
スクール）

5 地方自治と地方分権

ANSWERS □□□

□**1** イギリスの政治学者ブライスは『近代民主政治』の中
★★★ で、「地方自治は ［ ★★★ ］ の学校である」と述べた。

民主主義

□**2** フランスの政治学者トクヴィルは『**アメリカの民主政**
★ **治**』で、「地方自治制度の ［ ★ ］ に対する関係は、小
学校が学問に対して持つ関係と同じである」と述べた。

自由

□**3** 地方の政治には、中央政府から独立した地方が行うと
★★★ いう ［ ★★★ ］ 自治と、地方の政治は住民の意思によっ
て決定するという ［ ★★★ ］ 自治の2つがある。

団体,
住民

　◆団体自治とは、地方公共団体が国とは別に組織された統治主体
　として、地域における事務を行うことをいう。

□**4** 地方自治の本旨のうち、条例制定権、上乗せ条例、課
★★★ 税自主権などは ［ ★★★ ］ 自治のあらわれ、首長の直接
公選や住民の直接請求権、住民投票の自主実施などは
は ［ ★★★ ］ 自治のあらわれである。

団体

住民

□**5** 国が法律で規定した規制基準よりも厳しい規制基準を
★ 設ける条例を ［ ★ ］ 条例、京都府など観光を重視す
るいくつかの地域で風景や景色を守るために建築物の
高さを規制する条例などを ［ ★ ］ 条例と呼ぶ。

上乗せ

景観

　◆これらの条例は、地方の特性を活かす目的であり、団体自治の
　あらわれである。

□**6** 国政および地方政治への参政権に関する次の表の空欄
★★ A ～ E にあてはまる数値を答えよ。

選挙権	被選挙権（立候補資格）		
A ★★ 歳以上の国民ないし住民	国政	衆議院	B ★★ 歳以上
		参議院	C ★★ 歳以上
	地方政治	都道府県知事	D ★★ 歳以上
		市区町村長地方議会議員	E ★★ 歳以上

A　18

B　25

C　30

D　30

E　25

□**7** 憲法**第93条**は、地方公共団体に ★★★ を設置すべ
★★★ きことを定め、その長（首長）と議会の議員などについ
て住民の ★★★ 選挙制を定めている。

議会

直接

◆このような政治制度のことを二元代表制という。また、首長公
選制は、行政のトップを住民が選挙によってコントロールする
点で大統領制の特徴を持つとされる。

□**8** 地方の政治機構には、 ★★ 制的な制度として**首長**
★★ **公選制**と首長の条例に対する**拒否権**、 ★★ 制的な
制度として地方議会による首長の**不信任決議権**、首長
の**地方議会解散権**がある。

大統領,
議院内閣

□**9** 地方公共団体の議決機関は**地方議会**であり、議員は任
★★ 期 ★★ 年で、住民の直接投票で選ばれる ★★
制の議会である。

4, 一院

□**10** 地方議会の権限には、 ★★ の制定・改廃、予算議決、
★★ **首長の** ★★ などがある。

条例,
不信任決議

◆首長に対する不信任決議の要件は、**議員の3分の2以上が出席**
し、その4分の3以上の賛成と厳しくなっている。なお、首長
に対する不信任決議が可決された場合、10日以内に議会を解散
しなければ、**首長は失職**する。

□**11** 首長は自治事務と法定受託事務の執行、条例の執行、議
★★ 案と予算の提出、地方税徴収などを行い、不信任決議
に対抗して ★★ 日以内に ★★ 権を行使できる。

10, 議会解散

◆ただし、解散権を行使できるのは地方議会に3分の2以上が出
席し、出席議員の4分の3以上の賛成で不信任された場合に限
られ、内閣が衆議院を裁量によって解散するような権限は認め
られていない。もし首長が地方議会を解散した場合、解散後、新
たな地方議会で再び、首長の不信任決議が議員の3分の2以上
が出席し過半数で可決された場合、首長は辞任しなければなら
ない。

□12 地方の執行機関である首長は、**住民の直接投票で選ば** ★★★
れる ★★★ **制**が採られ、任期は ★★★ 年である。

首長公選, 4

□13 首長は議会が議決した条例と予算に対して10日以内 ★★
に ★★ 権**を行使**することができるが、地方議会が
出席議員の ★★ **以上で再議決**すれば成立する。

拒否,
3分の2

□14 特定の地方公共団体にのみ適用される ★★★ 法**の制** ★★★
定には、国会の議決とその地方公共団体の住民投票に
おいて ★★★ **の同意**が必要である。

地方特別 (地方自
治特別)
過半数

□15 地方公共団体は、住民の利益保護のため、その地方だ ★★★
けに適用される ★★★ で**罰則**を定めることができる。

条例

◆例えば、情報公開制度や個人情報保護制度は、国の法整備に先
駆けて、地方公共団体で条例が制定されている。

□16 地方公共団体の ★★ や懇談会などに、一般市民が ★★
公募で参加できる制度があり、重要な ★★ 案や計
画などの策定にこの方法が採用される場合がある。

審議会,
条例

□17 住民は、産業廃棄物処理場の建設をめぐり、その是非 ★★
に関して ★★ に住民投票条例の制定を請求できる。

首長

□18 地方の重要政治問題について ★★★ を自主的に実施 ★★★
する地方が増えているが、この動きは ★★★ 民主主
義の動きとして民主主義の実現に役立つものといえる。

住民投票,
草の根

□19 **重要問題に関する地方の**住民投票**の実施**は ★★★ 法 ★★★
には規定されておらず、地方の自主的な ★★★ の制
定に基づいて行われていることから、国との関係では
★★★ **を持たない。**

地方自治,
住民投票条例

法的拘束力

◆日本ではこれまでに450件を超える住民投票が行われている。
実施した例には次のようなものがある。1996年：日米地位協定
見直しおよびアメリカ軍基地整理縮小 (沖縄県)、原子力発電所
建設 (新潟県巻町)。97年：産業廃棄物処理場建設 (岐阜県御嵩
町) など。

□20 住民投票の投票資格については ★★★ 法は適用され ★★★
ず地方公共団体の ★★★ に委ねられていることから、
未成年者や ★★★ に投票権を認めた例もある。

公職選挙,
住民投票条例,
永住・定住外国人

◆秋田県 (旧) 岩城町 (18歳以上)、長野県平谷村 (中学生以上)、
北海道奈井江町 (小学5年生以上)、滋賀県 (旧) 米原町・愛知県
高浜市 (永住外国人) などで投票資格を広く認めた事例がある。
神奈川県川崎市は永住外国人と3年超の定住外国人に投票を認
める条例を制定している。

□**21** 地方政治における**住民の直接請求**に関する次の表の空
★★★ 欄 A ～ I にあてはまる適語を答えよ。

	請求の種類	必要な住民の署名数	請求相手	請求後に行われる手続
A ★★★ （住民発案）	条例の制定・改廃	有権者の C ★★★ 以上	D ★★★	20日以内に議会を招集し、意見を附けて議会に諮り、請求が可決されると、条例の制定・改廃が行われる。
	監査		監査委員	監査請求の趣旨を公表し、監査を行い、その結果を公表するとともに、長や議会に報告する。
B ★★★ （住民解職）	議会の解散	原則として 有権者の E ★★★ 以上	F ★★★	請求の趣旨を公表し、解散するかどうかの G ★★★ を行い、過半数の賛成があれば解散する。
	議員・長の解職		同上	請求の趣旨を公表し、解職するかどうかの H ★★★ を行い、過半数の賛成があれば解職される。
	主要公務員の解職		長（首長）	議会の採決にかけて、議員の3分の2以上が出席し、その I ★★★ 以上の賛成があれば解職される。

A イニシアティヴ
B リコール
C 50分の1
D 長（首長）

E 3分の1
F 選挙管理委員会
G 住民投票
H 住民投票
I 4分の3

◆首長・地方議員・主要公務員の解職請求（リコール）や地方議会の解散請求は、有権者総数が40万人以下の部分はその3分の1、40万人超80万人以下の部分はその6分の1、80万人超の部分についてはその8分の1を乗じた数を、それぞれに合算した数の有権者の署名が必要となる。なお、**主要公務員**とは副知事や副市町村長などを指す。もともと住民の選挙ではなく首長によって任命されるものであることから、その解職請求は選挙管理委員会ではなく首長に行い、地方議会の採決にかけられる。

□**22** 地方公共団体が住民運動などによって制定した条例が、
★★ 国の法律の制定に結び付いた例として、環境開発に民
意を反映させる ★★ 制度や**行政民主化**の前提とな
る ★★ 制度などがある。

環境アセスメント
（環境影響評価）、
情報公開

□**23** 住民たちの任意の資金によって山林を購入して緑を守
★ る ★ 運動や景色を守るための建築規制などを定
めた ★ 条例が制定されている。

ナショナル=トラ
スト、
景観

◆ナショナル=トラストは知床や小樽などで行われている。景観条例には京都府や京都市などで制定されている。

□**24** 1995年の阪神・淡路大震災では、全国から多くの人々
★★★ が被災地での救助・救援に駆けつけ、 ★★★ 活動が注
目されるようになった。こうした新しい結び付きは、市
民の参加による公的な活動を目的とする ★★★ の取
り組みを促進した。

ボランティア

NPO（非営利組織）

◆1995年は「ボランティア元年」とも呼ばれた。2011年の東日本大
震災など、後年の大規模災害における**市民による自発的な活動
が広がる大きな契機**となった。

□**25** 1998年、 ★ 法が制定され、保健や福祉、まちづく
★ りなどを中心に**認定** ★ が活動している。

NPO（特定非営利
活動促進）、
NPO法人

◆市民が行う自由な**社会貢献活動**を促す一方で、財政基盤の弱さ
や優遇税制の認定条件の厳しさから、NPO法人の数は伸び悩ん
でいる。

□**26** 自主財源の乏しさ、国からの受託事務の増加により地
★★★ 方の自主性が発揮できず中央政治に依存する地方の実
態のことを ★★★ という。

三割自治

◆実際には、地方の自主財源である地方税収入は4割程度ある。

□**27** 地方の財源には、地方税など**独自の財源である** ★★★
★★★ と、地方交付税や国庫支出金など**国からの援助金であ
る** ★★★ に分かれるが、 ★★★ は伝統的に ★★★
割程度しかなかった。

自主財源

依存財源, 自主財
源, 3

◆このような点から日本の地方自治は三割自治と呼ばれてきた。

□**28** 地方の財源には、**地方が使途を自由に決定できる** ★★
★★ 財源と、**国が使途を限定した** ★★ 財源がある。

一般,
特定

□**29** 一般財源には、住民税、事業税、固定資産税などの
★★ ★★ と、国から地方に支給される ★★ などが
ある。

地方税, 地方交付
税

◆地方交付税は国から地方に援助される使途自由な一般財源であ
り、その総額は**所得税・法人税**の33.1％、**酒税**の50.0％、**消
費税**の19.5％、および**地方法人税**の全額である。

□**30** 特定財源には、**国から地方に対して援助されている**
★★ ★★ があるが、これを一般に ★★ という。

国庫支出金, 補助金

□31 次の図は、日本の地方財政（2023年度見込み）の歳入
★★★ 構成を示したものである。図中の**A〜D**にあてはまる
歳入源として最も適当なものを、後の語群から選べ。

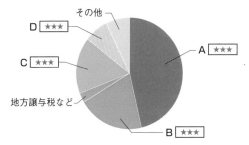

A 地方税

B 地方交付税
C 国庫支出金
D 地方債

【語群】 国庫支出金　地方税　地方交付税
　　　　地方債　復興債

◆2019年度では、地方の歳入総額103.2兆円のうち、一般財
源は61兆円（59.1%）、その内訳となる地方税は41.2兆円
（39.9%）、地方交付税16.7兆円（16.2%）などとなる。ま
た、国庫支出金は15.8兆円（15.3%）、地方債は10.9兆円
（10.5%）である。

□32 1995年制定の　**★★**　法に基づいて進められてきた地　地方分権推進,
★★ 方分権のあり方が、99年制定の　**★★**　法によって　地方分権一括
規定された。

□33 1999年制定、2000年施行の地方分権一括法は、**国と地**
★★ **方の関係を**「上下・主従関係」から「　**★★**　関係」に　対等・協力
改めた。

◆国と地方が「対等・協力関係」となったことに伴い、2000年に双
方の争いを審査・調停する国地方係争処理委員会が設置された。

□34 地方分権の確立に際して、三割自治を解消するため、
★★★ **★★★**　を廃止するとともに、**国からの**　**★★★**　**原則**　機関委任事務, 補
の見直しを行った。　　　　　　　　　　　　　　　　　助金

□35 従来、地方公共団体の事務は**地方独自の仕事である**
★★ **★★**　事務と**国からの**　**★★**　事務に分かれていた。　固有, 委任

□36 かつては、国からの委任事務は、**国が地方公共団体に**
★★ **委任**する　**★★**　と、**首長や委員長などに委任**する　団体委任事務,
★★　に分類されていた。　　　　　　　　　　　　機関委任事務

☐ **37** 2000年の地方分権一括法施行に伴う地方自治法改正により、機関委任事務は事実上廃止され ★★★ 事務 と ★★★ 事務に区分された。
★★★

法定受託,
自治 ※順不同

◆主な法定受託事務には、パスポートの交付などの旅券事務、国民の本籍地や出生などを証明する戸籍事務、投票用紙の交付などの選挙事務がある。住民票の管理などは国と住民の事務という二面性があることから、法定受託事務ではない点に注意。

☐ **38** 小泉内閣（2001〜06年）が進めた三位一体の改革とは、 ★★★ の見直し、 ★★★ （補助金）の削減、国から地方への ★★★ の3つの改革のことをいう。
★★★

地方交付税, 国庫
支出金,
税源移譲

◆三位一体の改革で、国の地方に対する財政援助を削減したことは、国の財政負担を軽減し、国家財政再建策ともなった。

☐ **39** 補助金原則を見直して自主財源を拡充するために、1997年より ★★ 税が新設され、2006年には地方債発行時の国の許可制を廃止して ★★ 制に改めた。
★★

地方消費,
事前協議

☐ **40** 国から地方への税源移譲の具体例としては、国税としての ★★★ の減税分を地方税としての ★★★ 増税に振り向ける方法や、国税としての ★★★ 分と地方税としての ★★★ 分の割合を変えて、後者の比率を高める方法がある。
★★★

所得税, 住民税,
消費税,
消費税

☐ **41** 「 ★ 」とは、居住地でない地方公共団体に寄付を行うと、その金額に応じて所得税と住民税が控除される制度のことで、地域活性化や被災地の復興支援のために利用する者もいる。
★

ふるさと納税

◆近年は、ふるさと納税で寄付を受けた地方公共団体側から納税者に対する高額返礼品などが注目を集めている。

☐ **42** 小泉純一郎内閣は「小さくて効率的な政府の実現に向けて」改革を進めたが、この「小さくて効率的な政府」とは、「 ★★★ にできることは ★★★ に」任せ、中央政府と ★★★ 政府との関係では、「 ★★★ にできることは ★★★ に」任せる政府である。
★★★

民間, 民間,
地方, 地方,
地方

☐ **43** 都市開発や福祉行政などの運営権を都道府県から大幅に移譲される都市を ★ という。
★

政令指定都市

◆政令指定都市は、人口100万人以上（実際には従来の運用上、50万人以上）の都市に認められてきた。2010年4月に神奈川県相模原市、12年4月に熊本県熊本市が指定され、23年7月現在で全国20都市となった。

□**44** 政令の指定により、周辺の普通の市よりも行政事務に
★　関する権限が強化され、政令指定都市に準ずる扱いと
　　なる都市を　★　といい、**各種行政事務に関する権
　　限の一部が都道府県から移譲**される。

中核市

　　◆中核市になるためには人口20万人以上の条件を満たさなければならず、その市議会の議決と、都道府県の議会を経て国（総務大臣）に申請する（2023年4月現在、62市が中核市に指定）。

□**45** 2040年までに20〜39歳の　★　が半減し、行政
★　機能や社会保障制度の維持、安定した雇用などが困難
　　になると予測される自治体を指して「　★　」と呼ぶ。

女性人口

消滅可能性都市

　　◆2014年、日本創成会議の人口減少問題検討分科会によって報告された「消滅可能性都市」の数は896自治体で、岩手県や宮城県沿岸部など東日本大震災の被災地なども含まれた。今後、自治体機能を集約したコンパクトシティを創設することも重要である。

□**46** 地方公共団体が設置する公共施設全般について、民間
★★　企業やNPOなどがその管理業務を包括的に代行す
　　る　★★　制度が創設された。

指定管理者

　　◆今後、防災や減災、福祉分野などでも官民協力の**コンセッション（連携）体制**が重要となる。

□**47** 市町村合併特例法によって、市町村数を3,200から1,000
★★　に削減することを目標に進められた市町村の合併は
　　「　★★　」と呼ばれる。

平成の大合併

　　◆2023年4月現在、市町村数は1,700程度になっている。

□**48** 「**平成の大合併**」に際して、国は合併した市町村には向
★★　こう　★★　年間は国からの地方交付税を削減しない
　　ことや　★★　の発行を認め、その70%を国が負担
　　するという特恵を与えていた。

10,

合併特例債

　　◆市町村合併に地方議会議員が反対しないようにするため、**合併した市町村の議員の議席数を一定期間削減しないとする**在任特例なども認められていた。

□**49** 市町村合併の目的が達成された後には、**47都道府県
★　を「9」「11」「13」に統合する**という　★　の導入
　　が検討されており、すでに　★　は、そのモデル地
　　域に指定されている。

道州制,

北海道

VI
政治分野

5
地方自治と地方分権

163

6 日本の選挙制度

□**1** 選挙の**4原則**の1つには、選挙権を財産、性別、教育
★★★ などで制限せず、**すべての成年者に**選挙権**を与える**
　　　 ★★★ 選挙がある。その反対の選挙方法を ★★★ 選
　　　 挙という。

普通, 制限

□**2** 選挙の**4原則**の1つには、**財産や身分などによって1**
★★ **人に複数の票を与えたり**、**1票の価値に差を設けたり**
　　　 してはならないという ★★ 選挙がある。その反対
　　　 の選挙方法を ★★ 選挙という。

平等,
不平等

□**3** 選挙の**4原則**の1つには、**選挙人が候補者に自ら投票**
★★ **する** ★★ 選挙がある。一方、選挙人を通して意思
　　　 表示をする選挙方法を ★★ 選挙という。

直接,
間接

□**4** 選挙の**4原則**の1つには、投票の際には**投票者は自分**
★★ **の名前を自署せず無記名で投票する** ★★ 選挙があ
　　　 る。その反対の選挙方法を ★★ 選挙という。

秘密,
公開

◆投票を権力や他者に干渉されず、投票者本人の意思で決定でき
ることを自由選挙といい、これを加えて**選挙の5原則**ともいう。
投票は義務ではなく、棄権しても罰則を科されることはない。

□**5** **1選挙区から1人を選出する** ★★★ 選挙区制は、**大**
★★★ **政党に有利**なため政局が安定し、また各党の乱立候補
　　　 を**防止する**長所を持つ一方、小政党に不利で死票増加
　　　 を招くという短所を持つ。

小

□**6** 小選挙区制の短所は、与党に有利なように**選挙区境界**
★★★ **線を恣意的に設定する** ★★★ が生じやすい点である。

ゲリマンダー

□**7** **1選挙区から複数名を選出する** ★★★ 選挙区制は、
★★★ 小政党にも当選のチャンスが増え、死票が減少する長
　　　 所を持つが、一方で政局の不安定化や同一政党間での
　　　 「同士討ち」を招く短所を持つ。

大

□**8** 多数者の支持を受けている多数**党(大政党)に有利**な選
★★ 挙制度を ★★ 代表制といい、少数者からの支持と
　　　 なる少数**党(小政党)に有利**な選挙制度を ★★ 代表
　　　 制という。

多数,
少数

□ **9** 衆議院議員選挙の一部に導入されている小選挙区制は、
★★★ ┌─★★★─┐ **党に有利な** ┌─★★★─┐ 代表制になりやすいため、
政局は ┌─★★★─┐ **化**しやすい。

多数（大政），多数，
安定

□ **10** 参議院議員選挙の多くの選挙区で採用されている大選
★★★ 挙区制は、┌─★★★─┐ **党**にも議席獲得のチャンスがある
┌─★★★─┐ 代表制になりやすいため、**政局は** ┌─★★★─┐ **化**
しやすい。

少数（小政），
少数，不安定

□ **11** 衆議院議員選挙と参議院議員選挙の一部に導入されて
★★★ いる比例代表制は、各党に得票率に応じた ┌─★★★─┐ な
議席配分を実現するが、**政局は** ┌─★★★─┐ **化**しやすい。

公平，
不安定

◆選挙区制度と投票制の組み合わせに関して、**小選挙区**（定数1）・
単記制（投票用紙に1名を記入）または**大選挙区**（定数複数名）・
完全連記制（投票用紙に定数名すべてを記入）にすると、定数す
べてを多数党（大政党）が占めてしまう可能性があるため、大政
党に有利な多数代表制**になりやすい**。一方、**大選挙区で制限連
記制**（投票用紙に定数未満複数名を記入）ないし**単記制**（投票用
紙に1名を記入）とする場合、記入できる人数までは大政党が議
席を独占しやすいが、それを超えた定数分については小政党に
もチャンスがある。したがって、少数代表制となりやすい。

□ **12** 得票率に応じた公平な議席配分や、死票を減少させる
★★★ ことができる一方で、**小党分立**と政局の不安定化のお
それがある選挙区制度は ┌─★★★─┐ **制**である。

比例代表

□ **13** 衆議院議員選挙について、1994年までの**1選挙区から
★★ 原則3〜5人を選出**する ┌─★★─┐ **制**は、**1選挙区から
複数名を選出**する点で ┌─★★─┐ **制**の一種である。

中選挙区，
大選挙区

◆大選挙区制の一種であるが、選出人数がそれほど多くはないこ
とから中選挙区制と呼ばれる。この制度下においても**1票の格
差の是正**により、最終的には**2〜6人区**となっていた。

□ **14** 1994年の法改正で衆議院議員選挙に ┌─★★★─┐ **制**が導入
★★★ され現在に至るが、導入当初の議員定数は ┌─★★★─┐ 区
が300人、**全国11区で実施**する ┌─★★★─┐ 区が200
人の**合計500人**と定められていた。

小選挙区比例代表
並立，
小選挙，
比例代表

◆ドイツで導入されている小選挙区比例代表併用制との区別に注
意！ これは各政党の獲得議席数を比例代表で決定し、各政党
は小選挙区当選者を優先的に獲得議席に充当する制度である。

□**15** 衆議院の定数は、1994年改正で「小選挙区300人＋比
★★★ 例代表区200人＝合計500人」から、2000年の法改
正で「小選挙区300人＋比例代表区 ★★★ 人＝合計 180,
★★★ 人」、13年改正で小選挙区の定数が5減して総 480,
定数は「475人」、16年改正で「小選挙区 ★★★ 人＋ 289,
比例代表区176人＝合計 ★★★ 人」となった。 465

◆2012年改正で小選挙区の定数が300人から295人に5人削減
されることが決定し、13年に「0増5減」の区割り法が成立し、
小選挙区を1つ減らす5つの県が決められた。さらに、16年
改正で小選挙区が295人から6減して289人、比例代表区が
180人から4減して176人の合計465人となった(2017年10
月実施)。また、2020年代に実施される衆議院議員総選挙から、
**各都道府県の小選挙区の設置数を総人口に占める都道府県の人
口比率に応じて配分する**「アダムズ方式」の導入も決定した。こ
の方式では、都道府県の各人口をある数 (x) で割り、その商の小
数点以下を切り上げて議席の定数を決めるため、各都道府県に
は最低でも定数1が割り振られる。なお、この x は各都道府県の
人口を x で割った数の合計が定数とほぼ同じになる数値とする。

□**16** 従来、参議院議員選挙では**全国を1区で行う** ★★ 区 全国,
★★ と、都道府県単位で行う ★★ 区に区分されていた 地方,
が、1982年から金権選挙防止のため、**前者に** ★★ 区 比例代表,
が導入され、**後者は** ★★ 区と名称変更された。 選挙

□**17** 1983年以降、参議院議員選挙では、**47都道府県の** ★★★ 選挙,
★★★ 区と**全国1区の** ★★★ 区が設けられ、前者が ★★★ 比例代表, 152,
人、後者が ★★★ 人の合計252人の定数とされたが、 100,
2000年改正により前者が ★★★ 人、後者が ★★★ 人 146, 96
の合計242人に削減され、18年改正で前者は**2増**し
て ★★★ 人、後者は**4増**して ★★★ 人となり、合 148, 100
計248人となっている。

◆2016年、参議院の**1票の格差**を是正するために、都道府県単位
を1区とする伝統的な選挙区の設置を変更し、人口の少ない2
つの県を1区とする合区が行われた (鳥取と島根、徳島と高知)。

□**18** 1990年代の政治改革で**衆議院議員総選挙の比例代表**に
★★★ は、各政党の当選者は前もって示した**名簿の順位に
よって決まる** ★★★ 式比例代表制が採用されている。 拘束名簿

◆この短所は、各党の当選順位に民意が反映されない点にある。

□**19**
★★ **★★** 議員選挙に導入されている **★★** 式比例代
表制とは、有権者は**政党名または政党公認候補者個人
名に投票**することができ、その合計票を政党の得票数
と計算して各党の議席数を決定し、各党の**当選者
は** **★★** の多い順とする方法である。その方式の長
所は、各党の当選順位に民意が反映される点にある。

◆2019年の参議院議員通常選挙より、比例代表には事前に政党が
決めた順位に従って当選者が確定する「特定枠」を各党が任意に
設定できることになった。

参議院, 非拘束名
簿

個人得票

□**20**
★★ 比例代表選挙については、衆議院の場合、選挙人は
★★ にのみ投票するのに対し、参議院の場合、**政
党または** **★★** に投票できる。

政党,
政党公認候補者

□**21**
★★ 日本の比例代表制は、各党の獲得議席の算出方法とし
て、各党の得票数を整数で割り、商の大きい順に定数
まで当選者を決める **★★** 方式を採用する。

ドント

□**22**
★★★ **比例代表制における各政党の得票数**が、A党1,000万
票、B党800万票、C党500万票、D党300万票で、
定数6の場合、ドント方式による各党の当選人数は、A
党は **★★★** 人、B党は **★★★** 人、C党は **★★★** 人、
D党は **★★★** 人となる。

3, 2, 1,
0

◆計算方法は以下の通り。商の値が大きい順に第6位までが当選
する。

	A党	B党	C党	D党	**(定数6)**
得票数	1,000	800	500	300	(単位：万票)
÷1	1,000	800	500	300	
÷2	500	400	250	150	
÷3	333	266	166	100	
÷4	250	200	⋮	⋮	
…	…	…	…	…	
	↓	↓	↓	↓	
	3人	2人	1人	0人	

□**23** 重複立候補が認められている衆議院議員選挙において
★★ は、**小選挙区落選者が比例代表区で** ★★ **当選**する   復活
ことが認められるが、その場合、比例代表区の名簿に
同一順位で複数名掲載された候補者が存在する場合、
その順位は選挙区での ★★ によって決定される。   惜敗率

◆惜敗率とは、同じ小選挙区における当選者の得票数に対する落
選者の得票数の割合（百分率%）である。惜敗率の高い順に順位
を決定する。なお、参議院議員選挙では重複立候補は認められ
ていない。

□**24** 次の表は、ある政党の衆議院議員総選挙の結果を示し
★★ たものである。**比例代表区での獲得議席数が2の時**、比
例代表区での当選者は ★★ 氏と ★★ 氏である。   A，D ※順不同

比例名簿順位	1位　A氏
	2位　B氏　C氏　D氏
	5位　E氏
重複立候補者の 小選挙区での結果	○○区　B氏当選
	□□区　C氏落選　惜敗率80%
	△△区　D氏落選　惜敗率90%

◆1位指名のA氏は当選。残り1議席を2位指名のB～D氏の3
人が争う。B～D氏のうち、B氏は小選挙区で当選したので名
簿から削除される。C氏とD氏では惜敗率の高いD氏が優先さ
れるので、残りの議席はD氏が獲得する。

□**25** 選挙運動の期間は、**衆議院が** ★★ **日間**、**参議院が**   12,
★★ ★★ **日間**であるが、選挙運動期間以前の ★★   17，事前
運動は公職選挙法で禁止されている。

□**26** 公職選挙法は、選挙運動として**立候補者が各家庭を回**
★★ **る** ★★ **を禁止**するとともに、**特定の候補者を支持**   戸別訪問，
する ★★ **運動も禁止**している。   署名

◆戸別訪問は欧米では有益な選挙アピールの手段として認められ
ているが、日本の公職選挙法では買収や利益誘導を防ぐために
禁止されている。また、金権選挙を防止するためにポスターや
ビラの枚数なども制限されている。

□**27** 公職選挙法は、 ★★ の地位を利用した選挙運動を   公務員
★★ 禁止している。

□**28** 公職選挙法は、選挙期間中の政治活動の報告などの
★★★ ホームページの更新といった ★★★ による選挙運動
を禁止していたが、2013年の法改正で ★★★ された。

インターネット，
解禁

□**29** 候補者の親族や選挙運動の総括主宰者や出納責任者な
★★★ ど主要な選挙運動員が選挙違反で**有罪**となった場合、
候補者の当選も無効とする制度を ★★★ といい、
1994年の公職選挙法改正で**罰則が強化**され、組織的選
挙運動管理者や意思を通じた秘書が、選挙違反で罰金
刑以上の有罪となった場合も適用されることになった。

連座制

◆連座制によって当選が無効となった議員は、同じ選挙区から5
年間立候補できなくなる。なお、連座制に対象者が起訴された
選挙違反事件の刑事裁判は100日以内に第一審判決を下すこと
になっている。

□**30** 1997年の公職選挙法改正で、**投票率を高める**ために、
★★ 午前7時〜午後6時だった投票時間が ★★ 時まで
に延長され、従来の ★★ 投票の要件も緩和された。

午後8，
不在者

□**31** 選挙期日以前に本人による事前投票を市区町村の役所
★★ などで認める制度を ★★ 投票という。

期日前

◆2003年の公職選挙法改正で公示日または告示日の翌日から選挙
期日の前日までの期間はいつでも投票可能となったことから不
在者投票は期日前投票と改称された。なお、現在でも身体障害
者や要介護者など投票所に行くことが困難な者に対して郵便な
どによる投票を認める不在者投票制度は残っている。

□**32** 2001年の公職選挙法改正で、地方選挙には任意で**タッ**
★★ **チパネル方式**による ★★ 制の導入も可能となった。

電子投票

□**33** 1995年、**定住外国人**に**地方選挙権を与えるという立法**
★★★ **措置(法改正)**は ★★★ **とは断定できない**とする最高
裁判断が出された。

違憲

◆住民自治を尊重する立場から、その地方に一定期間、居住して
いる定住外国人に地方選挙権を与えることは立法政策上、違憲
とは断定できないとする。ただし、定住外国人に地方選挙権を
与えるためには、公職選挙法の改正が必要である。2023年4月
現在、定住外国人には地方選挙権は与えられていない。

□**34** 1998年の公職選挙法改正(2000年施行)で、国外に在
★★★ 住の日本国民が**衆議院および参議院の** ★★★ **に限っ**
て海外の日本大使館などで行う ★★★ **が認められた。**
現在は選挙区への投票も可能となっている。

比例代表選挙，
在外投票

35 ★★★ ★★★ を国政の比例代表選挙に限定し、選挙区には
認めていなかった従来の公職選挙法の立法不作為につ
いて最高裁判所は2005年に ★★★ とする判決を下し
た。この判決を受けて、06年には公職選挙法が改正
されて**衆参両院の選挙区についても** ★★★ が認めら
れた。

在外投票

違憲

在外投票

◆1998年の公職選挙法改正（2000年施行）で、衆参両院の比例代表
選挙に限って海外の日本大使館などで行う在外投票が認められ
ていたが、これを選挙区に認めず投票ができなかったことが**法
の下の平等に反する**として、国を相手に損害賠償を求める訴訟
が起こされた。最高裁判決の違憲の理由は、憲法第15条の**選挙
権**を不当に制限する点にある。法律を制定しないこと、すなわ
ち立法不作為を違憲とする初めての最高裁判決であり、事実上
の立法勧告の意味を持つ。

36 1989年から2022年までの国政選挙について、次のグラ
フ**A**は ★★★ 議員、**B**は ★★★ 議員の選挙の投票
率を示す。**最低投票率**を記録した選挙は ★★★ 議員で
約 ★★★ ％（1995年）、 ★★★ 議員で約 ★★★ ％
（2014年）である（小数点第1位を四捨五入）。

参議院，衆議院，
参議院，
45，衆議院，53

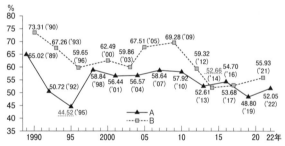

◆参議院議員通常選挙で最低投票率を記録した1995年の村山富市
内閣時、衆議院議員総選挙の投票率が初めて60％を下回った
96年の橋本龍太郎内閣時は、いずれも自民党と他の野党の連立
内閣の時期であった。2013年にはインターネット**による選挙運
動解禁**後、初めての参議院議員通常選挙が行われた。21年10
月は、20年の新型コロナウイルス感染症（COVID-19）の感染
拡大以降で初の衆議院議員総選挙となったが、各党の公約の対
立軸が鮮明でなく、感染症への警戒感などもあり、投票率は
55％台に伸び悩んだ。22年7月の参議院議員通常選挙の投票
率は52.05％と、50％台を回復した。期日前投票の利用が浸
透し、その投票者数は前回19年から約255万人多い1,961万
人と、参議院議員通常選挙で過去最高を更新した。

☐**37**
★★
選挙に立候補する際には、**一定の金銭を提出して預ける** ★★ 制度があるが、その目的は乱立候補を防ぐことにあり、 ★★ **数を得られなかった場合**、供託金は没収され、**選挙公営化資金**に利用される。

供託金,
法定得票

◆供託金は国政の選挙区300万円、比例代表区は名簿1人あたり600万円 (重複立候補者は300万円) と定められている。

☐**38**
★★★
相次ぐ政治腐敗の中、**1994年に** ★★★ **法が改正**され、政治家個人名義への献金が全面禁止された。

政治資金規正

◆1994年の政治資金規正法改正により、政治家は政治献金を直接受け取れなくなったが、受け皿として**政治家1人あたり1つの**資金管理団体**を保有**できることになり、そこに対する献金は、個人・企業・団体いずれも一定期間は認められていた。なお、政党や政治家の後援会なども含まれる政治団体の収支については、**政治資金収支報告書**として、1年分の内訳を記載することになっている。

☐**39**
★★
2000年の政治資金規正法改正で、政治家1人が1つ保有できる**資金管理団体への献金は** ★★ **と団体**からは禁止となり、 ★★ からは一定額以下であれば可能のままとなっている。また、個人・企業・団体のいずれからも政党および政党に資金を援助することを目的として政党が指定した ★★ に対する献金は認められ、一定の上限金額の規制が設定されているだけである。

企業,
個人

政治資金団体 (政
治団体)

◆寄付の年間上限は、政党・政治資金団体に対しては、企業・団体は規模により750万円〜1億円まで、個人は2,000万円までとなっている。

☐**40**
★★
★★ は、**国民1人あたり約250円、年間総額約320億円** (「平成27年国勢調査人口」により算出) とされ、政党の獲得議席数と得票数より算出した勢力に応じて配分される。

政党交付金 (政党
助成金)

◆政党助成法は、政治資金規正法改正と同じく、初の非自民連立政権となった**細川内閣下の1994年に制定**された。政治家個人への献金を禁止する代わりに、公費を一定の要件を満たした政党に対して政治資金として交付し、一部の企業や団体と政治家との結び付きを断ち切ることで**金権政治を防ぐこと**を目指した。

☐**41**
★★
公職選挙法における「**政党**」(比例区に立候補可能な政党) の要件は、**国会議員が** ★★ **人以上**、または**前回の国政選挙の得票率が** ★★ **%以上**である。

5,
2

□**42** 政党助成法における「政党」の要件は、**国会議員が**
★★ 　**★★** 　**人以上、**または**前回の国政選挙の得票率が**　　　5,
　　　★★ 　**%以上かつ国会議員が** 　**★★** 　**人以上**とされ　　2, 1
ている。

◆政治資金規正法においては、政治献金を受けることができる「**政治団体**」は、掲げる主義や政策を推進し、立候補者を推薦・支持する**実体を持つ団体**とされている。

□**43** **議員の立法活動を補佐**するための制度として、**公設秘**
★ **書** 　**★** 　**人、うち** 　**★** 　**人を**政策担当秘書として　　3, 1
設置することができ、その**給与は国費で負担**する。

◆公設第一秘書、公設第二秘書、政策担当秘書の身分は**国家公務員特別職**になる。

7 政党と圧力団体

ANSWERS □□□

□**1** **特定の主義または原則において一致**している人々が、
★★ それに基づいて**国民的利益**を増進すべく努力するために
結合した団体を 　**★★** 　という。　　　　　　　　　政党

◆E. バークによる政党の定義。

□**2** **J. ブライス**は、『近代民主政治』の中で「今までに、大
★★ 規模な自由主義国で 　**★★** 　を持たない国はなかった　　政党,
し、 　**★★** 　なしに代議政治が運営可能であることを　　政党
示した者は、一人もいない」と述べている。

□**3** 政党には国民の多元的な意見を綱領や政策に**一本化す**
★★ **る** 　**★★** 　**機能**があるが、いわば 　**★★** 　**を一本化す**　利益集約, 世論
る機能ともいえ、それを政治に実現する**パイプ役**にな
るという 　**★★** 　**機能**も有するとされる。　　　　　　利益媒介

◆また、政党は政権獲得を目指し、与党は政府を組織し、野党は政府を批判かつ監督して次期の政権獲得を目指す点で**政権担当機能**があり、政党には国民に政治争点を明確化し、考え方を示す**政治教育機能**もある。

□**4** **E. バーカー**は、「 　**★★** 　は社会と国家の架け橋であ　政党,
★★ **る**」と述べて、その 　**★★** 　**機能**を端的に表現した。　利益媒介

□**5** 一般に選挙において政党が公党として掲げる**政権公約**
★★　のことを ★★ と呼ぶ。

マニフェスト

　　◆日本での<u>マニフェスト</u>は、2003年の衆議院議員総選挙から<u>公職</u>
　　<u>選挙法</u>改正で配布が可能となり定着した。また、地方の知事た
　　ちが**ローカル=マニフェスト（地方自治体マニフェスト）**を公表
　　し、国政に影響を与えた。

□**6** 政党は、資本家らが同質利益を追求し**名誉職として政**
★★　**治を行う** ★★ 政党から、無産者も参加し**多元的な**
　　異質利益を追求する ★★ 政党に変化した。

名望家,
大衆

　　◆近代社会で<u>名望家政党</u>は議会内の政治活動のみを行い、政党の
　　基本方針を示す<u>綱領</u>を持たず、<u>党議拘束</u>も存在していなかった。
　　それが現代では<u>大衆政党</u>へと移り変わった。それは、<u>日常（議会</u>
　　<u>外）</u>の政治活動も行い、政党の基本方針を示す<u>綱領</u>を持ってお
　　り、**党の規約に従う**<u>党議拘束</u>**が強く、議員個人の意思よりも党の**
　　決定が優先される。例えば、2005年の<u>郵政民営化</u>問題において
　　は反対票を投じた自民党議員は自民党から<u>除名処分</u>を受けた。

□**7** **55年体制下**の自民党政権では、自民党が ★★ を中
★★　心とする集団であったため、閣僚の任命も ★★ の
　　推薦で決められることが多かった。

派閥,
派閥

　　◆自民党が長期安定政権を担った**55年体制下**では、実際の政権交
　　代は起こらなかったが、自民党内の「党内党」と呼ばれる<u>派閥</u>に
　　よる「政権」交代が起こっていた。

□**8** 特定の ★★★ の実現を目指し、**政治や行政に対して**
★★★　影響力を行使しようとする集団を ★★★ という。

利益,
圧力団体 (利益集
団)

□**9** アメリカでは、 ★★ を使って**利益集団**が政治へ圧
★★　力をかけている。

ロビイスト

□**10** <u>圧力団体</u>の長所は、選挙ルートで吸収できない多様な
★★　民意を政治に反映させて<u>代議制</u>を ★★ する点にあ
　　るが、短所は**汚職や政治腐敗などの** ★★ **政治を発**
　　生させてしまう点にある。

補完,
金権

□**11** 2002年に**経団連（経済団体連合会）**と**日経連**が合同し
★★　て新たに ★★ が結成され、自民党に対して大きな
　　発言力を持つようになった。

日本経団連 (日本
経済団体連合会)

□**12** 経済団体には、日本経団連の他に ★ や日本商工
★ 会議所があり、労働団体には ★ などがある。

経済同友会,
日本労働組合総連
合会（連合）

□**13** 圧力団体は伝統的に農業団体、医師団体、経営者団体
★ は ★ **政党**を、労働団体は ★ **政党**を支持し
てきた。

保守, 革新

8 日本の政党政治 (1) ～55年体制の成立と展開

ANSWERS □□□

□**1** 第二次世界大戦後の日本において、★★★ 年に保守
★★★ 系の**自由党**と**日本民主党**が**合同**して ★★★ が成立し
た出来事を ★★★ という。

1955,
自由民主党,
保守合同

□**2** 第二次世界大戦後の日本において、1955年には**革新政**
★★★ **党**である ★★★ が右派・左派合同で一本化し、保守
系の**自由民主党**との「 ★★★ **政党制**」が確立した。

日本社会党,

$1\frac{1}{2}$

◆日本社会党の議席勢力が、自民党1に対して、その2分の1程
度にとどまっていたことからできた言葉。

□**3** 第二次世界大戦後の日本において、1955**年の結成以来**、
★★★ 93**年までの38年間に及び**自由民主党**による長期安**
定政権となった状況のことを ★★★ **年体制**という。

55

□**4** 1955～60年の約5年間、政党は ★★ を除いて**自民**
★★ **党**と**社会党**の二党しか存在しない状態だった。

日本共産党

□**5** 1964**年**に創価学会を支持母体とする中道政党として
★★ ★★ が結成され、**野党**の ★★ **化**が進んだ。

公明党, 多党

◆野党の多党化による「票割れ」は、一本化されていた保守系政党
である自民党の相対的優位を定着させた。

□**6** 1970**年代後半**には、自民党**の議席数**は ★ 近くま
★ で落ち込み、 ★ といわれる状況が生じた。

半数,
保革伯仲

◆55年体制下でも、1980年代には一時的に自民党の単独政権が崩
れ、新自由クラブとの連立内閣が組織された。83年にロッキー
ド事件で田中角栄元首相に有罪判決が下ると、同年に**中曽根
康弘**内閣の下で行われた衆議院議員総選挙で自民党は過半数割
れした。

□**7**
★★
竹下登（たけしたのぼる）内閣の下、**1988年の** ★★ 　事件の発覚と、89年の ★★ 　税導入により、その直後の**参議院議員選挙**で自民党が**過半数割れ**を起こし、衆議院と参議院の多数派政党が異なる ★★ 　国会となった。

リクルート,
消費

ねじれ

□**8**
★★★
1993年6月、 ★★★ 　内閣の不信任が成立し、**結党以来初めて**自民党が政権を失ったことを当時は「 ★★★ 」と呼んだ。

宮澤喜一,
55年体制の終焉

□**9**
★★
選挙情勢を予測する報道によって、有権者に影響がおよび、投票結果が左右されることを ★★ 　という。

◆事前に優勢と報道された候補者に対し、有権者が投票しがちになる傾向を**バンドワゴン効果**、その反対に、劣勢または不利な状況と報道された候補者を応援したくなるという心理現象から票が集まることを**アンダードッグ効果**という。

アナウンスメント
効果

□**10**
★★
どの政党も支持しない ★★ 　層が増える一方で、身近な問題に対して ★★ 　運動という形で自主的に行動する人が増えていった。

無党派,
市民

9 日本の政党政治（2）～55年体制の崩壊と政権交代

ANSWERS □□□

□**1**
★
55年体制の終焉のきっかけとなったのは、宮沢喜一内閣が**衆議院選挙**への ★ 　制導入案を提唱したことが自民党に有利過ぎる改革案だとの反発から、自民党内部でも分裂が起こり、**新党さきがけ**と ★ 　が結成されたことにある。

単純小選挙区

新生党

□**2**
★★★
1993年の**非自民8党派**による内閣や、94年以降の自民党を中心としつつも複数の政党から閣僚を出す内閣を ★★★ 　内閣という。

連立

□**3**
★★★
1993年、**非自民連立内閣**として誕生した ★★★ 　内閣と、続く ★★★ 　内閣の下では、94年に ★★★ 　関連四法や製造物責任（PL）法など自民党政権時には可決困難であった法律が成立した。

細川護煕（ほそかわもりひろ）,
羽田孜（はたつとむ）, 政治改革

◆1994年には、自民党との二大政党を目指して、細川内閣を構成した複数の政党が統合し**新進党**が小沢一郎らによって結成された。しかし、政策をめぐる対立から、98年に党は分裂し、小沢一郎らのグループは**自由党**を結成した。

□**4** 1994年、社会党と新党さきがけは、従来、対立してき
★★★ た自民党と連立し、社会党首班内閣として ★★★ 内
閣が成立したが、社会党が首班となるのは第二次世界
大戦直後の**片山哲内閣以来**である。

村山富市

□**5** 1996年1月、自民党の ★★ を首相とする連立内閣
★★ が成立し、その後も自民党首班内閣が復活したことは
★★ ともいわれた。

橋本龍太郎

55年体制の復活

◆橋本内閣は、村山内閣と同じく**自民党、社会党、新党さきがけ
の三党連立**で発足したが、後に社会党と新党さきがけが大臣を
出さない閣外協力となり、その後に連立を離脱したことで自民
党単独内閣になっていった。

□**6** 1998年、 ★ 内閣が当初、自民党単独内閣として成
★ 立したが、後に自民党、自由党、公明党の**三党連立内
閣**を形成した。

小渕恵三

◆同内閣は三党連立で**絶対安定多数を獲得**したため、日米（新）ガ
イドライン関連法、通信傍受法、住民基本台帳法改正など、当
時批判もあった法律案を相次いで成立させた。しかし、2000年
には自由党（小沢一郎代表）が連立を解消した。

□**7** 1996年、リベラルな政治を目指して鳩山由紀夫や菅直
★★★ 人らが ★★★ を結成し、2003年には**小沢一郎の自
由党**が合流して最大野党となり、09年9月〜12年
12月には政権を担った。

民主党

◆新進党の分裂により小沢一郎の自由党以外のグループが加わっ
ていた民主党に、2003年には小沢一郎らの**自由党**も合流し、09
年9月の政権交代を実現した。

□**8** 2001年、 ★★★ が所属派閥を離脱して首相に指名さ
★★★ れ内閣を組織し、派閥解消や聖域なき ★★★ などを
唱えた。

小泉純一郎,
構造改革

□**9** ★★★ 内閣の下、2005**年**に行われた ★★★ の是非
★★★ を国民に問う**民意吸収型**の衆議院解散総選挙で、**自民
党と公明党の連立与党が圧勝**し、 ★★★ 超の議席を
獲得した。

小泉純一郎, 郵政
民営化
3分の2

□**10** 小泉純一郎内閣（2003年11月以降）、06年9月に発
★★★ 足した第一次 ★★★ 内閣、07年9月に発足した
★★★ 内閣、08年9月に発足した ★★★ 内閣、12
年12月に発足した第二次 ★★★ 内閣は、いずれも
自民党と ★★★ の二党連立内閣であった。

安倍晋三,
福田康夫, 麻生太郎,
安倍晋三,
公明党

□**11** 2006年9月、約5年半の長期政権となった小泉内閣を
★★★　引き継いだ ★★★ 内閣は、「 ★★★ 」というスロー
　　　ガンを掲げ、「戦後レジームからの脱却」を唱えた。

安倍晋三, 美しい
国

　　◆レジームとは「枠組み」のこと。「戦後レジームからの脱却」と
　　　は、日本国憲法をはじめとして、第二次世界大戦後に構築され
　　　た様々な制度や仕組みを見直すことを意味する。

□**12** 第一次安倍内閣は、2006年12月に ★★★ 法改正で
★★★　 ★★★ に近い教育目標を明記するとともに、07年5
　　　月には憲法改正に関する ★★★ 法を成立させた。

教育基本,
愛国心,
国民投票

　　◆なお、民主党は重要一般問題についての国民投票法とすべきで
　　　あると主張していた。

□**13** 2007年9月、第一次安倍内閣を引き継いだ ★★ 内
★★　閣ではねじれ国会の下で国政が停滞し、インド洋上で
　　　の給油などの補給活動に限った ★★ 法を衆議院の
　　　優越の規定で成立させるなど厳しい国会運営が続いた。

福田康夫

新テロ対策特別措置

　　◆2008年1月から1年間の時限立法として成立。09年1月に1年
　　　間延長され、10年1月に民主党政権下で期限切れとなった。

□**14** 2008年9月、福田内閣を引き継いだ ★★ 内閣は、
★★　アメリカの ★★ 問題に端を発した国際金融危機
　　　（リーマン=ショック）に伴う世界同時株安の中、金融
　　　危機対策を優先させて衆議院の解散を遅らせた。

麻生太郎,
サブプライム=ロ
ーン

□**15** 2009年8月の衆議院議員総選挙で自民党と ★★★ の
★★★　連立与党が敗れ、 ★★★ を中心とする新たな連立政
　　　権が樹立されたことで ★★★ が起こった。

公明党,
民主党,
政権交代

□**16** 2009年9月民主党と ★★★ 、国民新党との三党連立
★★★　内閣として ★★★ 内閣が発足した。

社会民主党,
鳩山由紀夫

　　◆連立の目的は、民主党が第一党ながらも単独過半数には足りな
　　　い参議院で過半数を獲得し、ねじれ国会を解消する点にあった。

□**17** 2010年6月、米軍の ★★ 基地の国外ないし県外移
★★　設を果たせなかったことから、連立内閣を形成してい
　　　た ★★ が政権から離脱するなど政治的混乱を招い
　　　た責任をとり、民主党の鳩山由紀夫首相は辞任した。

普天間

社会民主党

□**18** 2010年6月、民主党の ★★ が首相に就任し、民主
★★　党政権下で初の国政選挙となった参議院議員通常選挙
　　　が行われたが、民主党は惨敗し、 ★★ が参議院の改
　　　選第一党になったことで ★★ 国会の状況に陥った。

菅直人

自由民主党,
ねじれ

□**19** 菅内閣下の2011年3月11日に ★★★ が発生し、それに伴う ★★★ 原子力発電所事故への対応が混乱する中、同年9月に菅首相は辞任し、同じ民主党の ★★★ が首相に就任した。

東日本大震災, 福島第一, 野田佳彦（の だ よしひこ）

□**20** 2012年8月、**野田佳彦**内閣は、09年の政権交代時に掲げたマニフェストに反して、★★★ 率を**14年以降**に2段階で引き上げる ★★★ 法改正案を ★★★ と公明党との3党合意で可決・成立させた。

消費税, 消費税, 自由民主党

10 日本の政党政治 (3)〜第二次安倍内閣以後

ANSWERS □□□

□**1** 2012年12月、**衆議院議員総選挙**で民主党が惨敗、野田内閣が総辞職し、★★★ が政権に復帰した。首班に ★★★ が指名され ★★★ との連立内閣が発足した。

自由民主党, 安倍晋三, 公明党

□**2** 2012年12月、自民党の政権復帰以後、自公連立や民主党と異なる「**第三極**」の政党の動きが起こった。以後、離合集散を重ねながら進んだ再編の動きと、主な政党に関する次の表の空欄**A〜J**にあてはまる語句を、後の語群からそれぞれ選べ。

政党名	代表者	成立年	結党までの経緯など
A ★★	松井一郎（当初）	2016年	2012年、D ★★ が結成し、石原慎太郎らが合流した政党が、14年に維新の党に発展したが、15年のE ★★ の都構想に関する住民投票の否決を受け、D ★★ や松井一郎が離党し、新たに**おおさか維新の会**を結成。16年にA ★★ に改称した。
B ★★	枝野幸男（えだ の ゆき お）（当初）	2017年	2016年、民進党を改称し結成されたF ★★ の多くの議員が、G ★★ 率いるH ★★ の地域政党であるI ★★ を母体とするJ ★★ と合流したが、これに反対したF ★★ の議員の一部がB ★★ を結成。20年9月、C ★★ の多くの議員が合流、新たなB ★★ が結成された。

A 日本維新の会

B 立憲民主党

C 国民民主党

D 橋下徹（はしもととおる）

E 大阪府

F 民進党

G 小池百合子

H 東京都

I 都民ファーストの会

			2017年10月の衆議院議員総選挙で野党第二党となった **J** ★★ が18年に解散、国民党を経て、その多くが **F** ★★ と合流し、**C** ★★ を結成。20年9月の **B** ★★ との合流・新党結成で事実上、分裂した。
C ★★	玉木雄一郎 (当初)	2018年	

J 希望の党

【語群】 希望の党 国民民主党 都民ファーストの会
日本維新の会 民進党 立憲民主党
小沢一郎 小池百合子 橋下徹 山本太郎
大阪府 東京都 北海道 一都三県

□**3**
★★★ 2013年7月、自民党の第二次 ★★★ 内閣下で行われた参議院議員通常選挙で民主党は惨敗し、自民党が大勝したことで、連立を組む ★★★ と合わせた獲得議席が過半数を占め、★★★ 国会は解消した。

安倍晋三

公明党,
ねじれ

□**4**
★★★ 2014年11月、安倍首相は ★★★ の税率 ★★★ ％への引き上げを15年10月から17年4月に先送りすることを発表し、その是非を国民に問うとして衆議院の解散総選挙を行い、自民党と公明党の連立与党が議員定数の ★★★ を超える議席を獲得した。

◆投票率は52.66％と現憲法下で過去最低を記録した。

消費税, 10

3分の2

□**5**
★★★ 2016年7月の ★★★ 議員通常選挙は、選挙権年齢が満 ★★★ 歳以上に引き下げられた公職選挙法改正後で初の国政選挙となり、連立与党とともに憲法改正に前向きな「改憲勢力」が議席の ★★★ を超え、衆参両院で憲法改正の発議が可能な多数を確保した。

参議院,
18

3分の2

□**6**
★★★ 2017年10月の衆議院議員総選挙では、連立与党が憲法改正の発議に必要な全議席の ★★★ を上回る議席を確保した。

◆立憲民主党が野党第一党に躍進した。

3分の2

□**7** 2019年7月の参議院議員通常選挙は、前年の公職選挙
★★ 法改正で議席数が ★★ 増となり、その半数が改選
された。「政治分野における ★★ の推進に関する法
律」が適用される初の国政選挙となり、女性候補者の
割合は約3割となる一方、投票率は50%を ★★
回った。

6,
男女共同参画

下

◆投票率は48.80%と現憲法下の国政選挙で2番目に低かった。
特に、10代の投票率は32.28%で前回より15%近く下がっ
た。選挙結果は連立与党など「改憲勢力」が憲法改正の発議が可
能な圧倒的多数となる3分の2の議席を確保できなかった。

□**8** 2020年3月の通常国会で、 ★★ を「新型インフルエ
★★ ンザ等対策特別措置法」に加える改正法案が可決・成
立し、急激な感染症拡大で国民の生命や国民経済に甚大
な影響を及ぼすおそれがある場合、財産権や移動の自
由、営業の自由などの私権を制限する「 ★★ 」を総
理大臣が発令することなどを認めた。

新型コロナウイル
ス感染症
(COVID-19)

緊急事態宣言

◆「緊急事態宣言」は、2020年4月に7都府県を対象に発令され、後
に全国に拡大された。「自粛」「休業」による国民の損失に対する
支援として、全国民に一律10万円を給付する**特別定額給付金**
や、中小企業や個人事業主などを対象とした**持続化給付金**など
が支給された。

□**9** 2020年10月、菅義偉首相は臨時国会での所信表明演
★★ 説で新型コロナウイルス感染症（COVID-19）対策と
しての全国民分の ★★ 確保、自民党総裁選での公
約の1つであった ★★ の新設、 ★★ 料金の引
き下げなどに取り組むことを述べた。

ワクチン,
デジタル庁, 携帯
電話

□**10** 2021年10月、菅首相の後任として、同じ自民党の
★★ ★★ が第100代内閣総理大臣に就任した。

岸田文雄

◆同月末には衆議院議員総選挙が行われた。自民党は国会を安定
的に運営できる**絶対安定多数**の261の議席を獲得、第三党に日
本維新の会が躍進した。さらに、翌22年7月の参議院議員通常
選挙では改選125議席のうち、連立与党が過半数となる76議
席を獲得、これに日本維新の会、国民民主党などを含めた「改憲
勢力」は93議席となり、非改選議席を合わせると憲法改正の国
会発議が可能となる定数の3分の2以上の議席を占めることと
なった。

11 現代政治の諸問題と行政改革

□**1** ★★ 　 ★★ 　とはピラミッド型の指揮命令系統に基づく**合理的組織運営原理**であり、特徴として、権限と責任が明確な上下関係である　 ★★ 　、職務の**専門化、公私の分離、文書主義、能力主義による採用昇進**がある。

官僚制（ビューロクラシー）
ヒエラルキー（ヒエラルヒー）

□**2** ★★★　1980年代の中曽根康弘**内閣**の下では、**小さな政府論と**して　 ★★★ 　の民営化が実施された。

三公社

◆三公社とは以下の３つを指す。①日本電信電話公社→**日本電信電話株式会社（NTT）**、②日本専売公社→**日本たばこ産業株式会社（JT）**、③日本国有鉄道→ JR（分割民営化）

□**3** ★★★　1990年代の橋本龍太郎**内閣**の下では、**小さな政府論と**して　 ★★★ 　のスリム化が決定し、中央省庁等改革基本法に基づき行政官庁を統廃合することで、**1府21省庁**（実施時には1府22省庁）を、　 ★★★ 　**府**　 ★★★ 　省庁にスリム化した。

中央省庁

1, 12

□**4** ★★★　総理府を前身とする　 ★★★ 　は、省庁間の調整など**強大な権限**を持つ。

内閣府

◆重要政策に関して内閣を補佐し、行政各部の統一を図り、政策の企画・立案や総合調整を行う行政府として設置された。内閣府は**総理府、経済企画庁、沖縄開発庁**などが統合されたもので、金融庁などの複数の外局や宮内庁を抱える。

□**5** ★★　2001年1月、内閣機能強化の一環として　 ★★ 　が内閣府に設置され、経済政策の中長期的な方向性を提言する「　 ★★ 　」を発表している。

経済財政諮問会議

骨太の方針

◆経済財政諮問会議の議員には財界人や経済学者なども加わっている。

□**6** ★★★　2001年の改革で、**環境庁は**　 ★★★ 　に**格上げ**され、通商産業省は　 ★★★ 　に再編された。

環境省,
経済産業省

□**7** ★★　2001年の改革で、**建設省**や**運輸省**などが統合されて発足した　 ★★ 　は、広範な許認可権を持つため政治腐敗を招く危険性があると指摘されている。

国土交通省

◆現実に公共事業をめぐる談合問題などが発覚している。

□**8** ★★★　大蔵省は**金融・財政分離**の下、**財政権限のみ**を持つ　 ★★★ 　になり、**金融監督権限と金融企画権限**は現在、内閣府の**外局**である　 ★★★ 　に移管されている。

財務省,
金融庁

□**9** 2001年に実施された当時の**中央省庁再編**に関する次の
★★★　組織図の空欄 **A** ～ **E** にあてはまる適語を答えよ。

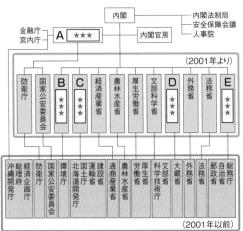

A　内閣府

B　環境省

C　国土交通省

D　財務省

E　総務省

◆郵便事業庁が、2003年に日本郵政公社に移行し、07年に民営化。
防衛庁は07年に防衛省に昇格。08年には国土交通省の下に観
光庁が、09年には内閣府の下に消費者庁が、12年には復興庁
(2031年3月まで設置予定)が創設された。また、13年には国家
安全保障会議が設置され、同会議の設置を受けて14年には内閣
官房に国家安全保障局が創設され、内閣人事局が置かれた。21
年9月にはデジタル庁が、23年4月には内閣府の外局にこども
家庭庁が設置された。

□**10** **2008年**、訪日外国人観光客を大幅に増やす政策を実施
★　するため、国土交通省の下に ┌─★─┐ が設置された。　観光庁

◆2015年10月にはスポーツ行政を一元的に担うスポーツ庁が文
部科学省の下に発足し、東京オリンピック・パラリンピックに
向けた選手の強化・育成やスポーツによる国際貢献に取り組ん
だ。

□**11** 厚生労働省の一部や農林水産省の一部が統合し、2009
★★　年9月に消費者行政を一元化した ┌─★★─┐ が、内閣府　消費者庁
の外局として創設された。

◆2008年の福田内閣において内閣府の外局に消費者庁を創設する
ことが提案され、09年の麻生内閣下で正式に発足した。

□**12** **2011年3月11日**の東日本大震災からの復興を目的に、
★　翌12年から21年まで ┌─★─┐ が設置され、期限が切　復興庁
れる21年以降も存続することが決定された。

□**13** 2011年3月11日の東日本大震災による福島第一原子
★★ 力発電所（福島第一原発）事故を受け、翌12年に環境
省の下に外局として ★★ と、それを支える事務局
として ★★ が設置された。

原子力規制委員会,
原子力規制庁

◆従来、**原子力発電所の安全性審査**は経済産業省下の**資源エネル
ギー庁**内にある原子力安全・保安院が担っていたが、原発を維
持・推進する官庁と安全性の審査機関が同一省内にあったこと
から、これを廃止し、原子力規制委員会が設置された。

□**14** 2023年4月、**子ども政策**の"**司令塔**"と位置づけられ
★★ る ★★ が発足し、厚生労働省と内閣府に分かれて
いた子育て支援や虐待対策などを一元的に担っている。

こども家庭庁

◆こども家庭庁には、内閣府から少子化対策や子どもの貧困対策
などの事務が移され、厚労省からは保育や虐待対策などの業務
が移管される。教育分野は文部科学省が引き続き所管し、幼稚園
と保育所の制度を統合する「**幼保一元化**」は導入が見送られた。

□**15** 国が特定の目的で設立・運営している会社のことを
★★★ ★★★ というが、多くは国の運営会社として国の公
務を委託され行政処理を行う ★★★ に改組された。

特殊法人,
独立行政法人

◆独立行政法人と**特殊法人**の違いは、前者はすべてが情報公開の
対象となっている点、**およそ5年ごとに財務評価**を行ってその
存続の再評価を行う点にある。

□**16** 2001年に発足した ★★★ 内閣が進めた**行政スリム化**
★★★ の改革とは、**郵政三事業**（郵便、郵便貯金、簡易保険）
の民営化に加えて**中央省庁や特殊法人のスリム化**をも
意味し、これを首相自ら「 ★★★ 」と呼んだ。

小泉純一郎

聖域なき構造改革

□**17** 2012年4月、**民主党政権**は郵政の4分社化を断念して
★ 3分社にとどめる郵政民営化法改正を行い、**郵便事業
株式会社**と**郵便局株式会社**を統合して ★ とし、
現在ゆうちょ銀行、かんぽ生命の3社となっている。

日本郵便株式会社

◆郵政グループは、ゆうちょ銀行、かんぽ生命、日本郵便株式会
社の3つに分社化されている。

□**18** 巨額の赤字を抱えた ★★★ は、2005年10月に**東日
★★★ 本・中日本・西日本・首都・阪神高速道路株式会社、本
州四国連絡高速道路株式会社**の6つの会社に ★★★
化された。

道路四公団

民営

◆道路四公団とは、**日本道路公団、首都高速道路公団、阪神高速
道路公団、本州四国連絡橋公団**を指す。

□19 政治腐敗の原因には、いわゆる鉄の ★★ と呼ばれ
★★ る**政・官・財**の三位一体の**癒着構造**がある。これに関
する次の図の空欄 **A ～ C** にあてはまる適語を答えよ。

トライアングル

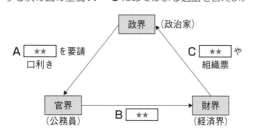

A 許認可

B 天下り
C 政治献金

□20 国家公務員法では、従来、在職中の職務と密接に関連
★★ した営利企業への公務員の ★★ を**2年間禁止**して
いたが、**2007年改正**で再就職先の斡旋を行う ★★
の創設が決定し、2年間の禁止規定は廃止された。

天下り,
官民人材交流セン
ター

□21 2008年、**国家公務員制度改革基本法**が制定され、内閣
★★ 官房に ★★ を創設し**官僚の幹部人事を内閣官房が
一元管理**することが決まり、14年に正式に発足した。

内閣人事局

◆官僚人事を内閣人事局が行うことから、首相をはじめ内閣の実
力者への**忖度の行政**が行われるとの弊害が指摘されている。

□22 **国家公務員**が一定額を超える接待や贈与を受けること
★★ を禁止した法律を ★★ 法という。

国家公務員倫理

◆国家公務員倫理法では、幹部公務員への贈与や接待などについ
て、これを報告し公開することが定められている。

□23 ★★ 法は、国会議員、国務大臣、地方議員、首長
★★ などが ★★ に**口利き**し、行政処分や契約内容など
に影響を与えることで利益を得ることを禁止し、違反
者に対して刑罰を定めている。

斡旋利得処罰,
公務員

□24 行政腐敗を防止する手段の１つとして、**官僚が持つ**
★★ ★★ **権を縮小**する規制緩和が挙げられる。

許認可

□25 行政機関の**許認可**や**行政処分**、**行政指導**などを公正・透
★ 明に行うための法律を ★ 法という。

行政手続

◆1993年制定の行政手続法は行政処分を受ける者に**告知・聴聞**の
機会を与えることで法定手続の保障（**憲法第31条**）を及ぼすと
ともに、**行政指導に法的拘束力がないこと**を定めている。

□**26** 公共事業などへの入札に際して、指名業者が自己の利
★★ 益のために前もって話し合い、決定価格を操作する行
　　　為を □**★★** という。特に、国や地方公共団体による
　　　事業の発注時に行われる □**★★** で**公務員**が談合に関
　　　与し、落札業者が決まることを □**★★** と呼ぶ。

　　　◆2003年施行の官製談合防止法では、国や地方公共団体などの職
　　　　員が談合を指示、または予定価格などの秘密を漏洩した場合な
　　　　どに対して、改善措置を求める権限を公正取引委員会に与え、各
　　　　省庁の大臣や地方公共団体の首長は、談合に関与した職員に対
　　　　して、速やかに損害賠償を求めなければならないと定めている。

談合,
競争入札,
官製談合

□**27** 官民相互間の競争促進による公共サービスの質と経済
★★ 性の確保を目的に、国や地方公共団体の**行政サービス
　　　部門に対する** □**★★** **制度**が設けられている。

官民競争入札

□**28** 現代の国家機能は、立法国家から □**★★★** 国家へと変
★★★ 化し、行政権の □**★★★** が進行している。

行政,
肥大化

□**29** 日本における行政権の肥大化の具体例として、法律の
★★ 委任により政令や省令などの命令で具体的な規定を置
　　　く □**★★** の増加が挙げられる。また、行政裁量の拡
　　　大で、**許認可**決定に裁量権を持つ行政部門の権限が拡
　　　大していることや、内閣提出法案の増加など法案作成
　　　段階に行政部門が関与しているという現象も見られる。

委任立法

□**30** 内閣から独立した行政組織として、**準立法権**や**準司法
★★ 権**を持ち、**中立かつ公正な行政**や**専門的な行政**の実施
　　　を目的として設置されている □**★★** がある。

　　　◆警察行政を行う**国家公安委員会**、独占禁止法を運用し、監視活
　　　　動を行う公正取引委員会、労働争議の調整を行う**中央労働委員
　　　　会**、国家公務員に対する給与勧告などを行う人事院、公害紛争
　　　　の解決などを図る**公害等調整委員会**などがある。

行政委員会（独立
行政委員会）

□**31** 行政の民主化の具体例として、□**★★★** 権の活用があ
★★★ る。衆参各院の調査権の行使は、**国民の** □**★★★** に奉
　　　仕し、世論形成や選挙行動に的確な判断資料を提供する。

国政調査,
知る権利

□**32** 行政の民主化の具体例として、行政に対する苦情を受理
★★★ し、調査や勧告などを行い行政を監視する □**★★★** **制度**
　　　がある。地方レベルでは、1990年に川崎**市**が初めて導
　　　入したが、**国レベルではまだ導入されていない。**

オンブズマン
（オンブズパーソ
ン、行政監察官）

経済分野①

ECONOMICS

現代の経済社会

1 資本主義経済と社会主義経済

☐ **1**
★★★
生産手段が私的に**所有**され、私的利潤の追求を認める自由競争の**市場経済**を ★★★ という。

資本主義経済

☐ **2**
★★
資本主義経済の前提となる機械などの**生産手段**の私的**な所有**を認める制度を ★★ という。

私有財産制

☐ **3**
★
資本主義経済において、人々は ★ と ★ という２つの階級に分化する。

資本家，労働者
※順不同

☐ **4**
★
資本主義経済は、あらゆる財とサービスが市場において対価の支払いをもって取引される ★ 経済を前提とし、 ★ も賃金を対価として ★ 化される。

商品，
労働力，商品

☐ **5**
★★
資本主義経済下では、資本家が ★★ を提供し、労働者が ★★ を提供することで生産が行われていく。

生産手段，
労働力

☐ **6**
★★
古典派経済学の理論によると、**生産の３つの要素**とは ★★ 、労働、土地である。

資本

☐ **7**
★★★
ある生産設備において生産が繰り返されていくことを ★★★ といい、資本主義経済では企業は ★★★ の**最大化**を目指すので、 ★★★ **再生産**が基本となる。

再生産，利潤，
拡大

◆ 1度目の生産量より2度目の生産量が減る場合を縮小**再生産**、1度目の生産量と2度目の生産量が同じ場合を単純**再生産**という。

☐ **8**
★★
資本主義経済においては、社会主義経済と異なり計画**経済を行わない**という生産の ★★ 性が原則となっているため、需給の不一致や**生産過剰**が起こり、 ★★ を避けることができないとする。

無政府，
景気変動 (景気循環)

◆ 景気変動の中で、貧富の差や失業者が発生する。

☐ **9**
★★★
資本主義経済下では、景気**循環**を避けられず、 ★★★ の差と ★★★ 者が発生する一方、長期的には生産力の拡大による経済成長が期待される。

貧富，
失業

□10 **現代の資本主義は政府の市場介入を認める** ★★★ **資本主義であり、政府による** ★★★ **が行われることがある。**

　◆計画経済と**経済計画**は異なる。前者は、社会主義における集権的計画経済を原則的に意味し、後者は資本主義における**計画的な市場介入**などを意味する。

修正,
経済計画

□11 生産手段は**資本主義経済**下では ★★ **に所有されるが、社会主義経済下では** ★★ **に所有される。**

私的,
公的

□12 ★★★ **は、資本主義では**資本家**の労働搾取により**労働の疎外**が生じるため、**資本家**階級を否定して** ★★★ **による平等社会を作れば、**類的 (社会的) 存在**としての人間らしさを回復できると唱えた。**

マルクス,
労働者 (プロレタリアート)

□13 **マルクスは、労働力によって生み出される賃金以上の価値部分を** ★★ **と捉えたが、資本主義ではこれが資本家によって** ★★ **されていると分析した。**

剰余価値,
搾取

□14 社会主義経済においては、生産手段の ★★★ **と集権的** ★★★ **が行われる。**

　◆生産手段の公的所有 (社会的所有) の形態としては、国が所有するケースと協同組合が所有するケースがある。旧ソ連の計画主体を**ゴスプラン**、中国にかつて存在した農業計画主体を人民公社という。1980年代になると**人民公社は解体**され、農業計画は地方主導に改められていく。旧ユーゴスラビア連邦では、中央集権的な計画経済の腐敗を防ぐため、国がガイドラインを作成し、それぞれの**労働者自主管理制度**に基づき具体的な生産量や価格を決めるという分権的計画経済を実施した。

公的所有 (社会的所有),
計画経済

□15 **社会主義経済下では、** ★★ **の下で需給の不一致や生産過剰は発生しないため、理論上は** ★★ **や** ★★ **の変動は起こらない。**

　◆現実には、社会主義経済下でも計画経済**の失敗や腐敗**によって**需給の不一致**が起こり、インフレーション (インフレ) や不況が発生していた。

計画経済,
物価, 景気
※順不同

□16 **社会主義国の下でも、部分的に市場原理を導入する** ★★★ **社会主義が採用されており、資本主義諸国による自由貿易市場に参入している。**

修正

□17 **1985年、ソ連共産党書記長に就任した** ★★ **が実施した社会・経済改革などを総称して** ★★ **という。**

ゴルバチョフ,
ペレストロイカ

□**18** 鄧小平（とうしょうへい）は、政治面では中国共産党一党支配を、経済面
★★★ では ★★★ を訴え、1990年代はじめに中国共産党
は ★★★ 経済を採用すると表明した。

改革・開放，
社会主義市場

◆1992年1月から2月にかけて、鄧小平は沿岸部の**深圳**（しんせん）や**上海**な
どを視察し、改革・開放政策のさらなる推進を表明した（「南巡
講話」）。

□**19** 1979年以降、中国において**外資導入など市場原理を認
★★★ める地域**を ★★★ といい、**法人税率の低い** ★★★
となっている。

経済特別区（経済
特区），タックス＝
ヘイブン（租税回
避地）

◆経済特別区（経済特区）を設けた目的には、**先進国企業の技術を
導入する**と同時に、現地の**雇用拡大、所得向上、税収増加**など
があった。深圳、珠海、汕頭、厦門、海南省が指定されている。

□**20** 中国は「**21世紀の** ★★ 」と呼ばれ、**高度経済成長**
★★ を遂げた結果、**外国からの資本**が大量に流入し、2006
年には ★★ が**日本を抜いて世界第1位**となった。

世界の工場

外貨準備（外貨準
備高）

◆「**中国マネー**」とも呼ばれる**中国資本**が、アフリカをはじめ世界
中に投資され、資源会社などに大量に流入している。

□**21** **中国は社会主義国**であるが、返還された ★★★ とマ
★★★ カオでは向こう50年間、**資本主義体制を維持する**
★★★ が採用されている。

香港

一国二制度

◆**1997年**に香港がイギリスから、**99年**にマカオがポルトガルか
らそれぞれ中国に返還された。その後、中国政府の介入に対し、
2014年の民主化要求デモ（「雨傘運動」）、19年の**逃亡犯条例改
正案**への大規模な反対運動など市民の反発が続く。20年6月に
は**国家安全維持法**が施行、香港に対する統制がさらに強まるこ
とで、一国二制度は崩壊の危機に直面している。

□**22** ベトナムでは、 ★★ 政策によって、**社会主義経済下**
★★ において市場原理を一部導入した。

ドイモイ（刷新）

□**23** ★★★ は2001年、ベトナムは07年、 ★★★ は12
★★★ 年に西側資本主義陣営が形成してきた自由貿易体制で
ある ★★★ （WTO）に正式加盟した。

中国，ロシア

世界貿易機関

□**24** **社会主義経済**においては、経済の安定が目指されてい
★ るため、繰り返し同じ量の生産を行う ★ 再生産
が行われることが多い。

単純

◆戦争や不況の際には「**縮小再生産**」となる。

2 資本主義の歴史と経済理論

ANSWERS ☐☐☐

□1 古典派経済学者の ☐★★☐ は、**供給を増やして販売**
★★　**ルートに乗せれば必ず売れて経済は成長する**という
　　☐★★☐ 説を唱えた。

セー

販路

□2 イギリスは、**1760〜1830年代**に世界で初めて ☐★★☐
★★　に成功し、生産過程における機械化が進行して生産性
　　が飛躍的に拡大した ☐★★☐ 資本主義期を迎えた。

産業革命

産業

□3 18世紀、産業革命によって生産を拡大して発展を伸
★★　張した**イギリス**は「☐★★☐」と呼ばれた。

世界の工場

□4 産業革命は18世紀半ば以降、イギリスを皮切りにし
★　て欧米諸国に拡大したが、日本の産業革命は明治政府
　　により富国強兵と ☐★☐ をスローガンに進められた
　　「**上からの近代化**」として、**19世紀後半**に進んだ。

殖産興業

□5 産業革命の結果、**熟練工のみが工場生産を行う** ☐★★☐
★★　から、**不熟練工も労働力を提供できる** ☐★★☐ に労働
　　形態が変わり、生産性が飛躍的に拡大した。

　　◆生産形態は、**独立制家内工業→問屋制家内工業→工場制手工業**
　　（マニュファクチュア）→工場制機械工業へと発展した。

工場制手工業
（マニュファクチ
ュア），
工場制機械工業

□6 絶対君主制の時代に、国を富ませるのは国内に蓄えら
★★　れた**金銀**や**貨幣**であると捉え、それを獲得するために
　　保護**貿易政策**を主張した経済思想を ☐★★☐ という。

　　◆16〜18世紀の**ヨーロッパの絶対王政諸国**において、官僚機構
　　や常備軍を維持するための財源を確保するべく、重商主義に基
　　づく経済政策が実施された。具体的な政策は国や時期によって
　　様々であるが、**特権商人の保護や貿易統制**などが行われた。

重商主義

□7 重商主義を唱えたイギリス東インド会社の重役 ☐★★☐
★★　は、『**外国貿易によるイングランドの財宝**』を著し、**特**
　　権商人保護と**輸出と輸入の差額で金銀や外貨を稼ぐべ**
　　きだとする ☐★★☐ 主義を唱えた。

　　◆初期重商主義期には重金主義が、後期重商主義期には貿易差額
　　主義が主張された。

トマス=マン

貿易差額

□8 **農業生産が価値を生み出す源泉である**とする ☐★☐
★　主義に立ち、**農業生産における**自由放任**主義**を唱えた
　　のは ☐★☐ である。

　　◆ケネーはフランスの経済学者。主著は『**経済表**』。

重農

ケネー

□**9** アダム=スミスやリカードに代表される ★★★ **派経**
★★★ **済学**では、 ★★★ **主義**を基本とする資本主義の原則
を重視する。

古典,
自由放任

◆アダム=スミスは、『国富論（諸国民の富）』の中で、主権者が注
意を払うべき義務は、①防衛の義務、②司法制度を確立する義
務、③特定の公共事業と特定の公共機関を設立し維持する義務
の３つしかないと述べている。

□**10** アダム=スミスは、『 ★★★ 』の中で、自由放任**主義**
★★★ に立ち、それぞれが利己心に基づいて行動すれば、
「 ★★★ 」に導かれて**予定調和**に至ることを主張した。

諸国民の富（国富
論）
神の見えざる手

◆アダム=スミスは価格の上下によって需要と供給の量が調節さ
れる作用を「神の見えざる手」と表現した。

□**11** 近代経済学の始まりは、 ★★★ 価値説を唱えたワル
★★★ ラス、ジェヴォンズ、メンガー、マーシャルらである
が、限界効用とは、**財に対する主観的欲望**の大きさ、い
わば ★★★ の大きさのことである。

限界効用

需要

◆**ワルラス**は商品の価格は需要と供給によって決まるとする一般
均衡論を唱え、需要 (D) 曲線、供給 (S) 曲線を考え出した。

□**12** 古典派経済学の ★★★ は、イギリスが ★★★ 政策
★★★ を採用したとすると、国民は ★★★ 政策を採用した
場合よりも高い価格で輸入品を買わざるをえなくなる
ことから、 ★★★ を擁護する ★★★ を主張した。

リカード, 保護貿
易,
自由貿易
自由貿易, 比較生
産費説

◆**リカード**は、国内的な自由放任**主義**を重視したアダム=スミスの
考え方を国際面にも拡大し、比較生産費説による自由貿易論を
唱えた。主著は『経済学及び課税の原理』。

□**13** 19世紀後半以降に登場する経済学説を**近代経済学**と
★★★ いうが、**古典派経済学との違い**は、第一に商品価値の
捉え方が ★★★ 価値から限界 ★★★ 価値（需要の
大きさ）に変化した点、第二に供給**重視**から ★★★ **重
視に変化**した点にある。

労働, 効用,
需要

□**14** 19世紀当時、後進国であったドイツの ★★ が、国
★★ 内幼稚産業保護のためには、保護貿易が必要であるこ
とを著書『 ★★ 』の中で主張した。

リスト

経済学の国民的体系
（政治経済学の国民
的体系）

◆**リスト**は、19世紀ドイツの歴史学派で、経済発展段階説に立ち、
発展途上にあるドイツには保護貿易が必要であると説いた。

□**15** 人口は[★★]級数的に増加するのに対し、**食糧は**
★★ [★★]**級数的にしか増加しない**ため、食糧不足による貧困が生じ、犯罪などが多発すると予測して、人口抑制を唱えたのは『人口論』を著した[★★]である。

幾何（等比）,
算術（等差）

マルサス

□**16** 19世紀前半のイギリスでは、自由貿易をめぐる経済
★★ 学説上の大きな論争（穀物法論争）が起こった。マルサスは穀物法**の存続**を主張して大地主の[★★]を唱えたのに対して、リカードは穀物法**の廃止**を主張して[★★]原理による生産性上昇の必要性を唱えた。

保護

競争

□**17** 複数の企業がカルテル、トラスト、コンツェルンによっ
★★ て結合して資本を集中させ、[★★]や**寡占資本**が形成された。これら大資本は**海外市場の獲得**を求めて**植民地分割**に乗り出し、[★★]戦争を招いた。

独占資本

帝国主義

□**18** [★★★]は『**資本論**』の中で、労働者はその[★★★]以
★★★ 上の価値や生産物を生み、それが資本家の支配下にあり、搾取されるという[★★★]説を唱えた。

マルクス,労働（労
働力）

剰余価値

□**19** マルクスは、資本主義体制が確立したことで、資本家
★★★ と労働者との[★★★]が発生していると捉え、それによりやがて労働者階級による革命（[★★★]）が起こると説いた。

階級闘争,
プロレタリア革命
（プロレタリアー
ト革命）

□**20** 科学的社会主義の思想を唱えた[★]は、『**帝国主義**
★ **論**』や『**国家と革命**』を著し、植民地再分割が激化する**帝国主義**を[★]の前夜であるとして、1917年のロシア革命を指導した。

レーニン

プロレタリア革命
（プロレタリアー
ト革命）

□**21** 1930年代の世界恐慌後、不況対策や完全雇用政策など
★★★ **政府がある程度市場に介入する**[★★★]**資本主義期**に移行した。これは[★★★]（二重経済）とも呼ばれる。

修正,
混合経済

□**22** 不況、貧富差など、民間の自由な経済活動による**資本**
★★★ **主義の矛盾を解決する**ために政府の市場介入が行われる**資本主義**を、[★★★]という。

修正資本主義

VII
経済分野

2
資本主義の歴史と経済理論

□**23**
★★★
「小さな政府」から「大きな政府」への転換の理論的基礎を与えた経済学者 ★★★ は『雇用・利子および貨幣の一般理論』において、雇用量が実質賃金率を媒介として決まり、常に ★★★ が達成されるとする伝統的な経済学の考え方を否定し、総雇用量は ★★★ の大きさによって決まるとした。

ケインズ

完全雇用,
有効需要

◆ケインズは、1つの**公共投資**が呼び水となって他の投資に拡大していく乗数効果が景気を回復させると主張した。この効果は、「**投資が投資を呼ぶ**」という波及的経済効果のことである。

□**24**
★★★
ケインズは世界恐慌の最中の1936年に『 ★★★ 』を刊行し、**公共投資の拡大による完全雇用政策、金利の引き下げ**、 ★★★ **制への移行**による不換紙幣の増発の必要性を唱えた。

雇用・利子および
貨幣の一般理論
管理通貨

□**25**
★★★
ケインズ主義では、不況を克服するには政府が**積極的に市場介入して** ★★★ **を創出**することが効果的であり、そのためには ★★★ **失業**を解消して完全雇用を実現することが必要であると主張される。

有効需要,
非自発的

◆古典派経済学は、生産量を拡大すれば経済は発展するという供給重視の経済学といえるが、逆に近代経済学のケインズは需要を生み出すことによって供給を拡大するという需要重視の経済学といえる。

□**26**
★★★
1930年代に発生した世界恐慌の対策として**アメリカの** ★★★ **大統領は**ケインズの理論を採用し、 ★★★ 政策を実施した。

フランクリン=ロー
ズヴェルト,
ニューディール

◆1930年代のニューディール政策では、**全国産業復興法 (NIRA)、農業調整法 (AAA)、テネシー川流域開発公社 (TVA)** による公共投資や社会保障法による**セーフティネット**の構築が行われた。

□**27**
★★★
積極的な市場**介入**を行って、福祉**国家の実現**を目指す ★★★ **主義**の問題点は、その安易な経済成長政策の結果、流通通貨量が増加して ★★★ が発生することと巨額の財政赤字が発生することである。

ケインズ,
インフレーション
(インフレ)

□**28**
★★★
ケインズ主義を実践する国家は ★★★ 政府となり、**巨額の財政赤字**を発生させたため、無駄な財政支出をやめて自由競争を基本とする ★★★ 政府**に戻ること**を唱える ★★★ 主義が1970年代以降に登場した。

大きな

小さな,
反ケインズ

□**29** 減税と規制緩和を行い、**競争原理**と**民間活力**による生
★★ 産性拡大を目指す、ラッファーが唱えた反ケインズ主
義を ★★ という。

サプライサイド＝
エコノミックス
（供給側の経済学）

□**30** 1980年代、アメリカのレーガン政権は「**強いアメリカ**」
★★★ を目指して軍事支出を拡大するとともに、 ★★★ の
考え方に基づいて、**規制緩和や減税**などを実施した結
果、**巨額の財政赤字**と貿易収支**赤字が同時に発生する**
「 ★★★ 」を招いたが、財政**赤字**についてはその後、
一時的に解消することに成功した。

サプライサイド＝
エコノミックス
（供給側の経済学）
双子の赤字

◆財政赤字とは過去の赤字の累積ではなく、**単年度あたりの税収
不足分のこと。1998年**にアメリカは財政**赤字**を解消したが、2001
年からのブッシュ政権下で相次いで戦争が行われたため、再び
財政**赤字**が発生し「双子の赤字」を抱えるようになった。

□**31** 反ケインズ主義に立つフリードマンは失業者ゼロを目
★★ 指すケインズの ★★ 政策を批判し、一定程度の
★★ の発生はやむを得ないと考え、**国家は一定の
通貨供給ルールを策定してこれを維持すべきであって、
裁量的な通貨量調節は慎むべき**だとするマネタリズム
（新貨幣数量説）を主張した。

完全雇用,
自然失業

◆フリードマンは、ケインズの過剰な完全雇用政策が財政赤字と
インフレを招くとし、政府による市場介入を極力減らして規制
緩和や政府機関の民営化を推進すべきだと説いた。

□**32** オーストリアの経済学者 ★★★ は、古いものを破壊
★★★ し新しいものを生み出すという創造的破壊を本質とす
る ★★★ を繰り返すことで経済は発展すると唱えた。

シュンペーター

技術革新（イノ
ベーション）

◆技術革新（イノベーション）とは、新しい**財貨**、新しい**生産方法**
の導入、新しい**販路**の開拓、原料もしくは半製品の新しい**供給源**
の獲得、新しい**組織**の形成として定義される。シュンペーター
は『**経済発展の理論**』において、資本主義の発展は革新的企業家
の創造的破壊による技術革新（イノベーション）によってもたら
されると主張した。

3 市場機構～需要・供給曲線のシフト

□**1** 空気や水など希少性のない財を ★ という。
★

> ◆**希少性のない財**とは、有限ではない財＝無限に存在する財のこと。**自由財**は**無限に存在**するので、**価格が成立しない**のが一般的である。

自由財

□**2** 希少性があるため市場で価格がつき、取引の対象となる財を ★ という。
★

経済財

□**3** 狭義の**財**とは**有形の商品**のことであるが、 ★ とは**無形の用役**のことである。
★

サービス

□**4** 均衡価格の下では、売れ残りも品不足もない ★★ が実現される。
★★

資源の最適配分

□**5** 需要・供給曲線をグラフ化すると、一般に ★★★ 曲線は右下がりで、 ★★★ 曲線は右上がりである。
★★★

需要,
供給

□**6** 一般に、価格が上昇すると需要は ★★★ し、**価格が**下落すると**需要は** ★★★ する。
★★★

減少,
増加

□**7** 一般に、価格が上昇すると**供給は** ★★★ し、**価格が**下落すると**供給は** ★★★ する。
★★★

増加,
減少

□**8** その商品にとって**適切な価格**が設定されると、**需要量と供給量は** ★★★ するが、その価格のことを一般に ★★★ という。
★★★

一致,
均衡価格

□**9** その商品にとって高い**価格が設定される**と超過 ★★★ が生じ、安い**価格が設定される**と超過 ★★★ が生じ、いずれの場合も資源の最適配分が達成できない。
★★★

供給,
需要

□**10** 超過需要が生じると**価格は** ★★★ し、やがて需要量は減少していく。一方、超過供給が生じると**価格は** ★★★ し、やがて供給量は減少していく。
★★★

上昇

下落

□**11** 価格の上下変動を通じて、**需要量と供給量が一致**に向かっていくことを ★★★ という。
★★★

価格の自動調節機能

> ◆アダム=スミスは、この価格メカニズムのことを「神の見えざる手」と表現した。価格には多種多様な財やサービスの需要量と供給量を**自動的に調整する機能**があり、これによって、希少な資源の配分が適切に実現される。市場では、売り手と買い手の数が多くなればなるほど、価格の自動調節機能はより作用し、価格メカニズムは理論上、完全競争の下で成り立つと考えられる。

□**12** 価格には多種多様な財やサービスの**需要量と供給量を**
★★ **自動的に調整する機能**があり、これによって、希少な
資源の ★★ が適切に実現される。

配分

□**13** 価格メカニズムを示した次のグラフを見て、以下の空
★★★ 欄に適語を入れよ。

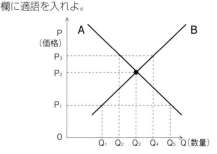

(1) A は ★★★ 曲線、B は ★★★ 曲線を示している。

(1) 需要，供給

(2) **価格 P₁が設定**された場合、 ★★★ の<u>超過</u> ★★★
が発生するため、**価格は** ★★★ する。

(2) Q₅ − Q₁，需要，
上昇

(3) **価格 P₃が設定**された場合、 ★★★ の<u>超過</u> ★★★
が発生するため、**価格は** ★★★ する。

(3) Q₄ − Q₂，供給，
下落

(4) **価格 P₂を設定**すると、供給量は ★★★ 、需要量
は ★★★ となる。この場合の**価格 P₂を**<u>均衡価
格</u>、**数量 Q₃を**<u>均衡数量</u>という。

(4) Q₃，
Q₃

□**14** ブランド品などでは、**価格が**<u>高い</u>**方がその価値が上
★ がって需要が**<u>増加</u>し、**価格が**<u>安い</u>**と価値が低く見られ
ることで需要が**<u>減少</u>する場合もある。この場合の需要
曲線は ★ を示す。

右上がり

◆通常の需要曲線は<u>右下がり</u>であるが、逆に右上がりの需要曲線
となるケースもあり得る。

□**15** 株式などの投機的な金融商品では、**価格が**<u>高い</u>**時は、
★★ もっと値上がりすると期待**されれば**需要量は** ★★
し、**価格が**<u>安い</u>**時は、もっと値下がりするおそれがあ
ると懸念されれば、需要量が** ★★ する場合がある。
この場合、需要曲線は ★★ を示す。

増加

減少，
右上がり

□**16** 労働では、賃金が極度に高いと余暇がほしくなって労
★ 働供給が減少し、賃金が極度に安いと生活費を稼ぐた
めに労働供給が増加する場合もある。この場合の供給
曲線は ★ を示す。

右下がり

◆通常の供給曲線は右上がりであるが、逆に右下がりの供給曲線
となるケースもあり得る。

□**17** 需要曲線 (D) がシフトするケースについて、以下の空
★★ 欄に適語を入れよ。

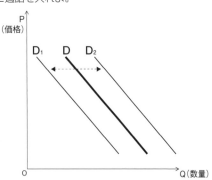

(1) 国民の所得が増加した場合、**D**は ★★ にシフ
トする。その結果、**価格**は ★★ し、**取引量**は
★★ する。

(1) D₂,
　上昇,
　増加

(2) ある財に対する嗜好が低下し、**流行遅れになった**
場合、**D**は ★★ にシフトする。その結果、**価**
格は ★★ し、**取引量**は ★★ する。

(2)
　D₁,
　下落, 減少

(3) 代替財が値上げされた場合、**D**は ★★ にシフ
トする。その結果、**価格**は ★★ し、**取引量**は
★★ する。

(3) D₂,
　上昇,
　増加

◆代替財とは競争し合う二財であり、その例としては、主食
となる**コメとパンとの関係**などがある。

(4) 補完財が値上げされた場合、**D**は ★★ にシフ
トする。その結果、**価格**は ★★ し、**取引量**は
★★ する。

(4) D₁,
　下落,
　減少

◆補完財とは補い合う二財であり、その例としては、**パンと**
バターとの関係などがある。

☐**18** 供給曲線（S）が**シフトする**ケースについて、以下の空
★★ 欄に適語を入れよ。

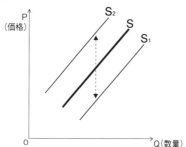

(1) **原材料が**値上がりした場合、**S** は ★★ にシフ
トする。その結果、**価格**は ★★ し、**取引量**は
★★ する。

(2) **消費税率が**引き上げられた場合、**S** は ★★ に
シフトする。その結果、**価格**は ★★ し、**取引
量**は ★★ する。

(3) 技術革新（イノベーション）が起こった場合、**S** は
★★ にシフトする。その結果、**価格**は ★★
し、**取引量**は ★★ する。

☐**19** ある商品の価格が一定幅変化した場合、その商品の需
★★ 要量と供給量がどのくらい変化するのかを示す数値を
★★ という。

☐**20** 生活のために絶対不可欠な財については、**需要曲線**は
★ ★ になる。

◆例えば、砂漠で売られる水、必須科目の教科書などがこれにあ
てはまる。

☐**21** 生産に特殊技能を要し、生産量が決まってしまう商品
★ の**供給曲線**は ★ になる。

(1) S₂,
上昇,
減少

(2) S₂,
上昇,
減少

(3)
S₁, 下落,
増加

価格弾力性

垂直

垂直

☐**22** 次のグラフに関して、以下の空欄に適語を入れよ。
★★

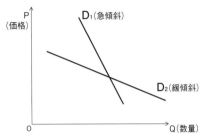

(1) **生活必需品や代替性の乏しい財**は、**需要の**<u>価格弾</u>　　　　(1)
<u>力性</u>が ★★ なり、グラフ中の ★★ で示さ　　　　小さく，D₁
れる。

　◆生活必需品は、価格の上下と無関係に、需要量がほぼ一定。

(2) **ぜいたく品や代替性のある財**は、**需要の**<u>価格弾力</u>　　　(2)
<u>性</u>が ★★ なり、グラフ中の ★★ で示され　　　大きく，D₂
る。

　◆ぜいたく品は、価格によって需要量が大きく変化する。

☐**23** 次のグラフに関して、以下の空欄に適語を入れよ。
★★

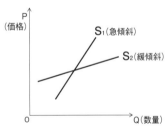

(1) **自然農作物**は、**供給の**<u>価格弾力性</u>が ★★ なり、　(1)小さく，
グラフ中の ★★ で示される。　　　　　　　　　　　S₁

　◆農作物は、生産量や出荷時期が決まってしまうので、供給
　量の調整が困難。

(2) **工業機械製品**は、**供給の**<u>価格弾力性</u>が ★★ な　(2)大きく，
り、グラフ中の ★★ で示される。　　　　　　　　S₂

　◆工業機械製品は生産量の調整が容易。

□ **24** 価格や数量以外の需要を変化させる要因が生じると、
★★★ 需要曲線は移動する場合がある。例えば、**新型コロナ
ウイルス感染症（COVID-19）の感染拡大の影響でマ
スクの需要が増えた**場合は、需要曲線が ［ ★★★ ］ 上に
移動したと考えられる。一方、供給曲線に注目すると、
例えば、**ウクライナで紛争**が起こり**小麦の価格**が
［ ★★★ ］ すると、パンの供給曲線は ［ ★★★ ］ 上に移動
したと考えられる。

右

上昇, 左

□ **25** 2020年、新型コロナウイルス感染症（COVID-19）の
★★ 感染拡大が日本の経済・社会に及ぼしたであろう影響
について、ある商品の需要曲線（D）と供給曲線（S）の
変化、および均衡価格、均衡取引量の変化に関する次
の文章の空欄にあてはまる語句を、後の語群から選べ。

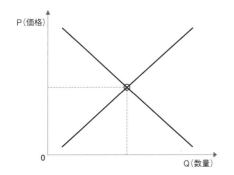

(1) 雇用の機会を奪われた労働者の賃金が減り、国民
所得が減少する場合、このグラフの ［ ★★ ］ 曲線
は ［ ★★ ］ にシフトする。その結果、均衡価格は
［ ★★ ］ し、均衡取引量は ［ ★★ ］ 。

◆国民所得の減少である商品の需要量が減少するので、右下
がりの曲線（需要曲線）は、左方（左下方）にシフトする。
すると、需給量で決定される均衡価格は下落し、取引量は
減少する。

(2) 企業が経済活動を「自粛」し、生産を減少させた場
合、このグラフの ［ ★★ ］ 曲線は ［ ★★ ］ にシフ
トする。その結果、均衡価格は ［ ★★ ］ し、均
衡取引量は ［ ★★ ］ 。

(1)
需要,
左方（左下方），
下落する, 減
少する

(2)
供給, 左方
（左上方），
上昇する，
減少する

VII

経済分野

3

市場機構～需要・供給曲線のシフト

199

◆企業が経済活動を控えることで、生産量が減少すると右上がりの曲線（<u>供給曲線</u>）は<u>左方（左上方）</u>にシフトする。すると、均衡価格は<u>上昇</u>し、取引量は<u>減少</u>する。ちなみに、その製品が感染症予防に必要な商品（マスクなど）であるために需要量が増加した場合、右下がりの曲線（需要曲線）が同時に<u>右方（右上方）</u>にシフトするため、その価格はさらに上昇する。

（3）感染症の流行が長期化し、上記（1）と（2）が同時並行的に続く場合、このグラフの需要曲線と供給曲線は**同時にシフト**する。その結果、均衡価格は ☐ ★★ 。また、均衡取引量は ☐ ★★ 。

◆均衡価格の決定には3つのパターンが想定される。①需要曲線と供給曲線のシフト幅が同じ場合。均衡価格は<u>変化せず</u>、均衡取引量は<u>減少</u>する。②需要曲線のシフト幅が供給曲線のシフト幅よりも<u>大きい</u>場合。均衡価格は<u>下落</u>し、均衡取引量は<u>減少</u>する。③需要曲線のシフト幅が供給曲線のシフト幅よりも<u>小さい</u>場合。均衡価格は<u>上昇</u>し、均衡取引量は<u>減少</u>する。

【語群】　需要　供給
　　　　　左方（左上方）　右方（右上方）
　　　　　左方（左下方）　右方（右下方）
　　　　　上昇する　下落する　乱高下する
　　　　　増加する　減少する　ほぼ変わらない
　　　　　上昇するか下落するかわからない
　　　　　増加するか減少するかわからない

(3)

上昇するか下落するかわからない，減少する

□**26** 次のグラフは、ガソリンの需要曲線と供給曲線を表し
★★ たもので、当初の均衡点が **P** であることを示してい
る。出荷に際しガソリンに炭素税を課す場合、消費者
の事情に変化がないとすれば、課税後の新たな均衡点
はグラフ中の **A ～ F** の ┌ **★★** ┐ である。

A

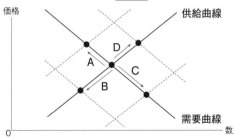

◆均衡点 P における均衡価格に炭素税分が価格転嫁されるため、
供給曲線は<u>上方</u>にシフトする。消費者の事情、すなわち需要側
の条件に変化がなく需要曲線が一定だとすれば、新たな均衡点
（交点が成り立つ可能性）は <u>A</u> しかない。

□**27** 次のグラフには、スポーツ用品の需要曲線と供給曲線
★★ が実線で描かれており、矢印 **A～D** は均衡の移動を表
す。生産者は、当初、**賃金の安い児童を多く雇用して**
いたが、**労働基準の遵守**が求められた結果、この生産
者は児童を雇用せず、**より高い賃金を支払う**ように
なったと仮定する。他の条件を一定として、当初の均
衡から生産者が高い賃金を支払うようになった後の均
衡への移動を表す矢印は ┌ **★★** ┐ である。

A

◆賃金の引き上げによって商品の供給コストが上昇するため、供
給曲線は<u>上方</u>（<u>左上方</u>）にシフトする。このため、均衡点は矢印
<u>A</u> の方向に移動する。その結果、スポーツ用品の価格は上昇し、
取引量は減少する。

□28 次のグラフは、リンゴジュースの市場における需要曲
★★ 線と供給曲線を表したものである。当初、価格が **P₀**、
取引量が **Q₀** において需要と供給が均衡していたとす
る。今、リンゴの不作により原材料費が上昇したため、
供給曲線が移動（シフト）し、同時にリンゴジュースの
人気が低下したため、需要曲線も移動したとする。そ
の結果、新たな均衡に達するとすれば、それは図中に
示されている領域**ア**～**エ**の中の ★★ に位置する。 ウ

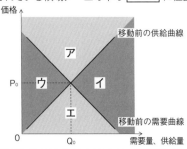

◆**供給曲線（S）**は上方（左上方）方向に、**需要曲線（D）**は左方（左下方）方向にシフトすると、両曲線の交点はウの領域に変化する。

□29 次のグラフは、ある財の需要曲線（D）、供給曲線（S）
★★ およびその均衡価格（P₀）と均衡数量（Q₀）を示してい
る。ここで国が法律に基づき財の価格の上限（P'）を設
けた場合、取引される財の数量は ★★ となる。 Q₁

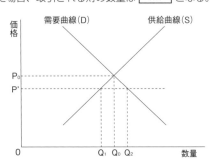

◆国が均衡価格（P₀）よりも低い価格に上限を設けた場合、需要があったとしても Q₁ しか供給されない。したがって、市場で成立する取引量は Q₁ が上限となる。

□**30** 次のグラフは、国内で自給されていたある財の需要曲
★★
線（D）、供給曲線（S）、その均衡価格（P_0）と均衡数量
（Q_0）を示している。国際価格（P_1）で無関税で無制限の
輸入が解禁された結果、国内価格が P_1、国内需要量が
Q_2 に変化し新たな均衡点をとった場合、国内生産量
は ★★ 、輸入量は ★★ － ★★ となる。

Q_1，Q_2，Q_1

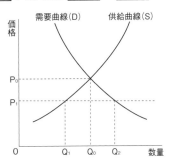

◆国際価格（P_1）での国内生産量は国内供給量 Q_1 であり、国内需
要量は Q_2 である。超過需要（品不足）が $Q_2 - Q_1$ となり、これ
が輸入される。ゆえに、輸入量は $Q_2 - Q_1$ となる。

4 市場の失敗〜独占・寡占

□**1** ★★★ の失敗とは、★★★ 市場、公共財や公共サー
★★★
ビスの提供、公害などの ★★★ 、情報の非対称性な
ど市場メカニズムがうまく働かない状況をいう。

市場，独占・寡占,
外部不経済

◆独占・寡占と情報の非対称性（情報が公平に与えられていないこ
と）は「完全競争市場自体が不成立のケース」、公共財や公共サー
ビスの提供は「市場では解決不能のケース」、公害などの外部性
は「市場外第三者に影響を及ぼすケース」である。公共財や公共
サービスは、他の人々の消費を減らさずに複数の人々が同時に
消費できる性質（非競合性）、対価（お金）を支払わなくても消費
できる性質（非排除性）の両方を持ち合わせている財・サービス
のことである。

□**2** 市場を1社が支配している状態を ★★★ 、少数企業
★★★
が支配している状態を ★★★ といい、これらは完全
競争市場が成立しておらず資源の最適配分が実現しな
いことから市場の失敗にあたる。

独占,
寡占

□**3** ★★★ には、市場外の第三者にマイナスの影響を及
★★★
ぼす ★★★ があるが、その具体例は公害である。

市場の失敗,
外部不経済

□**4** 駅の建設によって駅周辺の住民の生活が便利になった
★★ などの ★★ も、市場外に影響を及ぼしていること
から、市場の失敗の1つといえる。

外部経済

□**5** 政府は、市場の失敗を補完するために財政政策による
★★ 市場介入を行い、**公共財や公共サービスを提供する**
★★ や、累進課税や社会保障によって**貧富の差を
解消する** ★★ を行っている。

資源配分調整,
所得再分配

□**6** 市場の失敗により発生した**公害**の対策には、**公害防止
★★ のコストを汚染者自身に負担させるために、外部不経
済の** ★★ **が必要である。**

内部化

◆外部不経済の内部化の方法としては、**環境税**などを導入して汚
染者負担の原則（PPP）を徹底することが考えられる。

□**7** 政府の政策がいつも効果的である保証はなく、政策の
★★ 人為的ミスが発生することを ★★ という。

政府の失敗

□**8** 重工業においては ★★ 投資に多額の資金が必要で
★★ あるが、大量生産が可能になると ★★ が働くため、
他企業の新規参入を抑えることができる。

設備,
規模の利益 (スケールメリット)

◆資本主義が高度化して重工業化が進展した19世紀には、**巨額の
設備に先行投資**をして、**規模の利益（スケールメリット）を追求**
した企業の市場占有率（マーケットシェア）が高まっていった。

□**9** **商業やサービス業**においては、大量の資金がなくても
★ 事業に参加しやすいので、一般的に既存企業による
★ 障壁は形成されにくい。

参入 (新規参入)

□**10** 複数の企業が結合して巨大化することを資本の ★★
★★ といい、**1社が利潤を蓄積して巨大化**することを資本
の ★★ という。

集中

集積

□**11** 価格や生産数量、販売地域などを協定する**企業連合**を
★★★ ★★★ 、市場に複数存在する同業産業に属する同業
会社の**合併・買収による企業合同**を ★★★ という。

カルテル,
トラスト

□**12** 異種産業部門の複数企業が、独立を保ったまま、**株式
★★★ 保有や融資関係を通じて事実上の支配従属関係に入る**
企業結合のことを ★★★ という。

コンツェルン

◆コンツェルンの典型例は第二次世界大戦前の日本の**財閥**である。

□**13** 次の空欄 **A ～ C** にあてはまる企業結合の名称をそれ
★★★ ぞれ答えよ。

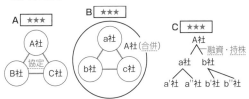

A　カルテル

B　トラスト

C　コンツェルン

□**14** 業種や業務に直接関係を持っていない企業が ★★
★★ を繰り返して巨大化した**複合企業**を ★★ という。

M&A (合併・買収),

コングロマリット

　◆フランスの自動車メーカーが、日本での事業を効率よく展開す
　るために、経営不振に陥っていた日本の自動車メーカーに出資
　し、経営陣の首脳を送り込んだ。これは M&A (合併・買収) の
　一例である。**相手方企業の同意なく行われる**企業の吸収合併は
　敵対的買収と呼ばれる。

□**15** ある商品を販売するために高度な中央販売組織を設け
★ る**共同販売**カルテルのことを ★ という。

シンジケート

□**16** **工場を一定の地域に集める**ことで ★ の利益を追
★ 求する工業地域や企業集団を ★ という。

集積,

コンビナート

□**17** 独占 (寡占) 市場では、**価格先導者**である ★★★ が決
★★★ **定した価格**に他社が暗黙のうちに追従するという慣行
が見られ、 ★★★ が形成される。

プライス=リーダー

管理価格

□**18** 独占 (寡占) 市場では、価格メカニズムが働かず、**価格**
★★★ **の** ★★★ 化 (下がり**にくい状況**) が起こり、むしろ、
価格の ★★★ 化 (上がり**やすい状況**) が見られる。

下方硬直,

上方弾力

□**19** 一般に、寡占企業は広告・宣伝費を増やし、**製品の**差
★★★ 別化を図るなどの ★★★ を展開する。

非価格競争

　◆ただし、価格競争は排除されるが、競争が排除されるわけでは
　ない。

□**20** 独占 (寡占) 市場下では、価格メカニズムがうまく働か
★★ ず、**管理価格による** ★★ が発生したり、 ★★ 企
業が倒産したりする危険性がある。

インフレーション

(インフレ), 中小

□**21** 私的独占や不当な取引制限、不公正な取引方法を禁止
★★★ する ★★★ 法は、これらの行為を監視する「**経済の**
番人」として、**準司法権限**を持つ ★★★ の設置を規
定している。

独占禁止,
公正取引委員会

◆独占禁止法は、不公正な取引方法の禁止として欺瞞的取引方法
による**資本の蓄積**を禁止するとともに、不当な取引制限の禁止
としてカルテルを原則的に禁止してきた。

□**22** ★★ カルテルと ★★ カルテルは、例外的な合
★★ 法カルテルとして**1953年**の独占禁止法改正以来認めら
れてきたが、**99年に禁止**された。

不況, 合理化
※順不同

◆公正取引委員会が指定した特定の不況業種や合理化業種につい
てのみカルテルを認めるのは不透明であることから、1999年改
正で禁止された。ただし、国会で特別法を制定すればカルテル
は可能である。

□**23** メーカー（製造会社）が小売店に定価販売を約束させる
★★ という ★★ 制度は、実質的な**価格カルテル**である。

再販売価格維持
（再販）

◆かつては医薬品や化粧品も再販指定されていたが、価格自由化
の流れを受けて、1990年代初めより再販指定品目は減っている。
現在は書籍、CD、新聞などが指定されている。

□**24** 1947年の制定以来、三大経済民主化の１つである
★★★ ★★★ を進めることを目的とした独占禁止法は、**私**
的独占の禁止のために半世紀にわたり ★★★ の設立
を全面禁止してきたが、**97年**には金融ビッグバンの
一環として ★★★ が、過度の集中（事業支配力）に至
る場合を除いて、半世紀ぶりに**原則解禁**された。

財閥解体,
持株会社

持株会社（金融持
株会社）

□**25** 日本では、長らく ★★ 取引慣行を持つ企業集団と
★★ して六大企業グループが形成されたが、バブル崩壊後
の長期不況の中で企業集団の崩壊や再編が見られた。

排他的

□**26** 2006年の独占禁止法改正により、 ★★ の引き上げ
★★ と、談合などの違法行為を自ら ★★ した者への課
徴金の減免制度が導入された。

カルテル課徴金,
内部告発

◆課徴金減免制度のことをリニエンシー（leniency）という。第１
の申告者は課徴金を免除、第２の申告者は50％減額、第３〜５
の申告者は30％減額となる。

□27 次の表は、身のまわりの財やサービスにおいて、**非排**
★★ **除性**と**非競合性**を持つかまとめたものである。空欄**A**
〜**C**に入るものを、後の語群から番号で選べ。

		非競合性	
		持つ	持たない
非排除性	持つ	A ★★	B ★★
	持たない	C ★★	食料品・衣料品など

A ③

B ①

C ②

【語群】①出入り自由な狭い小川に生息するザリガニ

②スマートフォンの月額型オンラインゲーム

③近所の一般的な公園に設置されている防災無線放送

◆**非排除性**とは費用を追加することなく使用できてフリーライ
ダー（タダ乗り）を防げないこと、**非競合性**とは複数人が同時に
使用できることを意味する。①は代金を支払わずにタダで出入り
自由なので非排除性を持つ一方、狭い小川なので１人しか利用で
きず、他者と同時利用できないので非競合性を持たない（**B**）。②
は月額料金を支払わなければゲームができない点で非排除性を
持たないが、課金した人は同時にプレイできるため非競合性を持
つ（**C**）。③は公園の利用に料金はかからないので非排除性を持
ち、防災無線放送も人々が同時に利用できるため非競合性を持つ
（**A**）。

□28 現代においては**消費者行動が広告宣伝に左右される**と
★★ いう ★★ 効果を指摘し、『ゆたかな社会』を著した
のはアメリカの経済学者 ★★ である。

依存,

ガルブレイス

□29 現代の消費者には**他の消費者の行動に影響を受けやす**
★★ **い**という ★★ 効果が作用している。

デモンストレー
ション

VII
経済分野

5
経済の三主体と企業形態

5 経済の三主体と企業形態

ANSWERS ☐☐☐

□1 **経済主体**は ★★★ ・ ★★★ ・ ★★★ の３つに大別
★★★ され、これに ★★★ を加えて**経済の四主体**という。

家計, 企業, 政府,
※順不同 外国

□2 **家計**は、 ★★ や土地を企業に提供して、その対価で
★★ ある ★★ や地代などを用いて財・サービスを購入
する。これは ★★ と呼ばれる。

労働,
賃金,
消費

□3 **企業**は、家計から提供された労働や土地などを用い
★★ て ★★ を行う。

生産

□**4** **企業**は、通常、所与の技術の下で ★★ を最大化する
★★ ように生産活動を行うと想定される。

利潤

□**5** **家計**は、限られた所得の中で ★★★ を最大化するよ
★★★ うに消費を行うと想定される。

効用

◆効用とは、財やサービスに対する主観的満足（欲望）のことで、
いわば需要を意味する。

□**6** **政府**は、家計と企業から ★★ を徴収し、それによっ
★★ て企業から財・サービスを購入する。

租税（税金）

□**7** **出資者**は自己の**出資金**の範囲内でのみ会社債務を負え
★★★ ば足りるとする有限責任**社員のみで構成**される、大企
業に多く見られる会社組織を ★★★ という。

株式会社

◆有限責任**社員**の「社員」とは**出資者**のことを意味し、株式会社の
場合は「**株主**」を指す。2006年、新たに施行された会社法で設立
が認められた合同会社も有限責任**社員**のみで構成される。

□**8** 会社の債務に対して連帯して責任を負う無限責任**社員の**
★ **みで構成**される、比較的小さな人的会社を ★ という。

合名会社

□**9** **株式会社**と**合名会社**の中間形態として、有限責任**社員**
★ と無限責任**社員**で構成される会社を ★ という。

合資会社

□**10** 2006年施行の会社法によって、資本金を1,000万円以
★★★ 上とする ★★★ 制度が廃止され、**資本金**1円以上で
株式会社**を設立することが可能**になったことから、
★★★ の新設が禁止されることになった。

最低資本金

有限会社

◆既存の有限会社は以後も経営を継続できる。

□**11** 会社法は、会社が定款に定めれば、出資比率と配当率
★★ を不一致にできる ★★ の新設を認めた。

合同会社

◆合同会社は、アメリカ各州の州法で設立が認められている **LLC**
(Limited Liability Company) をモデルとしたことから**日本型**
LLC とも呼ばれ、これを会社名の表記に用いることができる。
議決権のない出資者の設定が可能となるため、企業買収を防衛
できるメリットがある。なお、合同会社の出資者は**すべて**有限
責任社員である。

□**12** 1990年の商法改正で ★★ 制度が導入され、**株式会**
★★ **社**では最低 ★★ 万円の資産保持が必要になったが、
2006年の**会社法**施行に伴い廃止された。

最低資本金、
1,000

◆実体のない会社は悪徳商法の温床になることから、最低資本金
制度が導入されていたが、その廃止の目的は、お金はないがア
イディアのある者の起業を支援する点で**ベンチャー企業の起業**
を支援することにある。

□**13** ★★★ | ★★★ | とは、先端産業分野を中心に、独自の知識や技術を用いて商品を開発する中小企業のことをいう。

ベンチャー企業
（ベンチャービジネス）

□**14** ★ **起業家**は、自分や家族の蓄えを資金とするのみならず、**エンジェル**と呼ばれる個人投資家や | ★ | から資金提供を受ける場合が多い。

ベンチャーキャピタル

□**15** ★★ | ★★ | とは、ある目的のために、インターネットを通じて不特定多数の人々から資金を調達する手法のことである。

クラウドファンディング

□**16** ★★ ベンチャービジネスが盛んなことで有名な | ★★ | は、**ベンチャー投資が** | ★★ | **の中で最も集中している地域**である。

シリコンバレー，
アメリカ

□**17** ★★ 株式会社の株主には、投下資本の回収方法として、株式を時価で第三者に売却できる | ★★ | **の原則**が保障されている。

株式譲渡自由

◆業績が良好で需要が高まった企業の株式の価格（株価）は上昇する期待感があることから、株式投資をする者が増え、企業の資金調達は円滑化する。もちろん現実には値下がりするリスクは存在するが、投資家の儲けたいという気持ちを利用して株式市場による資金調達システムが考案されている。

□**18** ★★★ 株式会社の**最高意思決定機関**は | ★★★ | であるが、その**業務執行の決定機関**は | ★★★ | である。

株主総会，
取締役会

□**19** ★★★ 株式会社では、| ★★★ | が対外的取引の代表者となる。また、企業会計の公正確保のために、原則として | ★★★ | という機関が設置されることになっている。

代表取締役

監査役

□**20** ★★★ 現代の株式会社では、出資者の株主が配当や株価上昇などの経済的利益を追求し、経営は専門家である取締役に委ねる、所有（資本）と | ★★★ | **の分離**が見られる。

経営

□**21** ★ 経営者が**所有者に代わって会社を支配**し、やがて社会全体を支配する | ★ | が起こることをアメリカの政治哲学者バーナムが指摘した。

経営者革命

□22 証券取引所の承認を得て、**企業が株式市場で**株式を**売**
★★
買できるようになることを ［ ★★ ］ と呼ぶ。

上場

　◆経済のグローバル化を背景に、世界の証券市場の統合が進む中、
　2013年には日本でも三大証券取引所のうち、東京証券取引所（東
　証）と大阪証券取引所（大証）が経営統合し、世界第3位の規模
　となる日本取引所グループが発足した。

□23 投資家などの利害関係者（ステークホルダー）に**企業の**
★★★
経営情報を適切に開示することを ［ ★★★ ］（情報開示）
という。

ディスクロージャー

□24 上場企業になることで、新株を発行した際に株式市場
★★★
を通じて新たな資金を調達しやすくなるが、一方で、
［ ★★★ ］ 保護のため会社の財務状況についてのディス
クロージャー（ ［ ★★★ ］ ）が厳しく求められる。

株主,
情報開示

□25 株主の経営参加権に関して、会社の経営陣などが法令
★★★
に違反して会社に損害を与えた場合、**会社または総株**
主を代表して、一部の株主が会社の責任を追及する裁
判を提起できるが、これを ［ ★★★ ］ という。

株主代表訴訟

□26 **自社の株式を前もって定めた価格で購入できる権利**を
★
［ ★ ］ といい、これを認めることで会社経営陣の経
営努力や社員のモチベーションアップを期待できる。

自社株購入権
（ストックオプショ
ン）

　◆例えば、3年後に自社株を100万円で購入できる権利を取締役
　などに与えておけば、取締役は経営努力を行って3年後に自社株
　を100万円以上の高い価格に引き上げる努力をするであろう。

□27 企業の内部統制の仕組みの改善や不正行為の防止とい
★★★
う観点から、業務を執行する執行役と業務を監視する
取締役とを分けた ［ ★★★ ］ 型の企業統治の形態であ
る ［ ★★★ ］ を選択することが可能になった。このよう
な**企業自身による自己統治**を ［ ★★★ ］ という。

アメリカ,
委員会設置型会社,
コーポレート=ガ
バナンス

　◆コーポレート=ガバナンスは、企業の自己統治のこと。代表取締
　役や取締役などの会社経営陣の不正を、取締役相互間の監視シ
　ステムの確立によって自ら抑止するという考え方である。

□28 2003年の商法改正により、経営陣の不正チェックを企
★★★
業内の**相互監視の徹底**で防止するというアメリカ流
の ［ ★★★ ］ が導入された。

コーポレート=ガ
バナンス

□29 企業資産の評価を**資産購入時の帳簿上の価格**（簿価方
★ 式）から、**現在の資産価格**（時価方式）に変更したこと
などの改革を一般に　★　という。

会計ビッグバン

　◆現在の企業の財務状況を正確に市場に知らせるためには時価方
　　式の方が優れているという理由から、時価**方式**がグローバル゠ス
　　タンダード（国際標準）となっている。

□30 **株式**は会社自身の資本金となることから　★★★　資本
★★★ と呼ばれ、**社債・借入金**は　★★★　資本と呼ばれる。

自己，
他人

　◆両者の区別のポイントは、自己資本とは会社が返済する必要の
　　ない資金、他人資本とは会社が返済する必要のある資金である。

□31 株式や債券などを発行して**投資家などから資金を調達
★★★ する方法**を　★★★　といい、銀行などからの**融資や借
入**の形で資金調達する方法を　★★★　という。

直接金融，
間接金融

□32 次のグラフは、**日本の株式市場における持株比率**（金
★★ 額ベース）の推移を示したものである。折れ線 **A 〜 D**
の空欄にあてはまる語句を、後の語群から選べ。

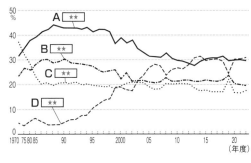

A　金融機関

B　事業法人等

C　個人その他

D　外国法人等

【語群】　個人その他　外国法人等
　　　　　事業法人等　金融機関

　◆外国人の持株比率が上昇しているのは、外国企業による日本企
　　業への経営参加や買収の増加による。なお、2008年に外国人の
　　持株比率が低下したのは、同年9月のリーマン゠ショックで損失
　　を被った外国企業や外国人投資家が資金繰りのために日本の株
　　式を売却したためである。

□33 金融商品取引法（旧証券取引法を含む）は、会社関係者
★★ や証券会社社員などが会社の**内部情報を不正利用して
株式を取引する**　★★　**取引**を禁止している。

インサイダー

　◆内部者だけが株式取引で巨額の利益を得られることになり、一般
　　投資家に損失を与える可能性があることから禁止されている。

□**34**
★★
企業の内部者が、企業の**違法行為や不正の事実を摘発**
することを ┃ ★★ ┃ といい、このことによって**不利益**
な扱いを受けないための法律も制定されている。

内部告発

□**35**
★★★
行政機関や公務員、企業などが自らの判断や行為に関
して、市民や国民が納得できるように ┃ ★★★ ┃ する責
任のことを ┃ ★★★ ┃ と呼ぶ。

説明,
アカウンタビリテ
ィ(説明責任)

　◆近年では、公的機関や企業についても社会的責任を問う風潮が
　　高まっており、倫理的振る舞いを求める考え方が広まっている。

□**36**
★★★
財やサービスを提供することだけでなく、**環境保護活**
動や社会的な貢献活動にも責任を持つといった**企業の**
社会的責任を ┃ ★★★ ┃ という。

CSR

　◆CSR は Corporate Social Responsibility の略。

□**37**
★★★
企業活動において、企業やその経営陣・従業員が**法令**
を遵守することを ┃ ★★★ ┃ (法令遵守)という。

コンプライアンス

□**38**
★★
近年、公共性の高い課題を収益が得られる事業にする
ことで解決を目指す NPO などが増えており、それら
は ┃ ★★ ┃ **企業**と呼ばれる。

社会的

　◆社会的企業とは、社会的目的を持った企業のことで、株主や
　　オーナーのために利益の最大化を追求するのではなく、コミュ
　　ニティや活動に利益を再投資する(内閣府の定義)。その中でも、
　　地域の資源を使って地域の課題解決に取り組むコミュニティ=
　　ビジネスが注目されている。

6 広義の国民所得、狭義の国民所得

ANSWERS □□□

□**1**
★★★
国民が一定期間(通常 1 年間)に作り出した付加価値の
総額=市場取引総額を広義の ┃ ★★★ ┃ という。

国民所得

□**2**
★★
広義の国民所得とは、1 年間の市場活動を商品ないし
はその時価である貨幣の流れで捉える ┃ ★★ ┃ の概念
である。

フロー

□**3**
★★★
国民所得は消費と投資の2つに支出されるが、**過去の**
投資部分の蓄積が国富を形成することから、**国富は**
┃ ★★★ ┃ の概念と呼ばれる。

ストック

□**4**
★★
一国が外国に保有する**資産残高**と外国に対して負う**負**
債残高の差額を ┃ ★★ ┃ という。

対外純資産

□**5** 日本の対外純資産は2022年末時点で約418兆円に達
★★ し、世界第 ★★ 位である。

1

◆日本は**1991年から連続で世界最大の**対外純資産**を保有する債権国**となっている。

□**6** アメリカは、有力企業の多国籍化や世界資金が投資あ
★ るいは預金されていることから ★ 国で、2022年
末時点で ★ は約2,138兆円のマイナスである。

純債務,
対外純資産

□**7** 国民が1年間に生産した財とサービスの価格の総合計
★★★ 額 (総生産額) から、 ★★★ の価格を差し引いた**金額**
を ★★★ という。

中間生産物,
国民総生産(GNP)

□**8** 一国内で1年間に生産された財とサービスの価格の
★★★ 総合計額から ★★★ の**価格を差し引いた金額**を
★★★ という。

中間生産物,
国内総生産(GDP)

□**9** GDP (国内総生産) は、一国の経済規模を把握するため
★★ に、重複計算を避ける目的から**原材料などの** ★★ の
金額を含まない ★★ **を示す**ように工夫されている。

中間生産物,
付加価値総額

□**10** 国内総生産 (GDP) に**海外からの所得**を加え、**海外へ**
★★★ **の所得を差し引いた金額**を ★★★ という。

国民総生産(GNP)

◆「**海外からの所得**−**海外への所得**=**海外純所得**」である。**海外からの所得**とは日本国民が海外で生産した財とサービスのこと。**海外への所得**とは外国人が日本国内で生産した財とサービスのこと。前者は国民総生産に入り、後者は国民総生産に入らない。

□**11** ある国で海外から受け取った純所得が増加すれば、そ
★★ の国の ★★ は増加しないが、 ★★ は増加する。

GDP, GNP

□**12** 国民総生産 (GNP) に**海外への所得**を加え、**海外から**
★★★ **の所得を差し引いた金額**を ★★★ という。

国内総生産(GDP)

□**13** 国民総生産 (GNP) は**居住者**による経済活動の成果を
★ 示すことから、その集計方法を ★ 主義という。

属人

◆経済統計上の「**国民**」とは、日本人 (**国籍**) ではなく「**6ヶ月以上、日本に居住する者**」(**居住者**) を意味する。

□**14** 国内総生産 (GDP) は**自国領域内**での経済活動の成果
★ を示すことから、その集計方法を ★ 主義という。

属地

□**15** 国民総生産 (GNP) から減価償却費 (固定資本減耗 (引
★★★ 当) 分) **を差し引いた価格**を ★★★ という。

国民純生産(NNP)

□**16** 国民純生産（NNP）から ★★★ を差し引き、 ★★★ を加えた価格を狭義の ★★★ という。
★★★

間接税, 補助金（政府補助金）,
国民所得（NI）

□**17** GNP と NNP が ★★ 表示の国民所得であるのに対し、NI は ★★ 表示の国民所得である。
★★

市場価格,
要素費用

◆市場価格は、単に市場の値段だけで生産額を評価したものであるが、要素費用とは市場への政府介入による価格影響分を取り除いた真の生産規模を測った金額である。例えば、市場価格には間接税が転嫁されているため、真の生産額は市場価格から間接税を控除して表示する。

□**18** 国民総生産（GNP）を支出面から計測した概念を ★ といい、両者の金額は一致する。
★

国民総支出（GNE）

□**19** 国民総支出（GNE）は、国内消費と国内投資の合計である ★ に経常海外余剰を加えたものである。
★

国内総支出（GDE）

□**20** 経常海外余剰とは、「海外からの所得－海外への所得＋ ★★ － ★★ 」である。
★★

輸出, 輸入

□**21** 狭義の国民所得は1年間の市場取引総額を生産面、分配面、支出面の三面から見ることができるが、これは同じものをそれぞれの面から見ているだけであるから、その金額は等しくなる。これを ★★★ の原則という。
★★★

三面等価

□**22** 第一次産業、第二次産業、第三次産業の各産業別の生産額を合計した国民所得を ★★ （NIP）という。
★★

生産国民所得

◆生産国民所得の内訳として、第三次産業の金額が約70%と最も大きな割合を占めており、日本経済の産業構造がサービス化していることがわかる。

□**23** 生産に寄与した経済主体に分配される価格を合計した国民所得を ★★ （NID）という。
★★

分配国民所得

◆分配国民所得の内訳として、雇用者報酬の金額が約70%と最も大きな割合を占めているという、労働分配率（付加価値のうち、労働力を提供した雇用者への分配額の割合）が見えてくる。

□**24** 分配国民所得は、労働者に対する**賃金である** ★ 、利子、配当金、地代など**生産要素提供の対価である** ★ 、企業の利潤である企業所得で構成される。
★

雇用者報酬

財産所得

□25 **消費**と**投資**を合計した国民所得を　★★　(NIE) とい
★★　う。

　　◆支出国民所得は、支出面から見た国民所得 (NI) を示す。その内
　　　訳は、**消費**と**投資**では消費の方が多い。消費が約7〜8割、投
　　　資が約2〜3割で、消費の中では「**民間＞政府**」となっている。

支出国民所得

□26 統計上、消費は**民間最終消費支出**と　★　の合計で、
★　投資は**民間総固定資本形成**と**公的総固定資本形成の合**
計である　★　で表示される。

政府最終消費支出

国内総資本形成

□27 **生産国民所得の内訳**としては、　★★　産業の金額が
★★　約70%と最も大きな割合を占めている。

第三次

□28 **分配国民所得の内訳**としては、　★　の金額が約
★　70%と最も大きな割合を占めている。

雇用者報酬

□29 次の図の空欄 **A 〜 I** にあてはまる適語を答えよ。
★★★

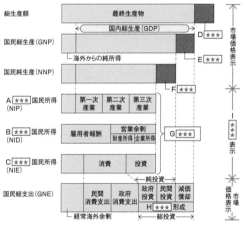

A　生産
B　分配
C　支出
D　中間生産物
E　減価償却費
　　（固定資本減
　　耗（引当）分）
F　間接税−補助
　　金（政府補助
　　金）
G　三面等価
H　国内総資本
I　要素費用

6 広義の国民所得、狭義の国民所得

　　◆国民経済計算 (SNA) は、一国の経済状況について、生産、消
　　　費・投資などのフロー面や、資産、負債などのストック面を体
　　　系的に記録するための国際的な基準のことである。SNA に関連
　　　する指標の概念とその関係を表したものが上記の図となる。

□**30** 国民経済全体の活動水準を測るフローの指標について、
★★ 次の表はある年の諸指標の項目と金額を示したものである。**国民総生産**（GNP）は ★★ 、**国民純生産**（NNP）は ★★ 、**国民所得**（NI）は ★★ とわかる。

520,
420, 380

項　　　目	金　額
国内総生産（GDP）	500
海外からの純所得	20
間接税－補助金	40
固定資本減耗	100

◆**国民総生産**（GNP）＝国内総生産（GDP）＋海外からの純所得＝
500＋20＝520
国民純生産（NNP）＝国民総生産（GNP）－固定資本減耗＝520
－100＝420
国民所得（NI）＝国民純生産（NNP）－間接税＋補助金＝国民純
生産（NNP）－（間接税－補助金）＝420－40＝380

□**31** 次の表は、あるリンゴ農家が、ジュースのメーカーに
★★ リンゴを売り、そのメーカーが販売会社にリンゴ
ジュースを売り、販売会社が一般消費者にリンゴ
ジュースを小売販売することを、数値とともにまとめ
たものである。減価償却を0とした場合、リンゴジュー
スの生産から販売の過程で、三者それぞれで生み出さ
れる**付加価値の合計**は ★★ である。

290

	収入	支出	損益
リンゴ農家	リンゴ売上：100	肥料代：10 賃金：50	利潤：40
メーカー	リンゴジュース 売上：200	リンゴ仕入代： 90 容器代：10 賃金：50	利潤：50
販売会社	リンゴジュース 売上：300	リンゴジュース 仕入代：170 運送会社への 支払い：30 賃金：50	利潤：50

◆各段階で生み出される**付加価値**は、収入から原材料費を差し引
いた額＝賃金と利潤の合計額である。よって、生産面から測る
と、（100－10）＋{200－（90＋10）}＋{300－（170＋30）}
＝290となり、分配面から測ると、（50＋40）＋（50＋50）＋
（50＋50）＝290となり、両者は三面等価の**原則**より一致する。

□32 日本の家計消費支出（家計が支出する消費額の総額）
★★ は、GDP（国内総生産）の ★★ 割以上を占め、2020
年では約 ★★ 兆円になる。「2人以上の世帯」1世
帯あたりの支出内訳では、 ★★ 費が24.1%と最も
多い。

5,

280,

食

◆2020年では、食料や光熱・水道などの「財（商品）への支出」が
61.3%、住居や教養娯楽、通信などの「サービスへの支出」が
38.7%を占めた。新型コロナウイルス感染症（COVID-19）の
感染拡大による影響で、「サービスへの支出」の割合が前年より
も減少した。

□33 ★ とは、実収入（個人所得）から租税や社会保険
★ 料などを引いた残りの手取り収入のことで、貯蓄か消
費に振り向けられる。

可処分所得

◆所得（Y）＝消費（C）＋貯蓄（S）
　所得（Y）＝消費（C）＋投資（I）
　∴　貯蓄（S）＝投資（I）

□34 ある家計の1ヶ月の所得と支出、およびその使途をま
★★ とめた次の表より、その**可処分所得**は ★★ 万円、**平
均消費性向**は ★★ ％、**エンゲル係数**は ★★ ％
であることがわかる。

32,

75, 25

所得	40万円	食費	6万円
税金	4万円	家賃	7万円
社会保険料	4万円	水道・光熱費	2万円
貯蓄	10万円	他の消費支出	9万円

◆可処分所得は「所得－（税金＋社会保険料）」、平均消費性向は
「（食費＋家賃＋水道・光熱費＋他の消費支出）÷可処分所得」、エ
ンゲル係数は「食費÷（食費＋家賃＋水道・光熱費＋他の消費支
出）」の計算式でそれぞれ求めることができる。この家計の場合
では、可処分所得が40－（4＋4）＝32（万円）、平均消費性向
が（6＋7＋2＋9）÷32×100＝75（%）、エンゲル係数が
6÷（6＋7＋2＋9）×100＝25（%）となる。

□35 何かを得るために何かを断念しなければならないとい
★★ う状況を一般に ★★ という。

トレードオフ

◆人は選択や交換によって失うもの（費用）と得るもの（便益）を
比較検討し、自らの行動を決めるが、その判断は必ずしも金銭
的なものだけとは限らない。一般的には一方が増加すれば他方
は減少する関係を示す。

□**36** 今、4,600円の料金を支払うことでアイドルグループ
★★ のライブをオンライン配信で視聴できるとする。同じ
時間をアルバイトで働き2,200円の収入を得ること
や、家事を手伝うことで2,000円のお小遣いをもらう
こともできる。この3つの選択肢から1つしか選べな
い場合、**機会費用**を含めた配信ライブを視聴する費用
は ★★ 円となる。

6,800

◆すべての選択を同時に行うことはほぼ不可能で、仮に選ばれな
かった他の選択肢を選んだ際に得たであろう最大の価値が**機会
費用**となる。ここでは選択されなかったものの最大値であるア
ルバイトの収入 (2,200円) がこれにあたる。

□**37** **狭義の国民所得**に関する次のグラフ (2019年度) の空
★★ 欄 **A ～ D** にあてはまる適語を答えよ。

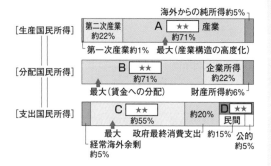

A 第三次

B 雇用者報酬

C 民間最終消費
支出

D 国内総資本形成

□**38** 2010年に中国の国内総生産 (GDP) は ★★★ を抜い
★★★ て、 ★★★ に次いで世界第 ★★★ 位になった。

日本,
アメリカ, 2

◆日本は中国に抜かれて世界第3位に転落した。2022年現在も世
界第3位である。

□**39** 2022年現在、日本の国内総生産 (GDP) は世界第 ★★★
★★★ 位である。一方、1人あたり国内総生産 (GDP) は、00年
に世界第 ★★★ 位であったのが、**不況**が続く07・
08年には世界第24位に転落した。

3

2

◆国内総生産 (GDP) は**人口の多い国ほど大きくなる**傾向がある。
よって、平均的な豊かさを示す指標として、1人あたりの大きさ
を用いることが多い。また、中長期的な比較や各国の国際比較で
も有効な指標といえる。「失われた10年」の中で、日本の1人あ
たり国内総生産は減少し、2006年には世界第21位、07・08年
は第24位にまで転落し、19年には第27位となった (40,556
ドル)。世界トップクラスは人口の少ないヨーロッパ諸国 (ルク
センブルク、スイス、アイルランドなど) が占めている。

7 国富 ~「豊かさ」と「格差」

□ **1** 一国の国民が年度末に保有する**有形資産などの総額**の
★★★　ことを ［★★★］ という。

国富

◆正確には「正味の国富」となる。国富は、その国の**個人**、企業、政府の三者が保有する**有形財など**の合計で、**一国の国民が保有する資産の総計**を示し、工場や機械などの**生産設備**の他に、公園、学校などの生活関連の**社会資本や住宅**も算入される。

□ **2** 国富は、 ［★★］ と ［★★］ の合計を指す。前者は国民
★★　が**国内**に保有する有形資産である ［★★］ 資産、非生
産資産、社会資本、自然資本などの価格の合計、後者
は国民が**国外**に保有する資産から外国人が日本に保有
する資産を控除した額の合計である。

非金融資産，対外
純資産，
生産

◆正味の国富には、**無形財である知的所有権や金融商品（預金、株式など）は含まれない**。国内金融資産（預金）が国富に含まれない理由は、預金者にとってはプラスの資産であるが、日本企業である銀行にとってはマイナスの資産であるため、日本人の資産全体で見ると、結局±０になるからである。一方、道路や公園、学校などの**社会資本**や住宅、**自然資本**である漁場、森林などはいずれも国富に含まれる。

□ **3** ［★★］ は一国の国民が**保有する資産の総計**を示し、
★★　**工場**や**機械**などの生産設備の他に、公園、学校などの
生活関連の ［★★］ や**住宅**も算入される。

国富

社会資本

□ **4** 日本の非金融資産の内訳としては、非生産資産を構成
★★　する ［★★］ の**額が最も大きい**ために、［★★］ 期に
は地価高騰により統計上、**国富は増大**した。

土地，バブル

◆バブル崩壊期には**地価の下落**で、国富は統計上、減少を続けた。

□ **5** 国民の真の豊かさを測るために考案された**福祉水準の**
★★★　**指標**を ［★★★］ という。「国民総生産－市場価格表示の
非福祉項目＋非市場価格表示の福祉項目」で表される。

国民福祉指標（国
民純福祉、NNW）

◆**市場価格表示の非福祉項目**とは公害防止費用、防衛費など金銭評価されているが福祉に結び付かないもの、**非市場価格表示の福祉項目**とは家事労働、ボランティア活動、余暇時間などを金銭に換算したもののことである。日本の NNW は高度経済成長期の間に約2.9倍に上昇した。

□ **6** 国民の豊かさを環境の保全度などの視点から表示する
★　ために、環境省が試算している指標が ［★］ である。

グリーン GNP
（グリーン GDP）

□ 7
★★ 食料は生活必需品の性質が強く、その**支出額**（食料費）**が**消費**支出の総額に占める割合を** ★★ **というが、**これは一般に所得**水準が上昇すると** ★★ **するといわれている。

> エンゲル係数,
>
> 低下

□ 8
★★★ ★★★ は、0から1までの値をとり、分布が平等であれば0に近づき、不平等であれば1に近づく係数として、その値の大きさが ★★★ の差や不平等度を測る指標として用いられている。

> ジニ係数
>
> 貧富

□ 9
★★ 次の**ローレンツ曲線**を示した図に関して、以下の小問の空欄にあてはまる語句や数値を答えよ。

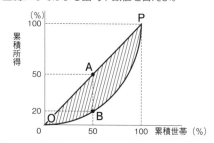

(1) 点Aを通るローレンツ曲線が対角線を示す場合は各世帯の所得が全く ★★ ことを、弓形のローレンツ曲線上の点Bは ★★ ％の世帯の合計所得が国全体の所得の ★★ ％しか存在しないことを示す。

> (1)
>
> 等しい,
>
> 50,
>
> 20

(2) 対角線以下の三角形の面積に占める弓形の面積の比率のことをジニ係数といい、所得分布の不平等を示している。弓形の斜線部分の面積が大きくなるほどジニ係数は0から1に近づき、所得分布の不平等は ★★ くなる。

> (2)
>
> 大き

◆ジニ係数は**グラフの斜線部の面積を対角線がなす三角形の面積で割った数値**であるので、(2) の計算方法は以下の通りとなる。
100×100×1/2＝5,000
20×50×1/2＋(20+100)×50×1/2＝3,500
(5,000−3,500)÷5,000＝0.3

□ **10** 日本の当初所得（所得再分配前）のジニ係数は、1980
★★ 年には0.35程度であったが、80年代後半の<u>バブル</u>景
気や、2000年代初めの<u>小泉</u>政権下で、｜ ★★ ｜ が拡大し、
｜ ★★ ｜ 程度にまで上昇している。

所得格差,
0.55

◆なお、当初所得のジニ係数の算出には公的年金が含まれない。そ
のため、年金のみで生活する世帯が増えると当初所得のジニ係
数は<u>上昇</u>する。

□ **11** <u>格差社会</u>を示す指標に関する次の表中および文中の空
★ 欄 A ～ D に適する国名または語句を入れよ。国名は
アメリカ、スウェーデン、日本のいずれかが入る。

国名	2000年頃	2018年
A ★	17.1%	17.8%
B ★	15.3%	15.4%
C ★	5.3%	8.9%

A アメリカ
B 日本
C スウェーデン

全世帯の中で**所得中央値の世帯の半分未満の所得しか
ない世帯の割合**を D ★ といい、階層間の<u>格差</u>を
示す指標として注目されている。

D 相対的貧困率

◆<u>相対的貧困</u>とは、世帯の所得が、その国の等価可処分所得の中
央値の半分に満たない状態を指し、一般的な水準から比べて生
活に困窮しているとされる。日本の<u>相対的貧困率</u>は、2000年
15.3%、09年16.0%、12年16.1%、15年15.7%、18年
15.7%、21年15.4%と高い傾向にあり、<u>格差</u>が続いていると
推測される。また、18歳未満の「子どもの貧困率」は、21年が
11.5%と**子どもの9人に1人が貧困状態**にある。2014年には
「子どもの貧困対策の推進に関する法律（子どもの貧困対策法）」
が施行された。

8 経済成長率と景気変動

□ **1** 1年間の生産総額の増加率を ★★★ という。正確に
★★★ は ★★★ の**対前年度伸び率**で表される。

経済成長率,
国内総生産(GDP)

□ **2** 物価変動分を考慮しない**名目 GDP の伸び率の前年比**
★★★ を ★★★ 、名目 GDP から1年間の物価変動分を控
除した**実質 GDP の伸び率の前年比**を ★★★ という。

名目経済成長率,
実質経済成長率

◆<u>名目経済成長率</u>は、名目上の GDP 金額（＝生産金額）の増加率
を示す。一方、<u>実質経済成長率</u>は、名目 GDP 金額から物価変
動分を除いているので、生産量（規模）の増加率を示す。

☐**3** 名目**経済成長率**（%）=
★★

$$\frac{\boxed{★★}\text{の名目 GDP}-\boxed{★★}\text{の名目 GDP}}{\text{基準年次の名目 GDP}}\times 100$$

比較年次，基準年次

☐**4** 実質**経済成長率**（%）=
★★

$$\frac{\boxed{★★}\text{の実質 GDP}-\boxed{★★}\text{の実質 GDP}}{\text{基準年次の実質 GDP}}\times 100$$

比較年次，基準年次

$$\text{実質 GDP}=\frac{\text{名目 GDP}}{\boxed{★★}}\times 100$$

GDP デフレーター

◆ GDP デフレーターとは、基準年次の物価水準を100で示した際の比較年次の**物価水準を示す指数**（百分率）。例えば、10%物価が上昇すれば110、10%物価が下落すれば90となる。

☐**5** 昨年の実質 GDP が100兆円、今年の名目 GDP が150
★★ 兆円で、1年間で物価が10%上昇した場合、昨年から今年にかけての実質経済成長率は約 ★★ %である。

36.4

◆今年の実質 GDP =150兆円÷110×100≒136.4兆円
（136.4兆円－100兆円）÷100兆円×100=36.4%

☐**6** 次の表は、日本の2021年と22年の**名目 GDP**（概数）
★★ と **GDP デフレーター**である。この場合、実質経済成長率は ★★ %（小数点第2位まで）と算出される。

1.75

	名目 GDP	GDP デフレーター
2021年	550.6兆円	101.7
2022年	561.9兆円	102.0

◆計算式は次の通りである。
2021年の実質 GDP =550.6/101.7×100≒541.4兆円
2022年の実質 GDP =561.9/102.0×100≒550.9兆円
実質経済成長率=（550.9－541.4）/541.4×100≒1.75%

☐**7** ★★★ では**名目経済成長率＞実質経済成長率**、
★★★ ★★★ では**名目経済成長率＜実質経済成長率**となる。

インフレ，
デフレ

◆インフレの場合、仮に10%物価が上昇している場合で考えると、生産規模（量）が前年と全く同じ時には実質経済成長率は0%であるが、生産金額は＋10%となり、名目経済成長率は＋10%となる。よって、**名目経済成長率＞実質経済成長率**となる。デフレの場合は、その逆となる。

□ **8** 景気変動とは、景気が「 ★★★ →後退→不況→ ★★★ 」
★★★ の４つの局面を繰り返す**景気循環**のことである。

好況，回復

◆景気が急激に後退することを恐慌という。1929年10月、アメリカのニューヨーク・ウォール街の株式市場における株価暴落を発端とした恐慌は、瞬く間に各国の経済に影響を与えたことから世界恐慌（世界大不況）と呼ばれる。2020年、新型コロナウイルス感染症（COVID-19）の大流行（パンデミック）は、それ以来の急激な景気後退といわれる。

□ **9** 景気循環の類型の中で、 ★★ が原因となる**50〜**
★★ **60年周期**の景気の長期波動を ★★ の波という。

技術革新（イノ
ベーション），
コンドラチェフ

◆コンドラチェフ循環によれば、1960年代に石炭から石油へのエネルギー革命が見られたことから、2010年代以降には大きな技術革新（イノベーション）が起こる段階に突入しており、イノベーションの周期も短くなっている。現在、AIや水素自動車などの開発が進められている。

□ **10** 景気循環の類型の中で、機械の耐久年数に対応して行
★★ われる ★★ が要因となる**約10年周期**の中期波動
を ★★ の波という。

設備投資，
ジュグラー

◆ジュグラーの波は、資本主義によく見られることから、**基本波動（主循環）**とも呼ばれる。

□ **11** 景気循環の類型の中で、 ★★ が要因となる**約40ヶ**
★★ **月周期**の短期波動を ★★ の波という。

在庫投資（在庫調整），
キチン

□ **12** 景気循環の類型の中で、建築物の建て替えなどの建設
★★ 投資を要因とする**周期18〜20年**の波を ★★ の
波という。

クズネッツ

9 インフレーション、デフレーション

ANSWERS □□□

□ **1** 商品価格(物価)が継続的に**上昇**することを ★★★ と
★★★ いい、 ★★★ の**増加**によって ★★★ が**下落**すること
で引き起こされる。

インフレーション
（インフレ），
流通通貨量，貨幣
価値

□ **2** 物価が**急上昇**するインフレを ★ =インフレという。
★

ハイパー

◆しのびよるインフレをクリーピング=インフレ、かけ足のインフレをギャロッピング=インフレといい、インフレの進む速さは「クリーピング→ギャロッピング→ハイパー」の順に大きくなる。

□ **3** **総需要**が**総供給**を**上回る** ★★★ によって生じる物価
★★★ 上昇のことを ★★★ =インフレという。

超過需要，
ディマンド=プル

□ **4** 所得増加に伴う**消費需要の拡大**を原因とするインフレ
★★ を ★★ インフレという。

消費

□ **5** 銀行の貸出超過、すなわち ★★ を原因とするイン
★★ フレを ★★ インフレという。

オーバーローン,
信用

□ **6** **赤字公債の発行**による**財政支出の拡大**を原因とするイ
★★ ンフレを ★★ インフレという。

財政

□ **7** 輸出拡大に伴う**国内通貨量の増加**を原因とするインフ
★★ レを ★★ インフレという。

輸出

□ **8** 供給側の**コスト（費用）の値上がり**が商品価値に転嫁され
★★ て発生する**物価上昇**のことを ★★ ＝インフレという。

コスト＝プッシュ

　◆石油危機（オイル＝ショック）当時の輸入原油の値上がりによっ
　　て生じた物価上昇は、コスト＝プッシュ＝インフレの1つである。

□ **9** **輸入原材料の値上がり**分が商品価格に転嫁されること
★ で発生する**インフレ**を ★ インフレという。

輸入

□ **10** 通貨増発などで**政策的にインフレを起こして**国の債務
★ の実質的価値の減少を図る考え方を ★ 論という。

調整インフレ

□ **11** デフレーション（デフレ）は、**流通通貨量**の ★★★ に
★★★ より貨幣価値が ★★★ することで引き起こされる。

減少,
上昇

□ **12** **デフレが不況を招き**、さらに**不況がデフレを招く**ような
★★★ **悪循環**を ★★★ という。

デフレ＝スパイラル

　◆デフレが極度に進み価格破壊が生じると企業経営が悪化して不
　　況となり、デフレ＝スパイラルに陥るおそれがある。

□ **13** 土地や株などの資産値下がりに伴う担保価値の下落に
★★ よる銀行借入の減少や、**心理的な消費需要の減退**を原
因とする**デフレ**を ★★ デフレという。

資産（ストック）

□ **14** ★★ の進行による**輸入原材料や輸入製品の値下が**
★★ り、**割安な外国製品の大量流入**を原因とするデフレ
を ★★ デフレという。

円高

輸入

□ **15** 流通の簡素化、ディスカウント・ショップの台頭を原
★ 因とする**デフレ**は ★ **コストの値下がり**によるも
のといえる。

流通

□ **16** デフレ時には、**土地や建物や金**などの ★★ **資産は**
★★ **値下がりする**ので、その所有者にとって不利になる。

有形

□**17**
★★
インフレ時には、**借金(債務)の実質価値が**減少するので ★★ に有利、 ★★ に不利となる。反対に、デフレが進行すると、**貨幣価値は**上昇するので ★★ に有利、 ★★ に不利となる。

債務者, 債権者,
債権者,
債務者

◆インフレ時には物価上昇により通貨価値が下がるため、借金の価値も下がり、債務者**は得をする**(債務者利得)。一方、デフレ時には物価下落により通貨価値が上がるため、債務(借入金)の実質的価値も上がり、債務者**は損をする**(債務者損失)。

□**18**
★★★
1999～2000年代半ばまで、物価は ★★★ の傾向が続き、いったんその傾向が止まった後、08年9月の ★★★ 以降、09年から10年代に入って再び ★★★ の傾向が明らかになった。

デフレ

リーマン=ショック,

デフレ

10 通貨制度と日本銀行の役割

ANSWERS □□□

□**1**
★★
通貨には ★★ 通貨と ★★ 通貨がある。

現金, 預金

◆預金通貨には、当座預金を担保に流通する小切手などがある。

※順不同

□**2**
★★
景気・物価対策として、金融機関や中央政府を除く**民間部門や地方公共団体が保有する通貨総量**である ★★ の管理が重視されている。

マネーストック

◆かつては、マネーサプライ(通貨供給量)と表現されていた。

□**3**
★★
マネーストック(マネーサプライ)の指標に関する次の図の空欄 A ～ C にあてはまる適語を答えよ。

〈通貨の種類〉〈具体例〉

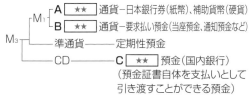

A　現金

B　預金

C　譲渡性

◆その他、マネーストックには M₁ に準通貨(定期性預金)と譲渡性預金(CD)を加えて計算される M₃ がある。M₃ は現金通貨＋預金通貨＋準通貨＋CD(預金通貨、準通貨、CDの発行者は**全預金取扱機関**)と定義され、現在、日銀は M₃ を重視している。M₃ は外貨預金も含み、M₃ に投資信託などを加えたものを広義流動性と表現する。なお、M₂(現金通貨＋預金通貨＋準通貨＋CD(預金通貨、準通貨、CDの発行者は**ゆうちょ銀行を除く国内銀行など**))も存在する。

□**4**
★★ 紙幣は金属との交換性を認める ★★ **紙幣**から認めない ★★ **紙幣**へと移行していった。

◆兌換の対象となる金属は金、銀などである。

兌換,
不換

□**5**
★★ 資本主義の発達に伴って、用いられる貨幣自体に価値を含む必要がなくなっていく現象は一般に ★★ の法則と呼ばれ、この法則を端的に表す言葉として「 ★★ **は良貨を駆逐する**」が知られる。

グレシャム

悪貨

□**6**
★ 通貨（貨幣）の機能には、**商品の価値**を表す ★ 、**商品を交換**する媒体としての ★ **手段**、**債務を決済**する支払手段、財産として富を蓄えておく ★ 手段、世界貨幣として国際取引を決済することなどがある。

価値尺度,
流通（交換）,
価値貯蔵

□**7**
★★★ 通貨制度は、19世紀の ★★★ 制から、1930年代の世界恐慌の中で ★★★ 制に移行した。

金本位,
管理通貨

□**8**
★★ 金本位制では通貨を普遍的価値のある金貨それ自体とする ★★ 制も見られたが、国が保有する金の量を基礎にして金との交換性が保証された ★★ 紙幣を発行する制度が採用された。

金貨本位,
兌換

□**9**
★★★ 管理通貨制とは、金との交換性がない ★★★ 紙幣が、国の信用によって流通する制度である。

◆世界恐慌後は、ほとんどの国が管理通貨制を採用している。

不換

□**10**
★★ ★★ とは、インターネット上でやり取りが可能な財産的価値である。

◆暗号資産（仮想通貨）は、国や中央銀行が発行する**通貨（法定通貨）ではない**。代表例はビットコインやイーサリアムなどで、交換所や取引所と呼ばれる暗号資産交換業者から入手・換金できるが、利用者の需給関係などから、その価格は変動しがちである。また、不正アクセスによって業者の外部に送金（流出）されるおそれや、麻薬取引といった反社会的活動により不正に得た現金の名義などを変更する**マネーロンダリング（資金洗浄）**に用いられる危険性が指摘されている。なお、暗号資産とは仮想通貨を表す国際標準の呼称で、2019年より日本政府も用いている。

暗号資産（仮想通貨）

□**11**
★★★ **日本の中央銀行となる** ★★★ は、1882年に株式会社に類似した特殊銀行として設立された。

◆1942年制定の日本銀行法（日銀法）で政府認可で設立される特殊法人となった。

日本銀行（日銀）

□**12** 日銀の三大業務は、唯一の ★★ 銀行、 ★★ の銀
★★　行、政府の銀行とされる。

発券，銀行

　◆日銀は紙幣を発行する唯一の銀行である。なお、硬貨（補助貨幣）
　　は政府が発行する。

□**13** 1997年の日本銀行法改正により、日銀の ★ 省か
★　らの独立性と透明性が保証された。

大蔵

　◆2001年より、大蔵省は金融監督権限や金融企画権限が縮小され
　　て財務省となっている。

□**14** 日銀の金融政策は、日銀の代表者である ★★ をは
★★　じめとした計9名で構成される ★★ で決定される。

日本銀行総裁（日
銀総裁），
日銀政策委員会

　◆1997年の日本銀行法改正（98年施行）で同委員会への政府代表
　　常時2人参加という制度を廃止するとともに、内閣による日銀
　　総裁解任権と日銀への業務命令権を廃止し、日銀政策の独立性
　　が確保された。

□**15** 金利政策の1つとして、日銀は市中銀行に対して行う
★★★　貸付の金利である ★★★ を上下させることを重視し

公定歩合

てきたが、1994年に金利自由化が完了し、市中金利が
公定歩合に連動しなくなったことから、日銀の貸付金
利は ★★★ の上限を画する役割を担うことになった。

無担保コールレー
ト翌日物

　◆2006年、日銀は公定歩合を「基準割引率および基準貸付利率」と
　　表示することにした。

□**16** 市中銀行は預金に対する支払準備のために、預金の一
★★★　定割合を日本銀行に預けなければならないが、この割
合を ★★★ （預金準備率）という。

支払準備率

□**17** 為替の変動が激しく、関係する国の経済に及ぼす影響
★★★　も大きくなることが予測される場合は、 ★★★ 銀行
が為替の売買を行うことで、市場を落ち着かせようと
することがある。これを ★★★ と呼んでいる。

中央

外国為替市場介入
（為替介入）

□**18** ★★★ とは、日銀が市中の民間金融機関との間で直
★★★　接的に有価証券を売買することを通して、市中の資金
量を調整していく政策である。

公開市場操作（オー
プン゠マーケット゠
オペレーション）

□**19** 金利政策として、景気過熱・インフレ対策では日銀が
★★★　金利を ★★★ のに対し、景気停滞・デフレ対策で
は ★★★ る。

引き上げ，
引き下げ

　◆引き上げて市中金利も引き上げられれば借りにくくなり、流通
　　通貨量が減ることから、景気過熱・インフレを抑制できる。

227

□**20**
★★★
公開市場操作として、**景気過熱・インフレ対策**では
★★★ を、**景気停滞・デフレ対策**では ★★★ を行う。

◆日銀が有価証券の売りオペを行えば、**市中金融機関の手持ち資金が減少**し、**貸出も減少**する。すると、**流通通貨量が減少**するため、**景気過熱・インフレを抑制**できる。

売りオペレーション (売りオペ)，買いオペレーション (買いオペ)

□**21**
★★★
支払 (預金) 準備率操作として、**景気過熱・インフレ対策**では支払準備率を ★★★ るのに対し、**景気停滞・デフレ対策**では支払準備率を ★★★ る。

引き上げ，
引き下げ

□**22**
★
日銀は金融機関が日銀に提供している担保の範囲内であれば、**金融機関の求めに応じて自動的に融資する制度**を採用している。これを ★ 制度という。

◆日銀の融資は基準金利で行われるため、銀行間の貸借金利が基準金利よりも高い場合、銀行は日銀から借りてしまうことから、**銀行間のコールレートは低めに誘導**されていく。

ロンバート型貸出

□**23**
★★★
日銀が金融市場の国債を買うことと同時に、**市場に資金を供給する国債の買入れ**は、 ★★★ の一種である。

◆2000年代初めに量的金融緩和政策として日銀が実施した買いオペは国債を再び売り戻す条件なしに買い取ってしまう国債買い切りオペレーションと呼ばれる方法で行われた。なお、20年4月に日銀は**金融政策決定会合**で、**金融機関から買い入れる国債の保有を銀行券 (紙幣) の発行残高以下に抑える**という自主ルール (日銀券ルール) を撤廃し、上限を設けずに購入を行う**無制限買いオペ**を実施した。新型コロナウイルス感染症 (COVID-19) 対策で政府は支出する多額の財政出動の財源として借入金となる新規国債を大量発行し、いったん市中金融機関に引き受けてもらうが、売れ残った国債については日銀が増発した通貨で買い取り、財政を金融で下支えしていた (「財政ファイナンス」)。

買いオペレーション (買いオペ)

□**24**
★★★
日銀が、市中銀行が保有する有価証券 (手形、小切手、国債) の買いオペを実施し、資金供給を行う政策を ★★★ 的金融緩和という。**2004年1月から06年3月まで日銀当座預金残高目標は30〜35兆円**とされた。

◆日銀当座預金は**各銀行が日銀に持っている預金口座**で、買いオペ代金などが振り込まれる。2006年に入り、小泉政権は景気回復を完了させたとの判断から、同年3月に**日銀当座預金目標の設定を廃止**することによりいったん**量的金融緩和を中止**し、同年7月には**ゼロ金利政策も中止**し利上げを行った。しかし、リーマン＝ショックによる景気減退を受けて、**10年10月にはゼロ金利が復活**し、13年4月には量的金融緩和が復活する。なお、買い入れる国債の期間を伸ばすことや、リスクのある資産を積極的に買い入れることを質的金融緩和と呼ぶ。

量

□**25** 2000年代初めに<u>量的金融緩和政策</u>として日銀が実施し
★ た、**買い取った国債を再び売り戻す条件なしで買い
取ってしまう方法**を ★ という。

国債買い切りオペ
レーション

□**26** 日本では、世界では**禁じ手**と呼ばれる、銀行が保有す
★ る ★ や**投資信託**、最近では**不動産投資信託**など
を<u>買いオペ</u>の対象に加えていた。

株式

◆株価指数連動型上場投資信託は ETF、日本国内の不動産関連投
資信託は J-REIT（J リート）と呼ばれる。

□**27** 日本の公定歩合が最も高い<u>9％</u>を示したのは**1970年代**
★★★ の ★★★ 対策時だが、<u>2001</u>年<u>9</u>月の同時多発テロに
よる不況対策として、06年7月まで ★★★ ％とい
う**超低金利政策**を実施した。

石油危機（オイル=
ショック）、
0.1

□**28** バブル崩壊後の長期不況対策として、**銀行間で担保な
★★★ しに翌日まで資金を貸借する際の金利**である ★★★
を、手数料を除くと実質<u>0</u>％とした。これを ★★★ **金
利政策**という。

無担保コールレー
ト翌日物、
ゼロ

◆「無担保コールレート翌日物」は、1999年2月～2000年8月には
手数料を除くと実質<u>ゼロ金利</u>となった。いったんこれは解除さ
れたが、01年3月～06年7月まで再び<u>ゼロ金利</u>となり、10
年10月以降も<u>ゼロ金利</u>が実施されている。

□**29** ★★ **政策**とは、<u>デフレ</u>**状態を脱却**するために**積極
★★ 的な**<u>インフレ</u>**政策**で市場の心理を回復させ、<u>インフレ</u>
期待感や景気回復期待感の高まりを目指すものである。
2013年3月に就任した<u>黒田東彦</u>**総裁**の下、日銀は**第二
次**<u>安倍晋三</u>**内閣の経済政策**「<u>アベノミクス</u>」と政策協調
し、 ★★ を設定し、消費者物価上昇率目標を**年率**
★★ ％**と設定**し、**大胆な金融緩和**に踏み切った。

リフレ（リフレー
ション）

インフレ=ターゲッ
ト、
2

◆「**再膨張**」を意味する<u>リフレ（リフレーション）</u>とは、<u>デフレ</u>か
ら<u>インフレ</u>に移行する途中の状況を指す。なお、いくつかの政
策手段を用いて政策目的を実現することを<u>ポリシー=ミックス</u>
という。例えば、景気を回復させるために**金融政策**だけでなく
為替政策や財政政策などを複合的に行うことを指す。

□**30** 第二次安倍内閣のアベノミクスにおいて、日銀は市場
★★★ に存在する現金と市中銀行が保有する**日銀当座預金残
高の合計**である ★★★ を、2012年末の138兆円か
ら、14年末には270兆円と約2倍に増やす目標を設
定し、「異次元の金融緩和」ともいう ★★★ を続けた。

マネタリーベース
（ベースマネー、ハ
イパワードマネー）

量的・質的金融緩
和

◆「異次元の金融緩和」は、市中のマネタリーベースの増加を図る
ものである。2014年末までの2倍目標は達成され、21年12月
末には約670兆円と5倍に迫る勢いであった。新型コロナウイ
ルス感染症（COVID-19）対策として市場に流通する現金が増額
されていた。

□**31** 2016年2月、金融機関（市中銀行）が日銀に預けてい
★★★ る当座預金の一部に ★★★ 金利を適用し、市中に出
回る通貨量の増加を促す政策を行った。

マイナス

◆マイナス金利の適用により、金融機関は日銀にお金を預けてい
ると利子を支払わなければならず、損をすることになる。その
ため、日銀に預けておくよりも企業や個人などへ積極的に貸出
を行う方が得であると考え、市中にお金が出回ることが期待さ
れる。経済活性化とデフレ脱却を目指す「アベノミクス」の「異
次元の金融緩和」の1つに位置づけられる。

□**32** 日銀のマイナス金利政策によって起こることが予測さ
★★★ れる市場や社会の動きについて、空欄**A〜F**にあては
まる語句を答えよ。

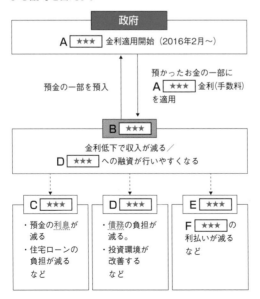

A マイナス

B 金融機関
（市中銀行）

C 家計

D 企業

E 政府

F 国債

11 金融と金融機関の役割

□ **1** **市中銀行の三大業務**は、[★★★] 業務、[★★★] 業務、
★★★ 遠隔地間の支払いや送金を銀行が代行する為替業務である。

□ **2** 遠隔地取引の決済手段である為替について、二国間貿
★★ 易の為替による決済の基本的な仕組みを説明した、次
の図中の空欄 **A ～ C** に、①支払いを確約する信用状
(L/C)、②為替手形・船積み書類、③自国通貨のどれ
があてはまるか答えよ。

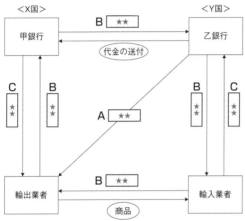

(注) 代金の決済は、複数の為替取引の相殺を活用して行われる。
Aは、輸出業者の依頼の下に乙銀行から甲銀行に送られる場
合もある。

◆ 上記の決済をX国 (日本) の会社が自動車をY国 (アメリカ) の
会社に輸出するケースで説明する。売買契約後、アメリカの輸
入業者がアメリカの乙銀行に **A** (①支払いを確約する信用状 (L/
C)) を発行するように求め、日本の輸出業者に通知するよう依
頼する。日本の輸出業者は **B** (②為替手形・船積み書類) を日本
の甲銀行に買い取らせ、甲銀行から **C** (③自国通貨：円) で支払
いを受け取る。甲銀行は乙銀行へ **B** を引き渡し、一方、アメリ
カの輸入業者はアメリカの乙銀行に **C** (③自国通貨：ドル) で支
払いを行う。最後に、立替払いをしていた日本の甲銀行はアメ
リカの乙銀行から**決済代金の送付**を受け、同時に乙銀行は輸入
業者に **B** を渡す。アメリカの輸入業者はそれを日本の輸出業者
に呈示して自動車という商品を受け取ることになる。

A ①

B ②

C ③

VII 経済分野

11 金融と金融機関の役割

231

□**3** 銀行が当座預金（小切手）による貸付操作を繰り返すこ
★★★　とで、初めの**本源的預金量以上の預金通貨を一時的に
創造する**ことを ★★★ といい、 ★★★ 率が小さい
ほど生み出される総額は大きくなる。

信用創造，支払準
備（預金準備）

□**4** 本源的預金が100万円、支払準備率が10%だと仮定
★★　すると、銀行全体で生み出される信用創造総額は
★★ 円となる。

900万

◆預金総額＝$\dfrac{本源的預金}{支払準備率}$＝$\dfrac{100万円}{0.1}$＝1,000万円

新たに生み出される信用創造総額＝預金総額－本源的預金＝
1,000万円－100万円＝900万円

□**5** 銀行が不良債権の拡大を防ぐために貸出の審査を厳し
★★★　くして貸出を抑えることを ★★★ といい、そのこと
によって ★★★ が発生する。

貸し渋り，
クレジット=クラ
ンチ（信用収縮）

◆2002年、小泉政権下では総合デフレ対策として不良債権を処理
し、貸し渋りを防止する政策が掲げられた。

□**6** 返済期日前の貸付金を銀行が取り立てに行くことを
★★　 ★★ という。

貸しはがし

□**7** 企業が有価証券などを発行して**市場から資金を集める
★★★　方法**のことを ★★★ 金融という。

直接

◆例えば、自社の株式の発行は直接金融であり、返済の必要がな
い**自己資本**である。自己資本には、企業の内部留保（利益から税
や配当などを除いた残りのもので、社内に蓄積されたもの）によ
る**自己金融**がある。社債の発行も直接金融で、一定の時期に利
子をつけて返済する必要がある**他人資本**である。

□**8** 直接金融の具体例としては、 ★★★ や ★★★ の発
★★★　行による資金調達がある。

株式，社債
※順不同

□**9** 企業が**銀行からの借入によって資金を集める方法**のこ
★★　とを ★★ 金融という。

間接

◆国民が銀行に預金した資金が、銀行を媒介にして企業に貸し付
けられることから、間接金融と呼ばれている。銀行からの借入
（銀行融資）は間接金融であり、返済の必要があるため**他人資本**
である。

□**10** 日本企業は間接金融方式によって高度経済成長を達成
★★　したが、バブル期以降、株式発行による直接金融は
★★ 傾向にある。

増加

□**11** 企業の資金調達について、**アメリカでは** ★★★ 金融
★★★ **方式**、**日本では** ★★★ 金融**方式**が中心である。

> ◆日本では**伝統的に**間接金融**方式が中心**であったことから、**日銀
> が行う金利政策**は企業の投資に**直接的影響を及ぼし効果的**で
> あったが、最近は間接金融**への依存度が低下**し、金利政策の効
> 果は薄れつつある。

直接,
間接

□**12** 企業が発行する株式などを購入する形で資金を提供す
★★★ る資金調達方法である ★★★ 金融の重要性が指摘さ
れ、金融制度や金融業務などにかかわる規制を緩和す
る**日本版**金融 ★★★ と呼ばれる改革が行われた。

直接

ビッグバン

□**13** **金融の自由化**には、 ★★★ の**自由化**と ★★★ の**自由**
★★★ **化の２つ**がある。

金利, 金融業務
※順不同

□**14** **金融ビッグバン**の内容には、**銀行、信託、証券、保険**
★★★ **の相互参入**、 ★★★ **関連業務の自由化**、 ★★★ の解
禁、**証券取引手数料の自由化**などがある。

外国為替, 持株会
社

□**15** 日本版金融ビッグバン(日本版ビッグバン)の３つの原
★★★ 理は、「 ★★★ (自由)・ ★★★ (公正)・ ★★★ (国
際化)」である。

> ◆金融ビッグバンによる**金融の自由化**は、1983年の日米円ドル委
> 員会で円を国際化する前提として**日本に対するアメリカの金融
> 市場の開放要求**とともに、**金融国際化の中で国際競争力のある
> 金融を育成する**という国内事情がある。

フリー, フェア, グ
ローバル

□**16** 金融ビッグバンでは ★★ 法を改正して、**証券取引**
★★ **手数料を自由化**した。

証券取引

□**17** アメリカからの金融市場開放と規制緩和要求の下、**日**
★★ **銀が各市中銀行の設定する金利を決定する** ★★ が
廃止され自由金利になるとともに、**日銀や大蔵省（現
在の財務省や金融庁）が金融機関を保護する「** ★★
方式」が事実上廃止された。

> ◆金利政策や公定歩合操作、支払準備率操作などを補完する役割
> として、かつて日銀は市中銀行に対して３ヶ月ごとに貸出増
> 加枠を指示する窓口規制と呼ばれる行政指導を行っていたが、
> 1991年に廃止された。

規制金利

護送船団

□**18** アメリカにおける住宅ローン**債権**は ★★ 化され、
★★ ★★ **機関**による ★★ を取得して世界中の金融
機関・機関投資家などに販売された。

証券,
(信用)格付け, (信
用) 格付け

233

□**19** 金融ビッグバンの一環として、**独占禁止法が改正され**
★★★ て **★★★** が解禁され、**金融のグループ化や再編が進**
み、 **★★★** が形成された。

持株会社（金融持
株会社）、
メガバンク

◆第一勧業銀行、富士銀行、日本興業銀行が合併してみずほ銀行
が、住友銀行とさくら銀行が合併して三井住友銀行が、UFJ ホー
ルディングスと三菱東京フィナンシャルグループが合併して三
菱東京 UFJ 銀行（2018年４月、三菱 UFJ 銀行に改称）が生ま
れ、**三大メガバンク・グループ**となる。

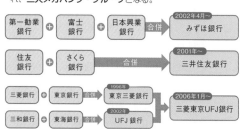

□**20** **破綻銀行への預金**は **★★★** 制度により**全額保護され**
★★★ てきたが、**保護上限を預金**元本1,000万円＋**利子**までで
遮断するという **★★★** が**解禁**された。

預金保険

ペイオフ

◆2005年、日本では利子なし預金を除き本格的にペイオフが解禁
されたが、**10年秋に日本振興銀行が破綻**し、初めてペイオフが
適用された。

□**21** 銀行が保有する回収不能ないし著しく回収困難な貸付
★★★ 金を **★★★** という。

不良債権

□**22** 国際決済銀行（BIS）規制の自己資本比率 **★★** ％を
★★ 下回る不健全銀行（破綻懸念銀行）に対して、リストラ
を条件に**公的資金を投入**することなどを定めた、1998
年に制定された３年間の時限立法を **★★** 法という。

8

金融再生関連

□**23** 金融再生関連法では、破綻銀行は**一時的に国営企業で**
★★★ **ある** **★★★** **を設立**して経営再建を図り、営業譲渡先
を探す。

ブリッジバンク
（つなぎ銀行）

◆時限切れの金融再生関連法の内容をほぼ引き継いで恒久化され
たのが**預金保険法第102条**である。これによると、**金融危機対
応会議が自己資本の不足する銀行の破綻認定**を行い、**破綻銀行
の一時国営化や公的資金投入**などの金融再生措置を決める。

□ **24** 現在、旧大蔵省が持っていた**金融監督権限**と**金融企画**
★★★ **権限**は、 ★★★ が持つようになった。

金融庁

◆旧大蔵省の不祥事から1998年に大蔵省の金融監督権限が剥奪され、<u>金融監督庁</u>が創設された。2000年には**金融監督庁**と**旧大蔵省の金融企画局部門が統合**されて<u>金融庁</u>となった。

□ **25** 旧政府系金融機関のいくつかは、2006年の ★★ 法
★★ の成立を受けて、 ★★ 公庫、**中小企業金融公庫**、**農**
林漁業金融公庫、**国際協力銀行**の国際金融業務が合体
して ★★ 公庫に統合された。

行政改革推進,
国民生活金融

日本政策金融

◆**国際協力銀行の海外経済協力業務**は<u>国際協力機構（JICA）</u>に合流した。<u>日本政策投資銀行</u>と**商工組合中央金庫**は、持株会社となった後、2008年より5〜7年間での<u>民営化</u>が決まったが先送りされ、商工組合中央金庫は2023年3月に2年以内に完全民営化するとの方針が固まった。<u>日本政策投資銀行</u>は完全民営化はしないでおくべきとの主張も根強い。

□ **26** 次の図は、ある地方銀行の**貸借対照表**（以下、B/S）で
★★ ある。総資産のうち、貸出金70を持つが、そのうち
の30が不良債権である。この損失を自己資本で補塡
して処理する場合、不良債権処理後のB/Sにおける
自己資本は ★★ 、総資本は ★★ となる。

10, 70

【総資産】	【総資本】
貸出金：70	預金：60
（うち、不良債権：30）	
その他：30	自己資本：40

◆不良債権30を自己資本40から補塡するので、総資本として残る自己資本は、40−30＝10となる。その結果、総資本は、預金60＋自己資本10＝70である。

12 財政~機能・政策・構造

ANSWERS □□□

□ **1** 財政の機能には、**公共財と公共サービスを提供**する
★★★ ★★★ 機能、**貧富の差を解消**させる ★★★ 機能、景
気や物価状況に対応して**増減税を行ったり財政支出を**
増減させたりする ★★★ 機能の3つがある。

資源配分調整, 所
得再分配
経済安定化

◆<u>資源配分調整機能</u>を果たすために、政府は利潤を追求する民間では提供されにくい**公共財や公共サービス**を採算がとれなくても提供する。そのために税金を徴収している。

□2 **所得再分配機能**を果たすために、政府は直接税である
★★★ <u>所得税</u>に ★★★ を導入して高所得者から高率の税を
徴収し、その資金を**生活保護や失業保険など**の ★★★
によって低所得者に移転する。

累進課税,
社会保障給付

◆財政規模を縮小して「<u>小さな</u>**政府**」を実現すべきであるという考
え方においては、<u>社会保障関係費</u>を削るべきであるという主張
が出されている。

□3 次のグラフは、2013年度税制改正以降の**所得税の累進**
★★ **課税率**を示したものである。この内容を前提とした場
合、**課税所得1,000万円**の人が支払うべき所得税額
は ★★ 円である。

176万4,000

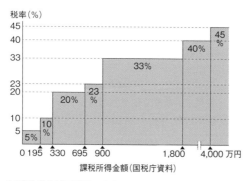

税率(%)

◆計算方法は以下の通りである。
195(万円)×0.05+(330(万円)-195(万円))×0.1+
(695(万円)-330(万円))×0.2+(900(万円)-695
(万円))×0.23+(1,000(万円)-900(万円))×0.33=
<u>176万4,000</u>円

□4 **経済安定化機能**を果たすために、景気動向に対応して
★★★ 政策的、裁量的に財政支出を伸縮させる ★★★ (補整
的(伸縮的)<u>財政政策</u>)と、あらかじめ設置した財政メ
カニズムが**景気を自動的に調整**する ★★★ の2つが
ある。

フィスカル=ポリ
シー
ビルト=イン=スタ
ビライザー

◆不況の場合に、公共事業の増加や前倒しでの実施、減税で有効
需要の増加を図るといった**政府の裁量的な財政政策**が<u>フィスカ
ル=ポリシー</u>(補整的(伸縮的)<u>財政政策</u>)である。

□5 景気過熱対策としての<u>フィスカル=ポリシー</u>は、**歳入面**
★★★ では ★★★ を、**歳出面**では財政支出の ★★★ を
行って<u>流通通貨量</u>を<u>減少</u>させることである。

増税, 削減

□**6** 景気停滞対策としての<u>フィスカル=ポリシー</u>は、**歳入面**
★★★ では ★★★ を、**歳出面**では財政支出の ★★★ を
行って<u>流通通貨量</u>を<u>増加</u>させることである。

減税, 拡大

□**7** 財政政策と金融政策などを組み合わせて実施すること
★ を一般に ★ という。

ポリシー=ミックス

□**8** **予算**には、通常の歳入・歳出の会計である<u>一般会計</u>、国
★★ が特定の事業を特定の資金の運用や特定の歳入で行う
★★ 会計、国が全額出資する法人などの予算であ
る ★★ 予算の3つがある。

特別,
政府関係機関

◆<u>特別会計</u>は官僚の「ヤミの財布」とも呼ばれ、主務官庁に使途を
丸投げする**委任予算**という性質を持つ。小泉内閣下では31存在
したが、2014年には第二次安倍内閣下で15に、18年には13
に統廃合された。

□**9** ★★ 主義は「国の財政を処理する権限は、国会の議
★★ 決に<u>基づいて</u>、これを行使しなければならない」とする
憲法<u>第83条</u>の規定を指す。

財政国会中心
(国会財政中心,財
政民主)

◆なお、予算成立後に経費の不足や、新たな経費の必要が生じた
場合、内閣の責任において支出できるあらかじめ定められた予
算部分を<u>予備費</u>という。2020年度に政府は<u>新型コロナウイルス
感染症(COVID-19)</u>の対策として3度の補正予算を経て確保
した予備費から、ワクチン確保、中小企業や貧困世帯への支援、
入国検疫強化などに支出することを決めた。

□**10** 日本の会計年度は ★★ から翌年 ★★ **月末日**ま
★★ でで、それまでに国会が本予算を可決できない際には
<u>日常的な</u>**必要最小限度の予算**を ★★ 予算として執
行する。

4月1日, 3

暫定

□**11** 会計年度途中に予算を追加・変更するために作成され
★★ る予算を ★★ 予算といい、その中には新項目を付
け加える ★★ 予算と特定項目から他項目への資金
流用を行う ★★ 予算がある。

補正,
追加,
修正

□**12** **国の予算**は、その執行を終えると、会計年度ごとに<u>内
★★ 閣</u>が決算を作成して ★★ に送付する。その検査を
終えたのち、次の年度に<u>内閣</u>は決算に決算報告を添付
して ★★ に提出し、審議・承認を受ける。

会計検査院

国会

◆<u>国会の審議を通じて主権者たる国民の意思が反映</u>される点が<u>財
政国会中心主義</u>のあらわれである。

□13 財政は**均衡財政が原則**であるが、**デフレ・不況対策と**
★★★ して行うべきなのは ⬚★★★ 財政、**インフレ・景気過**
熱対策として行うべきなのは ⬚★★★ 財政である。

赤字（積極）,
黒字（緊縮）

□14 **一般会計歳出**のうち ⬚★★★ の占める割合は<u>社会保</u>
★★★ <u>障</u>
<u>関係費</u>、<u>国債費</u>に続いて大きいが、いわゆる<u>三位一体</u>
<u>の改革</u>により、その額は**削減の方向**にある。

地方交付税交付金

□15 **1998～99年**は小渕内閣下で赤字国債が増発され、<u>国債</u>
★★ <u>依存度</u>は ⬚★★ ％を超えたが、その理由は**破綻金融**
機関への ⬚★★ **投入**などにあった。

40,
公的資金

□16 2009年度は**世界的経済危機**のため税収の中でも ⬚★★
★★ 税収が大幅に減少し、<u>租税収入＜国債収入</u>となった。

法人

◆2009年度は<u>リーマン=ショック</u>**不況による税収減少**を補うため
に<u>国債依存度</u>が当初予算で37.6%にはね上がり、補正後は国
の「<u>租税収入</u>**＜**<u>国債収入</u>」となり、最終的には51.5%となった。
2011年3月11日に発生した東日本大震災復興のため、12年度
は48.9%となった。

□17 2023年度**一般会計歳出**の**第5位**である ⬚★★ 費は、
★★ 1989年の<u>日米構造協議</u>に基づく**内需拡大策**により、
90年代は増加傾向にあった。

公共事業関係

◆2001～06年の小泉内閣の下では<u>公共事業関係費</u>の削減が行われ
た。その後増加もあったが、民主党政権下では、「**コンクリート**
から人へ」というスローガンを<u>マニフェスト</u>（<u>政権公約</u>）に掲げ
たことで、削減が進んだ。

□18 1990年代の日本の財政状況を見ると、歳入は長期不況
★★★ を背景とした税収自体の減少に加え、景気対策として
の ⬚★★★ や ⬚★★★ の**減税**により減少する一方で、
歳出は景気対策としての度重なる<u>公共事業</u>の追加や急
速な高齢化に伴う ⬚★★★ の**増大**が続き、**財政赤字**が
拡大し、財政収支は危機的な状況に陥った。

所得税, 法人税
※順不同

社会保障関係費

□19 橋本内閣は**財政赤字解消策**として**1997年**に ⬚★★ 法
★★ を制定した。

財政構造改革

◆<u>財政構造改革法</u>では、2003年までに国および地方の単年度あた
りの**財政赤字を対GDP比3%以下**とし、**赤字国債**（**特例国債**）
の発行を<u>ゼロ</u>にする目標を掲げた。橋本内閣が取り組んだ<u>中央</u>
<u>省庁のスリム化</u>をはじめとした**行政改革**や**行政コストを削減**す
ることで財政再建を図ることを目的とした。しかし、続く**小渕**
内閣は、<u>赤字国債</u>の**濫発**による財政支出拡大路線に転じ、1998
年に<u>財政構造改革法</u>を凍結した。

□**20** 「三位一体の改革」の一環として、2006年度の税制改正
★★★ で、 ★★★ 税から ★★★ 税への**3兆円規模の**税源
移譲が実施された。

　　◆三位一体の改革の1つである「国から地方への税源移譲」の具体
　　的な方法として、国税である**所得税を**減税し、その減税分は地
　　方税である**住民税を**増税するという方法が実施されている。

所得，住民

□**21** **一般会計歳入**（政府予算案）の主要科目別の割合（%）
★★★ を示した次のグラフの空欄 A、B にあてはまる適語を
答えよ。

その他

2023
年度

| A ★★★ 60.7 | B ★★★ 31.1 |

A　租税・印紙収入
B　公債金（公債、
　　国債）

□**22** **一般会計歳出**（政府予算案）の主要経費の割合（%）を
★★★ 示した次のグラフの空欄 A ～ C にあてはまる適語を
答えよ。

公共事業関係費 5.3
防衛関係費 8.9

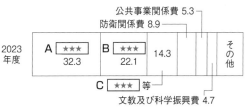

2023
年度

| A ★★★ 32.3 | B ★★★ 22.1 | 14.3 | | その他 |

C ★★★ 等

文教及び科学振興費 4.7

A　社会保障関係費
B　国債費
C　地方交付税交
　　付金

　　◆2023年度政府予算案の一般会計の総額は**114兆3,812億円**と
　　11年連続で過去最大を更新した。また、27年度に防衛関係費
　　を国内総生産（GDP）比2%に引き上げる方針（額としては倍
　　増）から、今後5年間の増額分を賄う**防衛力強化資金**（仮称）が
　　新設され、23年度では3兆3,806億円を計上、これを繰り入
　　れた防衛関係費は10兆1,686億円とされた。

□**23** 国が財政資金を用いて行う、投資や融資などの国家の
★★★ **金融活動**のことを ★★★ という。

　　◆財政投融資は、2001年の改革により、政府の信用力を背景に金融
　　市場から調達した資金などを財源に、民間では困難な**社会資本
　　整備や中小企業への資金供給**などの役割を担うことになった。

財政投融資（財投）

□24 2001年4月以前の**財政投融資**の財源として ★ 、
★ 　★ 、産業投資特別会計があったが、財政資金が
組み入れられることでコスト意識が低下して放漫経営
が行われ、赤字が拡大した。

大蔵省資金運用部
資金，簡易保険資
金 ※順不同

　　◆かつての大蔵省資金運用部資金の原資は、郵便貯金、厚生年金**積**
　　　立金、国民年金**積立金**などであった。

□25 **財政投融資**は巨額の赤字を生んだため、**2001年の制度**
★ **改革**で独立行政法人などの財政投融資機関に融資を行
う特別会計として**財政融資資金特別会計（現在の**
　★ **特別会計）が設置**され、特別会計は ★ を
発行して市場から資金を借入できることになった。

財政投融資，
財投債（財政投融
資特別会計国債）

　　◆財投債とは別に財政投融資機関が自ら市場から借入を行う財投
　　　機関債も認められるなど、自主的な資金調達システムも採用し
　　　ている。

□26 財政投融資の運用先には、**特別会計**、**地方公共団体**、**特**
★★ **殊会社**、**独立行政法人**、**公庫**などの ★★ がある。

政府系金融機関

□27 **財政投融資額**は、従来、一般会計の金額の約 ★★★ ％
★★★ に匹敵する額で、景気調整の役割も果たしていたこと
から、一般会計に次ぐ「 ★★★ 」ともいわれた。

50

第二の予算

　　◆もともと**財政投融資**の使途としては生活関連社会資本に対する
　　　割合が多かったが、近年は**不況対策**が重視され、**中小企業への**
　　　融資の割合が高まりつつあるが、財政投融資の額は大幅に削減
　　　され、現在一般会計の15％程度になっている。

13 租税制度

ANSWERS □□□

□1 納税**義務者**と実際に税を負担する租税**負担者**が同一で
★★★ **ある税を** ★★★ 、納税**義務者**と租税**負担者**が異なり、
租税の価格転嫁を予定する税を ★★★ という。

直接税，
間接税

□2 **直接税**と**間接税**の比率（直間比率）は第二次世界大戦前
★★★ は3.5：6.5であったが、戦後は直接税**中心**となり、近
年はほぼ ★★★ ： ★★★ であったが、消費税**率の引**
き上げで間接税の割合がさらに大きくなった。

6，4

　　◆なお、アメリカは直接税の比率が高いのに対し、ドイツやフラ
　　　ンスなどの**欧米諸国**は間接税の比率が高い。国税における直間
　　　比率（計数：2020年データ）は、**アメリカが7.7：2.3**、**イギリ**
　　　スが5.8：4.2、**ドイツが5.5：4.5**、**フランスが5.5：4.5**で
　　　ある。

□**3** 主な**租税の種類**に関する次の表中の空欄 **A** ～ **E** にあ
★★　てはまる税目を答えよ。

		直接税	間接税
国税		所得税 法人税 A ★★ 贈与税	D ★★ 酒税 たばこ税 揮発油税 自動車重量税
地方税	道府県税	B ★★ 自動車取得税 事業税 不動産取得税 自動車税	道府県たばこ税 ゴルフ場利用税 E ★★ （2019年度 ～ Dの10%のうち 2.2%分）
	市町村税	C ★★ 固定資産税 事業所税 都市計画税	市町村たばこ税 入湯税

◆ **B** と **C** を合わせて住民税という。

A　相続税

B　道府県税

C　市町村民税
D　消費税
E　地方消費税

□**4** 所得税、相続税など、**課税標準が大きくなるのに応じ**
★★★　**て税率が高くなる税**を ★★★ 税という。

累進

□**5** 法人税、消費税など、**課税標準に対して適用される税**
★★　**率が一定である税**を ★★ 税という。

比例

□**6** EU 諸国の ★★★ をモデルに、日本では財やサービス
★★★　の消費に**対して課せられる**間接**税として** ★★★ が導
入されている。

付加価値税,
消費税

□**7** 日本では、1989年4月に税率 ★★★ ％で ★★★ が
★★★　導入され、97年4月から5%、2004年改正では外税
方式から ★★★ **方式**（税込価格表示）となり、14年
4月の ★★★ ％への引き上げではいずれの方式も選
択が可能となった。19年10月に ★★★ ％に引き上
げられたのち、21年4月より税込価格を示す**総額表**
示が義務づけられた。

3, 消費税

内税,
8,
10

□**8** 安倍首相は、2015年10月に予定していた消費税率 ★★★ ★★★ %への引き上げを、**19年10月に実施**した。それに伴い、消費者への負担軽減を目的とした ★★★ が導入され、一部の**生活必需品**の税率は ★★★ %に据え置かれた。

10,

軽減税率,

8

◆軽減税率は持ち帰りなど一定条件を満たした酒類以外の飲食料品、週2回以上発行される新聞（定期購読）などを対象とする。なお、**電気・ガス・上下水道など**は軽減税率の対象外である。

□**9** 現在、消費税には8%と10%という複数税率が設定 ★ され、適用税率の区分が必要になるため、消費税の適正課税を確保する観点から、税抜価格・税額・適用税率など情報が明記された**適格請求書**（伝票）を課税事業者が消費税の納税の際に用いる ★ 制度が、2023年10月より導入予定である。

インボイス

□**10** **生活必需品**に対する**消費税**は、**低所得者の税負担感が** ★★★ **大きくなる**という ★★★ 性を持つ。また、消費者が事業主に支払った消費税のうち、納税されず事業主の手元に残る部分である ★★★ の**発生**が問題点である。

逆進

益税

□**11** **消費税**は、商品やサービスの**すべての購入者に同じ税** ★★★ **率が課される**ために、 ★★★ 的な性質を持ち、 ★★★ **的公平の原則**に反する傾向を持つ。

逆進, 垂直

◆消費税の問題点である逆進性を緩和するために福祉サービス、出産、学校教育、家賃など**非課税品目（非課税取引）**を設けている。

□**12** 税務当局が所得税を課する際に把握できる**所得捕捉率** ★★★ **の不平等**の問題を ★★★ 問題という。

クロヨン

◆所得捕捉率は、雇用労働者（サラリーマン）が9割、自営業者が6割、農業所得者が4割という差が現実に発生している。

□**13** **所得税**における累進課税は、**租税負担において** ★★ ★★ **的公平を図る**という長所の一方で、**クロヨンの問題な** ど ★★ **的公平を失する**という短所がある。

垂直

水平

◆垂直的公平とは、**租税負担能力に応じて租税を負担**して、**実質的平等を図る考え方**。水平的公平とは、**租税負担能力にかかわらず全員が同じ負担**をして、**形式的平等を図る考え方**。消費税は、同一税率の負担を所得の高低にかかわらず課すことで水平的公平を図るという特徴がある。

□**14** ★★ 　　★★ 　　は累進課税であることから、親の世代における資産の多寡が、そのまま子の世代における資産の格差につながることを抑制する効果がある。

相続税

◆所得税は現世代に対する所得再分配を図ることができるが、相続税は世代間の所得再分配を図ることができる。

□**15** ★★★ 国税の内訳（％）を示した次のグラフ中の空欄 A ～ C にあてはまる税目を答えよ。

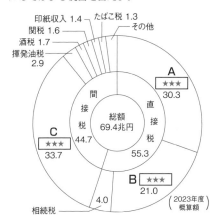

印紙収入 1.4 — たばこ税 1.3
関税 1.6 — その他
酒税 1.7 —
揮発油税
2.9

A ★★★ 30.3

間接税 44.7

直接税 55.3

総額 69.4兆円

C ★★★ 33.7

B ★★★ 21.0

（2023年度概算額）

相続税 4.0

A　所得税

B　法人税

C　消費税

◆国税収入の税目を金額の多い順に並べると、2019年まで所得税・消費税・法人税であったが、19年10月から消費税率が10％に引き上げられたため、以後は消費税が第1位となっている。

□**16** ★★ 使途が限定されない租税を 　★★ 　財源といい、**使途が限定される租税**を 　★★ 　財源という。

一般，
特定

□**17** ★ **所得税が課される最低所得（年収）の基準**を 　★ 　というが、景気過熱対策として増税する場合はその水準の 　★ 　を行うことが、不況対策として減税する場合は 　★ 　ることが有効である。

課税最低限（最低課税水準）
引き下げ，
引き上げ

◆例えば、課税最低限（所得税を課税する年収）を120万円から300万円に引き上げれば、年収300万円以下の人は所得税が免除になるので**減税**となる。逆に、課税最低限を引き下げれば、低所得者にも課税され（「フリーター課税」）実質**増税**となる。

□**18** ★ 都道府県の**法人事業税**を法人の所得に対してではなく**売上高、土地面積、従業員数などをもとに課税**する方式を 　★ 　課税といい、2004年より資本金1億円超の法人に導入された。

外形標準

□**19**
★★★
次のグラフは、**一般会計税収の推移**を示したものである。折れ線**A〜C**の空欄にあてはまる租税の種類を答えよ。

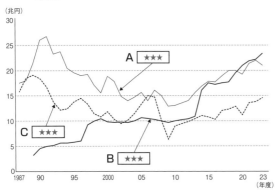

（兆円）

1987 90 95 2000 05 10 15 20 23
（年度）

A **★★★**

B **★★★**

C **★★★**

A 所得税

B 消費税
C 法人税

◆消費税は税率が引き上げられた1997年（3→5%）、2014年（5→8%）、19年（8→10%）に階段状に税収が増加する（**B**）。20年度当初予算見込みでの全税収に占める割合のトップ3は、①消費税（約34%）、②所得税（約31%）＝**A**、③法人税（約19%）＝**C**となる。19年10月の消費税率10%への引き上げにより、20年度には税収の第1位が消費税となり、基幹税の役割を果たすようになった。

□**20**
★★
揮発油税（ガソリン税）と**自動車重量税**は道路 ★★ 財源であったが、無駄な道路工事が行われることから、2009年に ★★ 化された。

特定

一般財源

◆麻生内閣は道路特定財源の削減分を地方に補塡する目的で国が地方に支給する地域活力基盤創造交付金を創設したことから事実上、道路特定財源を温存したものと批判された。

□**21**
★★★
租税負担に**社会保障**負担を加えた価額の**国民所得**に対する割合を ★★★ という。

国民負担率

14 公債〜国債と地方債

ANSWERS □□□

□**1**
★★★
政府や**地方公共団体**が財政資金の不足を補うために発行する債券を ★★★ という。

公債

□**2**
★★★
国債には、**社会資本（インフラ）整備**のための借入金である ★★★ 国債と、**一般会計**の歳入不足を補うための借入金である ★★★ 国債の2種類がある。

建設,
赤字（特例）

□ **3** 財政法は、**借入金を原則禁止している**が、社会資本を
★★ 後世代に残す ┃ ★★ ┃ **国債の発行は認めている**。

　◆第1回の**建設国債**は**1966年**に発行され、公共投資（政府）主導型
　の**第二次高度経済成長**を実現して以来、現在に至るまで**毎年発**
　行されてきた。

建設

□ **4** 財政法上、赤字国債は発行が禁止されているが、実際
★★★ は**会計年度ごと**に ┃ ★★★ ┃ 法を制定し発行されている。

　◆2016年に**特例公債法**が改正され、16〜20年度の5年間は、毎
　会計年度に赤字国債の発行が可能となった。なお、新型コロナ
　ウイルス感染症（COVID-19）の対応のため、2025年まで延長さ
　れることになった。

財政特例

□ **5** 一般会計の**歳入不足を補うための借入金**である ┃ ★★★ ┃
★★★ 国債は、**1965年度**に**1度発行**されたが、┃ ★★★ ┃ 後の不
況対策をきっかけに発行が慣行化し、75〜89年度、
94年度から現在に至るまで発行されている。

赤字（特例），
第一次石油危機
（第一次オイル=
ショック）

□ **6** 一般会計歳入に占める国債の割合を ┃ ★★ ┃ という。
★★

　◆1990年度より赤字国債発行をゼロにしたが、94年度より再び発
　行し始め、90年代末から2000年代前半にかけての**破綻金融機関**
　への公的資金投入や**ITバブル崩壊による不況対策**などにより、
　国債依存度は**40%**を超えた。その後、景気回復による税収増
　加で、07年度は**30%台**に低下したが、09年度には**リーマン**
　=ショックによる**世界経済危機**で**50%超（51.5%）**とはね上が
　り、初めて「**租税収入＜国債収入**」となった。11年度には東日
　本大震災の**復興財源確保**のために再び**50%近く（48.9%）**に上
　昇したが、12年12月以降の**アベノミクス**効果などから徐々に
　低下し、20年度当初予算で約**30%（31.7%）**となった。しか
　し、新型コロナウイルス感染症（COVID-19）対策の大規模な財
　政出動の支出（補正予算）すべてを国債の新規発行で賄ったた
　め、最終的には過去最大の**73.5%**に達した。

国債依存度

□ **7** 小泉内閣では、2010年代初頭での ┃ ★★★ ┃ （PB）の**均**
★★★ **衡ないし黒字化**という目標が設定されたが、これは、
「歳出 − ┃ ★★★ ┃ ＜ ┃ ★★★ ┃ − 国債金（＝国の ┃ ★★★ ┃
発行額）」という式で示すことができる。

　◆プライマリー=バランス（PB）は、**財政の基礎的収支**を意味する。
　深刻な財政状況を打開するために小泉内閣が掲げた2010年代初
　頭の均衡・黒字化目標は結局達成されず、麻生内閣は18年頃ま
　でに、民主党政権は20年代までにと、目標時期を相次いで遅ら
　せた。**第二次安倍内閣**は15年度までに**プライマリー=バランス**
　の赤字半減を目標に掲げていた。2019年10月、安倍首相は25
　年度のプライマリー=バランスの黒字化を表明したが、20年の
　「**コロナ=ショック**」により、20年度は**66.1兆円の赤字**となる
　見込みで、25年度の黒字化目標は達成不可能となっている。

プライマリー=バ
ランス
国債費，歳入，公
債

□**8** 次の図が示す<u>プライマリー=バランス</u>（PB）の状態は
★★★ 　 ★★★ であり、公共サービスに用いられる金額は、国
民が負担している税金の額を 　★★★ 回っている。

赤字,
上

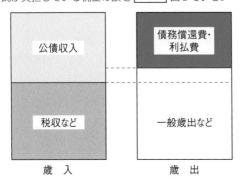

公債収入	債務償還費・利払費
税収など	一般歳出など
歳　入	歳　出

□**9** <u>国債償還費</u>が**歳出の上位**にあるのは**財政として不健全**
★★★ で、その膨張が社会保障や景気対策など本来行うべき
財政支出を圧迫する、**財政の** 　★★★ が生じてしまう。

硬直化

□**10** 政府発行の**国債を**<u>日銀</u>が発行時に買い取る 　★★ を
★★ **禁止**し、市中金融機関が買い取って**市中の遊休資金で**
賄う原則を 　★★ の原則という。

日銀引き受け

市中消化

◆<u>日銀引き受け禁止＝市中消化の原則</u>は、政府が新規国債を発行
する際に直ちに日銀が通貨を増発することを防ぎ、<u>インフレ</u>の
発生を防止することが目的である。

□**11** 巨額な国債発行は、特定の世代が不相応の公共サービ
★★★ スを享受し、いわば次世代にツケを先送りすることに
なり、 　★★★ 間の不公平という問題を発生させる。

世代

□**12** 　★ とは、<u>国債</u>の濫発により国民の遊休資金を政
★ 府に集めさせてしまうことから、**民間資金を圧迫**し、民
間銀行からの貸出を減少させて民間投資を押しのけて
しまう現象で、民間の景気を後退させ不況を招く。

クラウディング=
アウト（押しのけ
効果）

□**13** <u>国債</u>が**濫発**されると、結局は返済のための通貨増発な
★★ どを招き、 　★★ が**発生する**おそれがある。

インフレ

□**14** <u>国債</u>が**濫発**されて国債価格の暴落が予想されると、**国**
★ **債を売却**し、その資金が**海外に流出する** 　★ が起
こるおそれがある。

資本逃避（キャピ
タル=フライト）

□**15**　次の国債残高の蓄積（2022年度末見込み。復興債は除
★★★　　く）を示したグラフについて、以下の空欄にあてはま
　　　　る数値や語句を答えよ。

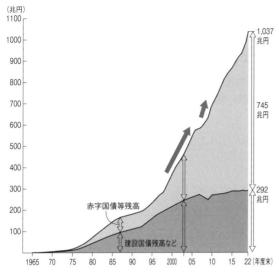

（兆円）

国債残高は、2022年度末で約 ★★★ 兆円、対GDP
比で186%に達する見込みである。これに地方債残高
を加えた長期公的債務残高は1,250兆円を突破し、対
GDP比も224%に達している。20年、新型コロナ
ウイルス感染症（COVID-19）への緊急経済対策とし
て、同年度の ★★★ 予算が3度にわたり組まれ、そ
のすべてが ★★★ の追加発行で調達されたことによ
り国債依存度は急上昇し、国債残高は激増した。

1,040

補正,

国債

◆2020年度は、訪日外国人旅行客（インバウンド）の需要激減、東
京オリンピック・パラリンピックの延期、店舗や大型施設など
の営業自粛などで日本の経済・社会は大きな停滞を余儀なくさ
れた。全国民に対する**特別定額給付金**や、中小企業や個人事業
主などを対象とした**持続化給付金**など、**緊急経済対策**で多額の
財政出動が行われることとなり、その財源は国債発行に依存す
ることになった。

VII
経済分野

14 公債〜国債と地方債

経済分野②

ECONOMICS

現代経済の諸問題

1 日本経済の動向 (1) ~復興から高度経済成長へ

☐ **1**
★★★
第二次世界大戦後、戦争再発防止のために、 ★★★ 、
農地改革、 ★★★ の保護・育成という、**三大経済民主
化**が行われた。

財閥解体,
労働組合

☐ **2**
★★★
財閥解体の根拠立法となった ★★★ 法と、解体した
財閥の再編を防ぐ機能を持つ ★★★ 法は、**1947年に
施行**された。

過度経済力集中排
除,
独占禁止

◆ GHQの指示に基づく経済民主化政策として、日本の資本主義
経済を発展させる自由競争を阻んでいた旧来の財閥を解体する
ために過度経済力集中排除法や独占禁止法を制定した。

☐ **3**
★★★
★★★ は、 ★★★ 地主制を廃止して ★★★ を創設
することが目的であった。

農地改革,寄生,自
作農

◆寄生地主とは、田畑などの農地を他人 (小作農) に耕作させる**不
在地主**のことで、コメなど生産物の一部を地代 (小作料) とし
て徴収し、生計を立てた。また、連合国軍最高司令官総司令部
(GHQ) の指示による第二次農地改革では、**不在地主の小作地は
すべて没収**とし、在村地主の小作地は、北海道を除いて１町歩
を超える部分を没収とした。こうした農地改革によって多くの
小規模自作農が誕生した。

☐ **4**
★★★
第二次世界大戦後、**戦後経済復興**を目的として、石炭・
鉄鋼・電力などの**基幹産業の建て直し**を図るため、そ
こに重点的に投融資を行う ★★★ が採られた。

傾斜生産方式

☐ **5**
★
傾斜生産方式の原資は、一般会計からの価格差補給金
以外に、 ★ の設置による ★ の発行に依存
していたが、その実質は**日銀引き受けの国債**であった
ため、直ちに日銀の通貨増発が行われてインフレを招
いた。

復興金融金庫, 復
興金融金庫債

□6 アメリカによる戦後復興のための対日援助として、**生**
★★ **活物資の援助**である ┃ ★★ ┃（占領地域救済政府資金）
と産業復興の援助である ┃ ★★ ┃（占領地域経済復興
援助資金）が拠出された。

ガリオア資金,
エロア資金

◆国内政策とアメリカからの援助という2つの政策により、経済の
再建を遂げていく戦後復興期の状況は、「竹馬経済」といわれた。

□7 戦後インフレ抑制のため、**超均衡予算**の実施、1ドル
★★★ ＝ ┃ ★★★ ┃ 円という**単一為替レート**の設定などの、い
わゆる ┃ ★★★ ┃ が実施された。

360,
ドッジ=ライン

◆インフレ対策として、1948年に GHQ は総予算の均衡化、徴税
や物価統制の強化などの「**経済安定9原則**」を指令し、これに基
づきドッジ=ラインが実施された。

□8 **1950年**に隣国で発生した戦争を契機とした ┃ ★★ ┃ に
★★ より、日本経済は敗戦から立ち直り、51年秋には**戦**
前の鉱工業生産水準にまで回復した。

朝鮮特需

◆朝鮮特需は、駐留アメリカ軍による日本政府を通じての軍事品
の大量発注（特殊調達需要）によるものであった。

□9 実質経済成長率が**年平均10%**を超えた1950年代半ば
★★★ 〜70年代初頭の時期を ┃ ★★★ ┃ 期という。

高度経済成長（高
度成長）

◆1955〜64年が第一次高度経済成長期、65〜73年が第二次高
度経済成長期と呼ばれる。

□10 第一次高度経済成長は、┃ ★★★ ┃ 主導・┃ ★★★ ┃ 主導型
★★★ の経済成長であった。

民間, 内需
※順不同

□11 **第一次高度経済成長期**の貿易収支は ┃ ★★★ ┃ **字基調**で
★★★ あった。

赤

◆日本の**貿易収支**（国際収支統計）は、**1964年から黒字**に転じ、オ
イル=ショック時も含めて、**2010年まで黒字**が続いたが、11年
3月の**東日本大震災**の影響で、48年ぶりに**赤字**を記録し、**以降**
は**赤字の年**（11〜15年など）が目立つようになった。

□12 石油化学や合成繊維などの新興産業への ┃ ★★ ┃ **投資**
★★ の拡大と「**三種の神器**」などの耐久消費財**ブーム**が牽引
役となった1955〜57年の好景気を ┃ ★★ ┃ という。

民間設備

神武景気

□13 **第一次高度経済成長期**の消費を支えた「**三種の神器**」と
★★ は、┃ ★★ ┃、┃ ★★ ┃、白黒テレビの3品目である。

冷蔵庫, 洗濯機
※順不同

VIII 経済分野

1 日本経済の動向(1)〜復興から高度経済成長へ

249

□**14** **第一次高度経済成長期**には、設備投資の拡大が生産財
★ や原料輸入を増加させ**国際収支の赤字**を招いたことか
ら、それ以上の輸入増加を防ぐために ★ が行わ
れ、国内の成長が止まった。このような**成長の限界**
を ★ という。

金融引き締め

国際収支の天井

◆神武景気と岩戸景気の間に発生した「**なべ底不況**」は、国際収支
の天井が原因であった。

□**15** 1958～61年の ★★ の好況期に池田勇人内閣が発
★★ 表した、61年からの**10年間でGNPを2倍**にすると
いう計画を ★★ という。

岩戸景気

国民所得倍増計画

◆この計画は10年を待たずに達成された。

□**16** 1963～64年の ★ を経て、**65年には** ★ と
★ いう激しい反動不況に見舞われた。

オリンピック景気,
昭和40年不況

◆第一次高度経済成長期と第二次高度経済成長期の間の時期を**転
換期(転型期)**という。1964年の東京オリンピックが終了した翌
65年にはその反動不況が起こり、大手証券会社が倒産したので
昭和40年不況、または証券不況という。

□**17** 神武景気、岩戸景気、オリンピック景気と続き、次の
★★★ ★★★ は ★★★ ヶ月継続する、20世紀後半で最も
長い好況となった。

いざなぎ景気, 57

□**18** 高度経済成長期には銀行に豊富な資金が存在したため、
★★★ ★★★ 方式に基づく**民間設備投資**が旺盛であり、こ
れを支えたのは、国民の高い ★★★ であった。

間接金融,
貯蓄性向(貯蓄率)

◆高度経済成長期の貯蓄率は**15～20%程度**に達していた。

□**19** 高度経済成長期の後半となる第二次高度経済成長期は、
★★★ 政府による ★★★ 主導型、1965年以降の**ベトナム特
需**による ★★★ 主導型の経済成長であった。

公共投資,
外需(輸出)

□**20** **第二次高度経済成長期**の消費を支えた「**3C**」とは、
★★ ★★ 、 ★★ 、カラーテレビの3品目である。

カー(自動車),クー
ラー ※順不同

□ **21** 高度経済成長期の経済成長率の動向を示した次のグラ
★★★　フ中の空欄 **A ～ D** にあてはまる景気の名称を答えよ。

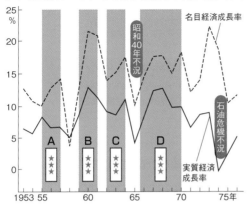

A 神武景気

B 岩戸景気

C オリンピック
景気

D いざなぎ景気

□ **22** 高度経済成長期には、都市での ★★ 需要の増加に
★★　伴い都市労働者の賃金が ★★ した。

労働力,
上昇

□ **23** 日本の国土構造には、東京一極集中という特徴がある。
★★★　これは高度経済成長の要因の１つである一方で、東京
と ★★★ 、都市部と ★★★ 部という対立構造に起
因する ★★★ と ★★★ の問題を発生させた。

地方, 農村,
過密, 過疎

□ **24** 高度経済成長期には、都市での ★★ 需要の増加に
★★　伴い都市の地価が ★★ した。

住宅,
上昇

□ **25** 第二次世界大戦後の国土構造の形成過程では、貿易に
★★　有利な ★★ と呼ばれる地域に集中的に**公共投資や**
民間投資が行われた。

太平洋ベルト

◆太平洋ベルトとは、京浜、中京、阪神、北九州の四大工業地帯
と、その間に位置する東海、瀬戸内といった工業地域を含む太
平洋岸における帯状の地域を指す。第二次世界大戦後、新しい
工業基地として形成が検討された。

□ **26** 1962年策定の ★★ は、全国に15の開発拠点とな
★★　る新産業都市を設置する拠点開発方式の計画として、
★★ 内閣の国民所得倍増計画の一翼を担った。

全国総合開発計画
（旧全総）
池田勇人

◆1969年からの**新全国総合開発計画（新全総）**では**大規模開発プロ
ジェクト方式**、77年からの**第三次全国総合開発計画**（三全総）
では**人口定住圏構想**が打ち出された。

VIII
経済分野

1
日本経済の動向（1）～復興から高度経済成長へ

251

□**27** 1987年策定の**第四次全国総合開発計画**（四全総）で
★ は ★ 型の国土建設のための ★ が謳われた。

多極分散，首都機
能移転

◆1992年には**国会等移転法**が成立した。しかし、財政赤字に直面
している現在、これを実施するか否かは再検討の余地がある。な
お、文化庁は2023年3月に京都に全面移転した。中央省庁の地
方全面移転は明治期以降で初めてである。

□**28** 1998年策定の ★ では「**21世紀の国土のグランド
★ デザイン**」として、東京一極集中・太平洋ベルト地帯
一軸型から多軸型国土構造への転換や地域連携軸の形
成が目指された。

第五次全国総合開
発計画（五全総）

2 日本経済の動向 (2)～2度の石油危機

ANSWERS □□□

□**1** 日本の高度経済成長が終焉を迎えたきっかけは、1970
★★★ 年代に発生した ★★★ と ★★★ の2つのショック
であった。

ドル=ショック（ニ
クソン=ショック），
オイル=ショック

◆1971年8月に**ドル=ショック**が、73年10月の**第四次中東戦争**
を機に第一次石油危機（第一次オイル=ショック）が発生した。

※順不同

□**2** ★★★ 年の ★★★ の勃発により石油輸出国機構
★★★ （OPEC）が**原油公示価格を約4倍**にしたのをきっかけ
に、日本などの世界各国では**景気停滞下で**インフレが
発生する ★★★ の状況に陥った。これを第一
次 ★★★ という。

1973，第四次中東
戦争

スタグフレーション，
石油危機（オイル=
ショック）

◆原油公示価格が、1バレル＝約3ドルが約12ドルに値上げされ
た（1バレル＝159リットル）。

□**3** 1970年代初頭、OPEC の原油公式価格の値上げによる
★★ コスト=インフレと、田中角栄首相の掲げた ★★ 論
による**過剰流動性の発生**で ★★ と呼ばれる急激な
インフレが起こった。

日本列島改造，
狂乱物価

□**4** 狂乱物価対策として実施された ★★★ 政策の結果、
★★★ インフレは抑制されたが、景気は停滞し、 ★★★ 年に
は**戦後初の実質**マイナス成長を記録した。

総需要抑制，
1974

□**5** 第一次石油危機後の不況克服策として、政府は ★★
★★ **依存型の産業**から、 ★★ **依存型の産業**への**構造転
換**を図った。

石油，
非石油

□**6** 第一次石油危機後の不況克服策として企業は ★★ 経営を進め、無駄なコストを削減するとともに商品の 値下げを行い、日本製品の ★★ の回復を図った。

減量

国際競争力

◆日本企業が国際競争力を高め、輸出を伸ばすことにより、日本経済の外需依存度は高まっていった。

□**7** 第一次石油危機後の不況による税収不足対策として、**1975年度より** ★★★ 国債**の発行**が継続的に行われ、いわゆる ★★★ 財政が実施された。

赤字（特例）、
赤字

□**8** ★★★ 年の ★★★ 革命により原油供給が削減され、OPEC は再び**原油公示価格を約**2.5**倍に引き上げた**ため、日本などの世界各国では再びスタグフレーションが発生した。これを第二次 ★★★ という。

1979, イラン

石油危機（オイル＝
ショック）

◆原油公示価格が、1 バレル＝ 10 ドル台から 40 ドル台に値上げされた。

□**9** **第二次石油危機**の影響により、**1980〜83年に 36 ヶ月続いた戦後最長の不況を** ★★ という。

世界同時不況

□**10** 世界同時不況が続く中で、日本は欧米諸国に**家電製品**や ★★★ を大量輸出することで不況を克服していった。この大量輸出の状況は ★★★ **的輸出**と呼ばれ、日米貿易摩擦を激化させていった。

自動車、
集中豪雨

□**11** 高度経済成長期に技術革新が進んだ産業は、石油化学や鉄鋼など資源**多消費型の** ★★ であったが、**石油危機後は**資源を消費しない ★★ **型の** ★★ の技術革新が進んだ。

素材産業、
資源寡消費（省資源・省エネルギー）、
加工組立産業

□**12** 1970年代の**日米貿易摩擦の品目は** ★★ 、 ★★ 、**工作機械**であった。

鉄鋼, カラーテレビ ※順不同

◆日米貿易摩擦が生じた品目は、1950〜60年代は繊維製品、80年代は自動車や半導体などであった。

3 日本経済の動向 (3)〜「バブル」と「失われた10年」

ANSWERS □□□

□**1** 1980年代に両国間で政治問題化した日米貿易摩擦品目は ★★ 、 ★★ などであった。

自動車, 半導体
※順不同

□**2** **日米構造協議** (1989～90年) では、独占禁止法**強化**に
★★　よる ★★ の撤廃 (★★ 取引の見直し) が要求さ
れた。

排他的取引慣行,
系列

□**3** 日米構造協議では、海外では安い製品が日本では高く
★★　販売されていることが、アメリカから日本への輸出を阻
害する原因であるとして、 ★★ の是正とともに、ア
メリカの大型スーパーマーケットやデパートの日本進
出を阻む ★★ 法の**廃止**が求められた。

内外価格差

大規模小売店舗

□**4** アメリカは、**1980年代**に ★★★ 赤字と ★★★ 赤字
★★★　という「双子の赤字」を抱えるようになった。

財政, 経常収支(貿
易収支) ※順不同

□**5** 1990年代のアメリカでは、IT 景気により税収が増加
★★★　し、98年には ★★★ 赤字**を一時的に解消**できたが、
★★★ 赤字**は拡大**し続けた。

財政,
経常収支(貿易収支)

□**6** 日米構造協議で、日本は向こう10年間 (1990年代) で
★★　総額430兆円の ★★ を行い、 ★★ **バランスを
図る**ことを受諾した。

公共投資, 貯蓄・
投資 (I・S)

□**7** **1985年9月**に開催された先進5ヶ国財務相・中央銀行
★★★　総裁会議 (G5) では、日米貿易摩擦解決のための為替
レート調整として円 ★★★ ・ドル ★★★ 誘導を決
定した。この合意を ★★★ という。

高, 安,
プラザ合意

□**8** **1985年9月**のプラザ合意によるレート調整により、日
★★★　本経済は86年11月まで ★★★ に陥った。

円高不況

□**9** **1986年12月～91年2月**の好況を ★★★ といい、こ
★★★　の時期には資産価格が実体評価以上に上昇した。

平成景気 (バブル
景気)

□**10** **円高**による輸入原材料の値下がりで、**輸入関連企業**
★★　に ★★ **現象**が生じた。その余剰資金は土地、株、貴
金属などに投資され ★★ インフレを発生させた。

金あまり,
資産 (ストック)

◆バブル期には**財テクブーム**が起こったので、株式と土地がとも
に買われインフレを発生させた。

□**11** 資産インフレの結果、**株式や土地の値上がり益**となる
★★★　 ★★★ (資本利得) を得た人々は、**心理的に消費を拡
大**させた。これを ★★★ という。

キャピタル=ゲイン,
資産効果

□**12** 平成景気の時期、日本企業は**強い円**を背景に ★★★ 　**海外直接投資,**
★★★　を増加させ、アメリカ企業の ★★★ を行った。　　　**M&A（合併・買**
　　◆日本企業がアメリカ企業を買収するという**1980年代後半**に見ら　　**収）**
　　れた状況は、日米投資摩擦と呼ばれた。

□**13** 円高に伴う企業の海外進出により、**国内の生産・雇用**
★★★　**が減少**し、**国内産業が衰退**する現象を ★★★ という。　**産業の空洞化**

□**14** 円高の進行によって、国内企業は海外の工場で生産し
★　た製品や部品を ★ して生産コストを抑えた。　　**逆輸入**
　　◆この結果、日本企業が海外で生産した製品が日本国内でも流通
　　するようになった。

□**15** 1991年3月〜93年10月の不況を ★★★ 不況といい、　**平成（バブル）**
★★★　値上がりし過ぎた**土地や株などの資産**（ストック）の**価**
　　値が下落し、**消費や投資が減退**した。

□**16** 1989年からの**金融引き締め**で**株や土地の価値が暴落**
★★★　し、資産 ★★★ が生じ、多額の ★★★ （**資本損失**）　**デフレ, キャピタ**
　　が発生した。これで損失を被った人々は**心理的に**消費　　**ル=ロス**
　　を抑制したが、これを ★★★ という。　　　　　　　**逆資産効果**

□**17** **バブル崩壊**による消費不況と同時に、**不良債権**を抱え
★★　た金融機関の貸し渋りによる**消費**と ★★ の減退や　　**投資**
　　企業倒産の増加、さらに**超円高**が重なって**長期不況**と
　　なった。このような状況を ★★ 不況という。　　　　　**複合**

□**18** 1993〜94年に行われた ★★ で、アメリカは日本に　**日米包括経済協議,**
★★　対し具体的な**輸入数値目標**である ★★ の設定や政　　**客観基準**
　　府調達などを要求した。

□**19** 日米包括経済協議（1993〜94年）で、アメリカは日本
★★★　に対し具体的な**輸入数値目標の設定**を要求したが、日
　　本は数値目標の受諾は ★★★ 貿易を崩し ★★★ 貿　　**自由, 管理**
　　易に陥るとして拒否し、交渉は難航した。
　　◆1991年の**第二次日米半導体協定**で日本は**国内シェアの20%輸**
　　入という数値目標を受諾していたが、その後は拒否している。

□**20** **不公正取引慣行国への経済制裁条項**である米国包括通
★★　商法301条の拡大適用を行う、いわゆる ★★ 条　　**スーパー301**
　　は、日本に対する市場開放要求の手段として、しばし
　　ば適用されそうになった。

□ **21** 社会資本整備のための土地取得がバブル期の地価高騰
★ で難しくなったこともあり、 ★ 法が制定された。

土地基本

◆土地基本法 (1989年) における土地の基本理念として、①公共の福祉の優先、②適正計画での利用、③投機対象とすることの抑制、④土地価格が上昇した場合には道路や鉄道など利益に応じた適切な負担を求めること、などが明記された。

□ **22** 1980年代後半、日本は ★★★ 主導の ★★★ 経済に
★★★ 沸いたが、90年代初頭にその好況は終わり、「 ★★★ 」
と呼ばれる**長期不況に陥った**。

内需, バブル,
失われた10年

◆バブル崩壊後の1990年代は「失われた10年」と呼ばれる。しかし、2000年代に入っても実際は景気停滞が続き、低迷から脱することができない経済状況から「失われた20年」と呼ばれることもある。さらには、2020年代の間まで経済の低迷や景気の横ばい状態が続いていることから、「失われた30年」とする指摘もある。

□ **23** 1990年代の長期不況では、資産価格が急落する一方で
★★★ 企業と金融機関の財務状況が悪化し、**国内需要が減退**
したため、 ★★★ が発生した。

デフレーション
(デフレ)

◆デフレが不況を招き、さらに不況がデフレを招くことで経済全体が下降するデフレ=スパイラルの危機に日本経済は直面した。

□ **24** 1990年代の長期不況において、企業部門では ★★ ・
★★ ★★ ・ ★★ (「**3つの過剰**」) を抱え込むととも
に、金融機関の保有する ★★ が膨大な規模に達す
るなど循環的な不況とは異なる構造的課題に直面した。

雇用,
設備, 債務,
※順不同
不良債権

□ **25** 1990年代に金融の自由化が進んだため、経営体力や競
★★ 争力が最も弱い金融機関に合わせて**大蔵省(政府)が業
界全体を規制**して金融システムを守るという ★★
方式は崩壊した。

護送船団

□ **26** **1995年4月**、1ドル= ★★ 円 ★★ 銭という超
★★ 円高が進行したため**輸出が減退**するとともに、もともと安い中国製品やNIES製品がさらに安く日本に流入し、 ★★ と呼ばれる現象が発生した。

79, 75

価格破壊

□ **27** 1997年、**橋本龍太郎内閣**による**財政健全化**を目指した
★★ 消費税率の ★★ ％から ★★ ％への引き上げ、
健康保険の**本人負担率**の ★★ 割から ★★ 割へ
の引き上げなどのため**消費が減退**し、**98年度は実質
マイナス成長**を記録した。

3，5，
1，2

　◆小泉純一郎内閣下の**2003年**には、民間被用者が加入する健康保
　険や公務員が加入する共済保険の**本人負担率**が3割に引き上げ
　られた（自営業者などが加入する国民健康保険の本人負担率は
　もともと3割）。

□ **28** 1998年、**小渕恵三内閣**は長期不況の一因である銀行の
★★★ 貸し渋り対策として ★★★ 法を制定し、金融機関に
対し**公的資金**を投入して ★★★ の処理を進めた。

金融再生関連，
不良債権

　◆1997～98年には、大手証券会社の**山一證券**、都市銀行の**北海道
　拓殖銀行**、長期融資を行い高度経済成長を支えてきた**日本長期
　信用銀行**、**日本債券信用銀行**が相次いで破綻した。

□ **29** 2001年、**小泉純一郎内閣**は**郵政民営化**や ★★★ の廃
★★★ 止・**民営化**を含めた改革で、大胆な**財政支出の削減**を
目指した。

特殊法人

□ **30** ★★ とは特定分野について**規制緩和**が認められる
★★ **特別区域**のことで、**2003年**から**総合デフレ対策**の1つ
として設置された。

構造改革特区

　◆具体例として、輸入品の入関手続を24時間行う**国際物流特区**、
　株式会社の学校教育への参入を認める**教育特区**、産・官・学連
　携で先端技術の研究を行う**知的特区**、医療経営や**農業経営に株
　式会社の参入**を認める特区などがある。成功事例を全国に拡大
　することを当時、小泉首相は「**規制改革**」と呼んだ。

□ **31** **2002年2月から08年2月**まで、**73ヶ月**続いた**好況**は、
★★★ ★★★ （57ヶ月）を超え、**第二次世界大戦後で最長**
の好況となり、 ★★★ と名づけられた。

いざなぎ景気，
いざなみ景気

　◆雇用・設備・債務の3つの**過剰**が解消したことで、再び生産の
　拡大が見られ好景気が実現した。この好況は「いざなみ景気」と
　名づけられたが、単に「**戦後最長の景気**」、あるいは「実感なき
　景気回復」などと呼ばれている。

□ **32** 経済の**グローバル化**が進む2000年代の日本企業の経営
★★ 合理化は、人件費削減のための ★★ **雇用の拡大**や
国内産業の ★★ **化による雇用機会の喪失**を伴い、
労働者の所得が伸び悩んだことから、00年代初頭の
長期景気拡大は「 ★★ 景気回復」と呼ばれている。

非正規，
空洞

実感なき

□**33** 2008年9月に起きたアメリカの大手証券会社リーマン
★★★ =ブラザーズの破綻を契機に**世界同時株安**が発生し、
「**100年に1度の経済危機**」とされる ★★★ を招いた。

リーマン=ショック

□**34** 1990年代半ばの超円高により、もともと安価な中国製
★★★ 品などがさらに値下がりする ★★★ が起こった。そ
の結果、国産品の ★★★ 傾向が進行し、企業収益を
悪化させて ★★★ **が深刻化**する ★★★ の危機が、
リーマン=ショック後の超円高で再燃した。

価格破壊,
デフレ,
不況, デフレ=スパ
イラル

4 日本経済の動向 (4)～2010年以降

ANSWERS □□□

□**1** 2011年3月11日、 ★★★ が発生し、 ★★★ で1986
★★★ 年の ★★★ 原子力発電所事故と同じ「レベル7」とな
る深刻な事故が起こり、日本の経済と社会に大きな影
響を及ぼした。

東日本大震災, 福
島第一原子力発電
所(福島第一原発),
チェルノブイリ

□**2** 東日本大震災により生じた津波によって大きな被害が
★★ 発生し、自動車や家電、パソコンなどの ★★ が寸
断されたため、新しい製品の生産が激減した。

サプライチェーン

◆在庫を最小化することで過剰在庫や不良在庫の発生を抑える
「**かんばん方式**」と呼ばれる生産方式を採用する**トヨタ自動車**
は、地震や津波でサプライチェーンが寸断されたことによって
新車の生産がストップするとともに、在庫品もほぼ存在しない
状況から、収益が大きく悪化した。

□**3** 例年、日本の貿易収支は大幅な ★★ を記録してい
★★ たが、2011年の国際収支統計では1963年以来48年ぶ
りに、貿易統計では80年以来31年ぶりに、それぞ
れ ★★ を記録し、15年まで続いた。

黒字

赤字

□**4** 2011年の東日本大震災以後、**超円高**が進行することに
★★★ より、再びデフレと不況の繰り返しで経済全体が下降
する ★★★ の危機が発生した。

デフレ=スパイラル

◆**1995年1月17日**の阪神・淡路大震災後の同年4月にも1ドル
=79円台という超円高を記録したことから、**2011年3月11日**
の東日本大震災直後の同月17日にも円が買われ、**1ドル=76**
円台、同年10月31日には海外市場で**1ドル=75**円台の超円
高を記録した。その原因は、日本の保険会社が震災関連で生じ
た保険金支払のために外国資産を売り、円を買い戻す結果、円
高が進むとの予測が投資家の間に流れ、投機的な円買いが加速
したためである。

□**5** 2012年12月、政権与党に復帰した**自民党の第二次**安倍晋三**内閣**は ★★★ と名づけた**経済政策**を掲げ、**大胆な** ★★★ 、**機動的な** ★★★ 、民間投資を喚起する ★★★ の「**三本の矢**」を打ち出し、デフレからの脱却や日本経済の再生を目指した。

アベノミクス，
金融政策（金融緩和），財政政策（財政出動），
成長戦略

□**6** 2012年12月、**第二次**安倍**内閣**が掲げたアベノミクスと日銀の政策は、消費者物価**を年率** ★★★ **%上昇**させることを目指す ★★★ を実施してデフレ=スパイラルの進行を食い止めようとした。

2，
インフレ=ターゲット

□**7** 世界貿易機関（WTO）の ★★★ =ラウンドが難航する中、太平洋の周辺地域を中心に**例外なく**関税**撤廃**を目指す ★★★ （TPP）の拡大交渉が行われ、日本も**第二次安倍内閣**下で正式に交渉へ参加した。

ドーハ

環太平洋経済連携協定

◆環太平洋経済連携協定（TPP）は、東南アジア地域の**シンガポール**とブルネイ、太平洋地域の**ニュージーランド**、南米地域の**チリ**の4ヶ国で発効し、**アメリカ、カナダ、ペルー、ベトナム、日本**などが加盟交渉に参加した。参加国間の関税の引き下げ・撤廃を行うことで**自由貿易圏**を拡大する多国間の経済連携協定（EPA）や自由貿易協定（FTA）といえる。2018年12月、アメリカを除いた11ヶ国で発効した（TPP11）。23年7月には、イギリスの加入が決まり、TPPの経済圏はヨーロッパにも広がることになった。

□**8** 日本が環太平洋経済連携協定（TPP）に加盟するメリットとして、**加盟国相互間で** ★★ **が撤廃される**ことによる ★★ の輸出拡大が期待される。

関税，
工業製品

◆輸出関連の大企業が多く加盟する**日本経団連**は TPP への参加を支持した。

□**9** 日本が環太平洋経済連携協定（TPP）に加盟するデメリットとして、 ★★ **などが関税なしに安価に輸入される**ことから国内の ★★ が衰退し、 ★★ 率（供給熱量ベース）がさらに低下するおそれがある。

農作物，
農業，食料自給

◆農協中央会などは TPP への参加に反対していた。

□**10** 2019年10月、**消費税率が** ★★★ **%から** ★★★ **%**に引き上げられたが、その背景には、翌20年7〜9月に予定されていた東京オリンピック・パラリンピック開催による ★★★ （訪日外国人旅行客）需要で、日本経済が好況を迎える見込みの中、増税によって**景気過熱を相殺**しつつ税収を増加させるという期待があった。

8，10

インバウンド

259

□**11** 消費者が日常的に購入する財やサービスの価格の動き
★★★ を表すものを ★★★ 指数、国内の企業間取引での財
の価格の動きを表す指数を ★★★ 指数という。次の
グラフは、1970～2022年のそれぞれの推移を示し、**A**
は ★★★ 指数、**B**は ★★★ 指数を指し、グラフの
背景がグレーの期間は景気の ★★★ 局面を表す。
1973年と79年の2度の ★★★ では、いずれの指数
も急上昇（「狂乱物価」）するとともに不況に陥るとい
う ★★★ の状況に見舞われた。85年には ★★★ を
受けた円高による輸入素材の値下がりから、**A**の指数
が下がっている。90年代後半の長期 ★★★ では、い
ずれの指標も下落傾向を示し、2000年代半ばに歯止め
がかかるが、08年の ★★★ の影響で再び下落する
という ★★★ 傾向を示した。12年12月に発足した
第二次安倍内閣は、この局面を脱却するための経済政
策として「 ★★★ 」を実施した。

消費者物価,
国内企業物価

国内企業物価, 消
費者物価,
後退,
石油危機（オイル=
ショック）
スタグフレーション,
プラザ合意
不況
リーマン=ショック,
デフレ

アベノミクス

◆2006～08年までは、消費者物価指数と国内企業物価指数ともに上昇に転じた。世界的な**原油の値上がり**が原因であった。しかし、08年のリーマン=ショックの影響で、09・10年はいずれも下落に転じた。20年は新型コロナウイルス感染症（COVID-19）の感染拡大による影響で、いずれの指数も下落した。その後、原油などエネルギー価格の上昇の中、22年2月のロシアによるウクライナ侵攻が発生し、エネルギーや穀物価格はさらに上昇していく。同年には円安も加速し（同年10月に1ドル＝150円台を記録）、円安基調が輸入品価格を為替面からも押し上げ物価上昇は深刻化していく。

□**12** 2020年1月、新型コロナウイルス感染症（COVID-19）
★★ の感染者が日本でも正式に確認され、同年4月には全
国に「　★★　」が発令されるなど、「　★★　＝ショッ
ク」という深刻な経済の落ち込みから、実質　★★
成長となった。

緊急事態宣言，コ
ロナ，
マイナス

　◆倒産・廃業件数、失業者数が急増し、2020年7～9月開催の東
　京オリンピック・パラリンピックの1年間延期、観光目的をは
　じめとした訪日外国人旅行客によるインバウンド需要の大幅な
　落ち込みなど、日本経済は大きなダメージを負い、20年度の国
　内総生産（GDP）は−4.1%となった。

□**13**　　★　　とは、新型コロナウイルス感染症（COVID-19）
★ の感染拡大の影響で多くの人が外出を控えるようにな
り在宅時間が増え、家の中で快適に過ごすことを重視
した消費行動のことを指す。

巣ごもり需要

　◆巣ごもり需要の中心は、通信販売やフードデリバリー、オンラ
　インゲームなどのインターネット関連事業である。新型コロナ
　ウイルス感染症（COVID-19）の感染拡大により世界経済が停滞
　する中で、これらの商品やサービスを扱うことで大きく業績を
　伸ばした企業が現れた。

5 産業構造の変化

ANSWERS □□□

□**1** イギリスの経済学者　★★　は、産業を第一次産業、第
★★ 二次産業、第三次産業に分類した。

コーリン゠クラーク

□**2** 商業、サービス業、公務などは　★★★　産業に、鉱工
★★★ 業、製造業、建設業は　★★★　産業に、農林水産業は
　★★★　産業に分類される。

第三次，
第二次，
第一次

□**3** 経済の成長に伴い生産額、就業人口割合が「**第一次産**
★★★ **業→第二次産業→第三次産業**」へとその比重を移して
いくことを　★★★　といい、コーリン゠クラークの法則
または　★★★　の法則とも呼ばれる。

産業構造の高度化，
ペティ゠クラーク

□**4** **第二次産業**の内部で軽**工業**から重**工業**に生産額や就業
★ 人口が移行していくことを　★　　工業化といい、
　★　　の法則とも呼ばれる。

重化学，
ホフマン

□**5** 日本の**産業別就業人口割合**を表す次のグラフ中の空欄
★★★ A ～ C にあてはまる適語を答えよ。

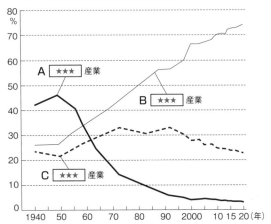

A 第一次

B 第三次

C 第二次

□**6** 高度経済成長期において、日本の就業人口は**第一次産**
★★★ **業**が減少し、**第二次産業と第三次産業**が増加した。こ
のような変化を ★★★ という。

就業構造の高度化

□**7** 近年、**地域活性化**の取り組みの1つとして、**第一次産**
★★ **業**に従事する事業者が、**第二次産業や第三次産業に進**
出したり、これらと**連携**を図ったりするものがある。こ
れを ★★ 産業化と呼ぶ。

六次

◆ある畜産農家が、自ら生産した肉牛を材料とするレトルト製品
を自ら製造し、それに地域の名称を冠して直営の土産物店で販
売するのは六次産業化の実例である。

□**8** **2度の石油危機**によるエネルギーコストの上昇によっ
★★ て、**石油依存型**の ★★ は大きな打撃を受けたため、
非石油依存型の ★★ に転換していった。

素材産業,
加工組立産業

□**9** **石油危機後の産業形態**は、大量の原材料を投下す
★★ る ★★ **集約型産業**からコンピュータのソフト開発
などの ★★ **集約型産業**に移行していった。

資本,
知識

□**10** アメリカの社会学者 ★ は、高度に工業化が発達
★ した社会がさらなる発達を遂げて、産業構造における
第三次産業の占める割合が高まった社会を分析し、こ
れを ★ 社会と呼んだ。

ダニエル=ベル

脱工業(脱工業化)

□**11** **★** | **★** | とは、主にインターネットを通じて個人 (＝消
費者) と個人 (C to C)、企業と個人 (B to C) などの
間でモノ、場所、技能などを貸借するような新しい経
済モデルのことである。

◆モノ (メルカリなど)、場所 (Airbnb など)、技能 (Crowd Works
など)、移動や時間 (Uber など) について様々な資産を共有 (シェ
ア) する経済モデルや消費スタイルが広がりを見せている。

シェアリングエコ
ノミー

□**12** 定期購読や継続購入を意味する | **★** | は、モノや
サービスを所有・購入するのではなく、一定期間利用で
きる権利に対して料金を支払うビジネスモデルである。

◆ソフトウェアやコンテンツの提供など様々な分野でサブスクリ
プションによる利用 (消費) が広がっている。

サブスクリプショ
ン

6 中小企業

ANSWERS □□□

□**1** **1963年制定**の | **★★★** | **法**が定める中小企業の定義を示
した次の表中の空欄 A ～ E にあてはまる数値を答え
よ。

業種	資本金	従業員数
鉱工業・製造業	A **★★★** 円以下	B **★★★** 人以下
卸売業	C **★★★** 円以下	100人以下
小売業	D **★★★** 円以下	E **★★★** 人以下
サービス業		100人以下

◆2020年現在、日本の事業所の約99%が中小企業であるが、製
造業出荷額に占める割合は約50%である。小売販売額に占める
中小企業の割合は約70%である。**小売業には中小商店が多い。**
なお、従業員数において製造業その他で20人以下、商業・サー
ビス業で5人以下の事業者を**小規模企業**という。

中小企業基本

A 3億
B 300
C 1億
D 5,000万
E 50

□**2** 中小企業には、大企業から発注を受けて部品などを製
造する | **★★★** |、大企業のグループに入り製品開発を
進める | **★★★** |、地元の地域伝統産業である | **★★★** |
を営む企業などがある。

◆日本の産業構造として、**円高**の進行は、中小企業製品の**輸出**を
不利にさせ、また、中小企業分野と競合する財が大量に安価で
輸入されるために中小企業の**倒産**を**増加**させる。

下請企業，
系列企業，地場産
業

VIII
経済分野

6
中小企業

□3 中小企業の近代化が遅れ、大企業と比較して ★★★ 率、生産性、収益性、賃金などで大きな格差がある。この大企業と中小企業の関係を ★★★ という。
★★★

資本装備

二重構造

◆日本の中小企業は伝統的な地場産業を支えている反面、親企業との系列・下請関係が存在し、大企業との間に二重構造が生じている。その改善策は、中小企業基本法と**中小企業近代化促進法**(現在の中小企業新事業活動促進法)が中心となっている。

□4 企業の生産プロセスは、下請や分社化、他企業に業務の一部またはすべてを委託する ★★ (外部委託)など、多様化している。
★★

アウトソーシング

□5 **二重構造**の原因として、建物や土地などの資産が乏しく十分な担保がないため、銀行などの融資を受けられない ★★ の二重構造と、原料が高く製品が安いという**原料高・製品安**、中小企業の多くが大企業の下請**企業**であるため ★★ として利用され、不況期に倒産しやすい構造にあることなどが挙げられる。
★★

金融

景気変動の調節弁

□6 ★ 法 (1973年制定)は、デパートや大型スーパーの出店と中小小売店との利害を調整する法律として、大規模小売店に数年間の ★ を義務づけ、営業日数や営業時間などの規制を設けた。
★

大規模小売店舗

出店調整

◆大規模小売店舗法の立法目的は地元の中小商店の保護にあった。出店調整期間は当初3年間であったが、アメリカによる同法の**廃止要求**を受け、1992年より1年間に短縮された。

□7 大規模小売店舗法**の廃止**に伴い、2000年に施行された大規模小売店舗立地法は、百貨店や大型スーパーの出店や営業時間について ★★★ を進め、交通渋滞緩和策とごみ処理の実施など生活環境保持のみを出店条件としている。
★★★

規制緩和

□8 独自の研究開発で経営展開を行い、新たな市場を開拓する企業を一般に ★★★ 企業という。
★★★

ベンチャー

□9 **中小企業の**ベンチャービジネス**を支援**するため、2003年には時限立法として**中小企業挑戦支援法**が制定され、資本金 ★★★ 円の**株式会社の設立**が認められ、**05年**の会社法制定 (06年施行)で恒久法化された。
★★★

1

◆近年、ベンチャービジネスをはじめとした技術革新 (イノベーション)を促すために**産官学** (産業界、国・地方公共団体、大学など教育・研究機関)の連携が進んでいる。

7 農業問題と農政

□**1** 次の図の空欄 **A 〜 J** にあてはまる言葉または数字を
★★ 答えよ。

分類法	農家類型	定義
専兼業別	**A** ☐ ★★ ☐ 農家	世帯員の中に **B** ☐ ★★ ☐ 従事者がいない農家
	B ☐ ★★ ☐ 農家	世帯員の中に **B** ☐ ★★ ☐ 従事者が **F** ☐ ★★ ☐ 人以上いる農家
主副業別	**C** ☐ ★★ ☐ 農家	**G** ☐ ★★ ☐ 所得が主であり、**H** ☐ ★★ ☐ 歳未満の自営農業従事60日以上の世帯員がいる農家
	D ☐ ★★ ☐ 農家	**I** ☐ ★★ ☐ 所得が主であり、**H** ☐ ★★ ☐ 歳未満の自営農業従事 **J** ☐ ★★ ☐ 日以上の世帯員がいる農家
	E ☐ ★★ ☐ 農家	**H** ☐ ★★ ☐ 歳未満の自営農業従事 **J** ☐ ★★ ☐ 日以上の世帯員がいない農家

A 専業
B 兼業

C 主業
D 準主業
E 副業的
F 1
G 農業
H 65
I 農外
J 60

◆**第1種**兼業**農家**：農業所得＞農外所得、**第2種**兼業**農家**：農業所得＜農外所得となる。現在は**第2種**兼業**農家**が圧倒的に多い。また、農業世帯を構成する者における兼業従事者の有無で区分していた従来の**専兼業分類**から、実態をより正確に把握することを目的に、1995年より**主副業別分類**が用いられ、**主業農家、準主業農家、副業的農家**という収入と働き手の両面から農家を定義する新たな分類法が導入された。この3つの種別はまとめて「販売農家」とされ、その中で現在は副業的農家の割合が大きい。

□**2** 高度経済成長期の ☐ ★★ ☐ 人口の減少に伴って、GNP
★★ （国民総生産）に占める農業生産の割合が ☐ ★★ ☐ した。

農村,

低下

□**3** 高度経済成長期に主な働き手である ☐ ★★ ☐ 労働者が
★★ 工業に流出し、俗にいう「 ☐ ★★ ☐ 農業」が出現した。

男子,

三ちゃん

◆農業の主な働き手を失い、農家に残された「おじいちゃん、おばあちゃん、おかあちゃん」が農業を担うことから名づけられた。

□**4** 政府がコメを管理することを定めた ☐ ★★★ ☐ 法は第二
★★★ 次世界大戦中に制定され、**1995年に廃止**された。

食糧管理

◆コメの需要と供給、価格を調整し安定させる目的で定められた食糧管理法は戦時立法であり、**統制経済**の一環であった。

□**5** コメの増産や消費の減少の結果として生じた ［ ★★ ］ に対応するため、1970年代の総合農政の下、作付面積を減らし**コメを生産調整**する ［ ★★ ］ 政策が行われた。

生産過剰

減反（げんたん）

◆減反政策は、2018年度産米から廃止された。

□**6** <u>食糧管理法</u>の**廃止**に伴い、1995年に施行された ［ ★★ ］ 法は、<u>コメ</u>の生産、流通、販売を**自由化**し、強制<u>減反</u>を選択的<u>減反</u>とし、**自主流通米**を基本に計画外流通米を合法化した。

新食糧（食糧需給価格安定）

◆2004年の改正<u>新食糧法</u>の施行により、自主流通米と計画外流通米の区別をなくし、民間流通米に一本化した。

□**7** 1960年代に<u>農業基本法</u>の下で**自立経営農家の育成**や農業構造改善事業、**付加価値性の高い**農作物に作付転換（さくづけ）を進める**農業生産の選択的拡大**などの政策を進める ［ ★★ ］ が行われた。

基本法農政

□**8** 1999年制定の ［ ★★ ］ 法は<u>新農業基本法</u>とも呼ばれ、農業の機能として、**食料の安定供給**確保、**農業の持続的発展**や**農村振興**以外にも、水源や景観などの**自然環境の保全**といった多面的機能が明示されている。

食料・農業・農村基本

□**9** 2018年の日本の食料全体の**供給熱量自給率**（cal ベース）は ［ ★★ ］ ％であり、過去最低を記録した。

37

◆1960年代に80％、70年代に60％、2000年代に40％程度まで低下し、10年からは40％台を割り込んでいる。2021年は38％だった。100％超のカナダや米国、フランス、60％程度のイギリスやイタリアと比べ、先進国では最低レベルで、人口比としても低い。

□**10** 先進主要国の中で、供給熱量総合自給率が約120～130％の国は、<u>アメリカ</u>と、**ヨーロッパ最大の農業国**である ［ ★★★ ］ である（2022年）。特に、穀類自給率では ［ ★★★ ］ が112％、［ ★★★ ］ が145％と、いずれも**穀物輸出国**となっている（2019年）。

フランス,
アメリカ, フランス

□**11** 外交および安全保障政策上、少なくとも**主食は国内完全自給体制を維持**することが望ましいとの考え方を ［ ★★★ ］ 論といい、［ ★★★ ］ の市場開放反対論としてしばしば主張されてきた。

食糧安全保障, コメ

◆ <u>GATT</u> **ウルグアイ＝ラウンド**（1986～94年）で<u>コメ</u>の市場開放・自由化を迫られた際、これに反対する立場の根拠となった。

□**12** 1980年代以降には海外からの ★★★ 要求により**農**
★★★ **産物の輸入自由化**が行われ、91年には ★★★ と**オ**
レンジ、92年にはオレンジ果汁、99年にはコメが
★★★ （包括的関税化）に移行した。

市場開放，
牛肉

例外なき関税化

□**13** ★★★ は、太平洋の周辺諸国で例外なく関税を撤廃
★★★ することを目指しているが、これに加入することへの
反対論として ★★★ 論が主張された。

環太平洋経済連携
協定 (TPP)
食糧安全保障

◆環太平洋経済連携協定 (TPP) により、関税なしに、ないしは低
関税で外国から安価な農作物が日本の市場に流入する可能性が
あるため、日本もコスト引き下げのために2009年の**農地法改正**
以来、進められている**農業への法人の参入**規制緩和をさらに行
うべきだとの主張もある。

8 食の安全をめぐって

□**1** 日本では、 ★★★ 食品を販売する場合、原則的にその
★★★ 旨を表示することが義務づけられているが、**加工食品
の場合は表示義務が免除**されるケースがある。

遺伝子組み換え

□**2** 遺伝子組み換え生物が国境を越えて移動する際の手続
★ を定めた ★ 議定書に基づき、日本では国内法が
整備されている。

カルタヘナ

◆カルタヘナ議定書は、1999年、コロンビアのカルタヘナで開か
れた生物多様性条約の締約国会議で討議され、2000年にカナダ
で採択された (2003年発効)。

□**3** 近年の日本の農林業を取り巻く状況として、地元で生
★★ 産されたものを地元で消費することで、消費者と生産
者が相互の信頼の構築を目指す ★★ の動きがある。

地産地消

□**4** 消費地と生産地との距離に輸送量をかけて算出された、
★ 二酸化炭素（CO_2）の排出量など**環境への負荷の度合い**
を示す指標を ★ という。

フードマイレージ

□**5** 流通段階では生産情報や流通経路などを明確に表示するなど、 ★★ システムを実現した農産物の販売も増加してきた。これは、多くの人々の間に ★★ の**安全性**への関心が高まったことから生じたものである。

トレーサビリティ, 食（食品）

◆農産物やその加工品の生産から流通までの過程を追跡できるようにするシステムであるトレーサビリティが確立した背景には、牛海綿状脳症（BSE）発生の際、消費者の食への不安を取り除く必要があったことなどが挙げられる。

□**6** 食品の安全性を確保する施策として、2009年に**消費者行政の一元化**を目的として ★★★ が発足した。

消費者庁

□**7** 国内で販売される ★ 食品については、食品添加物だけでなくアレルギーの原因とされる特定の原材料も原則として ★ が義務づけられている。

加工

表示

□**8** 防虫や防腐のために収穫後、農作物に農薬を散布することを ★ といい、その健康被害が問題となった。

ポストハーベスト

□**9** 日本では、食中毒事件や食品の**表示**偽装など、食の安全性をめぐる問題を受けて、 ★★ 法が制定された。

食品安全基本

□**10** ★ は、2003年に内閣府の下に設置され、消費者庁などと連携し、食品の安全性を確保するための科学的な知見からの中立・公正なリスク評価を行っている。

食品安全委員会

◆食品安全基本法に基づき設置された機関で、食の安全のための多様な活動として、リスク評価の他にリスクコミュニケーションや緊急事態への対応なども行っている。

□**11** 「 ★ 」は、日本人の伝統的な食文化として、**国連教育科学文化機関（UNESCO）の無形文化遺産**に登録されている。

和食

◆国連教育科学文化機関（UNESCO）は、伝統文化や芸能などの保護を目的とする**無形文化遺産条約**を採択している。

□**12** 日本では、偏った栄養摂取や朝食の欠食など、国民の健康にかかわる食生活が問題視されており、健全な食生活に必要な知識と望ましい食習慣を身につけられるように、**食を通じた教育**を意味する ★ の取り組みが進められている。

食育

9 消費者問題

☐ **1** 1962年、アメリカのケネディ大統領は、欠陥商品や悪
★★★ 徳商法といった社会問題を受け、**消費者の** ★★★ を
唱えて、 ★★★ の考え方を提示した。

◆消費者運動はアメリカの弁護士ラルフ=ネーダーらが始めた。

4つの権利,
消費者主権

☐ **2** ケネディ大統領が発表した**消費者の4つの権利**とは、
★★★ 「安全である権利」「 ★★★ 」「 ★★★ 」「意見を反映
させる権利」である。

◆知る権利とは、**商品の品質と性能を知る権利**のことである。

選ぶ権利, 知る権
利 ※順不同

☐ **3** 日本では1947年に ★★★ 法が制定され、独占価格や
★★★ 不公正な競争を排除するとともに、 ★★★ が適正な
価格で商品を購入できることを保障した。

独占禁止,
消費者

☐ **4** 1968年制定の消費者保護基本法を、2004年に改正し制
★★★ 定された ★★★ 法は、第1条で「消費者の ★★★ 及
びその自立の支援」を基本理念として掲げている。

◆消費者保護基本法は、従来の**消費者の**保護**から消費者の**自立支
援を目的として抜本改正された。

消費者基本,
権利の尊重

☐ **5** **消費者行政の最高意思決定機関**は ★★ であり、消
★★ 費者の国の窓口が ★★ 、地方の窓口となって苦情
処理や品質テストを行うのが ★★ である。

消費者政策会議,
国民生活センター,
消費生活センター

☐ **6** **消費者行政の主務官庁**は ★★★ であるが、新たな主
★★★ 務官庁として厚生労働省の一部や農林水産省の一部が
統合し、2009年9月に各省庁が行っていた**消費者行政
を一元化**するために ★★★ が創設された。

内閣府

消費者庁

☐ **7** ★★ は、消費者が**商品の共同購入**を通して商品を
★★ 少しでも安く購入することを目的に作られた組織で、
1844年にイギリスの ★★ で創設された。

生活協同組合

ロッチデール

☐ **8** 消費者保護を目的として、訪問販売や割賦販売、宅地
★★★ 建物取引、マルチ商法（連鎖販売取引）などについて、
成立した**売買契約を一定期間内**ならば ★★★ なしに
買主側から無条件で解除できる ★★★ という制度が
設けられている。

◆クーリング=オフで買主が売買契約を無条件で解除できる期間
は、マルチ商法では20日間、訪問販売では8日間である。

違約金,
クーリング=オフ

□ **9** 1976年制定の ____★★____ 法が改称され、訪問販売やマル
★★ チ商法(連鎖販売取引)などにおける**悪徳商法の禁止**を
定めた ____★★____ 法が、2000年に制定された。

訪問販売

特定商取引

□ **10** 通信販売などで注文していない商品を勝手に送付し、
★ 代金を一方的に請求する ____★____ について、送り主で
ある業者の返還請求権は ____★____ することが特定商取
引法に明記されている。

ネガティブ=オプ
ション (送りつけ
商法), 消滅

□ **11** 消費者の自己破産の増加を招く ____★★____ 問題に対処す
★★ るため、2006年の貸金業法の改正に加え、10年の出
資法改正で法律上の借入金利の上限を引き下げ、上限
金利が利息制限法の上限金利を上回ることで生じる
「 ____★★____ 金利」が解消した。

多重債務

グレーゾーン

◆この背景には、バブル崩壊後の長引く不況の中、1990年代に急
速に普及した**消費者金融**など個人への無担保融資事業から、多
くの消費者が借入を受けたことがある。

□ **12** 現代の消費社会において、**広告や宣伝に左右されやす**
★★ **い消費者の心理的傾向**を、アメリカの経済学者**ガルブ**
レイスは『ゆたかな社会』の中で ____★★____ と呼んだ。

依存効果

□ **13** 当事者の一方がある商品を提供し、相手方がその代価
★★ として代金を支払うことを約束した時点で売買 ____★★____
は成立する。

契約

◆民法上、契約の成立は**合意のみで足り**、契約書は必要ないが、ト
ラブルに備えて契約書を作成するのが通常である。

□ **14** ある保険会社が、契約を変更すると料金が高額になる
★★ ことを伝えずに消費者に契約を変更させていたのは、
企業と消費者との取引における情報の ____★★____ 性に
よって消費者に不利益が生じている事例である。

非対称

□ **15** 現行の民法第90条は、**公序良俗に反する内容の契約**
★★ は ____★★____ であると規定し、反社会的契約の防止を
計っている。

無効

◆当事者の合意があったとしても**公序良俗違反の契約**は無効であ
るとする強行規定である。

□**16** 民法改正により、2022年4月から成年年齢が ★★★ ★★★ 歳となり、民法に定められた ★★★ を取り消すことができる権利 (未成年者取消権) が適用されなくなる。

18, 契約

◆契約のルールにおいて、未成年者は親などの保護者によって守られている。例えば、スマートフォンの購入やクレジット契約では、原則として保護者の同意が必要となるが、成年年齢が18歳に引き下げられることで、18・19歳は成年 (成人) と扱われるので保護者の同意を得ずに結んだ契約を取り消すことができる権利 (未成年者取消権) は適用されなくなり契約責任を負う。

□**17** 民法は私的目的、すなわち ★★ の原則に立ち、契 ★★ 約当事者の意思を尊重しているが、**信義則や公序良俗に違反する内容の契約は** ★★ ないし ★★ と扱うことにしている (民法第1条・90条)

契約自由

無効, 無効

◆例えば、利息制限法の法定金利を上回る高金利の消費貸借契約を結んでも無効である。

□**18** 必ず儲かると説明された契約に関する**消費者の取消権** ★★ や**メーカーの免責特約の無効性**を定めた法律は ★★ 法である (2000年制定、01年施行)。

消費者契約

◆消費者契約法では、不実告知があった場合、消費者が契約を取り消すことができることが定められている。2006年の法改正で**適格消費者団体**が創設され、消費者に代わり悪徳事業主への販売差止めなどの裁判を行うことが認められた。

□**19** ★★★ 法では、欠陥商品の製造業者は被害者たる消 ★★★ 費者に対して ★★★ で**損害賠償責任**を負うことを定めているが、製造当時の科学水準で被害結果の発生が予見不可能であったと立証できれば**免責**されるという ★★★ は認められている。

製造物責任 (PL), 無過失

開発危険の抗弁権

□**20** 日本の製造物責任法 (PL法) は、被害者が製造物に ★★ よって発生した損害の責任を、過失の有無にかかわらず製造者などに問えるとし、この製造責任が成立する3つの条件を定めている。これらの条件をいずれも満たすものを、下の**A〜C**の例からすべて選べ。

【条件1】損害を引き起こす物が製造または加工された物であること
【条件2】その物の本来の使用を前提とした上で、その物が通常有すべき安全性を欠いていること
【条件3】その物が通常有すべき安全性を欠いているこ

とが原因となって損害が発生したこと

A 下りのエスカレーターを上へと逆走したところ、
段差でつまずいて転倒し、怪我をした。

B お菓子の缶を開け、中のお菓子を食べていたところ、混入していた金属の異物で口内に怪我をした。

C 漁港で新鮮な貝を買って、その場で食べたところ、その貝が毒性を持っていて健康を害した。

B

□ **21** サイバー犯罪には、金融機関などに**なりすまし**、偽サ
★★ イトの作成やメッセージを送信して情報を入力させる
　　　　 ★★ 　、URL を**1度クリック**しただけで一方的にサービスへの入会などを告げられ多額の料金を請求される
　　　　 ★★ 詐欺、サイトやメールから**ウイルスに侵入**され情報を盗み取られる ★★ による犯罪などがある。

フィッシング

ワンクリック,
スパイウェア

10 公害問題と環境保護

ANSWERS □□□

□ **1** 日本における<u>公害</u>の**原点**は、1890年の ★★ 事件で
★★ あり、代議士の ★★ が天皇にその解決を直訴した。

足尾銅山鉱毒,
た なかしょうぞう
田中正造

◆日本の公害の歴史は、産業革命により本格的な工業化が始まった明治時代にさかのぼる。<u>足尾銅山鉱毒事件</u>のほか、愛媛県で起きた<u>別子銅山煙害事件</u>が、その代表例である。

□ **2** 日本で**公害問題が深刻化**したのは ★★ 期である。
★★

高度経済成長

□ **3** **四大公害**とは、三重県で発生した ★★★ 、富山県で
★★★ 発生した ★★★ 、熊本県で発生した ★★★ 、新潟
県で発生した ★★★ の４つを指す。

四日市ぜんそく,
イタイイタイ病,
みなまた
水俣病,
新潟水俣病

◆<u>四日市ぜんそく</u>は**大気汚染**、<u>イタイイタイ病</u>はカドミウムによる**水質汚濁**、<u>2つの水俣病</u>は有機水銀による**水質汚濁**である。**四大公害**の裁判では、いずれも加害者側となる企業の責任が明らかにされ、原告である被害者側に損害賠償金が支払われ、1974年には公害健康被害補償制度も開始されている。なお、13年に**水銀**とその使用製品の製造・輸出入を禁止する<u>水俣条約</u>が採択され、17年に発効した。

□**4** 1967年制定の ★★ 法において、**公害を** ★★ **汚**
★★ 染、 ★★ 汚濁、土壌汚染、騒音、振動、地盤沈下、
悪臭の7種類に規定した。

　◆これら7種類の公害は「**典型7公害**」と呼ばれる。1993年に公害
　対策基本法に代わり、環境基本法が制定されたため、現在は同
　法に規定されている。

公害対策基本，大
気，
水質

□**5** ★★★ 年の国会では、公害対策基本法第1条の「**公害**
★★★ **対策と経済発展の**調和**条項**」が削除され、公害罪法な
ど14の公害対策関係法の改正と制定が行われたこと
から「 ★★★ 」と呼ばれ、 ★★★ の設置が決まった。

1970

公害国会，環境庁

□**6** **1971年**に公害対策の主務官庁として ★★★ が発足
★★★ し、**2001年**の中央省庁改革で ★★★ となった。

環境庁，
環境省

□**7** 高度経済成長期から、都市部で大気汚染や騒音などの
★★ ★★ 型公害が社会問題化し、その対策を求める
★★ が盛んに行われた。

　◆例えば、自動車の排出ガスと紫外線が反応して起こる**光化学ス**
　モッグやごみ処理場の不足、下水や廃棄物による河川の汚濁な
　どの環境問題が発生した。

都市・生活，
住民運動

□**8** 1973年には特定の公害の被害に対して、**国による補償**
★ を定めた ★ 法が制定された。

公害健康被害補償

□**9** 1993年には廃棄物や放射性物質、地球環境問題などに
★★★ 対処すべく、公害対策基本法と ★★★ 法を発展的に
統合し ★★★ 法が制定された。

　◆環境基本法は、いわゆる環境憲法として制定されたが、環境権
　を認める規定は置かれなかった。

自然環境保全，
環境基本

□**10** 公害は、市場を経由せずに市場外第三者に被害を及ぼ
★★★ すため、その**社会的費用が市場取引に反映されず**、市
場では適切な ★★★ が行われない。

資源配分

□**11** **公害を発生させた企業が汚染防除や被害者救済のため**
★★★ の**費用を負担すべき**であるという ★★★ は、日本の
環境政策に採用されている。

　◆1972年の**OECD環境委員会**で汚染者負担の原則（PPP）の国際
　ルール化が提唱された。日本において、PPPは自動車の排気量
　によって自動車関係諸税を重くする**グリーン化税制**（2001年実
　施）や、二酸化炭素排出量に応じた税率を上乗せする**地球温暖化**
　対策税（2012年10月より導入）などに具体化されている。

汚染者負担の原則
（PPP）

273

□**12** 過失の有無を問わず公害発生企業や欠陥商品製造企業
★★ の**損害賠償責任を認める原則**を　**★★**　という。

無過失責任の原則

◆民法の損害賠償義務に関する故意・過失責任の原則を被害者保
護の観点から修正した。**大気汚染防止法**、**水質汚濁防止法**、**原
子力損害賠償法**などに規定されている。

□**13** 公害問題における無過失責任の原則や汚染者負担の原
★★★ 則 (PPP) は、企業の　**★★★**　(CSR) の一例である。

社会的責任

□**14** 公害規制のあり方としては、かつての有害物質の排出
★★ **濃度**を規制する方式に加え、地域や企業別に**排出量を
割り当てて**　**★★**　を規制する方式も導入されている。

排出総量

◆濃度規制から総量規制へと政策の重点が変化している。

□**15** 環境に著しい影響を及ぼすとされる事業の**環境負荷量**
★★★ を事前に調査、予測、評価することを　**★★★**　という。

環境アセスメント
(環境影響評価)

◆まず、地方での条例化が進み、後に1997年の環境影響評価法で
初めて国レベルで環境アセスメントが法律化された。

□**16** 副産物を廃棄物にせず技術的に相互に利活用し、廃棄
★★ 物**をゼロにする**　**★★**　や国際標準化機構(ISO)の**環
境マネジメントに関する国際規格**（　**★★**　シリー
ズ）、　**★★**　マークを表示した商品など、企業の自己
規制や環境技術開発を促進する政策が進んでいる。

ゼロ=エミッション,
ISO14000,
エコ

□**17** 家庭や事務所から排出されるごみを　**★**　というの
★ に対して、工場などの生産活動に伴って排出されるご
みを　**★**　という。

一般廃棄物

産業廃棄物

□**18** 2019年12月、経済産業省は　**★★**　法の関係省令を改
★★ 正し、翌20年7月よりプラスチック製買物袋（　**★★**　）
の有料化を開始した。

容器包装リサイク
ル,
レジ袋

11 人口問題

ANSWERS □□□

□**1** 人口は**幾何級数（等比級数）的に増加**するが、食糧は
★★★ **★★★** **級数的にしか増加しない**ため食糧不足が発生す
るとして、　**★★★**　は人口抑制を主張した。

算術 (等差),
マルサス

☐ **2** 一般的に人口ピラミッドの形は、**発展途上国**に見られ
★★★ る「 ★★★ 型」から、**先進国**に見られる「つり鐘型」
へと移行していく。**人口停滞型**である「つり鐘型」の人
口ピラミッドは、少子高齢化が加速すると徐々に**人口
減少型**の「 ★★★ 型」に近い形状になっていく。

富士山 (ピラミッ
ド)

つぼ

◆日本の人口ピラミッドは「つり鐘型」から「つぼ型」に移行して
いる。

富士山**型** (ピラミッド型) ➡ つり鐘**型** ➡ つぼ**型**

▼エチオピア (2004)　　　　　▼アメリカ合衆国 (2007)　　　　　▼日本 (2009)

多産多死型	人口停滞型	人口減少型
発展途上地域	先進地域	少子化が見られる先進地域

☐ **3** 第二次世界大戦後、**世界の人口は急増**し、2011年に
★★★ は ★★★ 億人に達した。このように**急激に人口が増
加する**ことを ★★★ という。

70,
人口爆発

◆人口爆発はアフリカやアジアなどの発展途上地域で発生してい
る。国連によると、世界人口は2023年現在の80億人超から、
50年には約100億人に達し、2100年頃に約110億人でピーク
を迎えると見られる。

☐ **4** **発展途上地域**における人口爆発の発生原因には、**子ど
★★ もは多く生まれるが、その多くが死んでいく**という
★★ 型から、**医学の発達や食糧援助**などにより
★★ 型へ移行したことが挙げられる。

多産多死,
多産少死

☐ **5** 先進地域においては、生活様式 (ライフスタイル) の変
★★ 化や女性の高学歴化と社会進出に伴って出生率が低下
する一方、医学の発展により死亡率が低下したことに
よって、 ★★ 型への移行が進んでいる。

少産少死

☐ **6** **少子高齢化**が進むと少産少死型から ★★ 型に移行
★★ し、**人口は減少**し始める。

少産多死

◆2004年12月、日本の人口は減少に転じた後、わずかに増加した
が、08年以降は人口減少が続いている。

□**7** 人口の自然増加数(出生数−死亡数)の総人口に対する
★　比率のことを人口の ★ 率という。

自然増加

◆自然増加率は、1,000人あたりの自然増加率(‰=パーミル)で
表す。出生率、死亡率がいずれも高く、自然増加率が低い人口
転換の**第1局面**(多産多死型)から、死亡率が低下し始め、かつ
出生率が高い率で維持されることで自然増加率が高まっていく
第2局面(多産少死型)において、その国や地域の人口は急増す
る。その後、死亡率と出生率が急速に低下し、自然増加率が減
速する**第3局面**を経て、**第4局面**で死亡率、出生率、自然増加
率がさらに低くなる(少産少死型)。

□**8** 次の**A〜C**の日本の人口ピラミッドについて、1950
★★★　年、1980年、2015年にあてはまるものそれぞれ答えよ。

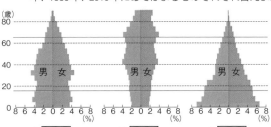

A ★★★　B ★★★　C ★★★

A　1980年
B　2015年
C　1950年

◆少子高齢化で日本の人口ピラミッドは多産多死型の「富士山型
(ピラミッド型)」から少産少死型の「つり鐘型」を経て「つぼ型」
へと変化した。今後は逆三角形のように変化すると予想される。

□**9** 2005年に人口減少社会に突入した**日本の総人口**は、
★★　22年の約 ★★ 人から、56年には1億人を下回り、
70年に約 ★★ 人にまで減少すると予測される。

1億2,500万,
8,700万

□**10** 先進地域においては、都市化の進行などによって家族
★★　形態の ★★ 化が進んだため、高齢者の介護の他、社
会保障や雇用問題も深刻化している。

核家族

◆**核家族**は、アメリカの文化人類学者**マードック**が唱えた概念で、
日本では一組の夫婦と未婚の子、または一組の夫婦からなる家
族(**夫婦家族**)を指す。近年の日本では、都市部を中心に**単身世
帯**も増えている。特に、高齢者**単身世帯**の増加が目立つ。

□**11** 出生率は、統計上、1人の**女性が15〜49歳の間に産む
★★★　子どもの平均人数を示す ★★★ によって表示される。

合計特殊出生率

◆現在、合計特殊出生率が2.07を下回ると日本の人口は減少する
と推定されている(人口置換水準)。2022年、新型コロナウイル
ス感染症(COVID-19)の影響などで合計特殊出生率は1.26と、
05年に並び過去最低を記録した。

□12 生産年齢人口（15〜64歳）に対する従属人口（**年少**
★ **人口と老年人口の合計**）の割合が低下し、老年人口が
増え始めるまでの一定期間で、生産年齢人口の割合が
増えて経済成長が起こることを ★ という。

人口ボーナス

　◆人口ボーナスの期間は、**豊富な労働力**が供給され、**消費が活発**に
　行われるようになる。また、高齢者が少なくなることで**社会保障**
　費が抑制されることもあり、経済成長が起こりやすい。逆に、従
　属人口比が上昇し、経済が停滞することを人口オーナスという。

□13 高齢化が進んでいる原因としては、 ★★★ の発達、食
★★★ 生活の改善など**生活水準が著しく向上したこと**による
★★★ の大幅な伸びなどがある。

医療

平均寿命

□14 世界人口会議の**第1回ブカレスト会議**では、人口問題
★★ の解決には ★★ よりも ★★ が優先されるべき
ことなどが確認された。

人口抑制，開発
（経済開発）

　◆発展途上国は、経済的に貧しいことから、労働力として子ども
　を多く産まざるを得ないと主張した。

□15 1994年にエジプトの ★★★ で行われた国際人口開発
★★★ 会議では、女性の妊娠および出産への国家政策から女
性を解放する ★★★ （**性と生殖に関する健康と権利**）
が宣言された。

カイロ

リプロダクティブ
=ヘルス / ライツ

□16 中国は、「 ★★★ 」という**子どもを1人に限ること**を
★★★ 奨励する政策を実施してきたが、2015年に廃止した。

ひとりっ子政策

　◆2020年時点で人口の世界**第1位**は中国（約14.4億人）、**第2位**
　はインド（約13.8億人）であったが、人口抑制策が進まないイ
　ンドが、23年に人口世界第1位になったと推定されている。

12 資源エネルギー問題

ANSWERS □□□

□1 エネルギーの中心は、19世紀初め頃までは薪や木炭
★★ であったが、19世紀初めからは石炭へ、1960年代に
は ★★ や液化天然ガスなどの液体燃料へと変化し
た。これを ★★ という。

石油，
エネルギー革命
（流体革命）

□2 **石油や天然ガス**など古い地質時代の動植物が炭化して
★★★ 形成された ★★★ は燃焼により**二酸化炭素（CO₂）**
や ★★★ 、**窒素酸化物（NOx）**などの大気汚染**物質**
を排出する。

化石燃料，
硫黄酸化物（SOx）

277

□ **3** ある天然資源の確認埋蔵量を現在の年間生産量で割る
★　　ことで**将来、採掘可能な**｜ ★ ｜**年数**が計算できる。

可採

　　◆採掘技術が向上して確認埋蔵量が増加したり、その資源の年間
　　　生産量が減少したりすれば、可採年数を増やすことができる。

□ **4** 1972年に**ローマ＝クラブ**は『｜ ★★★ ｜』という報告書の
★★★　中で、世界人口、工業化、汚染、食糧生産、資源の使
　　用が現在の伸び率のまま続けば、100年以内に地球上
　　の｜ ★★★ ｜は限界に達すると警鐘を鳴らした。

成長の限界

成長

□ **5** 基線から｜ ★★ ｜**カイリ**以内の水域では、**沿岸国に天**
★★　**然資源を管轄、開発する権利**が認められている。

200

□ **6** 1974年、**第一次石油危機対策として**｜ ★★★ ｜が開かれ、
★★★　原油などの価格安定と**先進国と発展途上国間の対等な**
　　貿易などを目指す新国際経済秩序樹立宣言（｜ ★★★ ｜）
　　が採択された。そこで確認された**天然資源に対す**
　　る｜ ★★★ ｜の考え方は｜ ★★★ ｜のあらわれといえる。

国連資源特別総会

NIEO 宣言

恒久主権，資源ナ
ショナリズム

　　◆1962年の国連総会で天然資源に対する恒久主権が決議された。
　　　天然資源の開発・利用権は保有国にあるとする考え方である。

□ **7** **2度の石油危機の原因**となった原油公示価格の引き上
★★　げと原油供給削減は、石油輸出国機構（｜ ★★ ｜）と**ア**
　　ラブ石油輸出国機構（｜ ★★ ｜）などの**石油カルテルが**
　　行った石油戦略である。

OPEC，

OAPEC

　　◆1960年結成の石油輸出国機構（OPEC）は、欧米諸国の国際石油
　　　資本に対抗するための**産油国によるカルテル**の一種で、原油価
　　　格の上げ下げ、生産調整、石油生産の国有化などの共通政策を
　　　掲げている。本部はオーストリアのウィーンに置かれている。

□ **8** ｜ ★★★ ｜は、石油などの｜ ★★★ ｜と比べて、①エネル
★★★　ギーの**大量生産**ができること、②エネルギー効率が良
　　く**安定した発電**ができること、③燃料の投入量が少な
　　く可採年数が長いこと、④燃料コストが安価で市場価
　　格に左右されにくいことなどの利点がある。

原子力，化石燃料

　　◆日本では、1966年に初の商業用原子力発電所として**東海原子力**
　　　発電所が運転を開始したが、本格的に原子力発電所の設置が始
　　　まるきっかけとなったのは、70年代の2度の石油危機（オイル＝
　　　ショック）である。

□**9** 原子力発電には、①深刻な ★★★ 汚染が生じる危険
★★★
性、②事故による後世代への影響、③ ★★★ の処理・
廃棄方法の問題、④核兵器や核兵器開発技術の ★★★
の問題などが指摘されている。

放射能,
放射性廃棄物,
拡散

◆原子力発電における<u>核分裂</u>は人為的な抑止が困難で、事故が起こると生命にかかわる重大な<u>放射能汚染</u>を招き、その汚染は数十年から数百年以上続く。また、事故発生のリスクと廃棄処理施設の開発・維持コスト、<u>原発建設</u>が核兵器転用・製造の原料となる<u>プルトニウム</u>の拡散を進める危険性も指摘されている。

□**10** 原子力発電所で核分裂を起こすために利用される物質
★
として主要なものは ★ であるが、通常は核分裂
反応を起こしやすい濃縮 ★ を利用する。

ウラン,
ウラン

□**11** 原子力発電所から排出される ★ は、その処理が
★
難しく、軍事転用のおそれもある。

放射性廃棄物

□**12** 1955年制定の ★★ 法では、原子力平和利用の三原
★★
則として「 ★★ ・ ★★ ・ ★★ 」を基本方針と
して掲げている。

原子力基本,
民主, 自主, 公開

□**13** 日本では、<u>石油危機（オイル=ショック）</u>を契機に、**新**
★★
エネルギーの技術研究開発を進める ★★ 計画
(1974年)、省エネルギー技術の研究開発を進める
★★ 計画（1978年）が相次いで始まり、これらは
★★ 計画に統合された。

サンシャイン

ムーンライト,
ニューサンシャイン

□**14** 1979年にアメリカ合衆国で発生した ★★ 島原子力
★★
<u>発電所事故</u>や、86年に旧ソ連の**ウクライナ**で発生し
た ★★ 原子力発電所事故では、事故により原子炉
から多量の放射性物質が大気中に拡散した。

スリーマイル

チェルノブイリ

□**15** 1995年に福井県敦賀市にある高速 ★★ 炉「 ★★ 」
★★
でナトリウムの火災事故が発生した。

増殖, もんじゅ

◆<u>高速増殖炉</u>は、MOX（プルトニウム・ウラン混合酸化物）燃料を使用し、消費量以上の燃料を生み出せる原子炉で、**核燃料サイクル計画の一環**であったが、世界的にも事故が多く、ほとんど稼働実績がないという問題を抱えていた。1995年の事故後、本格的な再稼働を目指していたが、2010年に再び事故が発生したことなどを受け、16年12月に廃炉が正式に決定した。

□**16** 1999年に茨城県 ★★ の核燃料加工会社で起こった
★★ 事故は、日本で初めて事故被ばくによる死者を出し
た ★★ 事故である。この ★★ とは、**核分裂の**
連鎖反応が一定の割合で持続している状態をいう。

東海村

臨界，臨界

□**17** 2011年3月11日に発生した東日本大震災によって、東
★★★ 京電力の ★★★ 原子力発電所が**電源・冷却機能を喪**
失し、これによって生じた炉心溶融（ ★★★ ）と水素
爆発で多量の放射性物質が外部に放出された。

◆国際原子力事象評価尺度（ＩＮＥＳ）によると、チェルノブイリ原
　発事故と同じ最悪のレベル7（深刻な事故）に分類されている。

福島第一，

メルトダウン

□**18** 福島第一原子力発電所事故は、原子力発電の ★★
★★ 性に対する国民の信頼を失うとともに、原子力発電所
の停止などにより全国規模の ★★ 不足が発生した。

◆日本では、エネルギー多様化の観点などから火力から原子力発
　電にウエイトを移してきたが、この事故によって**エネルギー政**
　策はゼロベースで見直された。一方、福島第一原発事故後、ド
　イツのメルケル首相は原子力発電所の建設計画を見直す方針を
　示し、2023年4月にはすべての原発の稼働を取り止めて**脱原発**
　を実現した。スイスやイタリアでは**国民投票**によって脱原発の
　方向性が確認された。

安全

電力

□**19** 2012年に**新たな原子力規制体制**として、 ★★ を
★★ ★★ の外局に設置した。

◆原発を規制する機関を原発推進派とされる経済産業省から切り
　離して環境省の下に置き、規制体制の独立と強化を図った。

原子力規制委員会，

環境省

□**20** 2013年に ★★ は原発に関する新たな ★★ を設
★★ けたが、**第二次安倍内閣**はこれらの基準を満たした原
発には ★★ を認める方針を示した。

◆活断層上の設置禁止に関する調整年代を40万年前に拡大、緊急
　用制御室の設置、防潮堤の充実、複数の電源確保、ポンプ車分
　散配備などがある。2023年5月時点で10基が再稼働している。

原子力規制委員会，

規制基準

再稼働

□**21** ★★ 計画とは、原子力発電所の**使用済み核燃料を**
★★ **再処理**して回収したプルトニウムとウランを混合した
MOX燃料を、既存の軽水炉で**リサイクル**し燃料の有
効利用を行う計画である。

◆民主党の鳩山内閣（2009～10年）は地球温暖化対策の一環とし
　て、二酸化炭素をほとんど発生させない原子力発電を重視し、天
　然資源に恵まれない日本が推進する核燃料サイクル政策の根幹
　としてプルサーマル発電の推進を打ち出していたが、事故の危
　険性から住民の反対運動が起こった。

プルサーマル

□22 環境保護における経済的手法の１つとして、オランダ
★★★ やスウェーデンなどではいわゆる ★★★ が導入され、
二酸化炭素排出量に応じた課税が行われている。

環境税

◆ヨーロッパで導入されている環境税は炭素税とも呼ばれ、汚染
者負担の原則（PPP）を具体化したものである。日本も2012年
に環境税（地球温暖化対策税）を導入している。このように二酸
化炭素排出量に応じて、企業や家庭にコストを負担してもらう
仕組みをカーボンプライシング（炭素の価格づけ）という。

□23 動植物(特に微生物)などの生物体を原料とするエネル
★★ ギー資源を総称して ★★ という。

バイオマス
（生物資源）

◆トウモロコシを原料としたエタノールや間伐材を加工した小型
固形燃料などもバイオマスに含まれる。生物資源を利用しての
発電をバイオマス発電という。

□24 石油や原子力に代わるエネルギー源を ★★ と呼び、
★★ 太陽光、風力、潮力などの自然エネルギーや廃熱利用
エネルギーなどのクリーンエネルギーを含む。

新エネルギー

◆新エネルギー（再生可能エネルギー）の開発によって、持続可能
性（サステナビリティ）の高い低炭素社会の実現が期待される。

□25 日本では、政府がクリーンエネルギーを ★★ エネ
★★ ルギーという表現で統一し、 ★★ エネルギー特別
措置法を制定し、この分野の規制緩和を一部進めている。

再生可能,
再生可能

◆東日本大震災後の2012年に制定された再生可能エネルギー調達
特別措置法（FIT法）では、太陽光や風力などの再生可能エネル
ギーにより発電された電力は、家庭によるものだけでなく、民
間法人によるものについても国が定める期間は指定された価格
で買い取ることが電気事業者に義務づけられた（固定価格買取
制度）が、22年から見直しが行われて再生可能エネルギー利用
促進特別措置法に改正された。これにより、市場価格に連動し
て補助金が変化し、買取価格が変動するというFIP制度が新た
に追加された。

□26 自然界から直接得られる化石燃料や水力は ★★ エ
★★ ネルギーと呼ばれ、それから作られる電力などは
★★ エネルギーと呼ばれる。

一次

二次

◆原子力発電はウランなどの核燃料などを用いるが、ウランの原
子力そのものは自然界から得られるエネルギーであるため、石
炭や石油、天然ガス、水力などと同じく一次エネルギーとされる。

□27 従来の電池と異なる ★★ は水素と酸素を化学反応
★★ させて電力を取り出すもので、発電から排出されるの
は水と熱だけで ★★ などを出さない。

燃料電池

二酸化炭素（CO_2）

□ **28** **★★** ★★ とは、発電する際に生み出される熱のエネルギーを用いて、温水や蒸気を電気と同時に発生させる**電熱供給システム**で、近年、省エネルギー強化策の1つとして導入が進められている。

コジェネレーション（コージェネレーション）

□ **29** 次のグラフは、日本の**一次エネルギー**（非加工エネルギー）の供給割合の変化を示したものである。空欄 **A** ★★★ 〜 **D** にあてはまる資源エネルギーを答えよ。

A 石炭
B 石油
C 天然ガス
D 原子力

◆1970年代の2度の**石油危機**（オイル=ショック）をきっかけに**脱石油**が進み、一次エネルギーに占める石油の割合は低下している。一方、石油の代替エネルギーとして期待された原子力は、2010年までに11.2%と上昇したが、11年3月の福島第一原子力発電所事故後、すべての原子力発電所が安全性確認のため一時停止したため、14年はほぼゼロになった。その後、新たな安全性基準をクリアした原子力発電所の再稼働が始まったが、発電量は高まっていない。なお、**一次エネルギー**は非加工エネルギーであるが、電力は加工して発電されているため**二次エネルギー**となる。ちなみに、二次エネルギーである電力に占める原子力の割合は、福島第一原子力発電所事故前は約25%（2010年）であったが、現在（2021年）は約6%となっている。

□ **30** 大規模な**核**戦争は「 **★★** 」と呼ばれる**大幅な気温低** ★★ **下**をもたらし、食糧危機を発生させるおそれがある。

核の冬

□ **31** 「 **★★★** 」とは、**将来の世代の欲求を満たしつつ、現** ★★★ **在の世代の欲求も満足させるような開発**のことで、1992年の国連環境開発会議（環境と開発に関する国連会議、地球サミット）の報告書に明記され、それをきっかけに広く知られるようになった。

持続可能な開発

◆「持続可能な開発」は1992年の国連環境開発会議の基本理念として掲げられた。この理念に基づき、2015年に161ヶ国が参加した国連サミットでは、17の国際的な目標と各目標について設定された169のターゲットからなる持続可能な開発目標（SDGs）が全会一致で採択された。

□32 ┃ ★★★ ┃ の考え方によれば、現在世代が地球を温暖化
★★★ させたならば、その利益も不利益も引き受けて暮らす
ことになる将来世代に対して、現在世代は**義務**や
┃ ★★★ ┃ を負うべきである。

世代間倫理

責任

◆環境倫理の領域において、現在世代は将来世代の生存可能性などに対して義務や責任があるとする世代間倫理が重要であるとされている。

□33 **資源**の循環**利用**を目指し、資源の浪費を抑制すること
★★★ で ┃ ★★★ ┃ への負荷を低減させて環境破壊を防ごうと
する社会を一般に ┃ ★★★ ┃ という。

環境,
循環型社会 (資源
循環型社会)

13 地球環境問題

ANSWERS ☐☐☐

□1 **代表的な地球環境問題**としては、**異常気象**を引き起こ
★★★ す ┃ ★★★ ┃ 、**皮膚ガン**の増加を招く ┃ ★★★ ┃ の破壊、
森林破壊の原因となる酸性雨がある。

地球温暖化, オゾ
ン層

□2 アメリカの生物学者 ┃ ★★ ┃ は『**沈黙の春**』で、**DDT**
★★ などの ┃ ★★ ┃ の使用が、**生体濃縮により** ┃ ★★ ┃ を
破壊する危険性を指摘した。

レイチェル=カー
ソン,
農薬, 生態系 (エ
コシステム)

□3 アメリカの経済学者ボールディングは、地球のことを
★★★ 「 ┃ ★★★ ┃ 」と呼び、地球の環境維持、資源の効率的利
用の必要性などを訴えた。

宇宙船地球号

◆地球環境は誰もが影響を与え合っており、**生態系の閉鎖性**ゆえに、環境悪化は当然ながら人間にも害を及ぼす。アメリカの細菌学者ルネ=デュボスは「Think Globally, Act Locally (**地球規模に考え、足元 (地元) から行動せよ**)」という考え方を示し、国際的な視点で環境問題を考え、身近なところから環境対策を実践していくことを説いた。

□4 1972年には、OECD **環境委員会**で ┃ ★★ ┃ の国際ルー
★★ ル化が議論され、同年に民間団体である**ローマ=クラブ**
は『 ┃ ★★ ┃ 』という人類の危機レポートを発表した。

汚染者負担の原則
(PPP)
成長の限界

□5 ┃ ★★★ ┃ (UNEP) は、**地球環境保全**のための国際協力
★★★ を推進する機関で、**1972年**に ┃ ★★★ ┃ で行われた ┃ ★★★ ┃
会議で採択された「 ┃ ★★★ ┃ 宣言」および「**環境国際行
動計画**」に則り設立された。

国連環境計画,
ストックホルム,
国連人間環境,
人間環境

□ **6** 1972年の国連人間環境会議では「□ ★★ □ のない地球」
★★ というスローガンが掲げられた。

かけがえ

□ **7** 1992年に**ブラジルの**リオデジャネイロで開催された
★★★ 「環境と開発に関する国連会議」（通称 □ ★★★ □ ）では、
「□ ★★★ □ 」という理念が共有された。

地球サミット,
持続可能な開発

◆「持続可能な開発」とは、次世代のために**再生可能な範囲内で自然資源を利用する**という開発理念で、1987年の「**環境と開発に関する世界委員会**（ブルントラント委員会）」で提起された。地球サミットでは、その基本理念を掲げた「リオ宣言」と、行動計画を定めた「アジェンダ21」が採択され、10年後の2002年には**南アフリカのヨハネスブルク**で「**持続可能な開発に関する世界首脳会議**（環境・開発サミット）」が開かれた。

□ **8** □ ★★★ □ 破壊の原因物質は、スプレーの噴射剤、冷蔵
★★★ 庫やクーラーの冷媒、半導体の洗浄剤などに含まれて
いる □ ★★★ □ である。

オゾン層

フロンガス(CFC)

□ **9** 1985年、オゾン層**保護のための** □ ★★ □ **条約が採択さ**
★★ れ、87年にはこの条約により規制される物質を特定
する □ ★★ □ **議定書が採択され、89年に発効した。**

ウィーン

モントリオール

□ **10** 1989年、**特定**フロンの20世紀中の全廃と**代替**フロン
★★ の2020年以降の原則使用禁止が □ ★★ □ で定められた。

ヘルシンキ宣言

□ **11** 気候変動の原因物質は、排出ガスや工場の煤煙中に含
★★★ まれる**二酸化炭素 (CO_2)**、メタンガス、代替フロンガ
スなどの □ ★★★ □ である。

温室効果ガス

□ **12** 1992年の地球サミットでは、□ ★★★ □ と □ ★★★ □ の2
★★★ つの条約が採択された。

気候変動枠組み条約,
生物多様性条約
※順不同

□ **13** 1992年の地球サミットで採択された □ ★★ □ は、**生物**
★★ **資源の保全と利用**および □ ★★ □ **資源から得られる利**
益の公正な配分の実現を目指した条約である。

生物多様性条約,
遺伝

◆生物多様性とは、異なる種の間や同じ種の中などに存在する豊かな差異のことで、人類にとって**遺伝資源**として保全すべき価値のあるものとする概念である。日本は**1992年**に生物多様性条約に署名し、翌93年に発効した（アメリカは未批准）。

□**14** 1997年開催の気候変動枠組み条約**第3回締約国会議**
★★★ （COP3、京都会議）では、先進国の温室効果ガス排出
量の削減数値目標を定めた ★★★ が採択された。

京都議定書

◆2008〜12年までに温室効果ガスの年間排出量を先進国全体で約
5％、EU 8％、アメリカ7％、日本6％を削減するという目標
が設定された。なお、条約に関する定期的な締約国会議の略称
を COP という。

□**15** 京都会議では、 ★★★ について温室効果ガス削減の
★★★ 数値目標の設定が見送られた。

発展途上国（開発
途上国）

◆二酸化炭素（CO$_2$）排出量が2007年にアメリカを抜き世界第1位
になった中国は、京都会議では「発展途上国」として削減義務が
課されなかった。

□**16** 発展途上国が排出量規制に消極的な理由は、自国の
★★★ ★★★ に悪影響を与える懸念などからである。

経済成長

□**17** 1997年の気候変動枠組み条約**第3回締約国会議**（京都
★★★ 会議、COP3）では、温室効果ガスの排出削減数値目標
の設定に成功して京都議定書が採択されるも、当時の**世
界第1位**の二酸化炭素（CO$_2$）排出国の ★★★ が批准
を拒否して発効できない状態が続いたが、**2004年に**
★★★ が批准し、**05年に発効**した。

アメリカ

ロシア

◆京都議定書の発効条件は、55ヶ国以上の締結、かつ締結国の
CO$_2$排出総量が先進国全体の総排出量の55％以上になること
とされた。ロシアの批准で、この2つの条件が満たされた。

□**18** 京都議定書では、義務づけられた ★★★ 削減量を超
★★★ える削減を達成した国から、**未達成国が排出権を買い
取り自国の削減分に算入できる**（国際） ★★★ という
仕組みなどが**京都メカニズム**として採用された。

温室効果ガス

排出権取引（排出
量取引）

□**19** 2005年に EU が導入した域内 ★★★ 制度は、「 ★★★
★★★ 方式」を採用し、各事業所に温暖化ガス排出量の上限
を課し、過不足分の取引を認めている。

排出権取引（排出
量取引）, キャップ
=アンド=トレード

□**20** 温室効果ガスの新しい削減方法を先進国どうしで共同
★★ 開発した場合、両国間で**削減分を譲渡し合う**ことを認
める仕組みを ★★ 、発展途上国の温室効果ガス削
減に技術協力をした場合、**被協力国の削減量を協力国
の削減分に算入できる仕組み**を ★★ （CDM）とい
い、いずれも京都メカニズムとして採用された。

共同実施

クリーン開発メカ
ニズム

□**21** 2015年、フランスで開催された気候変動枠組み条約**第**
★★★ **21回締約国会議**（COP21）で、世界の平均気温上昇
を産業革命**以前から** ★★★ **度未満に抑える**目標など
を内容とした ★★★ **が採択**され、翌16年11月に発
効した。

2，
パリ協定

◆世界の平均気温上昇を2度未満、できれば1.5度未満にするこ
とを定めたが、CO_2排出量の削減数値目標の設定は行わず、**発
展途上国を含めたすべての加盟国が**自主削減目標を立て、5年
ごとに見直しをして報告し合うことが決められた。パリ協定は
2020年より実施され、主な二酸化炭素（CO_2）排出国である中国
やアメリカ、発展途上国を含む196ヶ国・地域が参加したが、
17年6月にアメリカのトランプ政権はパリ協定**からの離脱**を表
明した（2020年11月に正式離脱）。しかし、21年1月に発足し
たバイデン政権は、パリ協定へ復帰することを決め、環境対策
を後退させる前政権の政策を見直すこととした。バイデン大統
領は大統領選挙で50年までに二酸化炭素（CO_2）排出を**実質
ゼロ**にする目標を公約に掲げた。

□**22** 世界各国の**二酸化炭素（CO_2）排出量**の割合（%）を示し
★★★ た次のグラフの空欄 **A ～ D** にあてはまる国名を答えよ。

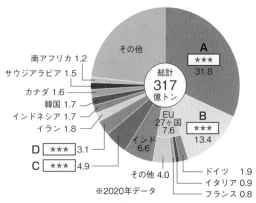

その他

南アフリカ 1.2
サウジアラビア 1.5
カナダ 1.6
韓国 1.7
インドネシア 1.7
イラン 1.8

A ★★★ 31.8

総計
317
億トン

EU
27ヶ国
7.6

B ★★★ 13.4

D ★★★ 3.1
C ★★★ 4.9

インド
6.6

その他 4.0

ドイツ 1.9
イタリア 0.9
フランス 0.8

※2020年データ

A 中国

B アメリカ

C ロシア

D 日本

□**23** 2020年10月、日本の菅義偉内閣は ★★ 年までに
★★ 二酸化炭素（CO_2）などの温室効果ガスの排出量と、森
林保護・整備によるその吸収量を相殺してゼロで釣り
合う状態とする ★★ （炭素中立）を目標に掲げた。

◆菅内閣が掲げた「**グリーン成長戦略**」の1つである。

2050

カーボン=ニュー
トラル

□24 国連環境計画(UNEP)と世界気象機関(WMO)によっ
★　　て発足した国際会議である　★　は、気候変動に関
　　　する科学的知見や社会、経済への影響について意見を
　　　集め、対応策を検討している。

気候変動に関する
政府間パネル
(IPCC)

　　　◆ IPCCは、2007年のノーベル平和賞をアメリカのゴア元副大統領と
　　　　ともに受賞した。アメリカに気候変動枠組み条約批准拒否の環
　　　　境政策の見直しを迫る政治的意図を持った授賞であった。なお、
　　　　2021年10月の気候変動枠組み条約第26回締約国会議(COP26)
　　　　の開催を前に、世界気象機関(WMO)は温室効果ガスの大気中
　　　　濃度が、20年に過去最高を更新したと発表し、気候変動につい
　　　　て警鐘を鳴らした。

□25 1992年の地球サミットから20周年となる2012年に同
★★　じブラジルで開催された　★★　(リオ+20)では、持
　　　続可能な開発と貧困の撲滅を目指して国際社会で取り
　　　組むべきテーマとなる「　★★　経済」への移行などが
　　　話し合われた。

国連持続可能な開
発会議
グリーン

□26　★★　は、プラスチックなどの廃棄物の焼却過程な
★★　どで発生する化学物質で、体内に取り込まれると生殖
　　　機能の異常や発ガンなどの健康被害が懸念されている。

ダイオキシン類

□27 ダイオキシン類は、生体の内分泌系をかく乱させるホ
★★　ルモン作用を持つ化学物質であることから、一般に
　　　★★　の１つであるとされる。

環境ホルモン(内
分泌かく乱物質)

　　　◆ 1996年、アメリカのシーア=コルボーンらが『奪われし未来』を
　　　　出版し、環境ホルモンの危険性を指摘した。

□28 酸性雨とは、工場の煤煙や自動車の排出ガスに含まれる
★★　★★　と　★★　が主な原因物質である、pH5.6以下
　　　の雨で、その降雨によって湖沼に生息する動植物や森
　　　林・農作物などに悪影響を及ぼす。

硫黄酸化物(SOx),
窒素酸化物(NOx)
※順不同

□29 1971年にイランで開かれた国際会議において採択され
★★　た　★★　では、水鳥の生息地として国際的に重要な
　　　湿地に生息する動植物の保護を謳っている。

ラムサール条約

　　　◆ 正式名称は「特に水鳥の生息地として国際的に重要な湿地に関
　　　　する条約」。日本は1980年に批准した。

□30 大気汚染の越境移動の問題について、1979年には欧州
★★　諸国を中心として　★★　が結ばれ、欧州全体での酸
　　　性雨原因物質の排出規制などが規定された。

長距離越境大気汚
染条約

□**31** 1994年には地球砂漠化への対策として ┃ ★ ┃ が採択
★ され、96年に発効した。

　　◆日本は1998年に批准した。

砂漠化対処条約

□**32** 1972年には放射性物質など特定の**廃棄物の**海洋投棄を
★ **規制する** ┃ ★ ┃ が国際海事機関（IMO）で採択され、
75年に発効した。

　　◆日本は1980年に批准した。96年には規制を強化する議定書が
　　採択され、産業廃棄物の海洋投棄が原則禁止となった。

ロンドン条約（ロンドン海洋投棄条約）

□**33** 1989年には**有害廃棄物の**越境移動**および処分の規制に**
★★ **関する** ┃ ★★ ┃ が採択され、92年に発効した。

　　◆1993年に批准した日本はバーゼル法を制定し、特定有害廃棄物
　　の輸出入に際しては経済産業省へ承認申請を行い、環境省は輸
　　出時には相手国の同意を確認し、輸入時には相手国へ同意を回
　　答することになっている。

バーゼル条約

□**34** 1973年には**絶滅のおそれのある動植物の種の国際取引**
★★ **を規制する** ┃ ★★ ┃ が採択され，75年に発効した。

　　◆日本は1980年に批准し、加入した。

ワシントン条約

□**35** 1989年のアラスカでのバルディーズ号のタンカー事故
★★ による海洋汚染以降、企業倫理に関する ┃ ★★ ┃ が提
唱された。

バルディーズの原則

□**36** 次の図は、環境破壊が発生するメカニズムを表したも
★★★ のである。空欄**A〜H**にあてはまる語句を答えよ。

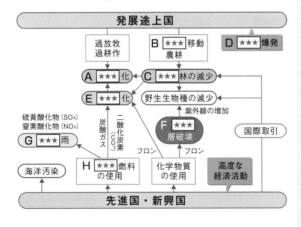

A　砂漠

B　焼畑

C　熱帯（熱帯雨）

D　人口

E　地球温暖

F　オゾン

G　酸性

H　化石

□**37** 近年、| ★ | と呼ばれる微小なプラスチックが海洋 ★ に大量に流出し、食物連鎖を通じて生態系や人体に悪影響を及ぼすことが懸念されている。

　◆2019年に開催された **G20大阪サミット**では、50年までに海洋プラスチックごみをゼロにする「大阪ブルー・オーシャン・ビジョン」が採択された。これをきっかけに飲食店などでプラスチック製ストローを廃止するような動きが加速した。

マイクロプラスチック

□**38** 1895年にイギリスで設立された民間組織の| ★★ | ★★ は、美しい自然景観や歴史的遺産の保全運動を行っていて、同様の動きが世界的に広がりを見せている。

ナショナル=トラスト

□**39** 近年、| ★★ |中心主義を見直し、自然にもそれ自体の ★★ 価値を認めようとする考え方から、自然の| ★★ |権が主張されるようになった。

　◆環境破壊によって動植物が被害を受けることを問題視し、動植物を原告とする**自然の権利訴訟**も起こされている。

人間,
生存

□**40** 「地球の限界」（| ★ |）とは、人類が地球で安全に活 ★ 動できる範囲を科学的に定義し、その限界点を表した概念のことで、**9つのシステム**を特定し、具体的な限界値を設定したうえで各システムが限界を超えていないか分析・検証が行われている。

　◆2009年、スウェーデンの研究者たちによって、「地球の限界」（プラネタリー=バウンダリー）が提唱され、17年、22年と分析・検証結果が更新されている。9つのシステム（項目）とは、①気候変動、②成層圏オゾン層の破壊、③海洋の酸性化、④生物圏の一体性、⑤物質地球化学的循環、⑥淡水利用、⑦土地利用の変化、⑧大気エアロゾルによる負荷、⑨新規化学物質を指す。22年時点で、限界もしくは安全域を超えているのは①、④、⑤、⑦、⑨の5つのシステムとされている。

プラネタリー=バウンダリー

□**41** 2000年制定の| ★★★ |法が採用する| ★★★ |（EPR） ★★★ とは、製品の生産者がその廃棄やリサイクルまで責任を負うとする考え方である。

循環型社会形成推進基本,拡大生産者責任

□**42** 3つのRとは、| ★★★ |＝ごみ削減、| ★★★ |＝再利用、 ★★★ | ★★★ |＝再資源化を指す。

　◆例えば、買い物にマイバッグを持参してレジ袋の無駄を省くことは「リデュース」、洗剤やシャンプーなど詰め替えて容器を再利用することは「リユース」にあたる。なお、環境に悪い商品を拒むリフューズ（Refuse）を加えて「**4つのR**」、壊れたら修理してなるべく長く使い続けるリペア（Repair）を加えて「**5つのR**」ともいう。

リデュース (Reduce),
リユース (Reuse),
リサイクル(Recycle)

289

□43 容器包装リサイクル法が1995年に制定され、ビンと
★★ ペットボトルについてメーカーのリサイクルが義務づ
けられ、2000年には ★★ 容器のリサイクルも義務
づけられた。

紙製・プラスチッ
ク製

□44 家電リサイクル法が1998年に制定、2001年に完全施行
★★ され、エアコン、 ★★ 、 ★★ 、洗濯機（後に冷
凍庫や衣類乾燥機を追加）は販売業者が引き取り、製
造業者にはリサイクルを義務づけ、消費者は排出時に
収集・リサイクルの料金を負担することになった。

テレビ，冷蔵庫
※順不同

□45 2013年4月に ★★ 法が施行され、デジタルカメラ
★★ や携帯電話、ゲーム機器などの再資源化が目指され、
流通量・使用量が少ない ★★ やレアアースと呼ば
れる希少金属を再利用することになった。

小型家電リサイク
ル
レアメタル

◆レアアース（希土類元素）は中国などに偏在し、中国が貿易交渉
のカードとして戦略的に用いる傾向にあることから、日本は供
給確保のために市場に存在するレアメタルなどのリサイクルを
進めている。

□46 ★★ 法が2002年に制定され、3品目（破砕くず、エ
★★ アバッグ、エアコンのフロンガス）の回収と適正処理
が製造者に義務づけられ、リサイクル費用は購入時に
原則として ★★ が負担することとなった。

自動車リサイクル

消費者（購入者）

□47 食品メーカーや加工・販売業者に食品の残渣を有効に
★★ 再利用することを義務づけた ★★ 法が2000年に制
定、01年に完全施行された。

食品リサイクル

◆食品の残渣（濾過した後などに残ったかす）は、肥料や家畜用飼
料、バイオマスの発電などに利用される。なお、世界中で生産
された食料の約3分の1が消失、もしくは廃棄されており、そ
の量は年間約13億トンと推計されている。先進国を中心に、原
材料の生産段階から個人や世帯などによる消費の過程全体で食
料の甚大な無駄が生じている問題を「フードロス」という。

□48 2000年にリサイクル商品や環境に配慮した商品を優先
★★★ 的に購入・利用することを国などの公的機関に義務づ
ける ★★★ 法が制定された。

グリーン購入

□49 ★★★ とは、「地球にやさしい」消費行動をモットー
★★★ に商品を優先的に購入しようとする運動である。

グリーン＝コン
シューマリズム
（緑の消費者運動）

□**50** **★★** ★★ とは、自然環境や社会的課題を考慮して行う
消費活動のことである。

倫理的消費（エシ
カル消費）

◆倫理的消費は、消費者としての自らの選択が、現在と将来の世
代にわたって影響を及ぼし得るものであることを自覚し、**公正
かつ持続可能な社会の形成に参加**していくための方法の１つと
される。具体例には、生産や流通の過程で生じる**環境への負荷
が少ない**製品を購入することや、**輸送エネルギーを削減**し**地産
地消**を推進する観点から地元で生産された農産物を購入するこ
と、発展途上国の生産者や労働者の生活改善につながる同国の
原料や製品を**適正な価格**で継続的に購入することなどがある。

□**51** ★★ 人類にとって顕著で普遍的な価値を持つものとして保
護が指定された**自然景観や文化財**を **★★** という。

世界遺産

◆世界遺産は、自然遺産、文化遺産、複合遺産の３つに分かれる。
1972年、国連教育科学文化機関（UNESCO）総会で採択された世
界遺産条約に基づき、文化遺産については国際記念物遺跡会議
（ICOMOS）が、自然遺産については国際自然保護連合（IUCN）
が現地調査を行い勧告し、世界遺産委員会で最終決定される。日
本では**自然遺産**として白神山地（青森県、秋田県）、屋久島（鹿
児島県）、知床（北海道）、小笠原諸島（東京都）などが、**文化遺
産**として姫路城（兵庫県）、原爆ドーム（広島県）、石見銀山（島
根県）、富士山（山梨県、静岡県）などが登録され、2015年に「明
治日本の産業革命遺産」（山口県など計８県）、18年に「長崎と
天草地方の潜伏キリシタン関連遺産」（長崎県、熊本県）、19年
に「百舌鳥・古市古墳群」（大阪府）、21年に「奄美大島、徳之
島、沖縄島北部及び西表島」（鹿児島県、沖縄県）、「北海道・北
東北の縄文遺跡群」（北海道など計４県）が加わり、登録件数は
自然遺産５件、文化遺産20件の計25件となる（2023年７月時
点）。

14 現代社会の特質と課題

ANSWERS □□□

□**1** 匿名で**未組織の多数の人々**からなる現代社会を **★★★**
★★★ 社会という。

大衆

□**2** マス=メディアは、その影響力の大きさから「 **★★** 」
★★ とも呼ばれ、不特定多数の人に対して多くの情報を伝達
し、世論の形成に重要な役割を担っている。

第四の権力

◆マス=メディアは、新聞、雑誌、テレビなど大勢の人に情報を伝
達する機関のことで、マスコミ（マス=コミュニケーション）と
も呼ばれる。インターネット、SNSが広く普及した現在、これ
ら既存のマス=メディアの役割やあり方が改めて問われている。
なお、「第一の権力」は立法権（議会、国会）、「第二の権力」は行
政権（内閣）、「第三の権力」は司法権（裁判所）を指す。

□3 　★★　 はナチス支配下の大衆の社会的性格を分析し、
★★　　自由を獲得した**大衆が孤独感から**自由を**重荷に感じて**
権威に束縛を求めることを著書『　★★　』で指摘した。

フロム

自由からの逃走

　◆フロムは、人間の自由を束縛から逃れる「〜からの自由」と、ある目標を目指す「〜への自由」に分け、自由が心理的な重荷になる場合に、人々はファシズムのような全体主義に自らを委ねる可能性があると指摘した。

□4 　官僚制は、**ピラミッド型の**位階制を基本とする権限系
★　　　統である　★　の固定化、自分の**なわばり**や既得
　　　　★　を守ろうとする　★　による**組織の硬直化**
　　　や**権威主義**など問題点も多い。

ヒエラルキー，
権益，セクショナ
リズム（セクト主
義、なわばり主義）

　◆近代国家において、官僚制は合理的な組織運営原理であるが、負の側面として官僚主義に**陥りやすい**という欠点がある。

□5 　ドイツの社会学者　★★　は、　★★　性を徹底的に
★★　　追求した**近代**官僚制を特徴とする社会を作り上げた現
　　　代人は、いわば「**鉄の檻**」と化したこの社会の中からの
　　　がれがたく　★★　され、**豊かな精神と人間性を欠く**
　　　存在に堕する危険があると指摘した。

マックス=ウェー
バー，合理

管理

□6 　現代の大衆社会は、**サラリーマンなど生産手段を持た**
★★　　ず生活水準が平均的な　★★　と呼ばれる人々が社会
　　　の中核をなし、その中流意識と大量　★★　文化は大
　　　衆社会の特徴をよく表している。

新中間層，
消費

□7 　現代社会は、人々の生活様式（　★★　）や思考方法が
★★　　画一化、規格化され、労働者もいわば機械の歯車と化
　　　すことで、**人間性を喪失し**　★★　化した。

ライフスタイル

没個性

□8 　普通教育の普及と　★★★　による情報の大量伝達によ
★★★　り、一定の教育水準と情報を有するようになった大衆
　　　が、**上流ではないが下流でもないという自意識を持つ**
　　　ような傾向を一般に　★★★　意識と呼ぶ。

マス=メディア

中流

　◆高度経済成長によって、1970年代には一億総中流という言葉が一般化したが、近年の格差社会の**進行により**一億総中流は**過去の話**ともいわれている。

□**9** 社会・経済活動において、財やモノ、エネルギーより
★★★ も ★★★ が重要になり、それを即座にやり取りでき
る環境が拡張されていく社会を ★★★ 化社会という。

情報,
情報

◆特に、1990年代以降のパソコンと高性能なOS（オペレーティン
グシステム）の普及、通信回線の速度向上が<u>情報化社会</u>を急速に
進展させ、現在は<u>高度情報化社会</u>といわれる。

□**10** <u>情報化社会</u>では、<u>マス=メディア</u>が人々に情報を大量伝
★ 達し、世論形成に必要な判断材料を提供する反面、**情
報操作**や**世論操作**の危険性、営利本位の ★ や<ruby>扇<rt>せん</rt></ruby>
<ruby>動<rt>どう</rt></ruby>主義と呼ばれる ★ に陥る可能性がある。

コマーシャリズム,
センセーショナリ
ズム

◆<u>コマーシャリズム</u>は**商業主義**ともいう。これに基づいて、<u>マス=</u>
<u>メディア</u>の報道にスポンサー（広告主）の意向が反映される場合
がある。テレビでは、視聴率を上げるために内容を誇張して**セ
ンセーショナルに表現する傾向**がある。また、一面的な報道で
事実と異なる情報が印象化されるおそれもある。

□**11** ★★ とは、**固定的なパターン**によって事実を認識
★★ したり理解したりする捉え方、および捉えられたイ
メージのことである。

ステレオタイプ

◆<u>大衆</u>は与えられた情報や報道の評価に同調する<u>ステレオタイプ</u>
な思考を持つために世論操作をされやすく、<u>外部指向型（他人指</u>
<u>向型）</u>となりやすい。特に、現在はインターネットなどを介して
大量の誤った情報が瞬時に拡散し、社会や人々が混乱に陥るよ
うな状態（<u>インフォデミック</u>）が起こりやすい。

□**12** <u>メディア=リテラシー</u>を身につけるために理解が必要
★★ とされる次のポイント**A**～**C**と、それらを認識するた
めの活動**ア**～**エ**との組み合わせで最も適当なものは、
Aが ★★ 、**B**が ★★ 、**C**が ★★ である。

A メディアの提供する情報から感じ取れることは、
受け手によって異なる。

A ウ

B 多くのマス=メディアはビジネスであり、利益を無
視できない。

B エ

C 取材の対象が同じでも、報道の仕方はメディアに
よって異なる。

C イ

ア 自分たちが撮影した動画に異なった音楽をつけて
みて、印象にどのような違いが生じるかを確認して
みる。

293

　　イ 同じ事件の記事について、複数の新聞で見出しや
　　　取り上げる順序にどのような違いがあるのかを確認
　　　してみる。
　　ウ 友人どうしで同じバラエティー番組を見て、その
　　　後、感想にどのような違いがあるのかをお互いに確
　　　認してみる。
　　エ アニメや特撮番組などでスポンサーの企業が商品
　　　化している小道具などが多く使われていないかを確
　　　認してみる。

□**13**　★★★　とは、様々な文化にそれぞれ違いはあるが優　　　　　文化相対主義
★★★　劣はないとし、文化的な多様性を尊重することである。

□**14**　**自国の文化や価値観を絶対視する**　★★★　**を克服する**　　自民族中心主義
★★★　には、**他国の文化や価値観を尊重**し、少数民族や先住　　（エスノセントリ
　　　民などの　★★★　（**少数者**）の文化を理解することで、　　ズム）
　　　それぞれの言語や価値観などを尊重し合い、**異文化理**　　マイノリティ
　　　解や積極的な共生を図る　★★★　に立脚する必要があ　　多文化主義（マルチ
　　　る。　　　　　　　　　　　　　　　　　　　　　　　　　　カルチュラリズム）

□**15**　かつて、「男は仕事、女は家庭」という　★★★　**分担**が　　性別役割
★★★　一般的であったが、近年**男女共生の理念**に基づく**新**
　　　たな社会制度の構築も始まり、育児や介護など**家族責**
　　　任を果たすために一定期間の休業が労働者の　★★★　　　権利
　　　として法的に、かつ男女平等に認められている。

□**16**　**社会的・文化的**性差（　★★★　）を解消し、　★★★　**社**　　ジェンダー，男女
★★★　**会**を実現するために、国は**積極的差別是正措置**（ポジ　　共同参画
　　　ティブ=アクション、アファーマティブ=アクション）
　　　を含む施策を総合的に策定し実施することについて、
　　　法律上の**責務**を有している。

　　　◆職場などの組織内に、女性をはじめ多様な人々が活躍できる場
　　　　や機会が設けられているようなダイバーシティ（多様な人材活
　　　　用）が求められている。

□**17**　現代社会では、従来家族が持っていた様々な機能が企
★★　業や学校など**外部の機関に吸収される傾向**にあるが、
　　　これを　★★　と呼ぶ。　　　　　　　　　　　　　　　　　家族機能の外部化

□**18**
★★
子どもたちが結婚後も親と同居を続ける家族の形態を
□**★★** と呼び、このうち<u>核</u>となる親子が１組である
家族を □**★★** と呼ぶ。また、１組の夫婦のみ、また
は夫婦と未婚の子のみからなる家族を □**★★** と呼ぶ。

> ◆<u>複合家族 (拡大家族)</u> は、祖父母やおじ、おばまでをも含む大家族である。

複合家族 (拡大家族),

直系家族 (世代家族),

核家族

□**19**
★★★
かつての日本社会に見られた<u>家 (イエ) 制度</u>とは、家長
の統率の下に家族と財産を守り代々受け継いでゆく制
度であるが、**第二次世界大戦後の** □**★★★** の改正によ
り廃止された。この結果、□**★★★** が増加していった。

> ◆加えて、<u>高度経済成長期</u>**の産業化**に伴う<u>地域間移動の増加</u>で、都市部への人口流入が起こり、１組の夫婦のみ、または夫婦と未婚の子のみからなる<u>核家族化</u>が進んだ。

民法,

核家族

□**20**
★★
旧来の家族形態が崩れて □**★★** 化が進み、家庭内で
の高齢者介護の負担が増加している。特に、<u>高齢者が
高齢者</u>**を介護する**「 □**★★** 」の問題が深刻化している。

> ◆近年は、<u>核家族</u>の占める割合が頭打ちになる一方で、**単身世帯**が増加し、特に**高齢者の単身世帯**が急速に増えている。独り暮らしの高齢者が看取られることなく、また気づかれることなく<u>孤独死</u>しているケースも多く、**孤独や孤立問題**に関する地域行政と地域社会の連携が課題となっている。

核家族

老老介護

□**21**
★★★
人々が<u>共同体意識</u>を持って生活している近隣社会を
□**★★★** と呼ぶが、これは単なる空間的な広がりだけ
ではなく、そこに住む人々の<u>生活様式</u> (□**★★★**) や意
識によって結び付いた<u>共同体</u>である。

> ◆<u>地域社会</u>の機能は、アメリカの社会学者**マッキーバー**らによって分類された。

地域社会 (コミュニティ),

ライフスタイル

□**22**
★★★
高度経済成長期に人口が<u>流入</u>した**都市**部では □**★★★** 、
人口が<u>流出</u>した**地方**部では □**★★★** の問題が深刻化し、
地域の行事を営むに足る人口を欠く農村部などでは、
<u>地域社会</u>の様々な機能が失われつつある。

過密 (過密化),

過疎 (過疎化)

□**23**
★★★
かつては家族と □**★★★** とが密接にかかわり合いなが
ら生産や教育に携わっていたが、現代の日本では
□**★★★** **の外部化**が進んだことで家族は主に安らぎの
場となり、□**★★★** 住民どうしの連携も弱まった。

地域社会 (コミュニティ)

家族機能,

地域

VIII 経済分野

14 現代社会の特質と課題

□**24** **★** 人口とは、移住はしないが、多様な形で地域
★ とのかかわりを継続的に持つ人々を指す。

関係

◆特に、人口減少や少子高齢化が加速する地方では、**地域づくりの担い手や継承者の不足**という課題に直面している。若者を中心に、地域に新たな変化をもたらす可能性がある関係人口は、これからの地域づくりの人材として期待されている。

□**25** 今後、人口が急激に減少することが予測される日本に
★ おいて、すでに地方の農山村では**地域の**コミュニティ
機能が果たせなくなった **★** 集落が多数出現し、
これらは遠からず **★** 集落となる可能性が高い。

限界,

消滅

□**26** 人口減少により、消滅の危機に直面する地方では、**生**
★★★ **活基盤や居住地を一部に集約**する「 **★★★** 」を構築す
ることが提起されている。

コンパクトシティ

□**27** **第二次安倍内閣では、地方の活力**を高め、新たな産業
★★ を創り出す **★★** の担当大臣を新設した。

地方創生

◆地方創生の基本理念などを定める「**まち・ひと・しごと創生法**」では、"**まち**"を「国民一人一人が夢や希望を持ち、潤いのある豊かな生活を安心して営める地域社会の形成」、"**ひと**"を「地域社会を担う個性豊かで多様な人材の確保」、"**しごと**"を「地域における魅力ある多様な就業の機会の創出」としている。

□**28** 都市が発展し市街地が拡大する際に、**虫食い状**に開発
★★ が進む現象を **★★** 現象という。

スプロール（スプロール化）

□**29** 都心部の地価が **★★** するため、都心部に居住する
★★ 人が **★★** し、通勤可能な近郊に人口が移転することで**都心部が**空洞化する現象を **★★** 現象という。

高騰,

減少,

ドーナツ化

□**30** **★★** とは、IoT（モノのインターネット）などを活
★★ 用して生活インフラやサービスなどを効率的に管理・
運営し、**新エネルギーを軸に持続的な経済発展**を目指
す新しい都市の形である。

スマートシティ

◆少子高齢社会が進む中で、AI（人工知能）や5G（**第5世代移動通信システム**）などの最先端技術や**ビッグデータ**を活かしたまちづくりを目指す。日本では、国土交通省がスマートシティ実現に向けて主導的役割を果たしている。また、2022年に岸田政権は「**デジタル田園都市国家構想**」の5ヶ年総合戦略を閣議決定し、27年度までに東京圏から地方へ年間1万人の移住を促し、デジタル化に取り組む地方公共団体を1,500に増やすなど、デジタル化に重点を置いた地方創生を目指す構想を掲げた。

15 労働三法

□**1** 日本国憲法は、第 ★★★ 条で勤労の権利を定めると
★★★ ともに、第28条で団結権・団体交渉権・ ★★★ のい
わゆる労働三権を保障している。これらの権利は総称
して労働基本権と呼ばれる。

27,
団体行動権（争議
権）

□**2** いわゆる**労働三法**を、制定年代の早い順に並べると、
★★★ ★★★ 法、 ★★★ 法、 ★★★ 法となる。
◆成立はそれぞれ1945年、46年、47年である。

労働組合, 労働関
係調整, 労働基準

□**3** 労働基準法の目的は、**労働条件の** ★★★ **を設定する**
★★★ ことで労働者に人たるに値する生活、つまり ★★★
を保障することである。

最低基準,
生存権

□**4** 憲法第27条2項の「賃金、 ★★ 、休息その他の勤
★★ 労条件に関する基準は、法律でこれを定める」との規
定を受けて労働基準法が制定され、労働者保護が目指
されている。

就業時間

□**5** **労働条件の7つの原則**とは、労働条件の最低基準の遵
★★ 守、 ★★ の原則、均等待遇の原則、 ★★ の原
則、強制労働の禁止、中間搾取の禁止、公民権行使の
保障である。

労使対等, 男女同
一賃金 ※順不同

□**6** 労働基準法に規定されている最低基準よりも不利な条
★★ 件を定めた**就業規則**、使用者と労働組合間の ★★ 、
使用者と労働者間の ★★ は無効である。

労働協約,
労働契約

◆労働基準法に規定されている**最低基準に違反した労働契約は無
効**であるが、その意味は契約全体を無効とするのではなく、**法
律に違反した部分**のみを無効と扱って法律の基準に従うものと
する（部分無効の論理）。

□**7** 最低賃金は ★★ 法で定められており、決定方式と
★★ しては**労働協約の地域拡張方式**と ★★ がある。

最低賃金,
審議会方式

◆最低賃金については労働基準法ではなく、特別法である最低賃
金法に定められている。審議会方式は、**厚生労働大臣もしくは
知事が最低賃金審議会の意見を聞いて最低賃金を決定する方法**
で、多く採用されている。なお、フルタイム労働者だけでなく
パートタイム労働者も最低賃金法**の適用を受ける**。

□**8** 労働時間には上限があり、1日 ★★★ 時間、週 ★★★
★★★ 時間以内と労働基準法に定められている。

8, 40

□9 ★★★ ★★★ 法では、 ★★★ 労働に対して割増賃金の支
払いやそれに代わる休暇の付与が行われないことは**違
法**とされている。

労働基準，時間外

□10 労働時間に関して、1日の**始業・終業時間を労働者が
★★★ 自由選択できる** ★★★ 制と、1週間、1ヶ月、1年
間の合計で**法定労働時間を超えない範囲で労働時間を
自由に調整できる** ★★★ 制が導入されている。

フレックス=タイム

変形労働時間

◆フレックス=タイム制や変形労働時間制は、効率的な労働を可能
にし、**労働時間短縮を実現する**目的で1987年の改正労働基準法
で導入された。

□11 ★★ 制とは、労働時間の管理を ★★ に委ね、実
★★ 際の労働時間にかかわりなく労使協定で定めた時間だ
け働いたとみなす制度である。

裁量労働（みなし
労働時間），労働者

◆**仕事を労働時間に換算する**裁量労働制（みなし労働時間制）が
専門職からホワイトカラー労働者の企画や立案などにも拡大さ
れ、SOHO(Small Office Home Office)**という在宅勤務体制**やリモー
ト勤務体制を支援している。

□12 労働基準法では、一定の条件下で、 ★★★ を与えるこ
★★★ とを定めている。

年次有給休暇

□13 年次有給休暇とは ★★ 以上**継続勤務**した労働者に
★★ **年間で最低** ★★ 日から最高 ★★ 日までの休暇
を与えるものである。

6ヶ月，
10，20

□14 労働基準法は、**賃金支払5原則を規定**しており、**賃金
★★ は** ★★ で、 ★★ 、月1回以上、一定の期日に、
全額を支払うことになっている。

通貨，直接

◆賃金を現物支給すること、分割払いすることは禁止されている。

□15 労働基準法が遵守されているかどうかを監視するため
★★ に各地に ★★ が置かれている。

労働基準監督署

□16 時間外労働や休日労働を行わせるには、「 ★★★ 協
★★★ 定」と呼ばれる**労働組合または労働者の過半数を代表
する者との書面による労使協定**が必要である。

三六

◆労働基準法第36条に規定されていることから「サンロク協定」、
または「サブロク協定」と呼ばれる。時間外労働や休日労働には、
25〜50%の割増賃金を支払うことになっている。使用者によ
る時間外労働の強制を減らし、労働時間の短縮を図るのが狙い
である。

☐ **17** 労働基準法は、満 ★★ 歳未満の児童の雇用を原則
★★ 的に禁止している。また、未成年者の ★★ を親権
者や後見人が代わって締結することも禁止されている。

15,
労働契約

☐ **18** 従来、女子労働者については ★★★ 労働の規制や
★★★ ★★★ の禁止が定められていたが、**1997年**の労働基
準法改正（99年施行）でこれらが撤廃されて**男子労働
者と原則的に対等**となった。

時間外,
深夜業（深夜労働）

☐ **19** 1997年の労働基準法改正に伴い男女雇用機会均等法も
★★★ 改正（99年施行）され、女子労働者差別の禁止が**事業
主の ★★★ 規定から ★★★ 規定に高められ、違反
企業名の公表**という制裁が科されるようになった。

努力，禁止義務

☐ **20** **2006年**の男女雇用機会均等法改正では、雇用条件に転
★★★ 勤や残業、身長や体重など合理的な理由のない事項を
附する ★★★ 差別**を禁止し、男性も含めた ★★★
防止措置を講じる義務**を事業主に課した。

間接，セクシャル
=ハラスメント

☐ **21** 2020年6月、**改正労働施策総合推進法**（ ★★ 防止
★★ 法）が施行され、大企業を対象に、職場において雇用管
理上必要な防止措置を講じることが義務づけられた。

◆2022年4月からは中小企業にも適用された。

パワーハラスメン
ト（パワハラ）

☐ **22** 労働基準法は、女子労働者のみに認められる**母性保護規
★★★ 定**として ★★★ 休暇と ★★★ 休暇を定めているが、
子どもを持つ労働者の ★★★ 休業については別の法
律を定め、**女子のみならず男子**労働者にも認めている。

生理，産前産後，
※順不同
育児

◆産前休暇は**原則6週**、産後休暇は**原則8週**。育児については、育
児休業法が1991年に制定され、男女ともに休業請求権を認めた。

☐ **23** **長期不況**の中で、企業による不当解雇がリストラの名
★ の下で行われたことから、2007年制定の労働契約法で
「**客観的に合理的理由を欠き、 ★ 上相当であると
認められない」解雇は無効**であると明記された。

社会通念

☐ **24** 1945年制定の労働組合法の目的は、労働者の団結権を
★★ 認めて ★★ の原則を確立し、 ★★ による労働
者の地位向上を目指すことである。

労使対等，団体交
渉

☐ **25** 労働組合法は、労働組合と使用者との間で ★★ を
★★ 結んで労働条件の向上を図ることを認めている。

労働協約

299

□**26** 労働者の**争議行為**にはストライキ（**同盟罷業**）、サボ
★★★　タージュ（**怠業**）、 ★★★ があり、対抗手段として使
　　　　用者側には ★★★ （**作業所閉鎖**）がある。

ピケッティング,
ロックアウト

□**27** 労働組合の**正当な争議行為**については、**刑事上および**
★★　**民事上の** ★★ が認められている。

免責

□**28** 使用者が**労働組合**の ★★★ **権を侵害**することや、労
★★★　働組合**運動を妨害**することを ★★★ といい、労働組
　　　　合法はこれを**禁止**している。

団結,
不当労働行為

　　◆例えば、学生アルバイトの労働問題を1つのきっかけに、ブラッ
　　　クバイトユニオンが結成されるなど、**非正規雇用の労働者も労
　　　働組合を結成する権利がある**。また、使用者は正当な理由がな
　　　ければ**労働組合との団体交渉**を拒むことはできない。

□**29** **不当労働行為**の具体例としては、労働組合の結成や加
★★★　入しようとしたことを理由に雇用上、**不利益な扱い**を
　　　　すること、労働組合に加入しないことを労働条件とす
　　　　る ★★★ を結ぶこと、労働組合に**経費援助**をするこ
　　　　となどがある。

黄犬契約

　　◆黄犬契約という言葉は、労働者に認められている権利を自ら放
　　　棄する態度を臆病で従順な黄色い犬（イエロー・ドッグ）にたと
　　　えたところに由来するといわれる。

□**30** 労働協約において従業員資格と労働組合員資格とを関
★★　連づけて、**労働組合員の雇用確保と労働組合の組織強
　　　　化を図る制度**のことを ★★ という。

ショップ制

□**31** 労働組合の加入者だけが**採用**され、除名や脱退などで
★★　労働組合員の資格を失った者は**解雇**される**ショップ制**
　　　　を ★★ という。

クローズド=ショ
ップ

□**32** 企業に採用された後、一定期間内に労働組合に加入し
★★★　なければならず、労働組合を除名されたら解雇される
　　　　ショップ制を ★★★ というが、日本では実際には除
　　　　名されても解雇に至らない ★★★ が多い。

ユニオン=ショップ,
尻抜けユニオン

□**33** **労働組合員資格**と雇用資格が無関係である**ショップ制**
★★　を ★★ という。

オープン=ショップ

□**34** 日本の労働組合組織率は**低下傾向**にあり、1970年には
★★　35%だったが、近年は ★★ %を下回っている。

20

□ **35** 労働関係調整法は、**労働争議の** ★★★ **と解決を目的**
★★★ としている。

予防

□ **36** 労働関係調整法では、労働争議の調整は ★★ →調
★★ 停→ ★★ の順序で行うことが原則とされる。

斡旋,
仲裁

◆労働委員会における労働争議の調整のうち、斡旋は、斡旋案などを参考にしながら**当事者の自主的解決**を導くのに対して、調停は調停案を作成して当事者に**受諾を勧告**する。仲裁による仲裁裁定は労働協約と同じく**法的拘束力**を持つ解決方法である。

□ **37** 不当解雇や賃金未払いなどの労働者個人と使用者との
★★ **労働紛争を安価かつ迅速に解決する簡易な方法**として、
2006年より ★★ 制度が導入された。

労働審判

□ **38** 公務員の ★★★ は一律に禁止され、特に警察官、消
★★★ 防官、刑務官、自衛官、海上保安庁職員は ★★★ す
べてが禁止されている。

争議権,
労働三権

□ **39** 交通、通信、電気、ガスなどの**公益事業**で争議行為が
★★ 行われる場合、 ★★ 日前までに**厚生労働大臣や知
事などに通知**することが必要であり、抜き打ちストは
認められていない。

10

□ **40** 公益事業などの争議行為で国民生活に重大な影響を及
★★ ぼすおそれがある場合、内閣総理大臣が、争議行為を
★★ 日間禁止することを ★★ という。

50, 緊急調整

◆1953年制定のスト規制法は、**国民の生活と安全を保護する観点**から、**電気事業や石炭鉱業**について、発電所や変電所のスイッチを切って送電を停止することや、炭坑労働の保安を害する**争議行為を禁止**している。

現代日本の労働問題

ANSWERS □□□

□ **1** ★★ 制とは、新規卒業者が採用されたら**定年まで**
★★ **1つの会社で働き続ける**という雇用慣行であるが、1990
年代以降、不況下の ★★ により崩壊しつつある。

終身雇用

リストラ

□ **2** ★★ 制とは、**勤続年数に応じて昇給する賃金形態**
★★ であり、 ★★ 制をバックアップするとともに社員
の会社への帰属意識を高める効果を持つ。

年功序列型賃金,
終身雇用

◆これらに企業別労働組合を含めた三大雇用慣行は、**社員の企業へ
の帰属意識を高めた**ことから、日本の高度経済成長を支えてきた。

16 現代日本の労働問題

301

□**3** 日本では、労働組合は企業ごとに作られる ★★★ が
★★★ 多いが、**労使協調になりやすく、**使用者の意のままに
なりがちであることから ★★★ とも呼ばれる。

企業別労働組合

御用組合

□**4** **雇用の流動化**が進む日本では、若者にも**パート**、アル
★★★ バイト、派遣などの ★★★ が増加し、**25歳未満の**
年齢層では被用者のおよそ5割に達している。

非正社員 (非正規
雇用者)

□**5** 正社員として就職せずに**短期アルバイト**などで生計を
★★★ 立てている**15〜34歳の若者**を ★★★ という。

フリーター

◆**フリーター**は2003年には217万人とピークを迎えたが、以後、
景気回復に伴い減少に転じ、**06年**には187万人、**08年**には
171万人となるも、リーマン=ショック後の不況などから再び
増加し、11年は184万人となった。その後は減少傾向にあり、
22年は132万人となっている。

□**6** 近年、**仕事に就かず**学校教育も ★★★ も受けていな
★★★ い ★★★ (Not in Education, Employment or
★★★)と呼ばれる15〜34歳の若者が増加している。

職業訓練,
ニート,
Training

□**7** 完全失業率とは ★★★ に占める ★★★ の割合のこ
★★★ とであり、各国の経済状況を示す指標の1つである。

労働力人口, 完全
失業者

◆**労働力人口**とは、満15歳以上で働く能力と意思のある者(就業
者(従業者＋休業者)＋完全失業者)で、定型的に働く能力と意
思のない非労働力人口(学生や主婦、高齢者など)を除く。**完全**
失業者とは、労働力人口のうち、調査週間中に求職活動を行っ
たが仕事に就けていない者である。

□**8** 一般に、**完全失業率**は、
★★★

$$完全失業率(\%) = \frac{完全失業者数}{\boxed{★★★} 人口} \times 100 =$$

労働力

$$\frac{完全失業者数}{就業者数＋完全失業者数} \times 100 \quad で計算される。$$

□ 9 **主要国の完全失業率**(年平均)を示した折れ線グラフ **A** ～ **C** の空欄にあてはまる国を**日本**、**アメリカ**、**イギリス**からそれぞれ選べ。

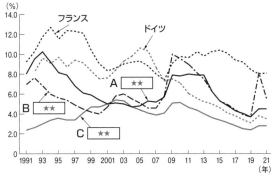

A イギリス

B アメリカ

C 日本

◆日本は、かつて低失業国であり、オイル=ショック以降、1980～90年代前半の完全失業率は**2%台**にとどまっていたが、「失われた10年」の間に上昇し始めて、**2001～03年に5%台**となり、その後、景気回復により低下していることから **C**。イギリス、アメリカの失業率は90年代、IT景気により低下したが、アメリカは01年9月の同時多発テロで再び消費不況となって失業率が上昇したことから、**B**がアメリカ、**A**がイギリス。従来アメリカは日本よりも完全失業率が高かったが、90年代後半から00年代初頭にかけては逆の状況が生じた。しかし、08年のリーマン=ショックにより大量の失業者が発生し、完全失業率は急上昇した。その後、グラフ中の各国の失業率は、景気回復とそのための施策(日本のアベノミクスなど)により雇用状況の改善が見られ低下傾向にあったが、20年のコロナ=ショックで再び悪化、上昇に転じ、日本は年平均2.8%を記録した。

□ 10 求人と求職の **★★★** を解消するには、**教育や技能の訓練**などの対策が必要である。

ミスマッチ

□ 11 正社員と非正社員の間で待遇上の差異が生じないようにするためには、正社員の長時間 **★★** を是正し、すべての人が**仕事と生活の均衡**(　**★★**　)がとれる雇用環境を整備することが望まれる。

労働,

ワーク・ライフ・バランス

□ 12 公共職業安定所(ハローワーク)で仕事を探している人の数(　**★★★**　)に対する仕事の件数(有効求人数)の**割合**を **★★★** という。

有効求職者数,

有効求人倍率

◆有効求人倍率が1を上回れば雇用は良好、1を下回れば雇用は劣悪といえる。

□**13** 日本の有効求人倍率は、**バブル期**には ★★ **倍を超**
★★ **えていたが**、1993～2005年では ★★ **倍を下回り**、
06・07年は上昇したが、08～13年は再び ★★
倍を下回った。

1,
1,
1

□**14** **1987年の**労働基準法改正で労働時間は週 ★★ 時間
★★ から段階的に短縮し、93年改正では週 ★★ 時間
労働制を実現している。

48,
40

□**15** 労働者１人あたりの ★★ を短縮し、**雇用を創出し**
★★ て失業率**の上昇を防ぐ**取り組みを ★★ という。

労働時間,
ワークシェアリング

　◆ワークシェアリングはドイツ、フランス、オランダなどで導入
　され、失業率上昇の歯止め策となっている。日本も、2000年の
　春闘で、連合が雇用維持のためにその導入を要求した。

□**16** 次のグラフは、各国の労働者１人あたりの**年間総実労**
★★ **働時間**（2020年）を示したものである。空欄 **A ～ C** に
あてはまる国名を日本・アメリカ・ドイツの中から答
えよ。

国	年間総実労働時間（時間）
A ★★	1,767
B ★★	1,598
フランス	1,402
イギリス	1,367
C ★★	1,332

0　　　　　1,000　　　　　2,000（時間）

A　アメリカ

B　日本

C　ドイツ

　◆1987年の労働基準法改正前の日本の年間総実労働時間は約
　2,100時間と長かったことから時短が進んだが、ドイツやフラ
　ンスには及んでいない。なお、この統計はパートタイム労働者
　を含めたものであり、日本の正規労働者の勤務時間は横ばいで
　ある。

□**17** 2018年に ★★★ 法が制定、19年に施行され、時間外
★★★ 労働の**罰則つき上限**を原則月45時間、年360時間ま
でと定め、勤務終了から次の勤務までに一定の休息時
間を確保する ★★★ 制度を導入するように促した。

働き方改革関連

勤務間インターバル

　◆これらの施策は、労働者のワーク・ライフ・バランスを図ること
　に役立ち、労働者保護につながるものといえる。なお、罰則つき
　時間外労働は、臨時的な特別の事情がある場合、単月で100時
　間未満（休日労働を含む）、複数月で平均80時間（同）、年720
　時間を限度とすることが求められている。

□**18** 高度の専門知識などを有し、職務の範囲が明確で一定
★　の年収要件を満たす労働者を対象に、年間104日以上
の休日確保措置などを講ずることで法定労働時間や休
憩、休日、深夜の割増賃金に関する規定を適用しない
　★　制度が、働き方改革関連法により導入された。

高度プロフェッ
ショナル

◆高度プロフェッショナル制度は、かつては**ホワイトカラー・エ
グゼンプション**(労働時間規定の適用免除)として導入案があっ
たが、結局、サービス残業をフリーに認めることになり労働者
に不利となるという批判から、その導入が見送られてきた。

□**19** 労働者派遣法は、当初は派遣対象事業を秘書や通訳な
★★　どの専門職に限定していたが、**2004年改正で製造業**な
どに拡大するとともに、**派遣期間の上限を専門職では
撤廃**し、その他の職業では**1年**から　★★　年に延長
して、派遣社員の地位の安定が図られた。

3

◆しかし、2004年以降、製造業で「正社員切り」が続発し、**派遣労
働者**に切り換えられていった。労働者派遣法改正は、かえって**労
働者間の格差**を生み出したという批判がある。**2015年の**労働者
派遣法**改正**では、「専門26業務」と呼ばれる専門職に認められ
ていた期間を定めない派遣労働を撤廃し、派遣期間を最長3年
とした。一方、同一業務については人を入れ替えれば永続的に
派遣労働者を就業させることが可能になった。また、3年を超
える派遣労働者に対する「雇用安定措置」として、派遣元企業は
派遣先企業に正社員化を働きかけ、それが実現できない場合は
他の企業を紹介するか、自ら雇用しなければならないとした。

□**20** 派遣労働者の**雇用関係**は　★★　企業との間に存在し、
★★　**指揮命令関係**は　★★　企業との間で発生する。

派遣元,
派遣先

◆なお、一定の条件を満たす有期契約労働者は、無期契約に雇用
条件を転換する権利が保障されている。

□**21** 雇用者に占める就業形態を示した次のグラフ中の空欄
★★　A〜Cに該当する就業形態を、「**正規雇用者**」「**パート、
アルバイト**」「**派遣社員、契約社員、嘱託**」からそれぞ
れ選べ。

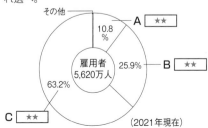

その他
10.8%　——A　★★

雇用者
5,620万人　25.9%　——B　★★

63.2%

C　★★

(2021年現在)

A　派遣社員、契
約社員、嘱託

B　パート、アル
バイト

C　正規雇用者

305

□**22**
★★ 非正規雇用者の格差是正を目的として、**2008年に**改正 ━━━━ **パートタイム労働**
　　 ━━━ ★★ ━━━ **法**が施行され、正社員並みに働く者に対する
　　 賃金などの**労働待遇差別が禁止**された。

　◆この法改正により、**パートタイマーや派遣社員を正社員化する**
　　企業が現れた。さらに、2015年の法改正では**正社員との差別的**
　　扱いを禁止するパートタイム労働者の対象の拡大、雇用管理の
　　改善措置規定に**違反する事業主の公表**が定められた。

□**23**
★★ **働き過ぎによって死に至る** ━━ ★★ ━━ **に対して、労働者** **過労死**
　　災害補償保険（労災保険）が支払われるようになった。

　◆働き過ぎによる自殺や精神疾患にも因果関係が立証されれば労
　　災が認定されたケースがある。また、通勤中の事故や病気、怪
　　我にも労災が適用される。

□**24**
★★★ 2008年９月に ━━ ★★★ ━━ が起こり、その年末には「派遣 ━━━━ **リーマン＝ショック**
　　 切り」や契約期間の終了に伴って派遣を打ち切る
　　「 ━━ ★★★ ━━ 」が発生した結果、失業率が上昇し、所得に **雇い止め,**
　　 大きな差が生じる ━━ ★★★ ━━ **社会**の出現が問題化した。 **格差**

　◆2020年からの**コロナ＝ショック**では、解雇や雇い止めとなった人
　　が23年３月10日時点で累計14万人を超えている。最も多い
　　業種は製造業で飲食業、小売業と続く。

□**25**
★★ 正規雇用の縮小と非正規雇用の拡大、派遣事業の職種
　　拡大などによって、たとえフルタイムで働いたとして
　　も**最低生活水準を維持する収入が得られない** ━━ ★★ ━━ **ワーキング＝プア**
　　と呼ばれる低所得層が増大した。

□**26**
★★ 2020年４月、正規雇用と非正規雇用の不合理な待遇格
　　差を是正する「同一 ━━ ★★ ━━ ・同一 ━━ ★★ ━━ 」が**大企業** **労働, 賃金**
　　に対して適用された。

　◆働き方改革関連法で、非正規雇用労働者の待遇改善のために「同
　　一労働・同一賃金」が明記された。企業は、非正規雇用者に対
　　し、正規雇用者と同等の各種手当や福利厚生を行うことになる
　　が、その一方で、人件費の増大という経営負担が発生すること
　　になる。2021年４月からは**中小企業にも適用**されている。

□27 次のグラフは、**日本における女子労働者の労働力人口**
★★ **の世代別割合**を示したものである。グラフを参照し、こ
れに関する文中の空欄にあてはまる適語を答えよ。

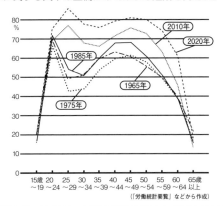

（「労働統計要覧」などから作成）

男性に比べ女性は、結婚や育児を理由に仕事を辞める
者の割合が依然高いが、子どもが成長するにつれて、
┌─★★─┐労働者として再就業する者が多い。このような
女子労働者の労働力人口の世代別割合を示したグラフ
を一般に┌─★★─┐カーブという。このようなカーブに
なる原因は、女子労働者は20代で┌─★★─┐や┌─★★─┐
によって**離職する者が多い**一方、30代後半から**再び**
就職する者が増加することにある。しかし、2020年の
グラフを見ると、このカーブが台形に近づき、カーブ
のくぼみは緩やかになりつつある。その要因について、
国は┌─★★─┐法の施行といった子育て支援の整備など
により、出産による離職が減少していることとする。

◆**育児・介護休業法**は、育児のための休業を原則として子どもが
満1歳まで（保育所に入所できない場合などは**最長満2歳**まで）、
また**介護**のための休業を最大**93日**認めている。

□28 1999年に┌─★★★─┐法が成立し、**性別**による**差別的扱い**
★★★ **の解消**に向けた動きがあった一方で、男女の┌─★★★─┐
格差の存在や**管理職**に就く女性の割合の低さなどが依
然として指摘されている。

◆政府は、2030年までに女性管理職を30%とする目標を掲げてい
るが、達成は程遠い状況にある。

パートタイム

M字,

結婚, 出産
※順不同

育児・介護休業

男女共同参画社会
基本,
賃金

□**29** ★★★ **★★★** 法は、乳幼児を養育する保護者が一定期間仕
★★★　事を休むことを認めるよう**事業主**に求めているが、特
　　　に **★★★** はこの制度の利用者が少なく、制度活用の
　　　ための意識の変化や就労環境の整備が課題である。

育児・介護休業

父親

　◆2009年の育児・介護休業法改正で、育児休業を子どもの父と母
　　が同時または交代で取得する場合、2人合計で1年プラス2ヶ
　　月まで育児休業を可能とする「パパ・ママ育休プラス」が導入さ
　　れ、**取得率の低い父親の育児休業取得の促進**を図った。

□**30** 2014年、最高裁は妊娠した女性職員に対する**降格処分**
★★★　について、本人の承諾がないような**降格は原則とし**
　　　て **★★★** **法に違反**するという初の判断を示した。

男女雇用機会均等

　◆女性は、結婚や妊娠、子育てを理由として職場で差別的な待遇
　　（**マタニティハラスメント**など）を受けることがある。性別役割
　　分担の見直しが求められる昨今、女性を支援する措置など、女
　　性が働きやすい環境の整備が求められている。

□**31** 高齢化の進行と若年労働力人口の減少を受け、2004年
★★　に**高年齢者の雇用促進**を図る **★★** 法が改正された。

高年齢者雇用安定

　◆65歳までの雇用確保措置として、①定年年齢の引き上げ、②再
　　雇用などの継続雇用制度の導入、③定年制の廃止、のいずれか
　　を選択する義務を事業主に課した。2012年改正では継続雇用制
　　度は希望者全員が対象とされた。20年3月には、70歳まで就
　　業機会を確保することを企業の努力義務とする改正高年齢者雇
　　用安定法が可決・成立し（翌21年4月より実施）、高齢者の就
　　労機会と雇用環境の整備を進めることで一億総活躍社会の実現
　　を目指している。

□**32** 少子高齢化が加速する中で、15〜64歳の **★★** 人
★★　口が減少し、労働の担い手が減少するおそれから、**外**
　　　国人労働者を活用するため、**★★** を技能・専門職に
　　　限定している出入国管理及び難民認定法を2018年に改
　　　正し、単純労働などにも交付することにした。

生産年齢

就労ビザ

　◆2019年4月に改正法が施行され、法務省の外局として出入国在
　　留管理庁も設置された。改正法では、人手不足の14業種（建設
　　業、自動車整備業、介護、宿泊、農業など）については「相当程
　　度の知識又は経験を必要とする技能を要する業務」に従事する
　　外国人を**特定技能1号**として最長5年間の在留を、また「熟練し
　　た技能を要する業務」に従事する外国人を**特定技能2号**として更
　　新すれば事実上の永住を認めることとした。なお、技能実習と
　　は異なり、特定技能では受け入れ先の変更が可能となっている。

□**33** 少子高齢化が加速する中で、介護など**福祉に関する人**
★★★　**材**を海外から補うために、日本は一部の国々との間で
　　　労働者を受け入れる **★★★** （EPA）を結んでいる。

経済連携協定

□34 1993年、**外国人**に日本で働きながら技能などを修得し、その国の人材育成に寄与することを目指す ［ ★ ］ が創設されたが、単純労働の労働力不足を補うために**低賃金・長時間労働を強いる**実態も表面化している。

外国人技能実習制度

◆なお、2007年に雇用対策法、地域雇用開発促進法が改正され、外国人の適正な雇用管理を図るため、入職と離職など**雇用状況の届出**が義務づけられた。さらに、17年には禁止行為等を定めた技能実習法が施行されたが、依然として劣悪な労働条件や労働環境が改善されない実態が存在する。

□35 **地方出身者**が大学進学などのために**都市部に居住**した後、就職の際には**出身地へ戻ること**を ［ ★ ］、**出身地に戻る途中**の地方**都市に居住すること**を ［ ★ ］、また一方で、都市部出身者が地方の生活を求めて地方に就職・移住すること**を ［ ★ ］ という。

Ｕ ターン,
Ｊ ターン

Ｉ ターン

□36 2020年、新型コロナウイルス感染症（COVID-19）の感染拡大の中で、**三密**（密集、密接、密閉）を避けるために**社会的に距離を保つべきであるとする ［ ★★ ］ が重視され、働き方としても ICT（情報通信技術）を活用して通勤せずに自宅などで働く ［ ★★ ］ と呼ばれる就業形態が定着しつつある。

ソーシャル=ディスタンス
テレワーク（リモートワーク）

◆「アフター=コロナ」「ウィズ=コロナ」といわれる社会の中でテレワーク（またはリモートワーク）が定着しつつある。従来の働き方から変わっていく点で「働き方改革」につながる動きといえる。

17 社会保障の歴史

ANSWERS ☐☐☐

□1 **生活困窮者を救済**することを一般に ［ ★★ ］ 政策というが、これを**公費**で行うことを ［ ★★ ］ といい、**生活困窮に陥ることを前もって防止**するための様々な**社会保険制度の整備**は、一般に ［ ★★ ］ 政策という。

救貧,
公的扶助

防貧

◆世界初の公的扶助は、1601年に制定されたイギリスのエリザベス救貧法である。

□2 疾病、老齢、労働災害、失業、介護に備えて国が運営する**拠出制の危険分散システム**を ［ ★★ ］ という。

社会保険

□3 世界初の社会保険制度は、**19世紀後半のドイツの宰相 ［ ★★ ］ による ［ ★★ ］ 政策**において実施された。

ビスマルク, アメとムチ

◆アメは**社会保険制度**、ムチは**社会主義者鎮圧法**である。

□**4** 全国民に対して**国民的最低限**（ナショナル=ミニマム）
★★★ を保障するための福祉政策全体を **★★★** という。

社会保障

◆社会保障法を初めて制定した国は**アメリカ**、**完備した社会保障
法**は1938年に初めて<u>ニュージーランド</u>で制定された。アメリカ
の社会保障法は、**ニューディール政策**の一環として、35年に制
定された、「社会保障」という語を用いた最初の法律であった。

□**5** <u>イギリス</u>では、**★★★** 報告によって「**★★★**」とい
★★★ う**スローガン**が掲げられ、包括的な社会保障制度が確
立された。

ベバリッジ（ビバリッジ），
ゆりかごから墓場
まで

□**6** **★★★** という言葉は、一般に社会保障政策を通じて
★★★ **国民に最低限の生活を保障**するとともに、**完全雇用の
実現**を政策目標にする国家体制を指している。

福祉国家

◆福祉国家政策の根本理念は、所得、健康、住宅、教育の最低基
準を、あらゆる国民に対して<u>社会権</u>として保障することである。

□**7** 1980年代には、<u>イギリス</u>の **★★★** 首相、<u>アメリカ</u>の
★★★ **★★★** 大統領などの政権が<u>福祉</u>国家を見直す<u>新自由
主義</u>（ネオ=リベラリズム）的な政策を実施し、法人税
減税や **★★★** を進めた。

サッチャー，
レーガン

規制緩和

□**8** 1990年代に「<u>第三の道</u>」と呼ばれる政策を掲げた**イギ
★★ リス**の<u>ブレア</u>首相、**ドイツ**の<u>シュレーダー</u>首相など
ヨーロッパの中道左派政権は、**★★** を進める一方
で、弱者にも一定の保護を行い、失業者の増大に対し
ては **★★** 訓練などの**公的プログラムの充実**を目指
した。

規制緩和

職業

□**9** 福祉先進国である**スウェーデン**では、社会保障の財源
★★★ は **★★★** 負担が中心で、被保険者本人の負担は極め
て少ないが、その財源は**国民の ★★★** である。

公費，
租税

□**10** **イギリス型社会保障**は、同額の<u>保険料</u>を支払って同額
★ の<u>給付</u>を受ける **★** の平等型制度である。

均一拠出・均一給付

◆ただし、**低所得者**にとっては負担が重く感じられる一方で、**高
所得者**にとっては給付が少ないと感じるという問題がある。

□**11** **フランスやイタリア**などの**大陸型社会保障**においては、
★ 財源は **★** 負担が中心であり、**★** 別の社会
保険制度が作られている。

事業主，職業

◆ただし、<u>所得比例</u>型の拠出と給付を行うため給付に差が生じや
すい。

□**12**
★
□**12** 日本や**ドイツ**などの**社会保障における財源負担**は本人、事業主、公費の □ ★ 型である。

三者均等

□**13** 一般に、国民所得に占める「租税＋社会保障負担金」の割合を □ ★★★ という。

国民負担率

□**14** 次のグラフは、社会保障制度のあり方として北欧型に分類される**スウェーデン**、大陸型に分類される**ドイツ**と**フランス**、その他に**日本**と**アメリカ**という5ヶ国の**租税負担率**と**社会保障負担率**を比べたものである（2020年データ。日本は2023年度データ）。図中の空欄**A ～ C**にあてはまる国名を答えよ。

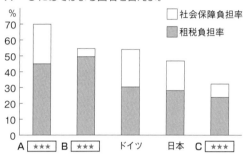

◆ **A**のフランスは、租税負担率と社会保障負担率の差が少ない大陸型に分類される。**B**のスウェーデンなど北欧型の国は租税負担率が大きい。**C**のアメリカは自己責任という意識が強く、社会保障の役割が小さく、国民負担率が低い。なお、2023年度の日本の国民負担率は46.8%に悪化した。新型コロナウイルス感染症（COVID-19）の感染拡大の影響で企業業績が悪化し、国民所得が減少したことや、感染対策として3度の補正予算が編成され、財政赤字が大幅に増加したことが要因である。

A フランス
B スウェーデン
C アメリカ

18 日本の社会保障 (1)〜特徴と課題

ANSWERS □□□

□**1** 日本の社会保障には、**保険料を支払った人を対象とする** □ ★★★ 、**社会的弱者を支援する** □ ★★★ 、公的扶助、公衆衛生の4つがある。

社会保険，社会福祉

□**2** 日本の社会保障には4つの柱となる制度（**社会福祉、公**
★★★ **的扶助、社会保険、公衆衛生**）がある。その内容を説
明した記述**A**〜**D**の空欄にあてはまる制度をそれぞれ
答えよ。

A ＿＿★★★＿＿ ：生活困窮者に最低限の生活を保障するた
めの制度で、費用はすべて租税によって賄われる無
拠出制のシステムである。

B ＿＿★★★＿＿ ：児童や心身障害者などへ施設・サービス
などを提供する制度で、費用は主として租税によっ
て賄われる無拠出制のシステムである。

C ＿＿★★★＿＿ ：感染症などの予防接種や食品の安全性の
管理など、国民の健康を維持するための制度で、費
用はすべて租税によって賄われる無拠出制のシステ
ムである。

D ＿＿★★★＿＿ ：高齢者に介護サービスを提供したり，失
業時に所得を保障したりする制度で、費用は主とし
て拠出金と租税によって賄われる危険分散型のシス
テムである。

A 公的扶助

B 社会福祉

C 公衆衛生

D 社会保険

□**3** 1947年の ＿＿★★＿＿ 法制定で日本の社会保険制度が完備
★★ されたが、その後に雇用福祉事業・能力開発を加え、
74年に ＿＿★★＿＿ 法に改められた。

失業保険

雇用保険

□**4** ＿＿★★＿＿ は、失業時などに給付が得られる保険制度で、
★★ 国、＿＿★★＿＿、被保険者の三者が資金を拠出している。

雇用保険，
事業主

□**5** 高度経済成長期の**1958年**に、自営業者などを対象に加
★★★ える ＿＿★★★＿＿ 法が制定（**1959年**施行）され、**全国民が医**
療保険に加入するという ＿＿★★★＿＿ が始まった。

国民健康保険，
国民皆保険

◆1961年には、すべての市町村や特別区に国民健康保険の実施が
義務づけられたことで国民皆保険が実現した。

□**6** 高度経済成長期の**1959年**に、自営業者などを対象とす
★★★ る ＿＿★★★＿＿ 法が制定（**1961年**施行）され、**全国民が老齢**
年金に加入するという ＿＿★★★＿＿ が確立した。

国民年金，
国民皆年金

□**7** 1985年には ★★★ 法が改正され、**20歳以上の全国**
★★★ **民が共通の** ★★★ **に加入し、民間被用者**はさらに
★★★ 、**公務員**は当時の共済年金に加入するという
2階建ての年金制度となった。

国民年金,

基礎年金,

厚生年金

◆国民年金は**20歳以上60歳未満の全国民**（学生も含む）が加入
し保険料を支払う義務があることから、一般に基礎年金と呼ば
れる。これに加えて、1991年より自営業者にも任意加入の2階
建て年金制度である国民年金基金が導入された。

□**8** 基礎年金に**民間被用者や公務員などの妻も独自名義で**
★ **加入する**ことになったため、**妻も独自の年金が受給可**
能となり ★ 権が確立された。

婦人年金

□**9** ★★ 年金の導入当初は**年金制度の一元化**と呼ばれ
★★ たが、**20歳以上の全国民を加入**させるとともに、**国**
からの ★★ **をこの部分に集中させる**ことで**全国民**
に公平な給付を行うことが目指された。

基礎

補助金

◆国庫負担金は基礎年金財源の**3分の1**となっていたが、2009年
より2分の1に引き上げられた。

□**10** 高齢化が進行する中、年金受給者が増加しているため、
★★ **年金の** ★★ **者や** ★★ **者が増加する**と、年金制
度自体が維持できなくなるおそれがある。

未加入，未納
※順不同

□**11** 1974年の ★★★ 法の制定により、**失業者の生活保障**
★★★ **に加え、雇用改善事業などが行われる**ことになった。

雇用保険

◆1947年制定の**失業保険法**が雇用保険法に発展した。

□**12** 1983年の ★★★ 法の施行により、**当時無料であった**
★★★ **老人医療に一部自己負担制**が導入された。

老人保健

□**13** 日本の医療保険は、**自営業者が加入する** ★★★ 、**民**
★★★ **間被用者が加入する** ★★★ 、**公務員などが加入する**
★★★ **に分かれており、いずれも医療費の本人負担**
割合は原則 ★★★ **割**となっている。

国民健康保険,

健康保険,

共済保険,

3

◆サラリーマンや公務員が加入する**健康保険と共済保険**における
医療費の**本人負担割合**は、当初の**0割**が、1984年に**1割**、97年
に**2割**、2003年に**3割**に引き上げられた。自営業者が加入する
国民健康保険は3割負担であった。なお、公務員などが加入す
る共済組合の**短期部門が医療保険、長期部門が年金保険**となっ
ていたが、現在、共済年金は厚生年金に一元化されている。

□14 民間被用者が**業務上で傷病に至った場合の社会保険制**
★★　度として ★★ があるが、その保険料は ★★ の
　　　みが負担することになっている。

　　◆労災保険は職務との因果関係が認定されれば適用されることが
　　ある。近年の事例では、アスベスト(石綿)の被害について労災
　　適用が認定されている。

労働者災害補償保険(労災保険)，事業主(雇い主、雇用主、使用者)

□15 ★★★ は、生活困窮者に対して ★★★ を保障する
★★★　制度であり、公費によって賄われる。

公的扶助，最低限度の生活

□16 公的扶助は、 ★★ 法に基づいて生活、医療、教育、
★★　住宅、出産、生業、葬祭と ★★ の8つの扶助が認
　　　められている。

　　◆介護扶助は、介護保険制度がスタートした2000年と同時に追加
　　された。

生活保護，
介護

□17 下のグラフで示す生活保護給付費の割合について、空
★★　欄A~Cにあてはまる語句を答えよ。

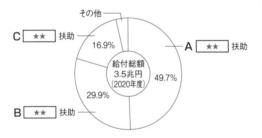

その他
C ★★ 扶助
16.9%
給付総額
3.5兆円
(2020年度)
49.7%
A ★★ 扶助
29.9%
B ★★ 扶助

A　医療

B　生活
C　住宅

□18 **生活保護**の中では医療**扶助**と ★★ 扶助が多いが、
★★　生活保護の支給には**資力調査(ミーンズ=テスト)**を行
　　　い、資産があればそれをまず用いる ★★ の原理と、
　　　世帯構成員の所得合計が生活保護基準額に足りない分
　　　を扶助する ★★ の原則を採用している。

生活

補足性

基準及び程度

□19 ★★ とは、経済・社会の進展とともに希薄化した
★★　**相互扶助を補うための仕組み**のことで、生活者の不安
　　　を和らげ安心や安全を確保するものである。

　　◆例えば、失業者に職業を紹介し所得を保障する取り組みはセー
　　フティネットの1つである。

セーフティネット

☐ **20** 生活保護法は生活、教育、住宅などに関する8種類の
★★★ 扶助を定め、**憲法第25条**が定める国民の ★★★ 権
を具体化する重要な社会保障法の1つであり、最後
の ★★★ の役割を期待されている。

生存

セーフティネット

◆2022年3月時点の生活保護受給者数は約204万人、約164万
世帯となっている。**格差社会と少子高齢化**が進む中で、特に高
齢者、単身世帯の受給者が増えている。

☐ **21** 生活保護の給付内容をめぐる ★★★ 訴訟に関して、
★★★ 1967年の最高裁判決では日本国憲法第25条の解釈と
して ★★★ 説の考え方が採用された。

朝日

プログラム規定

☐ **22** 高齢者、母子家庭、障がい者など ★★ のある者に各
★★ 種の**サービスを公費で提供**することを ★★ という。

ハンディキャップ,
社会福祉

☐ **23** **福祉六法**とは ★ 法、身体障害者福祉法、知的障害
★ 者福祉法、老人福祉法、 ★ 法、生活保護法である。

児童福祉,
母子及び父子並び
に寡婦福祉
※順不同

☐ **24** 医療や食品の管理など国民の健康を維持するための社
★ 会保障は ★ であり、その費用のすべては ★
で賄われている。

公衆衛生,租税(公
費)

☐ **25** 医療、看護、福祉、公衆衛生、交通や通信、物流やエ
★★ ネルギーなど、社会で必要不可欠とされる労働に従事
する者を総称して ★★ という。

エッセンシャル=
ワーカー

◆エッセンシャルとは「**不可欠な**」という意味。新型コロナウイル
ス感染症(COVID-19)の感染者が急増し、治療や看護にあたる
医療現場の「崩壊」が懸念されるなど、社会を支える労働者の重
要性が高まっている。一方で、その待遇には職種によって差が
あり、その是正が求められている。

☐ **26** 高度経済成長後、「**成長より ★★★ を**」のスローガン
★★★ の下、福祉国家の実現を目標として**老人医療費の無料**
化や年金への ★★★ 制導入などが行われた**1973年**は
★★★ と呼ばれる。

福祉

物価スライド,
福祉元年

☐ **27** 近年は障がい者や高齢者などが社会に参加するにあた
★★★ り、**支障となるような物理的・精神的な障壁を取り除**
いた形で利用できる ★★★ の設備が整備され、**誰に**
でも使いやすい ★★★ の商品や施設なども実用化
されている。

バリアフリー,
ユニバーサルデザ
イン

315

□**28** 2006年、公共施設において**高齢者や障がい者などに配**
★★ **慮した建設を義務づけた** ★★ 法と公共交通機関に
対しても同様の義務づけを行う ★★ 法が統合され、
★★ 法となった。

◆バリアフリー新法とは、「**高齢者、障害者等の移動等の円滑化の促進に関する法律**」の通称である。

ハートビル,
交通バリアフリー,
バリアフリー新

□**29** 2011年に障害者基本法が改正され、障がい者に対する
★ ★ 規定を追加するとともに、国・地方に障がい
者の自立と ★ の支援などのための施策を総合的
かつ計画的に実施する責務を課した。

◆障害者基本法の制定により、国や地方公共団体には障がい者の自立や社会参加支援、優先雇用の施策が、国民には差別禁止、共生社会を作る努力義務が課されている。

差別禁止,
社会参加

19 日本の社会保障 (2)~少子高齢化対策

ANSWERS □□□

□**1** 総人口に占める65**歳以上人口の割合**(老年人口比率)
★★★ が7%超の社会を ★★★ 、14%超を ★★★ という。

◆日本は1970年に7%、94年に14%、2007年には超高齢社会の指標となる21%を超えた。21年には老年人口比率が29%を超え、ハイスピードで高齢化が進んでいる。

高齢化社会, 高齢
社会

□**2** 2010年、日本の高齢化率(老年人口比率)は ★★★ %
★★★ を超え、22年に ★★★ %を記録し、**世界第1位の**
超高齢社会に突入している。

◆2022年9月、65歳以上の人口は総人口(約1億2,471万人)の**29.1%**(約3,627万人)と過去最多を更新した。

23,
29.1

□**3** 日本は、将来の65歳以上の高齢者の人口割合につい
★★★ て、**2025年に** ★★★ %を超え、**65年には** ★★★ %
近くに達すると予測されている。

◆2017年時点の予測で、2065年に老年人口比率は38.4%に達し、日本の総人口は8,800万人に減少するとされる。

30, 40

□**4** 日本の**平均寿命**は、2022年時点で**男性** ★★ **歳台、女**
★★ **性が** ★★ **歳台**である。

◆男性81.05歳、女性87.09歳で、女性は世界第1位、男性はスイス、ノルウェーに次いで世界第3位となる平均寿命である。

81,
87

□**5** 1人の女性が生涯のうちに出産する子どもの平均人数
★★★ を ★★★ といい、日本では**2005年に** ★★★ と最低
を記録した後、わずかに上昇に転じて15年に1.45と
なったが、以後は下がり続けている。

◆2022年の合計特殊出生率は1.26となり、05年に並んで過去最
低となった。また、同年に生まれた子どもの数である出生者数
も80万人を下回る77万人程度に減少している。

合計特殊出生率,
1.26

□**6** 「 ★★ 年問題」とは、**急速な少子高齢化**によって、
★★ 同年に65歳以上の高齢者人口が3,900万人を超え、人
口の ★★ ％超に達することで、現役世代 ★★
人が高齢者1人を支え、年金、医療、介護の負担が極
めて大きくなる時代の到来を意味する。

◆近年、本来大人が担うとされる家事全般や、病気や障がいなど
のある家族らの世話や介護、感情面のサポートなどを日常的に
行う18歳未満の子ども (若年介護者、ヤングケアラー) の存在
が注目されている。その重い負担と困難な状況に対する公的な
支援の必要性が指摘されている。

2040

35, 1.5

□**7** **老人医療費は**1973年以来、 ★★ 法に基づき ★★
★★ 化されてきたが、現在は**一部自己負担制**になっている。

老人福祉, 無料

□**8** 1983年に老人の医療費自己負担制を開始した ★★
★★ 法が、2002年に改正され、**定額負担制から原則1割負**
担の ★★ 制に改められた。

◆定額負担制とは、月あたり上限○○○円負担とするもの。定率負
担制はかかった医療費の一定割合を本人が自己負担するもの。
高額医療を受ける患者にとって、定率負担制は自己負担金が多
くなる。なお、**現役なみの所得がある高齢者**は2002年改正で2
割負担、06年改正で**3割負担**、14年4月から70歳以上75歳
未満の自己負担割合は現役なみ所得者が**3割負担**、その他は**2**
割負担となった。

老人保健

定率負担

□**9** **2008年4月**には、 ★★ 歳以上の者を対象とする医
★★ **療保険制度が分離**されて ★★ が開始された。

◆75歳以上の後期高齢者の医療費自己負担は導入当初1割であっ
たが、現在は所得に応じて**1～3割負担**となっている。

75,
後期高齢者医療制
度

□**10** **2000年**、日本では**老人性の要介護状態に至った場合に**
★★★ **備えた社会保険**である ★★★ 制度が導入された。

◆ドイツの介護保険制度をモデルとしている。

介護保険

□**11** 日本の**介護保険制度**は、満 ┃ ★★ ┃ 歳以上の全国民か
★★ ら**保険料を徴収する**ことになっており、保険の**運営主
体**は ┃ ★★ ┃ である。

40

市区町村

◆介護保険の財源には、満40歳以上の全国民から徴収する**保険
料**、**租税**、利用者から徴収する**1～3割の負担料**があてられる。

□**12** 日本の**介護保険の財源**は、50%が**被保険者**の介護保
★ 険料、50%が ┃ ★ ┃ となっており、後者を国と地方
が折半で負担している。

公費

◆被保険者50%、**公費**50%（内訳としては国が25%、都道府県
が12.5%、市区町村が12.5%）。

□**13** 介護サービスの利用は、┃ ★★★ ┃ **認定**を前提とし、導入
★★★ 当初は費用の ┃ ★★★ ┃ 割、現在は所得に応じて1割か
ら ┃ ★★★ ┃ 割が利用者負担である。

要介護,

1,

3

◆2014年、**医療介護総合確保推進法**が成立し、15年から被介護者
の本人自己負担率が引き上げられ一定所得（年金収入であれば
合計年280万円以上）以上の者は**2割負担**とされた。さらに18
年からは「340万円以上は**3割負担**」とする法改正が行われた。

□**14** 日本の**介護保険**は、介護サービスの形態を**導入当初**は
★★ 要 ┃ ★★ ┃ レベルと要 ┃ ★★ ┃ 5レベルの**6段階**に、
2005年改正で**要** ┃ ★★ ┃ 1・2レベルと要 ┃ ★★ ┃ 5レ
ベルの**7段階**に区分したが、その認定はケアマネ
ジャーなどによる一次判定の後、┃ ★★ ┃ が行う。

支援, 介護,

支援, 介護

介護認定審査会

◆認定に対する**不服申立て**は、**介護保険審査会**に行うことができる。

□**15** 高齢化が進む中で、社会が高齢者の生活を支える
★★★ ┃ ★★★ ┃ 制度の整備が重要性を増している。高齢者の
福祉には、生活を支える ┃ ★★★ ┃ や医療費などの経済
を支える社会保険と、身のまわりの世話や精神的な支
えを行う社会福祉の面がある。

社会保障,

年金

□**16** **公的年金**制度は世代間の ┃ ★★ ┃ によって支えられて
★★ おり、保険料を支払う人と年金を受け取る人のバラン
スが崩れて公的年金の**財政を圧迫**し、年金財源がひっ
迫している現在、┃ ★★ ┃ と ┃ ★★ ┃ の適正化を図る
ために、**年金の給付開始年齢を遅らせる措置や給付額
を削減する**などの制度の見直しが行われている。

連帯

給付, 負担
※順不同

◆2020年、年金制度改正法が成立し、22年4月より公的年金受
給開始年齢を本人の意思により75歳まで繰り下げることが可
能となった。その場合、年金給付額は増額されることになる。

□**17** 現役労働者世帯の年金負担軽減のためには ★★★ 給
★★★ 付と ★★★ の適正化を図る必要性から、2004年の**年
金改革関連法改正**で、17年まで年金保険料の段階
的 ★★★ 、年金給付額の段階的 ★★★ が決定した。

◆経済の基礎条件が変化した場合には見直しを可能とするマクロ
経済スライド方式も導入された。

年金,

負担

引き上げ, 引き下げ

□**18** 老齢年金には**自ら支払った保険料が年金として給付さ
★★ れる ★★ 方式**と、**現役労働者が支払った保険料で
現在の老人年金を支給する ★★ 方式**がある。

積立,
<ruby>賦課<rt>ふか</rt></ruby>

□**19** 現在の日本の年金制度では、年金財源の調達方式とし
★★★ て、**自らの年金保険料に公費を付加して給付する**とい
う ★★★ 方式を採用している。

◆従来、日本の年金財源の調達方式は修正積立方式と呼ばれてき
たが、2012年から国民 (基礎) 年金への国庫負担の割合が3分の
1から2分の1に引き上げられ修正賦課方式と呼ばれている。

修正賦課

□**20** 国民年金保険の**未加入者と未納者**が、加入対象者の約
★★ 4割を占めることから、保険料**負担中心方式**を修正し
て**税負担を加重する代わりに国民(基礎)年金の国庫負
担の割合が3分の1から ★★ に引き上げられた。**

◆消費税率の引き上げを条件に、基礎年金の財源に投入される**国
庫負担割合の引き上げ**が公約化された。

2分の1

□**21** ★★★ 化などによって一人暮らしの高齢者が増加す
★★★ る中、現在の ★★★ 省は1989年、特別養護老人ホー
ムなどの施設整備やホームヘルパー養成による在宅看
護や在宅介護の推進を掲げた ★★★ を策定した。

◆正式には「**高齢者保健福祉推進10ヵ年戦略**」と呼ばれる。

核家族,
厚生労働

ゴールドプラン

□**22** ゴールドプランは、急速に進む高齢化に対応するため、
★★ 1994年にはゴールドプランを全面的に改定した ★★
に、99年には ★★ に発展し、介護サービスの基
盤整備と生活支援対策の充実が図られた。

新ゴールドプラン,
ゴールドプラン21

□**23** 1994年に政府が策定した**子育て支援に関する一連の施
★★★ 策**を ★★★ と呼び、**99年**には ★★★ に発展した。

エンゼルプラン,
新エンゼルプラン

□**24** 2003年に少子化社会対策関連法として、育児休業取得
★★ 率を高める具体的な行動計画の策定を国および地方公
共団体と企業に求める ┃ ★★ ┃ 法、内閣府に**少子化社**
会対策会議を設置する ┃ ★★ ┃ 法などが制定された。

次世代育成支援対
策推進,
少子化社会対策基本

□**25** **少子化対策**として、┃ ★★ ┃ の充実や**認可保育所の定**
★★ **員拡大**による ┃ ★★ ┃ の**解消**が目指されている。

保育所,
待機児童

□**26** 育児・介護休業法によって、介護休業および勤務時間
★★★ の短縮が保障される期間は ┃ ★★★ ┃ と定められている。

93日

◆介護休業法施行当初は**3ヶ月**となっていたが、現在は93日である。育児休業法施行当初は満1歳までとなっていたが、現在は保育所へ入所できない場合は**最長満2歳**までとなっている。

□**27** **少子化対策**として、2006年の ┃ ★★ ┃ 法改正で、第一
★★ 子・第二子には3歳以降 ┃ ★★ ┃ 修了前まで月額5,000
円が支給されることになっていた。

児童手当,
小学校

□**28** 2009年成立の民主党政権下で児童手当が ┃ ★ ┃ に改
★ 称されたが、後の自民党政権下で元の名称に戻された。

子ども手当

◆子ども手当では、所得に関係なく子ども1人あたり原則13,000
円が支給されたが、元の児童手当への改称とともに所得制限も
復活した。2012年以降、児童1人あたりの支給額は、月額で3
歳未満が15,000円、3歳～小学校修了前が10,000円（第3子以降
は15,000円）、中学生が10,000円で、児童の養育者の所得が所得
制限限度額以上、所得上限限度額未満の場合は、特例給付とし
て月額一律5,000円が支給されている。

□**29** 2019年5月に成立した**改正子ども・子育て支援法**によ
★★ り、同年10月の ┃ ★★ ┃ 率の引き上げ分を財源とし
て、3～5歳までの子どもに関する幼稚園、保育所、認
定こども園などの**利用料**を ┃ ★★ ┃ 化した。

消費税

無償

◆2019年10月の消費税率10％への引き上げに伴って、**全世代型
社会保障**を実現するため、3～5歳までのすべての子どもと住
民税非課税世帯の0～2歳児の幼児教育、保育の無償化が開始
された。20年4月からは、住民税非課税世帯の学生などを対象
に**高等教育（大学など）**の無償化も始まった。

□**30** 岸田文雄内閣は、2023年に「**異次元の少子化対策**」を
★★ 提案し、┃ ★★ ┃ の倍増・延長を行い、世帯の ┃ ★★ ┃
も撤廃する方針を示した。

児童手当, 所得制
限

◆児童手当は、中学生までの支給を高校生相当の18歳まで原則毎
月10,000円、第三子以降30,000円の支給とした。その財源は当
面「**子ども特例債**」で調達し、本格的な議論は先送りされた。

IX

国際分野①

INTERNATIONAL

国際政治の動向と課題

1 国際社会の形成と国際連盟

ANSWERS ☐☐☐

☐1 1648年、ヨーロッパで起こった **★★** の終結にあた
★★ り **★★** 条約が結ばれ、複数の主権**国家**が生まれ、**国際社会**が成立した。

三十年戦争,
ウェストファリア

☐2 国家の主権がおよぶ範囲は、領土・ **★★★** ・領空の3
★★★ つの領域である。

領海

☐3 1994年に発効した **★★★** 条約によると、領海の範囲
★★★ は沿岸 **★★★** カイリまでとされている。

国連海洋法,
12

◆ 12カイリ以内の**領海**は陸の内側にある海（内水）を除き、外国船舶も安全を害しない範囲で通航する権利を有するが、違法な目的であれば当該国の法律に基づいて船長の身柄を拘束できる。また、基線から12カイリの上空に外国の飛行体が無断で立ち入ると**領空侵犯**となる。なお、基線から計測して24カイリ（領海12カイリから外側の24カイリまで）の**接続水域**は、密輸入や密猟など違法行為が疑われる船舶を予防的に取り締まることができる。

☐4 国際社会にも自然法が存在することを主張し、「国際法
★★ の父」「近代自然法の父」と称される人物は、オランダの法学者 **★★** である。

グロティウス

◆主著『**戦争と平和の法**』は三十年戦争の時代に著された。グロティウスは、自然法論の立場から国際社会にも諸国家が従うべき理性の法たる国際法があるとした。

☐5 国際法とは、**諸国家の慣行**から成立した **★★** と、**国**
★★ **家間の合意を文章化**した条約（成文国際法）からなる。

国際慣習法

◆「**公海自由の原則**」などを明記した国連海洋法条約は、もともと国際慣習法であったものを条約化した例の1つといえる。なお、適用される場面から見て、国際法は武力紛争時のルールを定める**戦時国際法**と、紛争時下でない場合のルールである**平時国際法**に分けられる。

☐6 平時国際法の例として、集団殺害罪の防止及び処罰に
★★ 関する条約（ **★★** 条約）や、外交関係に関する **★★** 条約、国連海洋法条約などがある。

ジェノサイド,
ウィーン

□**7** 平和を唱えた思想家と著作に関する次の表中の空欄
★★　　A 〜 C にあてはまる適語を答えよ。

思想家	著作
グロティウス	『A ★★ 』『海洋自由論』
B ★★	『永久平和草案』
ルソー	『永久平和論の抜粋・批判』
C ★★	『永遠平和のために』

A　戦争と平和の法

B　サン=ピエール

C　カント

◆**カント**は集団安全保障**方式**を唱え、国際連盟の設立を提唱した
アメリカ大統領のウィルソンに影響を与えた。

□**8** 第一次世界大戦前の平和維持方式には、同盟国間で軍
★★★　備拡張競争が激化し、★★★ が崩れた場合に戦争が
発生するという問題点があった。そこで、第一次世界
大戦後には ★★★ 方式が採用された。

勢力均衡 (バラン
ス=オブ=パワー)

集団安全保障

◆**集団的自衛権と集団安全保障の違い**は、前者が同盟国が攻撃さ
れた場合に自国が攻撃されていなくても**同盟国が共同して防衛
にあたる**権利のことであり、後者は侵略を行った国などに対し
て同一の集団安全保障機構に加わっている**複数の国が団結して
集団制裁**を加えることである。

□**9** 第一次世界大戦後は、集団的平和機構を創設し、**加盟
★★★　1ヶ国への侵略は全加盟国への侵略**であるとして、加
盟国が ★★★ **を実施**して平和の維持を図った。

集団制裁

□**10** 1918年にアメリカの ★★★ **大統領によって提唱され**
★★★　た ★★★ に基づき、20年に国際連盟が創設された。

ウィルソン,

平和原則14カ条
(14カ条の平和原則)

◆ウィルソンは**民主党**の大統領で、国際協調主義を提唱した。国
際連盟は、1919年のパリ講和会議で調印されたヴェルサイユ条
約の中にその規約が設けられ、本部はジュネーヴに置かれた。

□**11** 国際連盟の欠陥には、★★ 制により国際紛争に対
★★　処する有効な議決が成立しにくかったことや ★★
規定の欠如、大国である**アメリカの不参加**などがあった。

全会一致,

軍事制裁

◆当初、国際連盟の常任理事国はイギリス、フランス、日本、イ
タリアの4ヶ国で、国際連盟提唱国であったアメリカは国際連
盟に加盟しなかった。当時のアメリカは、モンロー主義 (孤立主
義・不干渉主義) を掲げる共和党が上院の多数派を占め、上院
の加盟承認が得られなかった。また、後に三国軍事同盟を結ぶ日
本、ドイツ、イタリアは国際連盟から脱退してしまった。

□**12** 1928年、**フランスの外相**ブリアンと**アメリカの国務長**
★   **官**ケロッグが提唱し、国家の政策の手段として戦争を
      放棄することを定めた条約を ┃ ★ ┃ という。

　　　◆両者の名前からブリアン=ケロッグ条約とも呼ばれる。

不戦条約

2 国際連合 (1)~成立過程と組織・機能

□**1** **第一次世界大戦後**に採用された平和維持方式の具体例
★★★   は、1920**年に設立**された ┃ ★★★ ┃ と、45**年に設立**さ
      れた ┃ ★★★ ┃ である。

国際連盟,
国際連合 (国連)

　　　◆第二次世界大戦中の1941年に、アメリカのフランクリン=ローズ
　　　ヴェルト大統領とイギリスのチャーチル首相が発表した大西洋
　　　憲章の中で、戦後の新たな国際平和機構を設立する構想が打ち
　　　出されたのが、国際連合 (国連) の出発点となる。44年のアメリ
　　　カ、イギリス、ソ連、中国 (中華民国) によるダンバートン=
　　　オークス会議では、国連憲章の原案が作成され、翌45年のヤル
　　　タ会談では、安全保障理事会の大国一致方式の採用が決定した。

□**2** 国際連合 (国連) は ┃ ★★ ┃ 会議で採択された ┃ ★★ ┃
★★   に基づいて、**1945年に設立**された国際機構である。

サンフランシスコ,
国際連合憲章
(国連憲章)

□**3** 国連憲章には、日本など連合国に敵対した国々に関す
★   る「┃ ★ ┃条項」があるが、現状に合致しないなどの
      理由から日本は同規定の削除を求め、国連発足50周
      年の ┃ ★ ┃ **年に削除**の決議が総会で採択された。

敵国

1995

　　　◆現在、死文化しているものの、条項は残っている。

□**4** 国連の目的は、国際 ┃ ★★★ ┃ と安全の維持、**平等と**民族
★★★   自決に基づく諸国間の友好関係の促進、経済的、社会
      的、文化的または人道的な国際問題解決、および基本
      的人権**の尊重**についての ┃ ★★★ ┃ 、┃ ★★★ ┃ **主義**に基
      づいて**国際問題解決の中心の場を形成**することにある。

平和

国際協力, 国連中
心

□**5** 1956年、┃ ★ ┃ を受けて**ソ連**が拒否**権の不行使**を決
★   定したため、日本が国連に加盟した。

日ソ共同宣言

□**6** 1973年、西ドイツのブラント**首相**による ┃ ★ ┃ **外交**
★   の成果から、東西ドイツが国連に同時加盟した。

東方

　　　◆当時の東ドイツ (ドイツ民主共和国) などの東欧社会主義諸国と
　　　の関係正常化を目指した外交政策を指す。

□**7** 1991年、冷戦**終焉**を受けて ★★★ の**国連同時加盟**が
★★★ 実現し、旧ソ連邦内で先行して独立が認められていた
★★★ の加盟も承認された。

◆バルト三国とは、バルト海沿岸に位置するエストニア、ラトビア、リトアニアの3ヶ国を指す。

南北朝鮮(大韓民国、朝鮮民主主義人民共和国)
バルト三国

□**8** 2002年に**永世中立国** ★★★ と**インドネシア**から**分離**
★★★ **独立**した ★★★ が、06年に**セルビア**と**連邦制を解消**した ★★★ が、11年に**スーダン**から**分離独立**した ★★★ が国連に正式加盟した。

◆2023年4月現在、国連に加盟していないのは、ローマ教皇(法王)が統治者であるバチカン市国、**セルビア**からの独立をめぐり激しい紛争地となったコソボ、1971年に正式な中国代表権を失った台湾(中華民国)、加盟を申請したもののアメリカの拒否権に阻まれているパレスチナ(2012年、**国連のオブザーバー国家**に格上げ)など一部の国々である。

スイス,
東ティモール,
モンテネグロ,
南スーダン,

□**9** **国連加盟国数の推移**を示す次のグラフ中の空欄 A ～
★★ C にあてはまる地域名を答えよ。

A ヨーロッパ

B アフリカ

C アジア

◆**1960年**は「アフリカの年」と呼ばれ、独立した17ヶ国のうち16ヶ国が国連に加盟した点に注目。また、90年代には旧ソ連邦、チェコスロバキア連邦、ユーゴスラビア連邦など**旧東欧連邦制国家が解体**し、**ヨーロッパ加盟国が急増**した点に注目。

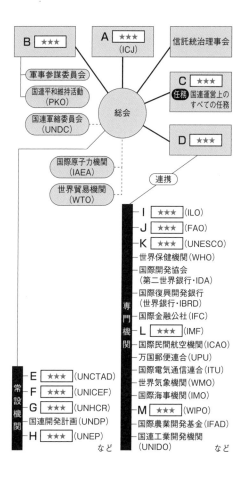

A　国際司法裁判所

B　安全保障理事会
　（安保理）

C　事務局

D　経済社会理事会

E　国連貿易開発
　会議

F　国連児童基金

G　国連難民高等
　弁務官事務所

H　国連環境計画

I　国際労働機関

J　国連食糧農業
　機関

K　国連教育科学
　文化機関

L　国際通貨基金

M　世界知的所有
　権機関

□**11** ★★★ **★★★** は、**貧困問題の解決**を優先課題とし、発展途上国の経済的、社会的発展を、体系的、持続的に援助する政府間機関で、 **★★★** (HDI) を提示している。

◆人間開発指数(Human Development Index)とは、各国の人々の「生活の質」や度合いを示す指標で、パキスタンの経済学者マブーブ=ハックによって作成された。センの潜在能力アプローチを発展させたものであり、国連開発計画(UNDP)の『人間開発報告書』で発表される。

国連開発計画
(UNDP)

人間開発指数

□**12** ★ **★** は、世界の**食糧問題**の解決のために設立された機関で、栄養不足人口の半減などを目指している。

国連食糧農業機関
(FAO)

□**13** ★★ 国連は、発展途上国政府の要望を受けて設立された **★★** などを通じた**経済協力**を支援している。

国連貿易開発会議
(UNCTAD)

□**14** ★★ **★★** は、紛争や自然災害の発生した地域の子どもたちに対して**栄養補給や医療などの援助**を行っている。

国連児童基金
(UNICEF)

□**15** ★★★ 主要国の**国連分担金**の分担率(％：小数点第3位まで表示)を示した表中の空欄**A**～**D**にあてはまる国名を答えよ。

	2000年	2010～12年	2022～24年
A ★★★ *	25.000	22.000	22.000
B ★★★	20.573	12.530	8.033
C ★★★	9.857	8.018	6.111
フランス*	6.545	6.123	4.318
イギリス*	5.092	6.604	4.375
イタリア	5.437	4.999	3.189
D ★★★ *	0.955	3.189	15.254
ロシア*	1.077	1.602	1.866

※＊は5常任理事国

A アメリカ

B 日本

C ドイツ

D 中国

◆かつて日本の分担率は世界第2位だったが、2019年からは第3位となり、分担率は00年の20％程度から8％程度と大幅に減っている。一方、中国は00年の約1％から、22年には15％超と急増している。00年当時、日本の分担率はアメリカを除く常任理事国(4ヶ国)の合計よりも高く、その負担が過重な状況にあった。

3 国際連合 (2) ~平和・安全保障

☐**1** 国連の主要機関は、 ★★★ 、安全保障理事会、経済社
★★★ 会理事会、**信託統治理事会**、 ★★★ (ICJ)、**事務局**の
6つからなる。

総会,
国際司法裁判所

☐**2** 全加盟国で構成される総会は、すべての国が**1票の議**
★★ **決権**を持ち (**一国一票の原則**)、多数決で行われ、その
議決要件は、**一般事項**が総会に参加し、投票を行う加
盟国の ★★ 、**重要事項**が ★★ 以上の賛成を必
要とする。

過半数, 3分の2

☐**3** ★★ は、経済、社会、文化、人権問題など**非政治**
★★ **分野での国際協力**を目的とする国連の主要機関で、総
会で選出される理事国で構成されるが、必要時には、**民**
間団体とも協議する。また、理事国は ★★ の割り
当てに関係なく**各々1票**の投票権を行使できる。

経済社会理事会

国連分担金

◆経済社会理事会は**任期3年の54理事国**で構成され、**非政治分野**
の問題に関する討議と勧告を行う。

☐**4** 国連には、未開発地域の国家独立を支援する主要機関
★ として ★ があるが、現在はその任務を完了した。

信託統治理事会

☐**5** ★★ は、**戦争や政治的迫害**のために他国に逃れ、**生**
★★ **命の危機**にさらされて苦しんでいる ★★ に対する
保護と生活支援に取り組む機関である。

国連難民高等弁務
官事務所
(UNHCR), 難民

◆**国連難民高等弁務官事務所** (UNHCR) は、**非政府組織 (NGO)**
の協力も得るなどして、難民の救援にあたっている。1991~2000
年には緒方貞子が難民高等弁務官を務めた。

☐**6** 国連の専門機関である ★★ は、**文化交流**を図るこ
★★ とで国際平和と福祉の促進を目指している。

国連教育科学文化
機関 (UNESCO)

◆1984年、アメリカは UNESCO が第三世界を重視し、放漫財政
であることなどから脱退したが、2003年に復帰。しかし、17年
にパレスチナ自治区ヘブロン旧市街の「世界危機遺産」登録に反
発し、19年に再び脱退した。しかし、アメリカは復帰する意思
を表明し、23年7月に正式に復帰した。

☐**7** 2020年、国連の専門機関である ★★★ は、 ★★★ の
★★★ 感染地域の拡大を受けて警戒水準を引き上げ、**世界的**
大流行 (パンデミック) を宣言した。

世界保健機関
(WHO), 新型コ
ロナウイルス感染
症 (COVID-19)

◆**世界保健機関** (WHO) は、感染症などの撲滅事業の奨励や促進
を任務の1つにしている。本部はスイスのジュネーヴにある。

□**8**
★★★
国連の主要機関で**国際平和と安全維持に一次責任**を負い、紛争の平和的解決を図るのが ★★★ である。

安全保障理事会
（安保理）

◆安全保障理事会は、永久にその地位が保証されている5**常任理事国**と、**任期**2**年**の10**非常任理事国**から構成されている。なお、日本は2023年より国連加盟国中で最多となる12回目の非常任理事国を務めている。

□**9**
★★★
安全保障理事会の**常任理事国**は、アメリカ、 ★★★ 、イギリス、フランス、 ★★★ の5つの大国である。

ロシア,
中国 ※順不同

◆1971年、中国の代表権が中華民国（台湾）から中華人民共和国に移り、91年にはソ連の代表権がロシアに継承された。

□**10**
★★★
安全保障理事会の議決要件は、**実質事項**については**5常任理事国すべてを含む** ★★★ **理事国の賛成**が必要であり、**5常任理事国**は ★★★ を有する。

9,
拒否権

◆安全保障理事会の議決要件として、**手続事項**については15**理事国中**9**理事国の賛成**が必要であるが、五大国一致の賛成は要件ではない。よって、手続事項には5常任理事国に拒否権がない。

□**11**
★★
2005年、「G4」と呼ばれた**日本**、 ★★ 、**インド**、 ★★ の4ヶ国は、安保理改革を主張して**常任理事国入り**を求めたが、今のところ実現していない。

ドイツ,
ブラジル
※順不同

◆現在の実情に合わせ、安全保障を維持するために常任理事国を増加させる構想が示され、当時の小泉純一郎首相は日本の常任理事国入りへの意思を示した。

□**12**
★★★
1950年に発生した**朝鮮戦争**の最中、「 ★★★ 」決議が採択され、平和・安全保障問題について**安全保障理事会が拒否権により機能停止**した場合に ★★★ を開催する道が開かれた。

平和のための結集

緊急特別総会

□**13**
★★
国際司法裁判所（ICJ）は、**国家間の国際法上の紛争を解決する裁判所**であるが、裁判の開始には**紛争当事国双方の** ★★ が必要である。

付託

◆紛争当事国の一方が拒否すると裁判は開始されないという点に国際裁判の限界がある。例えば、日本と韓国との間にある竹島（独島）の領有権をめぐる問題で、日本は国際司法裁判所への付託を呼びかけたが、韓国が拒否し、裁判は開かれていない。

□**14**
★
国際司法裁判所（ICJ）の裁判官は総会と安全保障理事会それぞれによる選挙を通じて選ばれ、**任期** ★ **年**であり、 ★ **名**からなる。

9,
15

◆一国から複数名の裁判官を出すことはできない。

□**15** 国際司法裁判所（ICJ）は、国際法上の解釈について
★★ 　**★★**　を出すことができるが、1996年には一般的な
　★★　の使用は国際人道法違反であるが、**極限状態**
での自衛**のための使用**については最終的な結論は出せ
ないとする見解を示した。

勧告的意見,
核兵器

□**16** 国家間の紛争について、各国は国際裁判で直接取り上
★ げられていない事案についても、国際法規則の解釈に
あたって　**★**　の判決を参照している。

国際司法裁判所
(ICJ)

□**17** **大量虐殺**や**戦争犯罪**など国際人道法**に違反**した**個人**を
★★★ 裁くための**国際裁判所**を　**★★★**　という。

◆1998年のローマ規程に基づいて創設が決定され、2003年に活動
を開始した。日本も加盟している。国際司法裁判所と同じオラ
ンダのハーグに設立され、ジェノサイド罪（集団殺害罪）など個
人の国際人道法違反を裁く。なお、ハイジャックは含まれない。

国際刑事裁判所
(ICC)

□**18** 国連憲章第　**★★**　章では、紛争の当事国に紛争の**平**
★★ **和的解決**を要請するとしている。

6

□**19** 経済・外交制裁などの　**★★★**　的措置、正規国連軍
★★★ （UNF）などによる　**★★★**　的措置といった「**強制措**
置」は国連憲章第　**★★★**　章に規定されている。

非軍事,
軍事,
7

□**20** 国連軍とは、加盟各国が自国の兵力をいつでも安全保
★ 障理事会に提供するという　**★**　を締結して組織さ
れる常設の国連軍のことである。

特別協定

◆国連憲章第43条に定める「特別協定」を**締結した国**はこれまで
に**皆無である**ことから、正規国連軍は過去1度も組織されてい
ない。朝鮮戦争時の国連軍は、アメリカ中心の変則型であった。

□**21** 国連憲章第**7**章に基づいて**集団制裁**を行う国連部隊を
★★★ 　**★★★**　、「**国連憲章6章半活動**」と呼ばれ**停戦**や軍の
撤退の**監視**などを行う国連の活動を　**★★★**　、国連と
直接関係なく任意に組織される部隊を　**★★★**　という。

国連軍,
国連平和維持活動
(PKO),
多国籍軍

◆国連平和維持活動（PKO）は、国連憲章第**6**章と第**7**章の中間の
活動であることから「**国連憲章6章半活動**」と呼ばれる。

□**22** 国連平和維持活動（PKO）には、**非武装**の少数部隊か
★★ らなる　**★★**　、**軽武装**の多数部隊で**停戦監視**や**兵力**
引き離しを行う　**★★**　、選挙監視団などの行政支援
活動や人道的救援活動などがある。

停戦監視団,
国連平和維持軍
(PKF)

329

□23 1950年代半ばに起こった ★★ では、初の**国連平和**
★★ **維持軍**（PKF）である ★★ が組織され、現地に展
開した。

スエズ動乱（第二
次中東戦争）,
国連緊急軍

□24 PKO 原則には、任意**原則**、 ★★★ **原則**、中立**原則**に
★★★ 加えて、武器使用の要件として ★★★ **原則**がある。

同意,
自衛

□25 1992年、国連事務総長の ★★ は、紛争の激しい地
★★ 域には**武力行使**を予定した ★★ を派遣できるとし
て、PKO を**強化**した。

ガリ,
平和執行部隊

□26 武力行使を前提とした PKO は、1993～95年の**第二次**
★★ **国連** ★★ **活動**、92～95年の**国連** ★★ **保護軍**
の際に組織されたが、紛争は泥沼化し事実上失敗した。

ソマリア，ユーゴ
スラビア(ユーゴ)

□27 1990年のイラクによるクウェート侵攻に対し、**安全保**
★★★ **障理事会**は侵略**行為**であるとして**武力行使**の容認を決
議し、翌91年に賛同国により任意に組織された ★★★
がイラクを攻撃し、撤退を促す ★★★ が起こった。

多国籍軍,
湾岸戦争

◆湾岸戦争終結後には、安全保障理事会の決議で国連イラク・ク
ウェート監視団が組織され、国境沿いの非武装地帯に駐留し停
戦監視などを行った。

□28 1992年の ★★★ **法成立**により、長く戦乱が続いた
★★★ ★★★ へ初めて自衛隊が**派遣**された。

国連平和維持活動
協力 (PKO 協力),
カンボジア

◆PKO には、自衛官だけでなく**文民警察官**なども参加している。
日本が初めて PKO に参加した国連カンボジア暫定統治機構
(UNTAC) では、文民警察官が武装ゲリラの襲撃で命を落とし
ている。

□29 日本では、**自衛隊**が PKO に**参加**する**条件**として、①
★★ 紛争当事国間に ★★ があること、②紛争当事国双
方が PKO の受け入れに**同意**していること、③いずれ
にも偏らない ★★ **性を遵守**すること、④以上の①
～③が欠けた際は独自の判断で**撤収**すること、⑤**武器**
使用は ★★ のために限ることの5つの原則がある。

停戦合意

中立

自衛

◆日本の PKO 参加5原則のうち、中立性**の原則**によると、いずれ
か一方に対する武器の使用は許されず、**紛争地域に駐留するの**
みの活動が認められる。なお、2015年の PKO 法改正で、武器
使用が自衛隊員のみならず支配下にある者の生命を守るために
も可能となり、従来よりも拡大した。

□ **30** 1996年から約17年間にわたり実施された**自衛隊の**
★ **PKO活動**には、**ゴラン高原**に展開された中東和平合
意後の監視活動である ［ ★ ］ があった。

　◆2013年、紛争が再燃して非戦闘地域の要件を欠いたことから、
　独自判断による活動中止と撤収が行われた。

国連兵力引き離し
監視軍

□ **31** 正規 ［ ★★★ ］ は過去1度も組織されていないが、国連
★★★ の場などで制裁を行うことに同意した国々が創設した
軍隊である ［ ★★★ ］ は、**1991年の** ［ ★★★ ］ **戦争**、**2003**
年の ［ ★★★ ］ **戦争**の駐留軍などで組織された。

国連軍

多国籍軍, 湾岸,
イラク

□ **32** 各国が国連に協力して提供する軍隊を国内で任意に準
★ 備しておく場合があるが、この軍隊を ［ ★ ］ という。

国連待機軍

□ **33** 歴代の**国連事務総長**について、次の表の空欄A〜Eに
★★ あてはまる人名を答えよ。

1	1946〜52年	リー	ノルウェー
2	1953〜61年	A ［ ★★ ］	スウェーデン
3	1962〜71年	ウ=タント	ビルマ（ミャンマー）
4	1972〜81年	ワルトハイム	オーストリア
5	1982〜91年	デクエヤル	ペルー
6	1992〜96年	B ［ ★★ ］	エジプト
7	1997〜2006年	C ［ ★★ ］	ガーナ
8	2007〜16年	D ［ ★★ ］	韓国
9	2017年〜	E ［ ★★ ］	ポルトガル

　◆2017年、グテーレス事務総長の指名を受け、日本人女性として
　初の事務次長（軍縮担当上級代表）に中満泉が就任した。

A ハマーショル
　ド

B ガリ
C コフィ=アナン
D 潘基文
　　(パンギムン)
E グテーレス

□ **34** 紛争や戦争、革命、政治的迫害などで本国を離れ、保
★★★ 護を求めている ［ ★★★ ］ は、国内にいながら同じよう
な境遇にある ［ ★★★ ］ などと合わせて1億人を超えて
いる（2022年末時点）。

　◆国連難民高等弁務官事務所（UNHCR）の推計によると、パレス
　チナを含む難民は3,530万人、国内避難民は6,250万人であ
　る。難民発生数の上位3ヶ国・地域は、シリア、ウクライナ、ア
　フガニスタンとなり、合わせて全体の5割を超える。

難民,
国内避難民

□ **35** 国連開発計画（UNDP）が提唱する「 ★★★ の安全保 | 人間
★★★ 障」は、**飢餓や貧困、人権侵害、差別**など地球規模の
人類的課題なども紛争を招く原因であり、それに対す
る支援や能力開発が平和と安全を実現させるという考
え方に基づく。

◆2003年、インドの経済学者アマーティア=センと国連難民高等弁
務官を務めた緒方貞子とを共同議長とする人間の安全保障委員
会が、人間の安全保障の定義や国際社会が取り組むべき方策な
どを示した報告書を国連に提出した。

□ **36** 一国内では、 ★★★ が武力などの実力を独占するこ | 政府
★★★ とで平和を維持している。これに対して国際社会では、
それぞれの ★★★ 国家が武力を保有し、実力の独占 | 主権
が存在しないことから、紛争の平和的な解決手続の拡
充、侵略に対する制裁の仕組みの整備、軍縮の促進、さ
らには一国内における基本的 ★★★ を保障する政治 | 人権
体制の確立など多様な手段を用いて国際平和の実現が
図られている。

4 **戦後国際関係史 (1)**~冷戦（東西対立）の展開

ANSWERS □□□

□ **1** 1945年2月、米英ソ首脳による ★★ で、**国連安全** | ヤルタ会談
★★ **保障理事会**の大国一致の原則など第二次世界大戦後の
国際秩序に関する協定が締結された。

◆ヤルタ体制とは、1945~89年まで続いた**東西冷戦構造**を指す。

□ **2** **米ソ間**で東西両陣営の支配権の拡大をめぐり対立が生
★★★ じたが、米ソの**直接的な軍事衝突には至らなかった**こ
とから ★★★ と呼ばれた。 | 冷戦（冷たい戦争）

□ **3** 1946年、イギリスの ★★★ 元首相は、バルト**海**から | チャーチル
★★★ アドリア**海**までヨーロッパ大陸を横切って東西両陣営
を分断する「 ★★★ 」が降ろされていると演説し、**ソ** | 鉄のカーテン
連の秘密主義を批判した。

□ **4** 西側の資本主義陣営は対ソ連・反共産ブロックの形成
★★★ のため、**1947年3月**には西側の政治結束を図り**対ソ封**
じ込め政策を実施する目的で ★★★ を策定し、**同年** | トルーマン=ドク
6月には ★★★ に基づく経済援助で**反共陣営の拡大** | トリン,
を図ることを決定した。 | マーシャル=プラン

□**5** 西側の資本主義陣営は**1949年に** ★★★ (NATO)を結
★★★ 成して軍事同盟を組織したのに対し、東側の社会主義
陣営は**55年**に ★★★ (WTO)を組織して対抗した。

北大西洋条約機構

ワルシャワ条約機構

□**6** 東側の社会主義陣営は、1947〜56年に政治的な結束の
★★ ため ★★ を、**49年**には経済的な分業体制の確立
を図るために ★★ (経済相互援助会議)をそれぞれ
設置した。

コミンフォルム,
コメコン
(COMECON)

□**7** 米ソが**ベルリン**の東西共同管理をめぐって対立し、
★★ **1949年に**ドイツが**東西に分断**されるに至った一連の出
来事を ★★ という。

ベルリン危機(第一
次ベルリン危機)

◆米英仏が西ドイツ政府を樹立することを前提に通貨改革(新通
貨マルクの使用開始)を行うと、これに反発したソ連は米英仏の
占領地区からベルリンに至る陸水路を遮断し(ベルリン封鎖)、
両陣営の緊張が高まった。

□**8** 1950年に起こった ★★★ **戦争**では、韓国を支援する
★★★ アメリカ、北朝鮮を支援する中国およびソ連の**米ソ**代
理**戦争**の様相を呈し、北緯 ★★★ 度線を挟んで朝鮮
半島は南北に分断された。

朝鮮

38

□**9** 1953年の朝鮮戦争**休戦協定**と、翌54年のジュネーヴ
★★ **休戦協定**により、朝鮮戦争と ★★ がそれぞれ終結
し、東西陣営の ★★ の兆しが見え始めた。

インドシナ戦争,
雪解け

□**10** 1954年、 ★★ **環礁**における水爆実験で日本の民間
★★ 漁船である第五福竜丸**が被曝**した事件を受けて、翌
55年に第1回 ★★ が広島で開かれ、原水爆実験
や使用の禁止を求める国際世論が高まった。

ビキニ

原水爆禁止世界大
会

□**11** 1955年に米、ソ、英、仏の首脳が**ジュネーヴ**で ★★
★★ を開き、話し合いによる平和の実現を目指した。

4巨頭首脳会談

□**12** ソ連共産党書記長 ★★★ の ★★★ の主張とアメリ
★★★ カ大統領ケネディの ★★★ の主張に基づき、米ソ間
の首脳会談が定期的に行われた。

フルシチョフ, 平
和共存,
デタント(緊張緩和)

□**13** 1962年に ★★★ が発生し、核戦争勃発の危機に直面
★★★ したが、米ソ首脳の話し合いで戦争は回避された。

キューバ危機

◆**1959年**のキューバ革命で社会主義国となったキューバにソ連が
対米ミサイル基地の建設を始めたため、アメリカはキューバを
海上封鎖し、核攻撃を開始する寸前にまで至った。

333

□**14** 1966年、ベトナム戦争に介入したアメリカを批判した
★★ 　 ★★ 　がNATOの軍事部門を脱退した。

フランス

□**15** 1960年代に入ると、**中ソ対立**などから東側陣営で内部
★ 　分裂が起こり、アルバニアとユーゴスラビアがソ連と
　は異なる独自路線を進み始め、 ★ では「 ★
　の春」と呼ばれるように民主化政権がいったん樹立さ
　れた。

チェコスロバキア,
プラハ

□**16** 1960年代に入ると本格的に国際政治が多極化し、それ
★★★ までの米ソ超大国による**二極対立**に対して、**非同盟・
中立**主義を掲げる発展途上国などの ★★★ が台頭し
　た。

第三世界

　◆一般的には、先進資本主義国を第一世界、社会主義諸国を第二
　世界、**発展途上諸国**を第三世界と呼ぶ。

□**17** 1954年、中国（中華人民共和国）の ★★ とインド
★★ の ★★ が会談し、領土と主権の相互尊重、相互不
　可侵、内政不干渉、平等互恵、平和的共存を内容とす
　る ★★ が発表された。

周恩来,
ネルー（ネール）

平和五原則

□**18** 1955年、インドネシアのバンドンで ★★ （A・A会
★★ 議、バンドン会議）が開かれ、 ★★ が発表された。

アジア・アフリカ
会議,
平和十原則

□**19** 1960年に独立したアフリカ17ヶ国のうち16ヶ国が
★★★ **国連に加盟**したため、この年は「 ★★★ 」と呼ばれた。

アフリカの年

□**20** 第三世界の国連加盟国が増加し、その発言力が増す中、
★ 1974年には**国連** ★ **特別総会**、78年、82年、88
　年には**国連** ★ **特別総会**が開催された。

資源,
軍縮

□**21** 1960年代には**2つの核管理条約**が結ばれ、63年には
★★★ 米英ソ間で ★★★ が調印・発効し、68年には
　 ★★★ が調印、70年に発効した。

部分的核実験禁止
条約（PTBT）,
核拡散防止条約
（NPT）

　◆いずれも自由に加入できる開放条約であり、現在はいずれの条
　約にも100ヶ国以上が参加している。核拡散防止条約（NPT）
　は、190を超える国・地域が締約国となっており、**核保有国を
　5ヶ国**（アメリカ、ロシア、イギリス、フランス、中国）に限定
　し、それ以外への核拡散の防止や原子力の平和利用などを定め
　ている。1995年に同条約の無期限延長（永久条約化）が決まり、
　5年ごとの再検討会議が開催されている。

□22 ★★★ に加盟する非核保有国は、今後も核兵器の保
有を禁じられ、 ★★★ の査察を受ける義務を負う。

> ◆国際原子力機関（IAEA）の本部はオーストリアのウィーンに置
> かれ、NPTが発効する1970年以前の57年に創設されている。
> もともとは**原子力の平和利用**を管理する機関であった。2009〜
> 19年には日本の天野之弥が事務局長を務めた。

核拡散防止条約
（NPT）、
国際原子力機関
（IAEA）

□23 1969年、米ソ間で長距離核兵器の上限数を制限する
★★ ★★ が開始し、72年に両国間で条約（SALT Ⅰ）
が調印され、同年に発効した。

> ◆核の軍備縮小は行わない**軍備管理条約**である。**ICBM**（大陸間弾
> 道ミサイル）や**SLBM**（潜水艦発射弾道ミサイル）などの核弾頭
> の運搬手段の総数を、5年間現状凍結することを決めた。

第1次戦略兵器制
限交渉

□24 ソ連は、「プラハの春」でのチェコスロバキアへの軍事
★★ 介入の根拠と同じ ★★ 論に基づき、1979年にアフ
ガニスタンに侵攻し、民主化運動を鎮圧した。

> ◆制限主権論は、社会主義国の国家主権は社会主義の枠内に制限
> され民主化する主権は与えられていないとする考え方である。
> ソ連のブレジネフ共産党書記長の考え方であることから、**ブレ
> ジネフ=ドクトリン**とも呼ばれた。

制限主権

□25 ソ連のアフガニスタン侵攻後、米ソ間で進められてい
★★ た核軍縮交渉はすべて中断する事態に陥った。**1979〜
85年**まで続いたこのような米ソの緊張状態は当時、
★★ とも呼ばれた。

新冷戦

□26 SALT Ⅰに続く ★★★ で、1979年には条約（SALT
★★★ Ⅱ）が**調印**されたが、同年12月にソ連の ★★★ 侵攻
を機に、アメリカは批准を拒否した。

第2次戦略兵器制
限交渉、
アフガニスタン

□27 1983年にアメリカの ★★ 大統領は、**宇宙空間**での
★★ ミサイル迎撃を想定した防衛計画である ★★ 構想
（SDI）を発表したため、ソ連がアメリカとの軍事交渉
をすべて中断し、再び緊張が高まった。

> ◆SDIは**スター・ウォーズ計画**とも呼ばれた。

レーガン、
戦略防衛

5 戦後国際関係史 (2) ～冷戦終焉からポスト冷戦へ

□ 1
★★★
1985年、ソ連共産党書記長に就任した ★★★ は、東西緊張緩和を目指すために東西両陣営のイデオロギー対立を解消させる ★★★ 外交を展開し、これにより米ソ間で**包括軍縮交渉**が開始された。

ゴルバチョフ

新思考

◆ゴルバチョフ政権がヨーロッパを1つの共同体とする「欧州共通の家」構想を掲げたことから、東欧諸国では民主化が進んだ。1989年には東欧民主化が進み、ポーランドでは自主管理労組「連帯」が選挙に勝ち、ワレサが大統領に就任した。ルーマニアでは共産主義独裁を行っていた**チャウシェスク大統領が処刑**された。

□ 2
★★★
1989年、地中海の ★★★ 島で、ソ連のゴルバチョフ書記長とアメリカの ★★★ 大統領との間で米ソ首脳会談が行われ、★★★ 終結宣言が出された。

マルタ,
ブッシュ (父),
冷戦

◆東西陣営の冷戦対立から、冷戦終結・ポスト冷戦への国際政治の状況変化は「ヤルタからマルタへ」といわれる。

□ 3
★★★
冷戦終結により、1989年には東西の通行を遮断していた「 ★★★ 」が崩壊し、翌90年に東西ドイツが統一された。

ベルリンの壁

◆ベルリンの壁は、冷戦下の1961年に当時の東ドイツがベルリンの西側を取り囲むように築いた全長150kmを超える壁で、東ドイツ市民の西側への逃亡を阻んでいた。

□ 4
★★★
1987年、中距離核戦力**を廃棄**する初の軍縮ゼロ条約である ★★★ が米ソ間で調印され、翌88年に発効した。

INF (中距離核戦力) 全廃条約

◆ただし、INF 全廃条約は地上発射ミサイルの廃棄に関するものであり、空中・海中発射のミサイルについては触れられていない。2019年2月にアメリカのトランプ政権は、INF (中距離核戦力) 全廃条約からの離脱をロシアに正式に伝え、同年8月2日に条約は失効した。

□ 5
★★
冷戦の終結を受けて、1990年に東西欧州諸国が集まった ★★ (CSCE) が開催され、欧州に配備されている通常兵器を削減する ★★ (CFE) 条約と侵略戦争を禁止する ★★ が採択された。

全欧安全保障協力会議,
欧州通常戦力,
パリ憲章

◆全欧安全保障協力会議 (CSCE) は、1975年に第1回会議がヘルシンキで開催された。ソ連を含むすべてのヨーロッパ諸国 (アルバニアを除く) とアメリカ、カナダを合わせた35ヶ国の首脳が参加し、東西ヨーロッパ諸国の協調を謳うヘルシンキ宣言が採択された。

□**6** 東側陣営では、1991年には**経済的結束である** ★★★
★★★ （経済相互援助会議、COMECON）や**軍事同盟である**
★★★ （WTO）が相次いで解体された。

◆1991年12月、ロシア共和国などが一方的に独立を宣言してソ連邦は崩壊し、東側陣営は完全に解体された。

コメコン

ワルシャワ条約機構

□**7** 冷戦終結後、旧東側社会主義陣営の国々は**西側の軍事**
★★★ **同盟であった** ★★★ （NATO）に加盟していくが、この動きをNATOの ★★★ という。

北大西洋条約機構,
東方拡大

□**8** ★★★ （PTBT）を発展させ、1996年に国連総会で地
★★★ 下核実験禁止を含めた**すべての核爆発実験を禁止する** ★★★ （CTBT）が採択されたが、発効していない。

◆包括的核実験禁止条約（CTBT）の問題は、臨界前核実験は禁止されていない点と、すべての核保有国および核開発能力保有国が批准しないと発効できない点にある。なお、臨界前核実験（未臨界実験）とは、臨界（現実世界）で爆発させる以前の段階で爆発を停止する実験のことで、コンピュータ=シミュレーション実験などを指す。

部分的核実験禁止
条約
包括的実験禁止
条約

□**9** 冷戦終結の流れの中で、**1991年**には米ソ間で**長距離・**
★★★ **大型核兵器を削減する**第1次 ★★★ （STARTⅠ）が調印され、94年に発効した。

◆STARTは、核の**軍備管理条約**であったSALTを一歩進めた**軍備縮小条約**である。2001年、米ソ両国は条約に基づく義務が履行されたことを宣言した。

戦略兵器削減条約

□**10** 1993年には、米ロ間で長距離核兵器を削減する第2次
★★ ★★ （STARTⅡ）が調印されたが、未発効のまま
2002年に調印された ★★ （SORT、モスクワ条約）へと事実上発展し、翌03年に発効した。

◆米ロそれぞれが長距離・大型核兵器（戦略核）を1,700～2,200発に削減する条約。同条約も2011年には新STARTに発展する。

戦略兵器削減条約,
戦略攻撃戦力削減
条約（戦略攻撃力
削減条約）

6 戦後国際関係史 (3)~9・11以後の世界

□**1** 2001年 ★★★ 月 ★★★ 日、アメリカのニューヨー
★★★ ク世界貿易センタービルと国防総省（ペンタゴン）への
同時爆破テロが発生し、その首謀者はイスラーム原理主義の**テロ集団**アル=カーイダの ★★★ と目された。

◆「9・11同時多発テロ」と呼ばれている。

9, 11

ウサマ=ビンラディン

□**2** 2001年10月、テロ集団の ★ を匿（かくま）っているとし
★　　　て、アフガニスタンの ★ 政権に対する**集団制裁**
　　　　がNATO合同軍によって行われた。

アル=カーイダ，
ターリバーン

◆NATO第5条に基づく、**NATO史上初の集団制裁**となった。

□**3** 2001年12月、アメリカの<u>ブッシュ（子）</u>大統領は、1972
★★　　年に米ソ間で締結していた ★★ 条約の**破棄**をロシ
　　　　アに通告した。

弾道弾迎撃ミサイ
ル（ABM）制限

□**4** 2001年の<u>同時多発テロ</u>発生後、02年にロシアは対テ
★★　　ロ戦略で<u>NATO</u>と協力するために「 ★★ 理事会」
　　　　を創設し、事実上<u>NATO</u>に**準加盟**したといわれた。

NATO・ロシア

□**5** 2003年3月、アメリカは将来、アメリカに対して ★★
★★　　を使用するおそれのある国への**先制攻撃**は<u>自衛</u>の**範囲
　　　　内**とする ★★ を掲げ、<u>サダム=フセイン</u>政権を打倒
　　　　する戦争を正当化して ★★ を始めた。

大量破壊兵器

ブッシュ=ドクト
リン，

イラク戦争

◆2003年3月、アメリカなどの合同軍（有志連合）は**国連安全保障
理事会の武力行使容認決議のないまま**<u>イラク戦争</u>を始めた。そ
の根拠は<u>自衛権</u>の行使であった。このように、多国間の協調が
得られなくても一国だけで単独行動するというブッシュ（子）大
統領の考え方を<u>ユニラテラリズム</u>（**単独行動主義**）と呼ぶ。

□**6** 2014年、以前より<u>マリキ</u>政権に反発する**スンニ派**系の
★　　　武装集団 ★ （「イラク・シリア・イスラム国」）は、
　　　　 ★ のラッカなど一部の都市を中心に占拠しイラ
　　　　ク北部と中部を含めて ★ の樹立を宣言した。

ISIS，

シリア，

イスラム国

◆この事態を受けて、アメリカはイラク政府からの要請と、アメ
リカ国民が生命の危険にさらされている事実から、これを<u>自衛
権</u>の**行使**であるとして空爆を行った。17年10月には、アメリ
カの支援を受けた少数民族<u>クルド</u>人を中心とする「<u>シリア民主
軍</u>」が、「<u>イスラム国</u>」が首都と自称するラッカを制圧・奪還し、
同年12月にシリアの<u>アサド</u>政権がISIS掃討の完了を宣言した。

7 大量破壊兵器の禁止・制限

ANSWERS ☐☐☐

□**1** 近年、南極や南太平洋、ラテンアメリカ、東南アジア、
★★　　アフリカ地域などで ★★ 条約が採択されている。

非核地帯

◆南極条約、南太平洋非核地帯条約（<u>ラロトンガ</u>条約）、ラテンア
メリカ及びカリブ核兵器禁止条約（<u>トラテロルコ</u>条約）、東南アジ
ア非核兵器地帯条約（<u>バンコク</u>条約）、アフリカ非核兵器地帯条
約（<u>ペリンダバ</u>条約）、中央アジア非核地帯条約（<u>セメイ</u>条約）が
発効し、核兵器の使用や核実験に反対する動きが広がっている。

□**2**
★★

1955年、哲学者の ★★ と物理学者のアインシュタインを中心として核兵器廃絶を訴える ★★ 宣言が発表された。これを受けて、57年にはカナダで科学者が中心となり核兵器廃絶を目指す ★★ 会議が開かれた。

◆1957年のパグウォッシュ会議と同じ年には、西ドイツでもドイツ人原子核研究者による核武装反対を訴えるゲッティンゲン宣言が発表された。パグウォッシュ会議は、57年の発足以来、核兵器廃絶運動や平和運動など科学と社会の様々な問題に取り組み、95年にノーベル平和賞を受賞している。日本でも湯川秀樹や朝永振一郎らが中心となり、57年に日本パグウォッシュ会議が設立された。

ラッセル,
ラッセル=アインシュタイン
パグウォッシュ

□**3**
★★★

アメリカのオバマ**大統領**による一連の軍縮活動は、大統領が目指す ★★★ 実現に向けての動きとされるが、これが評価され、2009年には ★★★ を受賞した。

◆2009年4月、オバマ**大統領**はチェコのプラハで「核なき世界」の実現を唱える演説を行った。また、16年5月に日本で開催された主要国首脳会議（伊勢志摩サミット）への参加に際し、現職のアメリカ大統領として初めて被爆地である広島を訪問した。

核なき世界,
ノーベル平和賞

□**4**
★★★

2010年、オバマ大統領とメドベージェフ大統領が米ロ首脳会談を行い、09年12月に**期限切れになった**第1次 ★★★ （START I）に代わる ★★★ に調印し、長距離核ミサイルの削減が決定され、11年に発効した。

◆戦略核を米ロで各1,550発に削減し、その運搬手段の保有上限を800（配備700）とする大幅な削減を決定した。10年間の時限条約で、**2021年2月の期限切れ**を受け、両国は新 START の5年間延長に合意した。しかし、22年2月からのウクライナ紛争により米ロ間の緊張が高まる中で、23年2月にロシアのプーチン大統領は新 START の履行停止を表明した。

戦略兵器削減条約,
新 START

□**5**
★★★

2017年、核兵器の使用、開発、実験、製造、取得、保有、貯蔵、移転などを禁じた ★★★ が、国連加盟の122ヶ国の賛成で採択された。

◆核兵器禁止条約は、核兵器の使用をちらつかせる「脅し（威嚇）」の禁止も言及する他、「被爆者にもたらされた苦痛」の一節も前文に盛り込み、人道的見地から核兵器の存在を否定している。**核保有国**や**被爆国**であるがアメリカの**「核の傘」**の下にある日本は**不参加**を表明するが、2020年10月には同条約を批准した国と地域が発効の要件となる50に達し、翌21年1月に発効した。なお、同条約の成立に向けて活動した国際NGO「核兵器廃絶国際キャンペーン」（ICAN）は、17年にノーベル平和賞を受賞した。

核兵器禁止条約

□**6** 1972年に国連総会で採択、75年に発効の ★★ は、
★★ 感染力の強い病原菌の兵器開発などを禁止している。

生物兵器禁止条約

◆日本は、1982年に批准している。**ABC 兵器**（**A**：atomic weapon
「核兵器」、**B**：biological weapon「生物兵器」、**C**：chemical
weapon「化学兵器」）とも呼ばれる**大量破壊兵器**は、2度の世
界大戦で民間人を含む大量殺戮に使用された。生物兵器や化学
兵器については、1925年に毒ガス・細菌などの使用禁止を定め
た**ジュネーヴ議定書**が国際連盟で採択されている。

□**7** 1993年、神経ガスなどの化学兵器の禁止などを定め
★★ た ★★ が調印され、97年に発効している。

化学兵器禁止条約

◆日本は、1995年に批准し、第二次世界大戦中に旧日本軍が中国
大陸に埋蔵・遺棄した化学兵器の処理を義務づけられた。

□**8** 1997年調印、99年発効の ★★ 条約は、**非人道的**
★★ **兵器**である対人地雷の使用・貯蔵・生産・移譲などを
全面的に禁止したもので、同条約に関する会議の開催
地であるカナダの都市名から ★★ 条約ともいう。

対人地雷全面禁止

オタワ

□**9** 2008年に採択、10年に発効した ★★ 条約は、非
★★ 人道的であるその兵器の使用を禁止している。

**クラスター爆弾禁
止(オスロ)**

◆クラスター爆弾とは、大量の子爆弾（小さな爆弾）を大きな容器
に格納し、投下すると空中で子爆弾が飛び散ることで被弾が広
範囲におよぶ**殺傷能力の高い爆弾**で、不発弾による二次被害も
甚大である。2023年7月現在、111ヶ国がクラスター爆弾禁止
条約（オスロ条約）を批准している（日本は2009年に批准）。

□**10** 次の表は、世界各国で保有される核弾頭の推定数（2023
★★★ 年6月時点）を多い順に並べたものである。空欄A〜
Fにあてはまる国名を答えよ。

国名	全保有数
A ★★★	5,890
B ★★★	5,244
C ★★★	410
D ★★★	290
イギリス	225
パキスタン	170
E ★★★	164
F ★★★	90
北朝鮮	40
合計	12,523

A ロシア
B アメリカ
C 中国
D フランス

E インド
F イスラエル

【出典】「長崎大学核兵器廃絶研究センター」ホームページ

アメリカの科学誌「原子力科学者会報（BAS）」は、地球滅亡までの残り時間を示す「**世界終末時計**」を公表している。次の表は、1947〜2020年まで、残り時間が変化した際の主な出来事をまとめたものである（一部、略）。空欄A〜Mにあてはまるものを、後の語群から選べ。

年号	出来事	終末X前
1947	終末時計登場	7分
49	A ★★★ が初の核実験	3分
53	前年にアメリカが B ★★★ 実験	2分
60	米ソの国交回復	7分
63	C ★★★ 調印（米英ソ）	12分
68	フランス・D ★★★ の核兵器開発	7分
72	E ★★★ 調印（米ソ）	12分
84	軍拡競争が激化（米ソ）	3分
88	F ★★★ 発効（米ソ）	6分
90	前年に G ★★★ 終結	10分
91	H ★★★ 調印（米ソ）	17分
98	インドと I ★★★ が核実験	9分
2007	前年に J ★★★ が核実験	5分
15	ロシアの K ★★★ 併合（2014年）	3分
17	アメリカ L ★★★ 政権発足、北朝鮮の核実験	2分30秒
18	アメリカの M ★★★ 核合意離脱	2分
20	F ★★★ の破棄・失効、「AIによる戦争」の現実化、進まぬ気候変動対策	100秒

A ソ連

B 水爆

C PTBT

D 中国

E SALT I

F INF（中距離核戦力）全廃条約

G 冷戦

H START I

I パキスタン

J 北朝鮮

K クリミア

L トランプ

M イラン

IX
国際分野

7
大量破壊兵器の禁止・制限

【語群】 水爆 化学兵器 中国 北朝鮮 パキスタン イラン ソ連 ロシア クリミア 冷戦 キューバ危機 イラク戦争 トランプ オバマ 核兵器禁止条約 INF（中距離核戦力）全廃条約 SALT I START I NPT PTBT

◆2022年まで3年連続で「100秒」と発表された。新型コロナウイルス感染症（COVID-19）、核戦争のおそれや気候変動などが引き続き危険な脅威をもたらしているとされた。さらに、23年には過去最も短い「90秒」と発表された。ロシアによるウクライナ侵攻や核兵器使用の現実的な脅威が主な理由である。

8 現代の地域・民族紛争〜その背景と原因

□1 ポーランド南部の ★★★ 強制収容所では、第二次世界大戦中、 ★★★ によって<u>ユダヤ人</u>などが<u>大量虐殺</u>された。
★★★

アウシュヴィッツ，
ナチス=ドイツ

□2 国連は、国家を持たず少数民族であったことからナチスに迫害されたユダヤ人に国家を与えるため、**パレスチナ**の土地を<u>ユダヤ人</u>と<u>アラブ人</u>に二分することを決議し ★★ の建国（<u>1948年</u>）を承認したので、土地を追放された ★★ が大量に発生した。
★★

イスラエル，
パレスチナ難民

□3 1948〜49年、土地を追放された<u>アラブ人</u>（<u>パレスチナ人</u>）が、土地を奪回するために<u>イスラエル</u>に対して攻撃を行い ★★ （パレスチナ戦争）が起きた。
★★

第一次中東戦争

　◆祖国を追放された<u>イスラエル人（ユダヤ人）</u>たちが祖国とするシオンの丘に再び戻り、国家を再建する運動を<u>シオニズム</u>運動という。1917年、宗主国<u>イギリス</u>が**バルフォア宣言**でそれを認めたことから、第二次世界大戦後の1948年に<u>ユダヤ人国家イスラエル</u>が建国される。しかし、イギリスは<u>パレスチナ人</u>にもその土地の占有を認める**二枚舌外交**を行っていたことから、中東戦争（中東紛争）が起こった。

□4 **第一次オイルショック**を引き起こす原因となった国際紛争は ★★ である。
★★

第四次中東戦争

□5 1990年の<u>イラク</u>**による** ★★★ **侵攻**に対する多国籍軍の制裁（<u>湾岸戦争</u>）後、翌91年に ★★★ が開かれ、93年に<u>イスラエル</u>と<u>パレスチナ</u>間で合意が成立した。
★★★

クウェート，
中東和平会議

□6 <u>1993</u>年、<u>イスラエル</u>が過去の中東戦争で奪った土地を<u>パレスチナ</u>側に返還し、<u>パレスチナ</u>側も<u>イスラエル</u>という国家を認め、**双方の存在を相互承認する**ことを内容とする ★★★ （オスロ合意）が結ばれた。
★★★

パレスチナ暫定自
治協定

□7 2003年のイラク戦争後、アメリカなどの仲介の下、「<u>オスロ合意</u>」に基づくイスラエル占領地であるパレスチナ自治政府への返還の工程表を定めた ★★★ を双方に受諾させた。
★★★

中東和平ロード
マップ

　◆しかし、履行段階に入っても情勢は安定せず、和平への工程は難航している。<u>パレスチナ</u>**の暫定自治**が実施されている<u>ヨルダン川西岸</u>や<u>ガザ地区</u>などで武力紛争が起きている。

□ **8**　トルコやイラン、イラクなど西アジアの複数の国の山
★　岳部などに居住し、**世界最大の少数民族**といわれる
　　　　　★　　人は、**民族独立**を目指していることから、弾
　　圧や紛争が頻発している。

クルド

□ **9**　旧ユーゴスラビア内戦は、同連邦を構成した6共和国
★★　のうち、1991年に　★★　、スロベニア、マケドニア
　　が、92年に　★★　が独立を宣言したのに対して、**連
　　邦制を維持**しようとする　★★　人勢力が独立阻止の
　　軍事介入を行ったことに主な原因がある。

クロアチア,
ボスニア=ヘルツ
ェゴヴィナ,
セルビア

□ **10**　旧ユーゴスラビア紛争は、**セルビア人と非セルビア人**
★★★　との民族対立が原因となったが、セルビア人は多数派
　　であるべきだとする　★★★　主義に基づく**異民族の排
　　斥**（　★★★　）が行われた。

汎セルビア,
民族浄化(エスニッ
ク=クレンジング)

　　◆1998〜99年には、新ユーゴスラビア連邦内のコソボ自治州で独
　　立運動が発生したが、新ユーゴ政府軍（セルビア人勢力）による
　　独立阻止の民族浄化（エスニック=クレンジング）が行われた。
　　このセルビア側への軍事的制裁として、NATO軍による「**人道
　　的**」空爆が行われた。2008年には同自治州は独立を宣言し、EU
　　（ヨーロッパ連合）などは承認している。

□ **11**　旧ユーゴスラビア連邦の解体でセルビア共和国とモン
★★　テネグロ共和国は　★★　に統合され、2003年には
　　　★★　と国名を変更したが、06年に独立国家として
　　分裂した。

新ユーゴスラビア
連邦,
セルビア=モンテ
ネグロ

　　◆2006年の分裂後、**モンテネグロは国連に正式加盟**した。

□ **12**　イギリス領内の　★★★　の独立問題は、イギリスから
★★★　の独立を望むキリスト教　★★★　系住民と、イギリス
　　残留を望むキリスト教　★★★　系住民との対立を招き、
　　過激派集団によるイギリスへのテロ行為も行われてき
　　たが、**1998年に包括和平合意が成立**した。

北アイルランド,
カトリック,
プロテスタント

□ **13**　ロシア南部の**カフカス地方**（コーカサス地方）では、**分
★　離独立**を目指す**イスラーム**武装勢力と、それを阻止し
　　ようとするロシアとの間で　★　　が起こった。

チェチェン紛争

　　◆ロシア連邦にはキリスト教徒（ロシア正教徒）が多いことから、
　　チェチェンの独立運動は宗教的対立に基づくとともに、資源主
　　権を求める資源ナショナリズムの側面を持つ。

□**14** 2014年、　★★　では大規模な反政府デモで親ロシア
★★　政権が崩壊したため、領内にある**黒海沿岸**の　★★
自治共和国にロシアが侵攻し、その主導の下で住民投
票が行われた。ロシアはウクライナからの**分離独立と
ロシアへの編入**に賛成する票が多数を占めたと発表し、
同地域のロシアへの**併合**を宣言した。

ウクライナ，
クリミア

◆アメリカや EU 諸国は、この住民投票は違法で公正さが担保さ
れないことを理由にロシアの「クリミア併合」を認めず、ロシア
に対する制裁措置を発動した。また、主要国首脳会議（サミッ
ト）からロシアを排除し、G8は G7サミットとなっている。

□**15** **インド最北部**の　★★　地域では、独立派の**イスラー
★★　ム系住民**とインド残留派の**ヒンドゥー教系住民**の間で
紛争が続いている。

カシミール

◆イスラーム**系住民**はインドから独立してイスラーム国家のパキ
スタンへの併合を望んでいるのに対し、ヒンドゥー教**系住民**は
ヒンドゥー教国のインドへの残留を望んでいる。

□**16** 1990年代初頭に激化した　★★　**内戦**では、多数部族
★★　の**フツ族**が少数部族の　★★　族を大量虐殺したこと
から、国連は PKO を派遣し、難民救済などを行った。

ルワンダ，
ツチ

□**17** 1991年のバーレ政権崩壊後、民族対立により生じた
★★　　★★　**内戦**に対して、国連は強化された PKO であ
る　★★　を派遣したが、解決に失敗した。

ソマリア，
平和執行部隊

□**18** 経済的発展と開発を建前に掲げることで独裁政権が民
★★★　衆の一応の支持を受ける政治体制を　★★★　という。

開発独裁

□**19** **2010年末から11年初頭にかけて、**軍事独裁政権や開
★★　発独裁政権が民主化暴動で崩壊する動きが、**北アフリ
カや西アジア地域**で続いた。これを「　★★　」と呼ぶ。

中東の春（アラブ
の春）

◆2010年12月には**チュニジア**で民主化運動が起こり、**ベン＝アリ**
大統領が失脚した（「ジャスミン革命」）。翌11年2月には**エジ
プ**トのムバラク大統領が失脚して独裁政権が、同年8月には**リ
ビア**でカダフィ大佐率いる軍事独裁政権が相次いで崩壊した。

□**20** 1988年、　★　では軍事政権下で　★　を指導者
★　とする**民主化デモ**が起き、多数の逮捕者や亡命者を出
したが、2010年に同女史などの多くが釈放された。

ミャンマー（旧ビ
ルマ），アウン＝サ
ン＝スー＝チー

◆2021年2月には、民主派勢力が拡大する中で国軍クーデタが発
生して国軍が政権を握り、アウン＝サン＝スー＝チーら民主政権の
幹部が拘束、軟禁されるに至った。

□**21** 「中東の春（アラブの春）」は、Twitter（ツイッター）や
★★ Facebook（フェイスブック）などのインターネット上
のコミュニティを通じて呼びかけられた従来にない民
主化運動であり、「　★★　革命」という特性がある。

◆このような動きを警戒する中国ではインターネットへの検閲な
どの情報統制を強化している。2019年に高揚した香港の民主化
デモや、翌20年の新型コロナウイルス感染症（COVID-19）へ
の対応に関する政府批判を封じ込めるような動きも見られた。

ソーシャル＝ネッ
トワーク

□**22** シリアでは、　★★　父子による独裁政権に対する反
★★ 政府運動が激化し内戦状態に陥り、政府側が反政府側
に化学兵器　★★　を使用した疑惑がもたれている。

◆中東諸国の民主化運動（「アラブの春」）はシリアにも波及した
が、アサド父子の独裁政権は倒れず、2011年から政府軍と反政
府軍の間で内戦に突入している。「21世紀最大の人道危機」と
もいわれる泥沼化したシリア内戦は、38万人を超える死者と、
1,300万人近くの避難民や亡命者を数えている。

アサド

サリン

□**23** 2021年、アメリカが　★★　から駐留軍を撤収させた
★★ ことから、イスラーム原理主義組織　★★　は再び全
土を制圧した。

アフガニスタン，
ターリバーン

□**24** 2022年2月、NATOの東方拡大に強く反発するロシア
★★ は　★★　に軍事侵攻を行い、紛争は長期化した。

◆国連安全保障理事会はロシアによるウクライナ侵攻を非難する
決議案の採決を行ったが、常任理事国である当事国ロシアが拒
否権を行使して不採択となり、国連の限界が露呈した。

ウクライナ

□**25** 次の地図は、主な地域紛争について示したものである。
★★ 空欄**A〜G**にあてはまる国または地域名を答えよ。

旧ユーゴスラビア内戦
(1991〜95年)
コソボ紛争
(1998〜98年)
北アイルランド
紛争
(1968年〜98)

ウクライナ紛争
(2022年〜)
B ★★ 紛争
(1994〜96年 99〜2009年)
南オセチア問題

新疆ウイグル問題

F ★★ 独立運動
(1959年〜)
▶中印国境紛争
(1959〜62年)
中ソ国境紛争
(1969年)
朝鮮戦争
(1950〜53年)
中国・ベトナム(中越)戦争
(1979年)
ベトナム戦争
(1965〜75年)
カンボジア内戦
(1970〜91年)
G ★★
独立運動
(1975〜2002年)

A ★★ を
めぐるウクラ
イナとロシア
の対立

D ★★ 内戦
(2011年〜)
中東戦争
(1948・56・67・73年)
E ★★ 紛争
(1947年〜)

ダルフール紛争
(2003年〜)
C ★★
内戦
(1977〜92年)

ソマリア内戦(1992年〜)
ルワンダ内戦(1994年)

A クリミア
B チェチェン
C モザンビーク
D シリア
E カシミール
F チベット
G 東ティモール

9 戦後日本の外交

ANSWERS □□□

□1 1952年に主権を回復した日本が掲げた**外交の三原則**と
★★ は、「　★★　中心主義」「　★★　主義諸国との協力」
「　★★　の一員としての立場の堅持」である。

国連，自由，
アジア

> ◆「**日本外交の三原則**」は、日本国憲法前文で謳われる「われらは、**平和を維持**し、専制と隷従、圧迫と偏狭を地上から永遠に除去しようと努めてゐる国際社会において、**名誉ある地位**を占めたいと思ふ。われらは、全世界の国民が、ひとしく恐怖と欠乏から免かれ、**平和のうちに生存する権利**を有することを確認する」という国際協調の精神にも通じる。

□2 1951年の　★★　（対日平和条約）で**日本は主権を回復**
★★ することが決定したが、ソ連や中国など東側を除く**西側諸国との　★★　講和**であった。

サンフランシスコ
平和条約
片面

> ◆日本は、サンフランシスコ平和条約に調印しなかった国々とは、**個別に講和条約などを結ぶ**こととなった。

□3 1956年、日本とソ連との間で　★★★　が出され、国交
★★★ の回復が実現するとともに、ソ連が日本の加盟を承認したため、**日本は　★★★　への加盟**を果たした。

日ソ共同宣言

国際連合

> ◆日ソ共同宣言でソ連は日本の国連加盟について、拒否権を行使しないことを約束するとともに、日本に対する第二次世界大戦の賠償請求権をすべて放棄した。なお、第二次世界大戦後から日ソ間の国交が回復する1956年まで、50万人を超える日本人らがシベリアに抑留され、過酷な強制労働に従事させられた。

□4 **日ソ共同宣言**では、平和条約締結後、ソ連は**北方四島**
★★ のうち　★★　と　★★　を**先行して日本に返還する約束**がなされたが、返還は現在も実現していない。

歯舞群島，色丹島

※順不同

> ◆北方四島には、その他に国後島と択捉島がある。2020年7月、ロシアは憲法を改正し、領土割譲の禁止を明記したことで、日ロ間の領土問題解決への影響が懸念される。

□5 1951年のサンフランシスコ平和条約で日本は主権を回
★★★ 復することが決定したが、同時に**アメリカとの間で**
　★★★　を締結し、**アメリカ軍の日本への駐留**を認めることになった。

日米安全保障条約

□6 1972年にアメリカの**ニクソン大統領**が中国（中華人民
★★ 共和国）を訪問したのをきっかけに、　★★　**首相が訪中**して　★★　が出され、**中国との国交**を回復した。

田中角栄，
日中共同声明

> ◆1978年、福田赳夫首相の時に日中平和友好条約が調印された。

★

1965年、日本は大韓民国を朝鮮半島を代表する唯一の合法政権とみなして ＿★＿ を締結し**国交が正常化**されたが、北朝鮮との国交は断絶したままである。

□**8**
★★

日朝関係における ＿★★＿ 問題では、2002年10月に一部被害者の日本への帰国が実現したが未解決である。

□**9**
★★

当初、北朝鮮の核問題は北朝鮮、＿★★＿、＿★★＿ の**3ヶ国協議**で解決が図られた。2003年8月以降は日本、＿★★＿、＿★★＿ を加えた**6ヶ国協議**が行われているが、08年12月の会合を最後に開かれていない。

◆北朝鮮は、2006年頃から断続的に核実験や弾道ミサイルの発射実験を繰り返すなど、国際社会の支援を引き出すための様々な外交カードを用いる瀬戸際外交を展開している。2011年、金正日の死去後は、息子の金正恩が北朝鮮の実権を握っている。

□**10**
★★★

日本の領土問題に関して、地図中の空欄 A ～ C にあてはまる地名および、どの周辺国・地域との領有権問題であるか番号①～⑤ですべて答えよ。

◆もともと、A の尖閣諸島は誰の所有物でもなく、明治時代に日本が占有し、所有を主張した。法律的には**無主物先占**（無主物占有）により所有権を取得し、中国とはそれを前提とした協定文書を作成した。現在に至るまで、日本は一貫して「**領土問題は存在しない**」と主張している。しかし、1970年代に尖閣諸島周辺で天然ガスの埋蔵が確認されると、**中国**が領有権を主張し、ガス田開発を始めた。また、**台湾・香港**も領有権を主張している。B の竹島（独島）領有権問題では、2005年の島根県議会による「竹島の日」制定決議に対して韓国側が非難した。C の北方領土は、日ソ共同宣言で平和条約締結時に歯舞群島と色丹島の**二島を返還**することが約束されたが、実現していない。日本政府は北方領土を「**日本固有の領土**」としている。

拉致

アメリカ，中国
※順不同
韓国，ロシア
※順不同

IX
国際分野

9
戦後日本の外交

A　尖閣諸島、
　　①・⑤
B　竹島（独島）、
　　④
C　北方領土、②

国際分野②

INTERNATIONAL

国際経済の動向と課題

1 国際分業と貿易

☐**1**
★★
発展途上国が先進国に対して ★★ を輸出し、先進国は発展途上国に対して**工業製品などの加工製品を輸出**するという貿易形態を ★★ 分業という。

一次産品

垂直的

☐**2**
★★
同一産業に属する製品どうしの対等な貿易形態のことを ★★ 分業という。

◆先進国間に見られる工業製品どうしの貿易形態などを指す。

水平的

☐**3**
★★
★★ は、**国際分業を社会分業の最高形態**と捉え、**自由放任**に基づく国際取引を主張した。

アダム=スミス

☐**4**
★★★
★★★ はアダム=スミスの ★★★ 主義の考えを発展させて、 ★★★ 説によって**自由貿易**を主張した。

◆アダム=スミスは主として**国内的自由放任**を、リカードは主として**国際的自由放任**を唱えた。2人とも古典派経済学の立場に立つ。

リカード, 自由放任,
比較生産費

☐**5**
★★★
★★★ は、外国貿易において、**各国は**比較優位にある商品の生産に特化し、それを輸出し合えば**双方が利益を得られる**と主張した。

◆リカードは『経済学および課税の原理』の中で、各国は自国内で生産コストが比較的安く上がる商品に生産を特化し、お互いがそれを自由に交換し合えば双方に有利だと主張した。

リカード

☐**6**
★★★
次の表を見て、後の文章の空欄にあてはまる適語を答えよ。なお、表中の人数はそれぞれの製品を1単位生産するのに必要な労働者数を指す。

	ラシャ1単位	ブドウ酒1単位
イギリス	100人	120人
ポルトガル	90人	80人

この例では、比較生産費説によると、**イギリス**は ★★★ に生産を特化し、**ポルトガル**は ★★★ に生産を特化して、お互いで作った製品1単位どうしを自由に交換

ラシャ,
ブドウ酒

すれば、イギリスは ★★★ 単位、ポルトガルは ★★★ 単位増産できる。

0.2, 0.125

◆**イギリスはラシャに特化すれば、全労働者220人÷100人＝ 2.2単位、2.2単位－2単位＝0.2単位増産できる。ポルトガルはブドウ酒に特化すれば、全労働者170人÷80人＝2.125単位、2.125単位－2単位＝0.125単位増産できる**。最後に両国間でラシャ1単位とブドウ酒1単位を**自由貿易**によって交換し合えば、生産しなかった財を1単位入手できる。

□**7** ★ ★ とは、**それまで輸入していた製品を国産化するために国内の工業化を図る**ことである。

輸入代替工業化

□**8** ★★ ドイツの経済学者 ★★ は、**国内幼稚産業を保護・育成**するために国家が貿易に介入し、**輸入品に関税を課す**ことによって輸入品の国内流入を抑える ★★ の必要性を主張した。

リスト

保護貿易

□**9** ★★★ 輸入品に**高率の関税を課して国内販売価格を関税分だけ高くする**ことを ★★★ の形成という。

関税障壁

◆アメリカは、国内保護を行う場合、**関税を引き上げる**ことが多く、先進国中では**関税障壁の高い国**である。近年の**米中貿易摩擦**では、トランプ政権が**中国に対する高関税政策**を実行した。

□**10** ★★ 貿易において、 ★★ の制限、輸入課徴金、 ★★ 手続の複雑化、排他的取引慣行などで国内産業を保護することを ★★ の形成という。

輸入数量, 入関(検疫)

非関税障壁

◆**日本**は**非関税障壁の高い国**といわれている。

□**11** ★★★ 第二次世界大戦後は、大戦前の反省に立ち徹底した ★★★ 体制が構築され、 ★★★ の引き下げや輸入数量制限の撤廃による**貿易の自由化**を目指して ★★★ (関税及び貿易に関する一般協定) が創設された。

自由貿易, 関税, GATT

◆第二次世界大戦前の**保護貿易**は、排他的な**ブロック経済圏を形成**したため、市場拡大のための**帝国主義戦争**を招くことになった。

□**12** ★★★ 第二次世界大戦後の国際経済を支える ★★★ は貿易の支払手段である ★★★ の安定化と自由化を図り、自由貿易を支払面からバックアップしている。

IMF (国際通貨基金),

外国為替

◆ GATT と IMF は同時期に設立されたことから、第二次世界大戦後の国際経済は IMF＝GATT **体制**と呼ばれた。

□**13** ★★ ★★ は、**加盟国の経済の安定成長と貿易拡大を図る**と同時に、**発展途上国に対する援助**とその調整を目指す政府間機関で「**先進国クラブ**」とも呼ばれる。

経済協力開発機構 (OECD)

2 国際収支

☐1 国際収支が ┃ ★★ ┃ の場合は外国からの通貨の受け取
★★ りが多く、外貨準備高は増加し、┃ ★★ ┃ の場合は外国
への通貨の支払いが多く、外貨準備高は減少するのが
原則である。

黒字,
赤字

☐2 2013年までの旧統計の主な国際収支項目に関する次の
★ 表の空欄 **A** ～ **G** にあてはまる適語を答えよ。

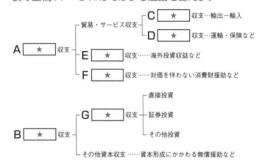

A 経常
B 資本
C 貿易
D サービス
E 所得
F 経常移転
G 投資

☐3 2014年からの新統計の主な国際収支項目に関する次の
★★★ 表の空欄 **A** ～ **E** にあてはまる適語を答えよ。

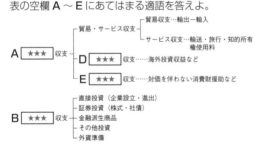

A 経常

B 金融

C 資本移転等
D 第一次所得
E 第二次所得

◆**旧統計**では日本からお金が流出すれば赤字（マイナス）、日本に
お金が流入すれば黒字（プラス）と表示されていた。新統計では、
経常収支と資本移転等収支は従来と同様であるが、**金融収支だ
け逆の符号で表示**することになった。すなわち、日本人が海外に
投資して海外資産（金融資産）を持つことを黒字（プラス）と表
示し、お金の流出入ではなく、資産が増加したことをプラスと
評価する。また、海外から日本への対内投資が増えた場合、外
国人に日本の資産を取得されたので赤字（マイナス）と表示す
る。

□**4** 新統計において、経常収支と資本移転等収支の合計が
★★ 　　　★★　　であれば、金融収支は　　★★　　となる。

黒字（プラス），
黒字（プラス）

◆「経常収支＋資本移転等収支－金融収支＋誤差脱漏＝0」という
計算式が成り立つ。よって、経常収支と資本移転等収支の合計
が黒字（プラス）であれば、金融収支は黒字（プラス）となる。実
際は、統計上の誤差が生じるために誤差脱漏で補正される。

□**5** アメリカで出版されている経済学の教科書を、日本に
★★ いる学生がインターネットを通じて購入する取引
は、　　★★　　収支の　　★★　　に計上される。

貿易，赤字（マイ
ナス）

□**6** 日本人の外国への旅行は、　　★★　　収支の　　★★　　に
★★ 計上される。

サービス，赤字（マ
イナス）

◆従来、「日本人の海外旅行客＞外国人の訪日旅行客」であったこ
とから、日本のサービス収支は赤字を記録してきたが、2019年
は後者が増加し、インバウンド需要も急増したことから、第二
次世界大戦後初めて黒字を記録した。翌20年は東京オリンピッ
ク・パラリンピック関連でさらなる黒字の拡大が期待されてい
たが、新型コロナウイルス感染症（COVID-19）の感染拡大によ
り、状況は一変した。

□**7** 日本政府が政府開発援助（ODA）で、アフリカの国々
★★ に食糧品や医薬品購入のための資金援助を行う取引は、
新統計では　　★★　　収支の　　★★　　に計上される。

第二次所得，赤字
（マイナス）

□**8** 日本政府が発展途上国に対して固定資産を援助した場
★★ 合、新統計では　　★★　　収支の　　★★　　に計上される。

資本移転等，赤字
（マイナス）

◆特許権や著作権などの知的財産権の譲渡・売買は資本移転等収
支に算入されるが、知的財産権の使用料はサービス収支に算入
される。

□**9** 次のグラフは、2000〜22年における**日本の経常収支**
★★ とその項目別（新統計）の推移を示している。空欄**A**〜
Dにあてはまる項目名を答えよ。

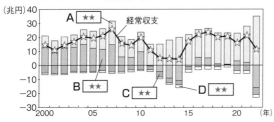

A　第一次所得収
　　支

B　貿易収支

C　サービス収支

D　第二次所得収
　　支

□**10** 次の表は、日本の国際収支を表したものである。表中
★★★ の空欄**A**〜**D**にあてはまる適語を答えよ。

項目	2020	2021	2022
A ★★★ 収支	159,917	215,363	115,466
B ★★★ 収支	− 8,773	− 24,834	− 211,638
貿易収支 ——（イ）	27,779	17,623	− 157,436
輸出	672,629	823,526	987,688
輸入	644,851	805,903	1,145,124
サービス収支 ——（ロ）	− 36,552	− 42,457	− 54,202
第一次所得収支 ——（ハ）	194,387	263,788	351,857
C ★★★ 収支 ——（ニ）	− 25,697	− 23,591	− 24,753
資本移転等収支	− 2,072	− 4,232	− 1,144
D ★★★ 収支	141,251	168,376	64,922
直接投資 ——（ホ）	93,898	192,428	169,582
証券投資 ——（ヘ）	43,916	− 219,175	− 192,565
外貨準備	11,980	68,899	− 70,571
誤差脱漏	− 16,594	− 42,755	− 49,400

(単位：億円)

A　経常

B　貿易・サービス

C　第二次所得

D　金融

◆日本は伝統的に貿易収支が大幅黒字の国であったが、東日本大
震災の影響で、2011年には48年ぶりに赤字となり、赤字は15
年まで続いた。16年には黒字に戻ったものの、かつての大幅黒
字には至っていない。これを第一次所得収支の大幅黒字が補塡
しているのが最近の特徴である（22年の貿易収支は大幅赤字）。
金融収支は海外で投資するために資金が流出し、海外資産が増
えることから黒字（プラス）で示すのが特徴で、貿易などで稼い
だお金を海外に投資する傾向は変わらない。

□**11** 次の**A**〜**C**について、上記の国際収支表の（イ）〜（ヘ）
★★★ のどの項目に該当するか、それぞれ答えよ。

　A　日本からベトナムへ企業が進出して工場を建てた
　　　経費

　B　インドにあるA社の工場から日本のA社に支払わ
　　　れた配当

　C　中国人観光客が、札幌で支払った宿泊費

A　（ホ）

B　（ハ）

C　（ロ）

◆Aは、日本企業の海外進出は日本にとって金融収支（直接投資）
にカウントされる。この場合、海外資産が増えているので黒字
（プラス）となる。よって（ホ）。日本は、1970年代前半から海
外直接投資が拡大した。さらに、1980年代後半からの円高を背
景に貿易摩擦を回避するための海外直接投資が急増した。Bは、
日本企業の海外投資に対する収益であり、第一次所得収支の黒字
（プラス）となる。よって（ハ）。Cは、外国人が日本に来て使った
お金は、日本のサービス収支の黒字（プラス）となる。よって（ロ）。

□**12** 旧統計では**対外直接投資が増えると**資金が流出するた
★★ め ★★ と表示されたが、新統計では資本流出（居
住者の海外投資）は金融収支の ★★ と表示される。

赤字（マイナス），
黒字（プラス）

□**13** 金融収支の ★★ が**拡大**すると、やがて ★★ 収
★★ 支の黒字が**拡大**していく。

黒字（プラス），第
一次所得

◆海外の株式への投資や海外への預金が増加すると資金は流出す
るものの海外資産が増えるため、金融収支は黒字（プラス）を記
録する。すると、いずれ配当金や利子が流入するため、海外投
資収益を示す第一次所得収支**の黒字**が発生する。日本は、この
ような状況の下で第一次所得収支**の黒字**が拡大し、貿易収支の
赤字分ないしは黒字の減少分を補填している。

□**14** ★★ とは、**政府と中央銀行が保有する公的な**外貨
★★ **の総額**を意味する。

外貨準備高

◆2005年まで、日本の外資準備高は世界第1位であったが、06年
に中国に抜かれ、第2位となった。

□**15** 日本の国際収支は、2000年代までは ★★ 収支が大
★★ 幅黒字であったことから ★★ 収支が大幅黒字を記
録していた。一方、海外投資は超過状況にあるので、
★★ 収支が大幅 ★★ を記録する傾向にある。

貿易，

経常

金融，黒字

□**16** 1980年代には、日本の ★★★ の多くが対米輸出であ
★★★ り、日米 ★★★ が問題化していた。

貿易黒字，
貿易摩擦

□**17** 1980年代後半、旧統計の資本収支が大幅な赤字を記録
★★ したのは、**85年の** ★★ **合意**による円高**誘導**を背景
に、日本企業の対米 ★★ が増加したためである。

プラザ，
直接投資

◆円高になるとドルが安く入手できるため、アメリカでの企業設
立がしやすくなり、アメリカ人労働者も安く雇用できる。その
結果、日本企業の対米進出が増加する。このようにして起こっ
た摩擦を日米投資摩擦という。

□**18** 日本の貿易収支と第一次所得収支の関係は、従来は
★★★ ★★★ 収支が ★★★ 収支を上回っていたが、**2005**
年以降は逆転し、日本はモノを作って輸出する国から、
過去の資産を海外で運用して稼ぐ国に変化している。

貿易，第一次所得

□**19** 日本の国際収支は、**2003・04年**に旧統計（当時）の
★ ★ 収支が34年ぶりに黒字を記録した。

資本

◆2003年4月に日本の株価（東証平均）が1株＝7,607円と当時の
バブル後最安値を記録し、日本株の割安感から**外国人による日**
本への株式投資や企業買収、資本参加が増加したためである。

□20 近年、**韓国**や**中国**の製品の輸出が伸長する中、**日本の**
★★ 貿易収支は**大幅な** ★★ を記録することが困難な状
況に追い込まれ、**2011〜15年には** ★★ **を記録した。**

黒字,
赤字

□21 2011年の日本の国際収支は、東日本大震災の影響もあ
★★ り、旧統計（当時）の ★★ 収支が03・04年以来
の ★★ を記録した。一方で、**下請メーカーが被災**
し ★★ **が寸断され生産が減少したことや、超円高**
の進行による輸出の低迷、原発停止に伴う**天然ガスの**
輸入増加などにより、貿易統計に基づく ★★ 収支
が1980年以来、**31年ぶりに** ★★ **を記録した。**

資本,
黒字,
サプライチェーン

貿易,
赤字

◆2022年の貿易収支は**エネルギー価格の高騰や円安**などの要因で
過去最大の18.6兆円の赤字を記録した。ウクライナの情勢が不
透明な中で、貿易収支の赤字は当面続くと思われる。

□22 アメリカは巨額の ★★★ 赤字と ★★★ 赤字という
★★★ 「 ★★★ の赤字」を抱えている。

経常収支（貿易収
支），財政 ※順不同,
双子

◆1980年代、アメリカの経常（貿易）収支の赤字と財政赤字がとも
に巨額となった「双子の赤字」への対応策として、主要先進5ヶ
国（G5）はドル高（円安）の是正に合意した（プラザ合意）。

3 外国為替市場

ANSWERS □□□

□1 一般に、異なる国の通貨と自国通貨との交換比率は
★★★ ★★★ と呼ばれる。

為替レート（外国
為替相場）

□2 変動為替相場の下では、為替レートは外国為替市場に
★★ おける各国 ★★ の需要と供給によって決定する。

通貨

□3 外国為替市場でドル ★★★ ・円 ★★★ が行われる
★★★ と、ドルが供給されて円の需要が高まるので、**円高・**
ドル安になる。

売り，買い

□4 為替レートを決定する基礎的条件（ファンダメンタル
★★ ズ）には、 ★★ 、**金利**、マネーストック、**経済成長**
率、失業率、インフレ率などがある。

国際収支（経常収
支）

◆為替レートは、自国通貨と外国通貨の購買力の比率によって決
定されるとする理論を購買力平価説という。同一商品の日本で
の価格とアメリカでの価格を見れば、**円・ドルの交換比率がわ**
かるとする考え方といえる。

□**5** 日本の国際収支の主要項目（特に経常収支）が `★★★` になると経済的信用が高まり、投機的な円**需要が高ま**ることで `★★★` になり、日本の**国際収支の主要項目**が `★★★` になると、日本の経済的信用が低下し、円**需要が減退**することで `★★★` になる。

黒字

円高,

赤字,

円安

□**6** 日本の**輸出**が増加すると `★★★` になり、**輸入が**増加すると `★★★` になる。

円高,

円安

◆輸出増加→国際収支（貿易収支）黒字→円高
　輸入増加→国際収支（貿易収支）赤字→円安

□**7** **日本からの海外旅行者が**増加すると `★★` になり、**日本への海外旅行者が**増加すると `★★` になる。

円安,

円高

◆日本からの海外旅行者増加→国際収支（サービス収支）赤字→円安
　日本への海外旅行者増加→国際収支（サービス収支）黒字→円高

□**8** **日本からの海外投資が**増加すると `★★` になり、**日本への対内投資が**増加すると `★★` になる。

円安,

円高

◆海外投資増加→国際収支（旧統計）赤字（＝お金が流出）→円安
　対内投資増加→国際収支（旧統計）黒字（＝お金が流入）→円高

□**9** 日本で `★★` **金利政策**が行われると、外国人は日本の銀行に預金する方が得なので、ドル**売り・円買い**を行って、円で**預金**する傾向が強くなり `★★` になる。

高

円高

□**10** 日米金利格差が拡大し、**アメリカが**高**金利、日本が**低**金利**となると `★★★` になる。

円安

◆日本人は預金金利の高いアメリカに預金する→日本の国際収支（旧統計）赤字（＝お金が流出）→円安

□**11** **アメリカで**インフレ**が進行**した場合、アメリカ人は安価な日本商品を買おうとするので、**日本からアメリカへの輸出が**増加し、日本は `★★` になる。

円高

◆アメリカでインフレ→割安な日本商品がアメリカに売れる→日本の輸出増加→日本の国際収支（貿易収支）が黒字→円高

□**12** 円高になると円の購買力が上がるので、**輸入品の円建て（円支払）価格が** `★★★` し、**輸入に** `★★★` になるため、輸入数量は `★★★` する。

下落, 有利,

増加

□**13** 円安になると円の購買力は下がるので、**輸入品の円建て（円支払）価格が** `★★★` し、**輸入に** `★★★` になるため、輸入数量は `★★★` する。

上昇, 不利,

減少

□**14** 円高になると、ドルで支払う場合、**輸出品は** ★★★ する
★★★ ため**輸出が** ★★★ となり、**輸出数量は** ★★★ する。

値上がり，
不利，減少

□**15** 円安になると、ドルで支払う場合、**輸出品は** ★★★ す
★★★ るため**輸出が** ★★★ となり、**輸出数量は** ★★★ する。

値下がり，
有利，増加

◆1993年、日本の輸出を抑制しようとしたクリントン大統領の**円
高容認**の発言を受け、円の値上がり観測から世界中で投機的な
円買いが進み、95年には1ドル＝79円台の**超円高**を記録した。

□**16** **貿易摩擦**の原因の1つには、**日本の輸出に有利な為替
★★ レート**である ★★ が挙げられる。

円安

□**17** 円高になると**国内の物価は** ★★★ し、**景気は** ★★★
★★★ することが多い。

下落，悪化

◆円高→輸入有利・輸出不利→国際収支（貿易収支）赤字基調→国
内通貨量減少→デフレ・不況

□**18** 円安になると**国内の物価は** ★★★ し、**景気は** ★★★
★★★ することが多い。

上昇，回復

◆円安→輸入不利・輸出有利→国際収支（貿易収支）黒字基調→国
内通貨量増加→インフレ・好況

□**19** **国内のインフレ・景気過熱を抑える**為替政策としては、
★★★ 円 ★★★ ・ドル ★★★ の**外国為替市場介入**を行い、
★★★ に誘導する。

買い，売り，
円高

◆円高に誘導→輸入有利→輸入数量増加→国際収支（貿易収支）赤
字基調→国内通貨量減少→インフレ・景気抑制

□**20** **国内のデフレ・不況を克服**するための為替政策として
★★★ は、円 ★★★ ・ドル ★★★ の**外国為替市場介入**を
行い、 ★★★ に誘導する。

売り，買い，
円安

◆円安に誘導→輸出有利→輸出数量増加→国際収支（貿易収支）黒
字基調→国内通貨量増加→デフレ・不況克服

□**21** 円高の方向に働く要因として正しい記述を、次の**A**〜
★★ **D**からすべて選べ。

A 海外から来た旅行者が日本国内で使った金額が大
幅に増加した。
B 日本に居住する外国人労働者の母国への送金が大
幅に増加した。
C 日本でコメが不作となり、コメの輸入が大幅に増
加した。
D 日本企業の本社に対する海外からの特許料支払が
大幅に増加した。

A，D

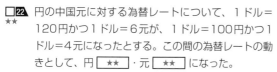

□**22**
★★ 円の中国元に対する為替レートについて、1ドル＝120円かつ1ドル＝6元が、1ドル＝100円かつ1ドル＝4元になったとする。この間の為替レートの動きとして、円 ★★ ・元 ★★ になった。

安, 高

◆6元＝120円（1元＝<u>20</u>円）が、4元＝100円（1元＝<u>25</u>円）になった。よって、<u>元高</u>・<u>円安</u>（円安・元高）が進行した。

□**23**
★★ 例えば、1ドル＝150円から1ドル＝100円になった場合、乗用車を1台1万ドルで日本からアメリカへ輸出している企業は150万円から ★★ 万円の減収となる。1ドル＝100円のときに150万円を得るためには、1台 ★★ 万ドルに値上げしなければならず、アメリカでの販売は不振に陥る（為替手数料はないものと考える）。企業は減収にならないようにアメリカへ工場を移転すれば、生産も販売もドル建てとなり為替 ★★ を避けられるが、日本では工場が海外に移転することで産業の ★★ 化が懸念される。

50

1.5

リスク,

空洞

□**24**
★★ 100万円の資産を日本またはアメリカで1年間運用した場合の収益を比較する（円ドル間の両替の手数料は考慮しない）。日本の金利を2％、アメリカの金利を5％とし、現在の為替レートを1ドル＝100円とすると、円で運用の場合、1年後には102万円に、ドルで運用の場合、100万円を1万ドルに両替し、1年間運用して ★★ 万ドルを得られる。これを円に両替するときの1年後の為替レートが1ドル＝100円よりも円 ★★ のとき、ドルで運用する方が円で運用するよりも収益が ★★ くなる。逆に、1年後の為替レートが1ドル＝100円よりも円 ★★ のとき、為替差損が金利差による収益を ★★ 回る場合がある。

1.05

安,

高,

高,

上

◆100万円を日本で運用すると、預金金利が2％なので、100万円×1.02＝102万円となる。1ドル＝100円の場合、100万円÷100円＝1万ドルでアメリカに預金できるので、預金金利5％のアメリカでは1万500ドル（<u>1.05</u>万ドル）となる。500ドルの利子所得を円で換算すると、1ドル＝100円が、例えば1ドル＝200円に円<u>安</u>になった場合、500ドル×100＝5万円が、500ドル×200＝10万円に増加する。しかし、1ドル＝100円が、1ドル＝80円に円<u>高</u>になった場合は、500ドル×100＝5万円の利子所得が、500ドル×80＝4万円となり、日本で運用した場合より収益が下回ることがある。

4 戦後の自由貿易体制 (1)~IMF 体制

ANSWERS □□□

□1 国際間の決済や金融取引の基本となる、**各国通貨の基**
★★★ **準としての機能**を果たす通貨のことを ★★★ という。

基軸通貨(キー=カレンシー)

□2 国際通貨基金 (IMF) では、**1945～71年8月**までアメ
★★★ リカの経済力(国力)を背景に ★★★ を基軸通貨とす
る ★★★ 制を採用していた。この体制を ★★★ 体
制 (**旧 IMF 体制**) と呼ぶ。

ドル,
固定為替相場, ブレトン=ウッズ

□3 ブレトン=ウッズ体制下では、金1オンス= ★★★ ド
★★★ ルの交換性を保証してドルに信用性を与え、1ドル=
★★★ 円などの**ドルと各国通貨との交換比率を固定**
する固定為替相場制(金・ドル本位制)が採用された。

35

360

◆金・ドル本位制とは、国際取引の決済手段として利用する通貨
が、金またはドルであるという体制の**固定為替相場制**である。ブレトン=ウッズ体制下では平価 (各国通貨間の基準為替相場) の
変動幅を上下各1%以内に抑えることが義務づけられていた。

□4 1945 年に発足した ★★ は、第二次世界大戦後の復
★★ 興および開発のために ★★ 融資を行い、**国際通貨**
であるドルを供給することを目的とする。

国際復興開発銀行
(IBRD),
長期

◆ブレトン=ウッズ体制下において、一時的な国際収支の赤字国に
対しては平価維持のための介入資金として国際通貨基金 (IMF)
がドルの短期融資を行っていた。

□5 国際復興開発銀行 (IBRD) は ★★★ とも呼ばれ、補
★★★ 助機関には ★★★ がある。

世界銀行,
国際開発協会
(IDA)

◆国際開発協会 (IDA) は 1960 年に設立。第二世界銀行ともいう。

□6 国際通貨基金 (IMF) は、為替の自由化の確立のために
★★ ★★ 制限の撤廃を IMF 第 ★★ 条に定めている。

為替, 8

□7 1964 年、**日本**は為替**制限をしてもよい** IMF ★★ 条
★★ 国から、**制限ができない** IMF ★★ 条国に移行した。

14,
8

◆ IMF 第14条は発展途上国に認められる特例 (為替制限)を、第
8条は先進国の原則 (為替自由化義務)を定めている。

□8 1960 年代のアメリカの経済不安はドル不安を招き、世
★ 界中の投資家がアメリカにおいて**ドルを金に交換する**
という ★ が数回発生した。

ゴールド=ラッシュ

□**9** 1960年代以降、**アメリカの国際収支の主要項目の**赤字
★★ **が拡大**したのは、**西欧諸国や日本の経済復興**によるア
メリカの ★★ の減少やアメリカ企業の ★★ 化
による**資本** ★★ **の増加**、西側陣営の拡大を図る**軍
事援助の拡大**、**ベトナム戦争**に端を発する ★★ の
発生による輸出の低迷などが理由である。

輸出, 多国籍企業,
輸出,
インフレ

□**10** ドルへの信用低下によって**国際流動性不足**が発生した
★★ ため、1969年に IMF は金・ドルに代わる**第3の通貨**と
して ★★ (SDR) を創設した。

特別引出権

◆ SDR とは、国際収支（経常収支）が赤字に陥った IMF 加盟国
が、黒字国や外貨準備の豊富な加盟国から**外貨を引き出して借
入できる権利**のこと。

□**11** 1971年8月、アメリカの ★★★ 大統領は、**ドル防衛**
★★★ のために**金とドルの交換性を停止**したことなどから、
一時的に ★★★ は崩壊した。

ニクソン

固定為替相場制

◆ 1971年8月15日、ニクソン大統領が発表した新経済政策が世
界に衝撃を与えた（ニクソン=ショック）。アメリカが金・ドル本
位制を維持できないとして、ドル防衛のために金・ドルの交換
を停止する他、10%の輸入課徴金、賃金・物価の凍結、繊維製
品の輸入割当などを行うことを決めた。こうしてドルに対する
信用が崩れたため、**ドルの**基軸通貨性**が失われた**。

□**12** 旧 IMF の**固定為替相場制が崩壊**した要因には、 ★★
★★ や当時の西ドイツの経済的台頭、 ★★ **戦争**による
アメリカの対外軍事支出の増加などがある。

日本,

ベトナム

□**13** **1971年12月**に ★★★ **協定**により、**ドル切り下げ**に
★★★ よる固定為替相場制**への復帰**が図られたが、**73年**に
は各国は相次いで ★★★ **に移行**した。

スミソニアン

変動為替相場制

◆ 金公定価格は金1オンス=35ドルから38ドルに変更され、為
替レートは1ドル=360円から308円と、円が16.88%切り上げ
られた。また、変動幅の拡大も行われ、上下各1%を各2.25%
に変更した（ワイダー=バンド方式の採用）。

□**14** 変動為替相場制**への移行**は、**1976年**の ★★★ で事後
★★★ 的に追認された。

キングストン合意
（キングストン協定）

◆ 1973年以降、現在までの国際通貨体制は、キングストン体制
（**新しい IMF 体制**）と呼ばれている。変動為替相場制への移行で
IMF が解体されたわけではない。

□**15** ★★ **為替相場制移行後**、為替相場の変動を利用し
★★ て利益を得ようとする ★★ **的な取引が増え**、外国
為替取引全体に占めるその割合は大幅に増大した。

変動,

投機

359

□ **16** 1973年以降の**変動為替相場制**は、ある程度の**為替誘導**
★★ を主要国で話し合い外国為替市場に ★★ を行う点
から、 ★★ 制とも呼ばれる。

協調介入,
管理フロート

□ **17** 1985年9月、**G5**(先進5ヶ国)は**日米貿易摩擦解決の**
★★★ ために外国為替市場に協調介入して円 ★★★ 是正＝
円 ★★★ 誘導、ドル ★★★ 是正＝ドル ★★★ 誘
導の実施を決定した。この合意を ★★★ という。

安,
高, 高, 安,
プラザ合意

◆プラザ合意以前は1ドル＝240円台であったが、合意後には1
ドル＝120円台と約2倍の円高が進行した。円高誘導を行い日本
の輸出品をドル払いで値上げすることで**輸出に不利な状況を**
作り出した。一方で、アメリカの不動産購入や賃金がドル払いで
割安となるために、**日本企業の対アメリカ向け海外進出**が進み、
現地生産・現地販売を行う製造業が増加した。

□ **18** 1987年2月、G7(先進7ヶ国)はプラザ合意による**過**
★★ **剰な円高を防ぐために** ★★ 売り・ ★★ 買いの
協調介入を決定した。この合意を ★★ という。

円, ドル,
ルーブル合意

□ **19** 主要先進国が世界経済の安定化を図るために**為替レー**
★★★ **トの調整や協調介入、金利調整**などを話し合う国際会
議は G7(先進7ヶ国 ★★★)などと呼ばれている。

財務担当大臣およ
び中央銀行総裁会
議

◆1985年のプラザ合意は G5(アメリカ、イギリス、ドイツ、フラ
ンス、日本)の財務担当大臣と中央銀行総裁が参加した会議で
あったが、87年のルーブル合意にはイタリアとカナダが加わ
り、G7(先進7ヶ国財務担当大臣および中央銀行総裁会議)で
結ばれた。なお、G5・G7はいずれも先進国の首脳会議として
使われる場合と、財務担当大臣および中央銀行総裁会議の意味
で使われる場合がある。

□ **20** **第一次石油危機への対応策**を話し合うため始まった主
★★★ 要国首脳会議は通称 ★★★ と呼ばれ、1975年当初は
西側6ヶ国、**76年**には**7ヶ国**で開かれた。

サミット

◆1997年の**デンバーサミット**でロシアの正式加入が決定し、翌98
年の**バーミンガムサミット**から**8ヶ国**になったが、2014年に**ウ**
クライナ領のクリミア**半島を併合したことへの制裁措置でロシ**
アが除名され**7ヶ国**となっている。

□ **21** 2008年9月のリーマン＝ショック**に伴う世界経済危機**
★★ **対策**として、08年11月に新興国などを含めた ★★
サミット(いわゆる金融サミット)が開かれ、世界各国
の**協調的な金融緩和と財政出動**が決定した。

G20

◆その後も G20サミットは毎年開催され、存在感を増している。
2019年には日本で開催(G20大阪サミット)。23年は9月にイ
ンドのニューデリーで開催される。

□**22** 2010年の **G20 トロントサミット**では、09年に EU 域
★
内の ┃ ★ ┃ で発覚した**財政危機**を他国で起こさない
ために、**13年までに** ┃ ★ ┃ **を半減することを先進**
各国に対して義務づけたが、日本はこれを猶予された。

ギリシア,
財政赤字

□**23** 2014年、新興国への**開発援助**を中心業務とする ┃ ★★ ┃
★★
が創設され、**中国**が主導権を握るなど、世界経済にお
いて**中国**の通貨である ┃ ★★ ┃ の存在感が高まってい
る。

BRICS 銀行（新
開発銀行）
人民元（元）

◆同じ2014年には、中国が主導する<u>アジアインフラ投資銀行</u>
　<u>(AIIB)</u>の設立が決まり、翌15年に発足した。発展途上国やヨー
　ロッパ諸国への融資を行うなど、国際経済における<u>人民元</u>の存
　在感を強めている。

□**24** 「 ┃ ★★ ┃ 」とは、2013年に中国の<u>習近平</u>国家主席が打
★★
ち出したアジアや中東、ヨーロッパを陸路と海路で結
ぶ新しい経済圏構想である。

<ruby>一帯一路<rt>いったいいちろ</rt></ruby>
一帯一路

◆中国は陸路である「シルクロード経済ベルト」と、海路である
　「21世紀海上シルクロード」の構築を目指して「<u>一帯一路</u>」を提
　唱している。

5 戦後の自由貿易体制 (2)～GATT から WTO へ

ANSWERS ┃┃┃

□**1** 1948年発効の条約である <u>GATT</u>（ ┃ ★★★ ┃ ）の目的は、
★★★
貿易の<u>自由化</u>を実現することで、 ┃ ★★★ ┃ **による戦争**
の再発を防ぐ点にある。

関税及び貿易に関
する一般協定,
保護貿易

◆保護貿易に基づく**ブロック経済圏**の形成が第二次世界大戦を招
　いたとの反省から、戦後に <u>GATT</u> が設立された。

□**2** 第二次世界大戦後の国際経済体制は、<u>貿易</u>**の自由化を**
★★★
目指す ┃ ★★★ ┃ と、貿易の支払手段である<u>為替</u>**の自由**
化と安定化を目指す ┃ ★★★ ┃ によって運営された。

GATT,
IMF（国際通貨基
金）

◆この国際経済体制は <u>IMF = GATT 体制</u>ともいわれる。

□**3** **関税の**<u>引き下げ</u>による**貿易の**自由化を目的に1948年に
★★★
発効した <u>GATT</u> は、**95年に**通商紛争の処理機能が強
化された**常設機関**である ┃ ★★★ ┃ に発展した。

WTO（世界貿易機
関）

◆第二次世界大戦直後にアメリカは、**国際貿易機関 (ITO)** を創設
　して<u>関税撤廃</u>を目指すことを提唱したが、理想論に過ぎないと
　の批判から失敗し、代わって<u>関税</u>**の引き下げ**を行う現実主義に
　立つ <u>GATT</u> が創設された。

□4 GATT が掲げた３つの原則とは「 ★★ 」、「 ★★ 」、
★★ 「 ★★ 」である。

自由，無差別，
多角 (多角主義)

□5 GATT の３つの原則の１つである<u>自由</u>の**原則**に基づ
★★★ き、自由貿易体制を確立するための ★★★ の引き下
げと ★★★ の撤廃が目指されている。

関税，
貿易制限

□6 GATT の３つの原則の１つである ★★ の原則で
★★ は、加盟１ヶ国に与えた**有利な貿易条件は全加盟国に**
平等に与えたものとみなす ★★ を設けている。

無差別

最恵国待遇

□7 GATT の３つの原則の１つである ★★ の原則と
★★ は、貿易上の問題は ★★ によって解決し、二国間
の力による解決を排除し、公平性を実現することである。

多角，
ラウンド交渉 (多
国間交渉)

□8 GATT が、<u>輸入数量制限</u>**を撤廃**する一方で、輸入品に
★★★ 対する<u>関税</u>の設定による**国内産業の保護**を認めるなど、
輸入制限を<u>関税</u>に置き換えることを ★★★ という。

◆ <u>GATT</u> は、<u>関税</u>**は認めている**が、<u>関税</u>**を**段階的に<u>引き下げる</u>こ
とを目指した。

例外なき関税化
(包括的関税化)

□9 <u>例外なき関税化</u>の措置は、日本が従来、輸入数量制限
★★ を実施し、輸入量をゼロとして完全自給体制を守って
きた ★★ に対しても適用された。

◆ <u>GATT</u> の<u>ウルグアイ=ラウンド</u>で**1993年に決定**され、**99年**から
日本はコメについても<u>例外なき関税化</u>を実施している。

コメ

□10 WTO における、同種の**輸入品と国内製品**とを区別せず、
★★ 国内製品に対する税金や法令上の優遇を輸入品にも認
める「<u>無差別</u>」のルールに基づく原則を ★★ という。

内国民待遇

□11 ある商品の輸出向け販売が自国国内向け販売の価格よ
★ り安く行われた場合、輸入国がその商品への<u>関税</u>**を高
くして対抗する措置**を ★ といい、そのルールの
適切性などが <u>WTO</u> で議論されている。

アンチダンピング
(反ダンピング)

□12 **多角的貿易交渉**として、初めて工業製品に対する<u>関税</u>
★ **の大幅引き下げ**を実現したのは、1960年代に行われた
★ =ラウンドである。

◆一括引き下げ方式により、**工業製品の関税**が**平均35%引き下げ**
られた。

ケネディ

□**13** 1970年代に行われた ┌─**★★**─┐ =ラウンドでは、関税の
★★ 　引き下げ以外に、関税以外の貿易障壁である ┌─**★★**─┐
　　の国際ルール化などが話し合われた。

東京,
非関税障壁

□**14** 先進国は、発展途上国からの輸入品について、特に関
★★ 　税の**税率を引き下げる優遇措置**を行う ┌─**★★**─┐ を設け
　　ている。この措置は、発展途上国保護の観点から、
　　┌─**★★**─┐ で決定された措置である。

　　◆一般特恵関税は、無差別の**原則**の修正である。

一般特恵関税

国連貿易開発会議
(UNCTAD)

□**15** 1986～94年のウルグアイ=ラウンドでは、サービス貿
★★★ 　易、┌─**★★★**─┐ のルールづくり、コメなどの農産物市場開
　　放問題を焦点に、農産物を含めた輸入品の ┌─**★★★**─┐ が
　　決まる一方で、常設の**多角的な通商紛争処理システム**
　　として ┌─**★★★**─┐ の設置が決まり、翌95年に GATT か
　　ら発展した。

知的財産権,
例外なき関税化

WTO(世界貿易機
関)

□**16** 通商摩擦を解決するための小委員会(パネル)の設置要
★★ 　求や、小委員会による報告の採択に際し、GATT 体制
　　下の理事会では「┌─**★★**─┐ **方式**」による意思決定が行わ
　　れていたが、WTO ではすべての当事国が拒否しない
　　限り採択される「┌─**★★**─┐ **方式**」が採用された。

　　◆ GATT のコンセンサス**方式**は**全会一致制**である。WTO のネガ
　　ティブ=コンセンサス**方式**は全会一致の否決がない限り、**1ヶ国
　　でも賛成すれば議案が成立**するという方式。

コンセンサス

ネガティブ=コン
センサス

□**17** 自国の**特定産業を保護する緊急の必要**がある場合に認
★★★ 　められる**輸入制限措置**を ┌─**★★★**─┐ という。

　　◆発動する際、特定の国を指名して、その国の特定製品は輸入し
　　ないとする緊急輸入制限措置を選択的セーフガードといい、ウ
　　ルグアイ=ラウンドで禁止が確定した。

セーフガード (緊
急輸入制限措置)

□**18** 農産物などを事実上 WTO の枠外に置き、事実上の輸
★ 　入制限を行うことを ┌─**★**─┐ といい、日本はこの方法
　　によって、従来、コメの輸入制限を行ってきた。

　　◆現在も乳製品など一部の農作物で行われている例がある。

残存輸入制限

□**19** 2001年からの<u>ドーハ=ラウンド</u>では、**包括的な貿易自**
★★★ **由化**が交渉されているが、加盟国が150ヶ国を超え、
各国の**利害対立**が激しく、アンチ ★★★ 措置の濫用
防止、 ★★★ 上限設定、 ★★★ と貿易の共生ルール
化などをめぐって紛糾し、現在も妥結していない。

ダンピング,
関税, 環境

　◆<u>アンチダンピング関税</u> (反ダンピング関税) とは、外国製品の**不
当値下げ(<u>ダンピング</u>) に対抗して、国内販売価格の値下がりを
防ぐために当該輸入品にかける<u>関税</u>のことである。

□**20** 社会主義諸国の市場原理導入や新興国の台頭を受けて、
★★★ <u>2001</u>年に ★★★ 、02年に<u>台湾</u>、07年に ★★★ 、
12年に ★★★ が <u>WTO</u> に**正式加盟**した。

中国, ベトナム,
ロシア

□**21** <u>中国</u>が<u>世界貿易機関</u> (WTO) に**加入**したことで、日本
★★ など先進諸国が中国製品に課してきた高率の関税は、
<u>無差別</u>原則のあらわれである ★★ の適用により、
他の加盟国水準に合わせるため大幅に**引き下げ**られた。

最恵国待遇

□**22** <u>2001年</u>の<u>世界貿易機関</u> (WTO) **加盟**により、実質的に
★★ 関税が引き下げられた中国製品は、**国際競争力を高め**
て世界中に対する輸出を伸ばしたため、中国は「<u>21世</u>
<u>紀の</u> ★★ 」と呼ばれるまでに急成長を遂げた。

世界の工場

□**23** <u>WTO</u> の附属協定の１つで**知的財産権**のルールを定め
★★★ る ★★★ (<u>知的所有権</u>の貿易関連の側面に関する**協**
定) は、加盟国に<u>最恵国待遇</u>の付与などを義務づける。

TRIPs 協定

□**24** ★★★ (<u>自由貿易協定</u>) は、締約国間で<u>財</u>の取引につ
★★★ いて**相互に**<u>関税</u>を**撤廃**して貿易の**自由化**を実現する協
定であり、これに加えて<u>資本移動</u>や<u>労働力</u>移動、その
他の経済取引全般にわたって<u>自由化</u>**の実現**を目指す協
定が ★★★ (<u>経済連携協定</u>) である。

FTA

EPA

　◆1994年に**アメリカ**、**カナダ**、**メキシコ**の３ヶ国間で<u>北米自由貿</u>
<u>易協定</u> (NAFTA) が発効した頃から件数が急増し、現在までに
世界には300件以上の <u>FTA</u>(<u>自由貿易協定</u>)が締結されている。

□**25** 日本は経済連携協定（EPA）の交渉をウラン埋蔵量の
★★★ 多い ★★★ と続けた結果、2015年に発効した。隣国
の ★★★ とも交渉予定であったが、二国間としては
最大の貿易相手国の ★★★ とともに未締結である。

オーストラリア，
韓国，
中国

> ◆いくつかの国と結んでいる日本のFTA（自由貿易協定）は、実
> 際にはさらに幅広い約束を含めたEPA（経済連携協定）である。
> 2023年7月現在、発効または署名済なのは以下の国・地域との
> 協定である。シンガポール（2002年）、メキシコ（2005年）、マ
> レーシア（2006年）、チリ、タイ（2007年）、インドネシア、ブル
> ネイ、フィリピン、ASEAN全体（2008年）、スイス、ベトナム
> （2009年）、インド（2011年）、ペルー（2012年）、オーストラリア
> （2015年）、モンゴル（2016年）、EU（2019年）、アメリカ（2020
> 年）、イギリス（2021年）。なお、アメリカとの**日米貿易協定**は
> FTAの名称を用いていないが、実質的にはFTAである。

□**26** 日本にとってEPA（経済連携協定）を締結する**利点**は、
★★ 締約国内で相互の**貿易が拡大**し、 ★★ の輸出先を
確保できることと、 ★★ の輸入先を安定的に確保
できる点にある。一方で、安価な ★★ の輸入によ
る**国内**の食料自給率の**低下**や、安価な外国人労働者の流
入による**雇用機会の喪失**などが懸念される。

工業製品，
資源，
農産物

> ◆日本がEPAを締結したメキシコ、ブルネイ、インドネシアは**原
> 油や天然ガスの産出国**である。一方、**アメリカやオーストラリア
> は農業国**であり、関税の引き下げにより**安価な輸入農産物が国
> 内に流入**するため、国内農家の経営が厳しくなるおそれがある。

□**27** 2019年2月発効の ★★ により、人口約6億人、世
★★ 界のGDPの約3割、貿易額の約3割に相当する**世界
最大級の自由な先進経済圏**が生まれた。

日本・EU経済連
携協定（日欧EPA）

> ◆農産物や工業製品にかかる関税を日本は約94％、EUは約99％
> 撤廃する。また、知的財産権保護などの取り決めも共通化する。

□28 世界貿易機関（WTO）の ★★★ ＝ラウンドが難航する
★★★ 　中、 ★★★ （TPP）の拡大交渉が行われ、太平洋の周
辺地域を中心とする12の加盟国間の**例外なき関税撤
廃**を目指し、2016年2月に署名され、18年12月30
日にアメリカを除く11ヶ国で発効した。

ドーハ,
環太平洋経済連携
協定（環太平洋
パートナーシップ
協定）

◆アメリカのオバマ大統領は「**アジア太平洋自由貿易圏（FTAAP）**」
という構想を掲げていたが、政権が交代し、2017年1月にトラ
ンプ大統領が離脱を表明したため、18年3月にアメリカを除く
「**TPP11協定**」が署名され、同年12月30日に発効した。これ
は「**環太平洋パートナーシップに関する包括的及び先進的な協
定（CPTPP）**」と名づけられている。21年2月には、EUを離
脱したイギリスが、同年9月には中国と台湾が、12月にはエク
アドルが、22年8月にはコスタリカ、同年12月にはウルグアイ
、23年7月にはウクライナがCPTPPへの加盟を申請した。
23年7月にはイギリスの加入が決まり、12ヶ国に拡大するこ
ととなった。

□29 2020年1月1日に発効した ★★ とは、日米間での
★★ 　物品に関する関税や輸入割当といった制限的な措置
を一定期間内に撤廃または軽減することのできる取り
決めで、二国間の ★★ （自由貿易協定）にあたる。

日米貿易協定

FTA

◆日米貿易協定は、世界のGDPの約3割を占める強力かつ安定的
な自由貿易協定を目指している。

6 グローバル化と通貨・金融危機

ANSWERS □□□

□1 世界各地が国境の壁を越えて密接につながることを
★★★ 　 ★★★ といい、**経済取引が世界的に一体化する動き**
のことを経済の ★★★ と呼ぶ。

ボーダレス化,
グローバル化（グ
ローバリゼーション）

◆グローバリゼーションは、ヒト、モノ（商品）、カネ（資本）、デー
タ（情報）などが大量に国境を越え、経済活動が地球規模に行わ
れるようになったことを指す。

□2 1980年代、アメリカのレーガン大統領のインフレ対策
★★★ 　での ★★★ 政策で世界中の資金がアメリカに預金と
して流入し、ドル需要が高まりドル ★★★ が進んだ。

高金利,
高

◆ドル高が円安を招き、日本の輸出に有利なレート状況を生み出
したことが、日米貿易摩擦の一因となった。

□3 **日米貿易摩擦の一因は、日本側の集中豪雨型の輸出構
★★★ 　造とアメリカ側の ★★★ 赤字によるインフレ構造が**
あった。

財政

□**4** アメリカの**財政赤字**はアメリカ国内物価の ★★★ を
★★★ 招くため、高金利の状態を引き起こし、ドル ★★★ ・
円 ★★★ を誘発する。その結果、日本のアメリカ向
け輸出が伸びて**日米貿易摩擦は激化**した。

◆**財政赤字**は財政支出の拡大を意味するので、アメリカ国内の流
通貨幣量が増えてインフレを発生させる。すると、割安な日本
商品のアメリカ向け輸出が拡大し、**日米貿易摩擦を発生**させる。

上昇,
高,
安

□**5** 1980年代にアメリカの**貿易収支**赤字と財政赤字がとも
★★★ に巨額となった「 ★★★ の赤字」への対応策として、
1985年9月の ★★★ でドル高是正が合意された。

双子,
プラザ合意

□**6** 1997年、 ★★★ の通貨バーツの下落をきっかけとし
★★★ て、アジア各国では投機資金の流出が連鎖的に起こり、
★★★ が発生した。

◆1997〜98年にかけて、それまで高度経済成長を続けていたタイ
やインドネシアなどの**バブル景気が崩壊**し、さらには ASEAN
地域に多額の投資を行っていた**韓国**の通貨ウォンも暴落し、**ア
ジア全体の通貨危機**に発展した。

タイ

アジア通貨危機

□**7** **1990年代**にアジアなどで起こった通貨危機の原因とし
★★ て、短期的な ★★ を行う金融機関や、多額の資金
を集めて**複数の株式や先物などの金融商品に分散投資
する ★★ と呼ばれる金融投資グループ**による投機
的な株式や為替の売買取引が指摘されている。

資金運用

ヘッジファンド

□**8** アジア全体の通貨危機の対策として、 ★★★ は被害
★★★ 国に対して自国通貨の暴落を食い止めるために自国通
貨の買い支え資金を**緊急融資**したが、日本も同じ目的
で被害国に対して ★★★ を行った。

IMF（国際通貨基
金）

政府開発援助
（ODA）

□**9** 1990年代以降、97〜98年のアジア通貨危機、99年
★★ の累積債務問題に端を発した ★★ 通貨危機、2001
年の ★★ 通貨危機が相次いで発生した。

◆1980年代に工業化のための資金を諸外国から借り入れた**ラテン
アメリカ諸国**や、外国政府からの借款に依存してきた**アフリカ
諸国**で累積債務問題が表面化した。

ブラジル,
アルゼンチン

□10 2007〜08年、アメリカで ★★★ 破綻者が激増したた
★★★ め、**08年9月**にはアメリカの大手証券会社が破綻し、
アメリカの株価暴落が世界中に波及するという ★★★
が発生した。

サブプライム=ロー
ン

リーマン=ショッ
ク

◆**中・低所得者向けの不動産融資**で、最初の数年間の金利は低い
が、一定期間を経過すると金利が一気にはね上がるアメリカ
の融資を一般にサブプライム=ローンと呼ぶ。サブ (sub) とは
「下」、プライム (prime) とは「優れた」という意味。サブプライ
ム=ローンとは優良な借り手よりもランクの低い**信用力の低い**
人向けの住宅ローンを指す。

□11 中国は世界第1位の**外貨準備高**を原資とする ★★
★★ **ファンド**を設け、世界中の金融商品に投資するととも
に、サブプライム=ローン問題で多額の財政出動を行う
必要に迫られたアメリカに融資を行うために大量のア
メリカ ★★ を購入した。

政府

国債

◆中国は**輸出の急増や外国企業の国内進出**によって多額の外貨
が流入した結果、世界第1位の**外貨準備高**を保有し、2022年末の
外貨準備高は**3兆1,280億ドル**と日本の約3倍に達している。

□12 2004年頃から原油価格が**上昇傾向となった原因**とし
★ て、需要増加と地政学的リスクに加えて過剰 ★
を背景とした**年金資金などの流入**が挙げられている。

流動性

□13 2008年上半期に**原油価格が高騰した原因**には、**新興工**
★★★ **業国**である**中国、インド、ブラジル**などの ★★★ が
高度経済成長を遂げて石油の需要が急増していること
や、サブプライム=ローン問題によってアメリカ株式の
売却で生じた資金が ★★★ と呼ばれる金融投資グ
ループを通じて原油先物市場に大量に流入したことな
どが挙げられる。

BRICS

ヘッジファンド

◆**ブラジル** (Brazil)、**ロシア** (Russia)、**インド** (India)、**中国**
(China)、**南アフリカ** (South Africa) の「BRICS」に加え、**イン**
ドネシア (Indonesia) の6ヶ国で「BRIICS」と表す場合もある。

□14 2009年以降、深刻化したギリシア**財政危機**は、ヨーロッ
★★★ パ全体に波及し、**ポルトガル**、 ★★★ 、**アイルランド**、
★★★ への広がりが金融・財政危機を招いた。

イタリア，
スペイン
※順不同

◆この5ヶ国は、その頭文字を取って PIIGS (ピッグズ) と呼ばれる。

□**15** 2016年6月、<u>イギリス</u>は国民投票で ★★★ からの**離脱を選択**した。 ★★★ や<u>難民</u>によって**雇用や社会福祉を奪われている**と考えた中・低所得者層と、65歳以上の高齢者層が支持したと見られ、<u>グローバリゼーション</u>が進む中で「**置き去りにされた人々**」の意思が国民投票を通じて表明された。

◆キャメロン首相が国民投票の結果を受けて辞任し、メイ首相の下、<u>EU</u>との離脱条件を巡る交渉が行われたが、イギリス議会の承認が得られず混乱が続いた。2019年7月、メイ首相が辞任し、<u>EU</u>離脱強行派のジョンソンが首相に就任すると、20年1月末、イギリスは正式に<u>EU</u>を離脱した。

□**16** 2017年1月に就任したアメリカの<u>トランプ</u>大統領は「 ★★ 」（**アメリカ第一主義**）を掲げ、<u>反グローバリズム</u>に立つ ★★ **主義的な政策**を推し進め、「**強いアメリカ**」の再生という公約を実行に移していった。

◆2020年7月、それまでの<u>北米自由貿易協定（NAFTA）</u>に代わり、<u>米国・メキシコ・カナダ協定（USMCA）</u>が発効した。自動車などの製品供給網（**サプライチェーン**）をアメリカ一国に集中させるなど、<u>トランプ</u>政権の掲げる<u>保護</u>**主義的な政策**が色濃い協定である。長らくアメリカ自身がリードしてきた**経済の**<u>グローバル化</u>は、大きな曲がり角に差し掛かったといえる。

□**17** 2010年代後半、アメリカのトランプ政権が**中国製品に対する関税**について対象品目を4度にわたり拡大し、関税率も徐々に引き上げたことから、中国もほぼ同等の ★★ <u>関税</u>を行った。この状況は ★★ という。

---

7 地域経済統合

□**1** **地域経済統合**とは、 ★★★ （FTA）や関税同盟などの通商に関する**規制**、投資や人の移動に関する**制限の撤廃**などにより、双方の**市場経済を統合**することを指し、東南アジアの ★★★ （AFTA）、ヨーロッパの ★★★ （<u>EU</u>）などがその代表例である。

欧州連合（EU），
移民

アメリカ=ファースト，
保護

報復，米中貿易戦争

X 国際分野

7 地域経済統合

ANSWERS □□□
自由貿易協定

ASEAN自由貿易地域，欧州連合

□ **2**
★★
1952年に欧州で発足した ┃ ★★ ┃ と、57年の**ローマ**
条約によって設立された欧州経済共同体 (EEC)、欧州
原子力共同体 (EURATOM) の３つの組織が統合し、
67年に ┃ ★★ ┃ が成立した。

◆欧州共同体 (EC) は、現在の欧州連合 (EU) の母体である。**域
内の関税を撤廃**して**域内貿易の自由化**を実施するとともに、域
外からの輸入品については加盟国が**共通**関税を設定するという
関税同盟を基本としつつ、域内固定相場制である欧州通貨制度
(EMS) と共通農業政策を実施した。

欧州石炭鉄鋼共同
体 (ECSC)

欧州共同体 (EC)

□ **3**
★
1960年、 ┃ ★ ┃ に対抗しイギリスの提唱の下で、ノル
ウェー、スイスなどが**域内関税を撤廃し貿易自由化を**
実現する一方、**域外からの輸入品には各国で関税を設**
定する関税自主権を認める ┃ ★ ┃ を結成した。

欧州経済共同体
(EEC)

欧州自由貿易連合
(EFTA)

□ **4**
★
1979年に創設された欧州通貨制度 (EMS) では、EC
域内では ┃ ★ ┃ を基軸通貨とする固定為替相場制を
採用し、域外通貨に対しては加盟各国通貨が同じ率で
変動する ┃ ★ ┃ 制を採用した。

◆エキュー (ECU) は、現在の統合通貨であるユーロ (EURO) の
母体となっている。

欧州通貨単位
(ECU)
共同フロート

□ **5**
★★★
1992年末までに欧州共同体 (EC) では、域内の**ヒト、モ**
ノ、カネ、サービスの移動を自由化する ┃ ★★★ ┃ を完
了させた。

市場統合

□ **6**
★★★
1992年調印、93年発効の ┃ ★★★ ┃ 条約により欧州共
同体 (EC) から発展した ┃ ★★★ ┃ は、さらに97年調印、
99年発効の ┃ ★★★ ┃ 条約によって、外交・安全保障
における共通政策の実施に向けて動き出した。

マーストリヒト
(ヨーロッパ連合),
欧州連合 (EU),
アムステルダム

□ **7**
★★
欧州共同体 (EC) の原加盟国は、 ┃ ★★ ┃ 、ドイツ (旧
西ドイツ)、イタリア、ベルギー、オランダ、ルクセン
ブルクであるが、73年には ┃ ★★ ┃ 、アイルランド、
デンマークが加盟し、 ┃ ★★ ┃ と呼ばれた。

フランス

イギリス,
拡大 EC,

☐ **8** 欧州連合 (EU) は、経済統合を目指して各国の中央銀
★★★　　行を統合し、ドイツのフランクフルトに ★★★ を設
　　　　立した。通貨も ★★★ に統合し、**共通の金融・財政**
　　　　政策を行っている。

欧州中央銀行
(ECB),
ユーロ (EURO)

◆ 1999～2002年にかけて**通貨統合**が進められたが、95年までに
EU に加入した15ヶ国中のユーロ未導入国は、20年に離脱し
たイギリス (加盟時も一貫して未導入) を除きスウェーデン、デ
ンマークの2ヶ国のみとなった。また、04年以降に EU に加入
した東・中欧諸国の中でもスロベニア、キプロス、マルタに続
いて、09年にスロバキア、11年にエストニア、14年にラトビ
ア、15年にリトアニア、23年にクロアチアがユーロを導入し、
23年1月までの導入国は20ヶ国となる。欧州連合 (EU) が実
現させた通貨統合は、各国家の主権を部分的に超国家的な組織
に移譲する動きだが、EU 加盟国すべてがユーロを導入している
わけではない。なお、ユーロ導入には原則として、単年度の財
政赤字が国内総生産 (GDP) の3％以下であることなどの条件
を満たすことが必要である。

☐ **9** **2004年**には旧共産主義国など10ヶ国が、07年にはブ
★★　　ルガリアとルーマニアが、13年にはクロアチアが欧
　　　　州連合 (EU) に加盟し、**EU の** ★★ **拡大**が進んだ。
　　　　23年6月現在の加盟国数は ★★ ヶ国である。

東方,
27

☐ **10** **2004年**には、欧州連合 (EU) の**立法**、**行政**、**司法の権**
★★　　**限**や EU **大統領の新設**を定めた ★★ が採択された
　　　　が、05年に ★★ とオランダの**国民投票**でそれぞ
　　　　れ批准が否決された。

EU 憲法,
フランス

☐ **11** 欧州連合 (EU) は、**通貨統合と経済政策統合**の後、最
★★　　終的には ★★ を実現させてヨーロッパに**巨大な連**
　　　　邦制国家を構築することを目指してきた。

政治統合

☐ **12** EU 域内の**労働力移動の自由化**で、**大量の労働者**が流
★★★　　入したことなどを受け、国内の雇用や社会保障に対す
　　　　る不安が増大する中、**2016年6月**にイギリスは**国民投**
　　　　票を行い、 ★★★ からの ★★★ 案が僅差で支持さ
　　　　れ、20年1月末に正式に実行された。

欧州連合 (EU),
離脱

◆ イギリスの EU 離脱は**ブレグジット** (Brexit) と呼ばれる。離脱
後、協議が重ねられた結果、イギリスと EU との間で自由貿易
協定 (FTA) が合意に達し (2021年発効)、工業品や食品の貿易
にかかる関税は、EU 加盟時と同じくゼロが維持された。

□**13** 大統領制の導入や外相級ポストの新設などを盛り込ん
★★ だ「拡大EU」の基本条約は ★★ 条約である。

リスボン

◆**リスボン条約**は、**EU新基本条約**といわれ、2005年に否決された EU憲法に代わる条約である。**07年**に採択されたものの、08年6月には**アイルランド**が国民投票で条約への加盟を否決し、発効が危ぶまれたが、**09年10月に再度の国民投票で可決**され、加盟27ヶ国すべてが可決し、**09年12月発効**にこぎつけた。現在のEU大統領（欧州理事会議長）は、第3代の**シャルル=ミシェル**（ベルギー元首相、2019年12月〜）である。

□**14** 1994年に**アメリカ**、**カナダ**、**メキシコ**の3ヶ国間で発
★★★ 効した ★★★ は、**域内関税を相互に撤廃**して域内貿易の自由化を主たる目的とした協定であった。

北米自由貿易協定
（NAFTA）

◆アメリカの**トランプ**政権は、2017年8月に北米自由貿易協定（NAFTA）の再交渉を開始し、18年9月末に合意に至り、同年11月30日に**アメリカ・メキシコ・カナダ協定（USMCA）**として署名された。3ヶ国間の自由貿易体制は維持されるも、自動車分野では原産地規則が過度に厳格化されるなど同政権の**保護主義的な政策**が色濃く反映された。20年7月に発効した。

□**15** 1995年に**ブラジル**、**アルゼンチン**、**ウルグアイ**、**パラ**
★ **グアイ**の4ヶ国が**関税同盟**にあたる ★ を結成し、後に**ベネズエラ**と**ボリビア**が加わった。

南米南部共同市場
（メルコスール）

◆**メルコスール**は共同市場の形成だけでなく、**域内関税撤廃**、**域外共通関税**はもとより資本・サービスの自由化、共通貿易政策、経済協調なども図っている（なお、ベネズエラは2016年に加盟資格が停止）。

□**16** 1967年設立の ★★ は、90年代半ばまでは高度経
★★ 済成長を遂げ、93年には域内関税を撤廃し**貿易の自由化**を目指す ★★ を発足させた。

東南アジア諸国連
合（ASEAN）
ASEAN自由貿
易地域（AFTA）

□**17** 1997〜98年に ASEANバブルが崩壊し、**ASEAN株**
★★★ と通貨が暴落したが、その原因は欧米系の ★★★ がASEAN株の ★★★ 的買いを行った後に利食いのための大量売却を行ったことによるものとされる。

ヘッジファンド
（金融投資グルー
プ）、
投機

◆ **ASEAN通貨危機**という。1997〜98年に東南アジア諸国の実質経済成長率などの経済指標は大きく落ち込んだ。

□**18** 1980年代には韓国、台湾、香港、シンガポールのアジ
★★★ ア ★★★ が、**90年代**には「**世界の成長センター**」と呼ばれた ★★★ が経済成長を遂げ、**2000年代**に入ると「**21世紀の世界の工場**」と呼ばれる中国が、アジア地域で**高度経済成長**を果たしている。

NIES（NIEs、新
興工業経済地域）、
東南アジア諸国連
合（ASEAN）

□**19** 1989年発足の ★★ では、**94年**に ★★ 宣言が
★★ 出され、**域内**貿易**の自由化**を決定し、**域内**関税**を撤廃**
する目標を定めた。

アジア太平洋経済
協力会議（APEC），
ボゴール

◆発足当初の APEC は**アジア・太平洋地域の経済協力**を目指す緩
やかな経済協力組織であったが、アメリカの強い要求もあり、
1994年のボゴール宣言で**自由貿易地域**へと発展した。

□**20** 2012年より、東アジア自由貿易圏構想（EAFTA）と東
★★ アジア包括的経済連携構想（CEPEA）を統合した東ア
ジア地域包括的経済連携（ ★★ ）の交渉が開始さ
れ、2020年には ★★ を除く15ヶ国で合意に達した。

RCEP（アール
セップ），
インド

◆東アジア地域包括的経済連携（RCEP）の交渉に参加している国
は16ヶ国（ASEAN10、日本、中国、韓国、オーストラリア、
ニュージーランド、インド）であった。「**世界の成長センター**」と
いわれるアジア太平洋地域における自由貿易の推進を目指すも
ので、アメリカを除いた形での**アジア独自の連携**を図る交渉と
して、日本は力を入れてきた。2020年11月、日本や中国、韓国
など東アジア諸国を中心に15ヶ国で合意に達し、正式に署名さ
れ、**22年1月に発効した**（インドは不参加）。

□**21** 地域経済統合は、域内の貿易、投資、労働力の移動を
★★★ ★★★ 化して経済取引を拡大させる一方、域外取引
を事実上制限し、 ★★★ 化する可能性がある。

自由，
保護主義

◆ただし、排他的な保護ブロックとの違いは、現状よりも高い関
税を課すものではなく、今の関税を加盟国が共同して引き下げ、
域外との貿易についても自由化を目指す点であるといえる。

□**22** **アフリカ**では、2002年に既存の地域機構が再編され、
★ より高度な統合を目指した ★ が発足した。

アフリカ連合
（AU）

◆前身のアフリカ統一機構（OAU）から移行するため、2000年に
アフリカ連合制定法（アフリカ連合を創設するための条約）が採
択され、02年にアフリカ連合（AU）が正式に発足した。

□23 地域経済統合のレベルを示す次の図中の空欄 **A ～ E**
★★ にあてはまる語句を、後の語群から選べ。

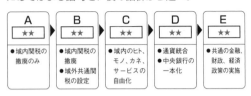

- A 自由貿易地域
- B 関税同盟
- C 共同市場
- D 経済同盟
- E 完全経済同盟

【語群】 共同市場　経済同盟　関税同盟
　　　　完全経済同盟　自由貿易地域

◆これら５つの段階の後に政治統合がある。世界各地域で進んでいる地域経済統合のレベルについて、かつての NAFTA は自由貿易地域、EU の前身である **EC は**関税同盟から**市場統合**を実現した段階で共同市場となり、現在の EU は完全経済同盟を実現した上で政治統合、すなわちヨーロッパ社会を１つに包摂する**連邦制国家**を目指していたが、EU 憲法の不成立によって**完全なる政治統合**の実現は困難となった。

8 南北問題

ANSWERS ☐☐☐

□1 南北問題とは、北半球に多い ★★★ と南半球に多い
★★★ ★★★ の**経済格差**のことで、1960 年代に問題化した。

先進国,
発展途上国 (開発途上国)

◆発展途上国では、かつては出生率と死亡率がともに高かったが、医療の改善や先進国の支援などにより死亡率、特に乳幼児の死亡率が低下したため、近年は人口爆発が生じ、１人あたり所得の低下、貧困、低い教育水準、食料不足など様々な問題を発生させている。

□2 **南北問題の原因**としては、発展途上国の ★★ 経済
★★ 構造や、先進国に対して原材料などの ★★ を安く
輸出する一方、高い工業製品を輸入する ★★ 的分業構造などが挙げられる。

モノカルチャー,
一次産品,
垂直

□3 南北問題の解決には、**発展途上国が工業化して工業製**
★★ **品どうしの** ★★ **的分業を確立**するとともに、**一次**
産品の価格を安定させ、先進国との間の ★★ 条件
を改善し ★★ を実現することなどが必要である。

水平,
交易,
フェアトレード

□4 1961 年に設立された ★★★ は、その下部機関として、
★★★ 加盟先進諸国の発展途上国に対する**援助の促進と調整**
を図るために ★★★ を設けている。

経済協力開発機構
(OECD)
開発援助委員会
(DAC)

□**5** 1964年、国連に南北問題の解決策を話し合う ★★★
★★★ が設置され、事務局長による ★★★ 報告が出された。

　◆国連貿易開発会議（UNCTAD）の第１回会議で事務局長プレ
　ビッシュが行った報告では、発展途上国からの輸入に対して先
　進国が関税を撤廃するか税率を特別に低く設定する一般特恵関
　税の実施などが求められた。

国連貿易開発会議
（UNCTAD），
プレビッシュ

□**6** プレビッシュ報告は、南北問題解決のスローガンとし
★★ て「 ★★ 」を掲げるとともに、経済援助目標を先進
国の GNP の ★★ %に設定した。

　◆「援助より貿易を」というスローガンは、条件付きのひも付き援
　助（タイド=ローン）よりも、対等な貿易で発生する利益の方が
　発展途上国は自由に使えるため、そちらをまず充実してほしい
　という要求である。

援助より貿易を，
1

□**7** ★★★ とは、発展途上国の経済や社会の発展、国民
★★★ の福祉向上や民生の安定に協力することを目的に、**政
府や政府機関が提供する**資金や技術協力などである。

政府開発援助
（ODA）

□**8** 国連貿易開発会議（UNCTAD）では、後にスローガン
★★ が「 ★★ 」となり、政府開発援助（ODA）を GNP
（GNI）の ★★ %とする目標が設けられた。

　◆なお、GNP（国民総生産）は、最近では GNI（国民総所得）で表
　示することが多い。日本の ODA は、0.7%援助目標を達成して
　おらず**0.4%程度**で、アメリカも0.2%と極めて低い。この目標
　を達成しているのは、デンマーク、ノルウェー、スウェーデン、
　ルクセンブルク、ドイツのみである（2022年暫定値）。

援助も貿易も，
0.7

□**9** 政府開発援助（ODA）には、贈与のみならず**低利子の
融資**も含まれるが、その程度を示す指標を ★★
（**GE**）という。

　◆贈与は GE100%、貸付金利が高くなるにつれて小さくなる。
　GE が25%以上の低利融資や贈与を ODA という。

グラント=エレメ
ント

□**10** 日本が**中国**や**韓国**に対して行ってきた ODA は、 ★★
★★ の意味を持っていた。

戦後補償（戦争責
任）

□**11** 日本の ODA は、他の先進国と比べて ★★ 比率が
★★ 低く、**ひも付き援助**（ ★★ ）が多いことから、質が
悪いと批判されることがあった。

　◆円借款が多く、**現地の公共事業が日本企業に発注されやすく**、
　通貨が現地にとどまらないため、経済発展効果が薄いとされる。
　小泉内閣下では財政再建のために政府開発援助（ODA）の削減
　が決定し、特に中国向けに円を貸し付ける円借款が中止された。
　さらに、18年度の案件をもって中国向け ODA が終了した。

贈与，
タイド=ローン

□**12** 日本の ODA について、贈与**比率**は約 ┃ ★★ ┃ ％で、ア
★★ メリカ（約100％）、ドイツ（約80％）、フランス（約
60％）などと比べて低いが、ひも付き**援助が多いとの**
批判を受け、近年、日本の ODA のアンタイド**比率**は
約 ┃ ★★ ┃ ％となっている（2020年発表データ）。

40

92

◆アンタイド比率とは、ひも付きではない援助の比率のこと。2020
年は、日本が92.3％、アメリカが73.2％、イギリスが100％、
ドイツが98.5％である。なお、日本は低い贈与比率について、
贈与が発展途上国の自助努力を阻むためであると説明している。

□**13** 日本は、従来より**軍事支出の多い国**、**非民主的**な独裁
★★ 政権、**人権保障の不十分な国**、**環境破壊**につながる場
合などには原則的に ODA を行わないとする ┃ ★★ ┃
を掲げてきたが、2015年にこれらの方針を見直す方向
で「開発協力大綱」と改称された。

ODA 大綱

□**14** 日本の ODA の金額は、1991～2000年までは世界第1
★★★ 位であったが、01年に ┃ ★★★ ┃ に抜かれて第2位、06
年には ┃ ★★★ ┃ に抜かれて第3位、07年には ┃ ★★★ ┃、
フランスに抜かれて第5位になったが、13年には第
4位になり、その後も同様に推移している。

アメリカ，
イギリス，ドイツ

◆2022年には暫定値で第3位に浮上した。日本の ODA 相手国は、
インド、ベトナム、バングラデシュ、インドネシア、ミャンマー
など**アジア諸国が中心**である。近年、**アフリカへの援助**も拡
大する方針が示されている。

□**15** ┃ ★ ┃ は、**アジア・太平洋地域の発展途上国の経済**
★ **開発に必要な融資**を行うことで、当該国の経済発展に
寄与することを目的に、アメリカや日本などが中心と
なって、1966年に創設した国際開発金融機関である。

アジア開発銀行
（ADB）

□**16** 2015年12月、中国が提唱・主導する**アジア対象の国**
★★ **際開発金融機関**である ┃ ★★ ┃ が発足し、アジア諸国
以外を含む50を超える国が参加した。

アジアインフラ投
資銀行（AIIB）

◆ G7ではイギリス、フランス、ドイツ、イタリア、カナダが参加
している。また、ロシア、インド、ブラジルの BRICS やインド
ネシア、ベトナム、シンガポールなどの ASEAN（東南アジア諸
国連合）10ヶ国、サウジアラビア、クウェート、カタールなど
主な中東の産油国、オーストラリア、ニュージーランド、韓国も
参加したが、**アメリカと日本は発足時の参加を見送った**。アメリ
カやヨーロッパ、日本で主導するアジア向け融資銀行であるアジ
ア開発銀行（ADB）が存在すること（1966年設立）、AIIBの融資
基準や経営方針に関するガバナンス（統治）が不明確・不透明で
あることが主な理由である。

□**17** 第二次世界大戦後、復興融資を行ってきた ★★ は、
★★ 現在、発展途上国に対する**低金利**で**長期間の資金の貸付**を行って当該国の経済発展に寄与している。

国際復興開発銀行
(IBRD)

□**18** 著しい貧困のために就業の場がなく、人間らしい生活
★★ ができないために**豊かな他国へ逃れようとする人々**を
★★ というが、彼らは<u>難民条約</u>の保護対象外である。

経済難民

□**19** 1973年に ★★★ が原油公式販売価格を約 ★★★ 倍
★★★ に値上げしたことから、<u>第一次石油危機（第一次オイル=ショック）</u>が発生した。

石油輸出国機構
(OPEC)，4

　◆原油の値上がりで、**コスト=プッシュ=インフレ（狂乱物価）**と同時に、原油供給削減により生産量が減少して<u>不況</u>も発生した（<u>インフレ＋不況＝スタグフレーション</u>）。

□**20** <u>第一次石油危機</u>後の<u>1974年</u>に行われた ★★★ で、発
★★★ 展途上国は<u>天然資源に対する恒久主権</u>の確立や**一次産品の値上げ**を求め、先進国と対等な貿易秩序である
★★★ （NIEO）の樹立が宣言された。

国連資源特別総会

新国際経済秩序

□**21** 1970年代以降、発展途上国のうち、**韓国、台湾、香港、**
★★ ★★ のアジア ★★ が急成長を遂げた。

シンガポール，
NIES (NIEs、新
興工業経済地域)

□**22** メキシコ、 ★★★ 、アルゼンチンなどの<u>中南米 NIES</u>
★★★ が急成長を遂げていったが、これらの国々は<u>石油危機（オイル=ショック）</u>が原因で1980年代に ★★★ 問題に直面した。

ブラジル

累積債務

□**23** 2度の<u>石油危機（オイル=ショック）</u>による原油価格の
★★★ 値上げで利益を得た<u>産油国</u>と<u>非産油途上国</u>**との格差**や、<u>NIES（新興工業経済地域）</u>と ★★★ **との格差**のことを ★★★ という。

LDC (後発発展途
上国)，
南南問題

□**24** 1982年、メキシコは莫大な債務を抱えて ★ に陥
★ り、**支払期限の延期**である ★ や**債務の一部免除、緊急追加融資**などが行われた。

デフォルト（債務
不履行)，
リスケジューリン
グ

　◆<u>中南米諸国</u>の<u>累積債務</u>の理由は、1970年代に OPEC 諸国からのオイルマネーが還流したことや、アメリカの<u>インフレ</u>対策としての**高金利政策**で利子負担が増えたことなどが挙げられる。

□**25** 発展途上国は先進国企業を国内に誘致して輸出加工区
★★★ を創設するために、**その地区の法人税率を低くする**
⬚★★★ **を作る**ことがある。

タックス=ヘイブ
ン（租税回避地）

 ◆グローバリゼーションにおいて、**多国籍企業**はタックス=ヘイブ
 ン（租税回避地）と呼ばれる**非課税ないし税率の低い国**に拠点を
 置きつつ、金利の低い国から資金を、価格の安い国から原材料や
 部品を調達し、これを賃金の安い国で加工した上で、製品を高
 く売れる国で販売して、さらに大きな利潤を得るようになった。

□**26** 発展途上国の人々の生産物を適正な価格で買い取り、
★★★ 生産者の自立などを支援する取り組みに⬚★★★ がある。

フェアトレード

□**27** **2000年に国連**は１日の収入が１ドル（米ドル）未満とい
★★ う極度の貧困に苦しむ人々の人口比率を半減させるな
ど**8つの目標**を掲げた⬚★★ （MDGs）を採択した。

ミレニアム開発目
標

 ◆2000年9月の国連で行われた「ミレニアム・サミット」で「ミレ
 ニアム宣言」として採択され、15年までの目標達成を掲げた。

□**28** **2015年**、国連はミレニアム開発目標（MDGs）を引き
★★★ 継ぐ形で⬚★★★ を採択し、世界の**格差や貧困の解消**
に向けたさらなる取り組みを進めている。

持続可能な開発目
標（SDGs）

 ◆貧困の解消、「飢餓をゼロに」、すべての人に対する質の高い教
 育、「ジェンダー平等」の実現、福祉の拡充や地球環境問題への
 対策としてのクリーン・エネルギー、平和と公正など、17の達
 成すべき目標（ゴール）と、具体的な169のターゲットから構
 成され、2016～30年までの期間をめどに掲げた国際目標である。

持続可能な開発目標 (SDGs) 概要			
1	貧困をなくそう	9	産業と技術革新の基盤をつくろう
2	飢餓をゼロに	10	人や国の不平等をなくそう
3	すべての人に健康と福祉を	11	住み続けられるまちづくりを
4	質の高い教育をみんなに	12	つくる責任　つかう責任
5	ジェンダー平等を実現しよう	13	気候変動に具体的な対策を
6	安全な水とトイレを世界中に	14	海の豊かさを守ろう
7	エネルギーをみんなに そしてクリーンに	15	陸の豊かさも守ろう
8	働きがいも　経済成長も	16	平和と公正をすべての人に
		17	パートナーシップで 目標を達成しよう

9 日本の貿易~その現状と国際比較

□**1** 日本の貿易相手国（2021年）についての表の空欄 **A** ～
★★　**I** にあてはまる国名を答えよ。

	輸入	輸出	貿易総額
第1位	A ★★	D ★★	G ★★
第2位	B ★★	E ★★	H ★★
第3位	C ★★	F ★★	I ★★

◆**2007年**に香港を除く中国がアメリカを抜いて貿易総額で世界第
1位となった。近年、日本の輸入先は、第1位が中国、第2位
がアメリカ（2002年～）となることが多いが、輸出先のツートッ
プとなるアメリカと中国がそれぞれ約20％と、年によって順位
が入れ替わっている。

A 中国
B アメリカ
C オーストラリア
D 中国
E アメリカ
F 台湾
G 中国
H アメリカ
I 台湾

□**2** 1980年代後半には、プラザ合意後の**円高**により、海外
★★★　に進出する日本企業が増加し**対米直接投資が急増した**
ため、日米 ★★★ 摩擦が激化した。

投資

□**3** 2001年、 ★★ 産のネギ、生シイタケ、イグサ（**畳表**）
★★　に対して**日本**が ★★ を発動したのに対し、中国は
日本製携帯電話などに対して報復 ★★ を課し、日
中**貿易摩擦**が始まった。

中国,
セーフガード（緊
急輸入制限措置）,
関税

◆ WTO（世界貿易機関）は特定国を指定した選択的セーフガード
を禁止しているが、2001年当時、中国がWTOに未加入であっ
たことから、日本は発動を決めた。ただし、同年12月に中国が
WTOに加盟したため、その時点で日本はその措置を中止した。

□**4** 中国の経済成長は米中**貿易摩擦**と日中**貿易摩擦**を激化
★★★　させ、2005年7月には**人民元の** ★★★ が行われた。

切り上げ

◆かつては1ドル＝約8.3元であったが、**2005年7月**に1ドル＝
8.11元に切り上げられ、以降、順次、人民元の切り上げが行わ
れ、23年5月時点では6～7元台で推移している。

□**5** 日本は、高度経済成長期には**原油を輸入して機械類を**
★★　**輸出する** ★★ **貿易**を行っていたが、近年の輸入品
の第1位は ★★ である。

加工,
機械類

◆日本は付加価値性の高い工業製品を輸出し、軽工業製品など付加
価値性の低い工業製品を中国やアジア諸国から輸入している。

□**6** 輸入額の GDP に対する比率を ★★★ 、輸出額の
★★★　GDP に対する比率を ★★★ といい、両者の合計で
ある貿易総額の GDP に対する比率を ★★★ という。

輸入依存度,
輸出依存度,
貿易依存度

□ **7** 主な貿易国の1人あたり貿易依存度を示した次のグラ
★★★ フ中の空欄 **A 〜 C** に該当する国名を答えよ。

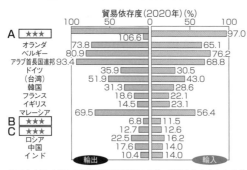

A シンガポール

B アメリカ

C 日本

◆日本とアメリカの貿易依存度が低いのは、GDP の大きさから分
母の数値が大きくなるためである。日本は、2011〜15年まで
は貿易収支**赤字**であるが、16年から貿易収支**黒字**となり、以後、
若干の黒字と赤字を繰り返す状況なので、輸出＜輸入、もしく
は輸出＞輸入でもその差額はアメリカより小さいので **C**。アメ
リカは貿易収支の**大幅赤字国**なので、輸出＜輸入でその差額は
日本よりも大きいので **B**。

□ **8** 一国の輸入品の価格に対して**輸出**品の価格が上昇する
★ と、その国の ★ 条件は ★ になる。

交易，良好

◆交易条件とは、**輸出品1単位で輸入できる単位数の割合**。発展
途上国の交易条件は概して劣悪で**1単位未満**となるが、先進国
の交易条件は概して良好で**1単位以上**となる。

□ **9** **1960年代**には、 ★★ 製品が日本からアメリカに**集**
★★ **中豪雨的に輸出**されたため日米貿易摩擦が問題化した。

繊維

□ **10** **1980年代**の日米貿易摩擦で**日本の貿易収支黒字額**とほ
★★★ ぼ同額の**アメリカの貿易収支** ★★★ **額**が発生した。

赤字

□ **11** ★★ では、**日米貿易不均衡の一因**が**日本特有の**経
★★ 済構造の ★★ **性**にあるとアメリカが主張し、日本
は実効的な措置を採るように迫られた中で、日本の自
動車メーカーは従来通り、対米輸出 ★★ を行った。

日米構造協議，
閉鎖

自主規制

□ **12** 日本において ★★★ が進まないことが、**日本の対米**
★★★ 貿易 ★★★ を膨らませる一因になっているという指
摘が、アメリカから度々なされてきた。

規制緩和，
黒字

□**13**　2000年代に入り、**アメリカの貿易収支**赤字は巨額化し、
★★★　日本の貿易収支黒字額を大幅に上回り、アメリカは新
たに　★★★　などとの**貿易摩擦**に苦慮している。

中国

□**14**　世界の輸出貿易に占める主要国の割合を示した次のグ
★★★　ラフ中の空欄 **A 〜 D** にあてはまる国名を答えよ。

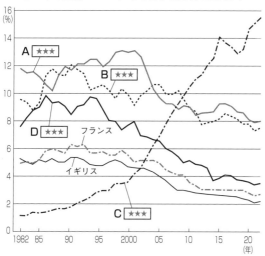

A　アメリカ

B　ドイツ (旧西
　　ドイツ)

C　中国

D　日本

◆ Cの中国は「**21世紀の世界の工場**」と呼ばれ、2008年の「北京
オリンピック景気」で輸出を増やし、**A**のアメリカと**B**のドイ
ツ (旧西ドイツ)を抜き、09年から世界第1位となっている。
輸入はアメリカに次ぐ世界第2位で、今や中国は「世界の市場」
となっている。日本は輸出・輸入いずれも第4位である。なお、
GDPは10年に中国に抜かれた後は、世界第1位がアメリカ、
第2位が中国、第3位が日本である。

□**15**　　★★　とは、国民の生命や財産に対する脅威を取り
★★　除き、経済や社会生活の安定を維持するために、エネ
ルギーや資源、食料、社会インフラなどの安定供給を
確保するための措置を講じることを指す。

経済安全保障 (経
済セキュリティ)

◆経済安全保障 (経済セキュリティ)とは、経済的手段によって安
全保障の実現を目指すことである。例えば、原子力発電所など
の重要なインフラや基幹産業を支える企業や技術を外国資本に
支配されることで国家の安全保障が脅かされる事態を回避する
ために、外国の投資家や企業などによる日本企業への投資を規
制することなどである。2021年、岸田文雄内閣は新たに経済安
全保障担当大臣を設け、総理大臣を議長とする「経済安全保障推
進会議」を開催するなど関連する政策の実現に力を入れている。

大学受験　一問一答シリーズ

公共 一問一答【完全版】

発行日：2023 年 9 月 30 日　初版発行

著　者：**清水雅博**

発行者：**永瀬昭幸**

発行所：**株式会社ナガセ**

〒180-0003　東京都武蔵野市吉祥寺南町 1-29-2
出版事業部（東進ブックス）
TEL：0422-70-7456 ／ FAX：0422-70-7457
www.toshin.com/books（東進WEB書店）
※本書を含む東進ブックスの最新情報は、東進WEB書店をご覧ください。

編集担当：倉野英樹　和久田希

編集協力：新谷圭子　清水健壮　深澤美貴　Nogy-Z
カバーデザイン：LIGHTNING
本文デザイン：東進ブックス編集部
本文イラスト：近藤恵子
DTP・印刷・製本：三美印刷株式会社

合格の秘訣1 全国屈指の実力講師陣

東進の実力講師陣 数多くのベストセラー参考書を執筆!!

東進ハイスクール・東進衛星予備校では、そうそうたる講師陣が君を熱く指導する!

本気で実力をつけたいと思うなら、やはり根本から理解させてくれる一流講師の授業を受けることが大切です。東進の講師は、日本全国から選りすぐられた大学受験のプロフェッショナル。何万人もの受験生を志望校合格へ導いてきたエキスパート達です。

英語

本物の英語力をとことん楽しく!日本の英語教育をリードするMr.4Skills.

安河内 哲也先生
[英語]

100万人を魅了した予備校界のカリスマ。抱腹絶倒の名講義を見逃すな!

今井 宏先生
[英語]

爆笑と感動の世界へようこそ。「スーパー速読法」で難解な長文も速読即解!

渡辺 勝彦先生
[英語]

雑誌『TIME』やベストセラーの翻訳も手掛け、英語界でその名を馳せる実力講師。

宮崎 尊先生
[英語]

いつのまにか英語を得意科目にしてしまう、情熱あふれる絶品授業!

大岩 秀樹先生
[英語]

全世界の上位5%(PassA)に輝く、世界基準のスーパー実力講師!

武藤 一也先生
[英語]

関西の実力講師が、全国の東進生に「わかる」感動を伝授。

慎 一之先生
[英語]

数学

数学を本質から理解し、あらゆる問題に対応できる力を与える珠玉の名講義!

志田 晶先生
[数学]

論理力と思考力を鍛え、問題解決力を養成。多数の東大合格者を輩出!

青木 純二先生
[数学]

「ワカル」を「デキル」に変える新しい数学は、君の思考力を刺激し、数学のイメージを覆す!

松田 聡平先生
[数学]

予備校界を代表する講師による魔法のような感動講義を東進で!

河合 正人先生
[数学]

付録 **1**

WEBで体験

東進ドットコムで授業を体験できます！
実力講師陣の詳しい紹介や、各教科の学習アドバイスも読めます。
www.toshin.com/teacher/

国語

「脱・字面読み」トレーニングで、「読む力」を根本から改革する！

興水 淳一先生
[現代文]

明快な構造板書と豊富な具体例で必ず君を納得させる！「本物」を伝える現代文の新鋭。

西原 剛先生
[現代文]

東大・難関大志望者から絶大なる信頼を得る本質の指導を追究。

栗原 隆先生
[古文]

ビジュアル解説で古文を簡単明快に解き明かす実力講師。

富井 健二先生
[古文]

縦横無尽な知識に裏打ちされた立体的な授業に、グングン引き込まれる！

三羽 邦美先生
[古文・漢文]

幅広い教養と明解な具体例を駆使した緩急自在の講義。漢文が身近になる！

寺師 貴憲先生
[漢文]

文章で自分を表現できれば、受験も人生も成功できます。「笑顔と努力」で合格を！

石関 直子先生
[小論文]

理科

正しい道具の使い方で、難問が驚くほどシンプルに見えてくる！

宮内 舞子先生
[物理]

化学現象を疑い化学全体を見通す"伝説の講義"は東大理三合格者も絶賛。

鎌田 真彰先生
[化学]

「なぜ」をとことん追究！「規則性」「法則性」が見えてくる大人気の授業！

立脇 香奈先生
[化学]

「いきもの」をこよなく愛する心が君の探究心を引き出す！生物の達人。

飯田 高明先生
[生物]

地歴公民

歴史の本質に迫る授業と、入試頻出の「表解板書」で圧倒的な信頼を得る！

金谷 俊一郎先生
[日本史]

つねに生徒と同じ目線に立って、入試問題に対する的確な思考法を教えてくれる。

井之上 勇 先生
[日本史]

"受験世界史に荒巻あり"と言われる超実力人気講師！世界史の醍醐味を。

荒巻 豊志先生
[世界史]

世界史を「暗記」科目だなんて言わせない。正しく理解すれば必ず伸びることを一緒に体感しよう。

加藤 和樹先生
[世界史]

どんな複雑な歴史も難問も、シンプルな解説で本質から徹底理解できる。

清水 裕子先生
[世界史]

わかりやすい図解と統計の説明に定評。

山岡 信幸先生
[地理]

政治と経済のメカニズムを論理的に解明しながら、入試頻出ポイントを明確に示す。

清水 雅博先生
[公民]

「今」を知ることは「未来」の扉を開けること。受験に留まらず、目標を高く、そして強く持て！

執行 康弘先生
[現代社会]

合格の秘訣 ② 基礎から志望校対策まで 合格に必要なすべてを網羅した **学習システム**

映像によるIT授業を駆使した最先端の勉強法

高速学習

一人ひとりの レベル・目標にぴったりの授業

東進はすべての授業を映像化しています。その数およそ1万種類。これらの授業を個別に受講できるので、一人ひとりのレベル・目標に合った学習が可能です。1.5倍速受講ができるほか自宅からも受講できるので、今までにない効率的な学習が実現します。

1年分の授業を 最短2週間から1カ月で受講

従来の予備校は、毎週1回の授業。一方、東進の高速学習なら毎日受講することができます。だから、1年分の授業も最短2週間から1カ月程度で修了可能。先取り学習や苦手科目の克服、勉強と部活との両立も実現できます。

現役合格者の声

東京大学 文科一類
早坂 美玖さん
東京都 私立 女子学院高校卒

私は基礎に不安があり、自分に合ったレベルで対策ができる東進を選びました。東進では、担任の先生との面談が頻繁にあり、その都度、学習計画について相談できるので、目標が立てやすかったです。

先取りカリキュラム

目標まで一歩ずつ確実に

スモールステップ・ パーフェクトマスター

自分にぴったりのレベルから学べる 習ったことを確実に身につける

高校入門から最難関大までの12段階から自分に合ったレベルを選ぶことが可能です。「簡単すぎる」「難しすぎる」といったことがなく、志望校へ最短距離で進みます。

授業後すぐに確認テストを行い内容が身についたかを確認し、合格したら次の授業に進むので、わからない部分を残すことはありません。短期集中で徹底理解をくり返し、学力を高めます。

現役合格者の声

東北大学 工学部
関 響希くん
千葉県立 船橋高校卒

受験勉強において一番大切なことは、基礎を大切にすることだと学びました。「確認テスト」や「講座修了判定テスト」といった東進のシステムは基礎を定着させるうえでとても役立ちました。

パーフェクトマスターのしくみ

徹底的に学力の土台を固める

高速マスター 基礎力養成講座

高速マスター基礎力養成講座は「知識」と「トレーニング」の両面から、効率的に短期間で基礎学力を徹底的に身につけるための講座です。英単語をはじめとして、数学や国語の基礎項目も効率よく学習できます。オンラインで利用できるため、校舎だけでなく、スマートフォンアプリで学習することも可能です。

現役合格者の声

早稲田大学 基幹理工学部
曽根原 和奏さん
東京都立 立川国際中等教育学校卒

演劇部の部長と両立させながら受験勉強をスタートさせました。「高速マスター基礎力養成講座」はおススメです。特に英単語は、高3になる春までに完成させたことで、その後の英語力の自信になりました。

東進公式スマートフォンアプリ

東進式マスター登場！

（英単語／英熟語／英文法／基本例文）

スマートフォンアプリでスキマ時間も徹底活用！

1）スモールステップ・パーフェクトマスター！
頻出度（重要度）の高い英単語から始め、1つのSTAGE（計100語）を完全修得すると次のSTAGEに進めるようになります。

2）自分の英単語力が一目でわかる！
トップ画面に「修得語数・修得率」をメーター表示。自分が今何語修得しているのか、どこを優先的に学習すべきなのか一目でわかります。

3）「覚えていない単語」だけを集中攻略できる！
未修得の単語、または「My単語（自分でチェック登録した単語）」だけをテストする出題設定が可能です。
すでに覚えている単語を何度も学習するような無駄を省き、効率良く単語力を高めることができます。

STAGE 01	単語帳
experience	even
[ikspíəriəns]	seem
イクスピアリアンス	however
	difficult
	around
	mind
	own

共通テスト対応 英単語1800
共通テスト対応 英熟語750
英文法750
英語基本例文300

「共通テスト対応英単語1800」2023年共通テストカバー率99.8％！

君の合格力を徹底的に高める

志望校対策

第一志望校突破のために、志望校対策にどこよりもこだわり、合格力を徹底的に極める質・量ともに抜群の学習システムを提供します。従来からの「過去問演習講座」に加え、AIを活用した「志望校別単元ジャンル演習講座」、「第一志望校対策演習講座」で合格力を飛躍的に高めます。東進が持つ大学受験に関するビッグデータをもとに、個別対応の演習プログラムを実現しました。限られた時間の中で、君の得点力を最大化します。

現役合格者の声

京都大学 法学部
山田 悠雅くん
神奈川県 私立 浅野高校卒

「過去問演習講座」には解説授業や添削指導があるので、とても復習がしやすかったです。「志望校別単元ジャンル演習講座」では、志望校の類似問題をたくさん演習できるので、これで力がついたと感じています。

大学受験に必須の演習

■過去問演習講座

1. 最大10年分の徹底演習
2. 厳正な採点、添削指導
3. 5日以内のスピード返却
4. 再添削指導で着実に得点力強化
5. 実力講師陣による解説授業

東進×AIでかてない志望校対策

■志望校別単元ジャンル演習講座

過去問演習講座の実施状況や、東進模試の結果など、東進で活用したすべての学習履歴をAIが総合的に分析。学習の優先順位をつけ、志望校別に「必勝必達演習セット」として十分な演習問題を提供します。問題は東進が分析した、大学入試問題の膨大なデータベースから提供されます。苦手を克服し、一人ひとりに適切な志望校対策を実現する日本初の学習システムです。

志望校合格に向けた最後の切り札

■第一志望校対策演習講座

第一志望校の総合演習に特化し、大学が求める解答力を身につけていきます。対応大学は校舎にお問い合わせください。

学力を伸ばす模試

本番を想定した「厳正実施」
統一実施日の「厳正実施」で、実際の入試と同じレベル・形式・試験範囲の「本番レベル」模試。
相対評価に加え、絶対評価で学力の伸びを具体的な点数で把握できます。

12大学のべ42回の「大学別模試」の実施
予備校界随一のラインアップで志望校に特化した"学力の精密検査"として活用できます(同日・直近日体験受験を含む)。

単元・ジャンル別の学力分析
対策すべき単元・ジャンルを一覧で明示。学習の優先順位がつけられます。

最短中5日で成績表返却
WEBでは最短中3日で成績を確認できます。※マーク型の模試のみ

合格指導解説授業
模試受験後に合格指導解説授業を実施。重要ポイントが手に取るようにわかります。

2023年度
東進模試 ラインアップ

共通テスト対策
- **共通テスト本番レベル模試** 全4回
- **全国統一高校生テスト**（全学年統一部門）（高2生部門）（高1生部門） 全2回

同日体験受験
- **共通テスト同日体験受験** 全1回

記述・難関大対策
- **早慶上理・難関国公立大模試** 全5回
- **全国有名国公私大模試** 全5回
- **医学部82大学判定テスト** 全2回

基礎学力チェック
- **高校レベル記述模試**（高2）（高1） 全2回
- **大学合格基礎力判定テスト** 全4回
- **全国統一中学生テスト**（全学年統一部門）（中2生部門）（中1生部門） 全2回
- **中学学力判定テスト**（中2生）（中1生） 全4回

※ 2023年度に実施予定の模試は、今後の状況により変更する場合があります。
最新の情報はホームページでご確認ください。

大学別対策
- **東大本番レベル模試** 全4回
- **高2東大本番レベル模試** 全4回
- **京大本番レベル模試** 全4回
- **北大本番レベル模試** 全2回
- **東北大本番レベル模試** 全2回
- **名大本番レベル模試** 全3回
- **阪大本番レベル模試** 全3回
- **九大本番レベル模試** 全3回
- **東工大本番レベル模試** 全2回
- **一橋大本番レベル模試** 全2回
- **神戸大本番レベル模試** 全2回
- **千葉大本番レベル模試** 全1回
- **広島大本番レベル模試** 全1回

同日体験受験
- **東大入試同日体験受験** 全1回
- **東北大入試同日体験受験** 全1回
- **名大入試同日体験受験** 全1回

直近日体験受験 各1回
- **京大入試直近日体験受験**
- **北大入試直近日体験受験**
- **阪大入試直近日体験受験**
- **九大入試直近日体験受験**
- **東工大入試直近日体験受験**
- **一橋大入試直近日体験受験**

2023年 東進現役合格実績
難関大グループ 現役合格 史上最高続出!

東大 現役合格 実績日本一 ※1 5年連続800名超！
現役生のみ！講習生を含みます！

※1 2022年の東大現役合格実績を公表している予備校の中で東進の853名が最大（2022年JDnet調べ）。

東大845名

文科一類	121名	理科一類	311名
文科二類	111名	理科二類	126名
文科三類	107名	理科三類	38名
		学校推薦	31名

現役合格者の36.9%が東進生！

東京大学 現役合格おめでとう!!

東進生現役占有率
845 / 2,284
36.9%

全現役合格者（前期＋推薦）に占める東進生の割合
2023年の東大全体の現役合格者は2,284名。東進の現役合格は845名。東進生の占有率は36.9%。現役合格者の2.8人に1人が東進生です。

学校推薦型選抜も東進！
東大31名 36.4%
現役推薦合格者の36.4%が東進生！

法学部	5名	薬学部	3名
経済学部	3名	医学部医学科の 75.0%が東進生！	
文学部	1名		
教養学部	2名	医学部医学科	3名
工学部	10名	医学部	
理学部	3名	健康総合科学科	1名
農学部	2名		

医学部も東進 日本一 ※2 の実績を更新!!

※2 2022年の国公立医・医現役合格実績を公表している予備校の中で東進の1,032名が最大（2022年JDnet調べ）

国公立医・医
1,064名
昨対 +32名

2023年の国公立医学部医学科全体の現役合格者は未公表のため、仮に昨年の現役合格者数（推定）を分母として東進生占有率を算出しました。東進生の占有率は29.4%。現役合格者の3.4人に1人が東進生です。

史上最高！
1,064名
1,032名
987名
'21 '22 '23
現役生のみ！講習生を含みます！

東進生現役占有率
29.4%

早慶 5,741名 昨対+63名 史上最高！
早稲田大	3,523名	慶應義塾大	2,218名

上理4,687名
昨対+394名
史上最高！
上智大	1,739名
東京理科大	2,948名

明青立法中
17,520名 昨対+492名
史上最高！
明治大	5,294名	中央大	2,905名
青山学院大	2,216名		
立教大	2,912名		
法政大	4,193名		

関関同立
13,655名 昨対+1,022名
史上最高！
関西学院大	2,861名
関西大	2,918名
同志社大	3,178名
立命館大	4,698名

私立医・医
727名 昨対+101名
史上最高！

日東駒専 10,945名
昨対+934名 史上最高！

産近甲龍 6,217名
昨対+132名 史上最高！

国公立大
17,154名 昨対+652名
史上最高！

旧七帝大 ＋東工大・一橋大・神戸大
4,703名 昨対+91名

東京大	845名
京都大	472名
北海道大	468名
東北大	417名
名古屋大	436名
大阪大	617名
九州大	507名
東京工業大	198名
一橋大	195名
神戸大	548名

史上最高！
4,703名
4,612名
4,366名
'21 '22 '23
現役生のみ！講習生を含みます！

国公立 総合・学校推薦型選抜も東進！

国公立医・医	旧七帝大 ＋東工大・一橋・神戸大
318名 昨対+16名	446名 昨対+31名

東京大	31名
京都大	16名
北海道大	13名
東北大	120名
名古屋大	92名
大阪大	59名
九州大	36名
東京工業大	7名
一橋大	—
神戸大	42名

史上最高！
318名
446名

ウェブサイトでもっと詳しく
東進　🔍 検索

2023年3月31日締切

付録 6

各大学の合格実績は、東進ネットワーク（東進ハイスクール、東進衛星予備校、早稲田塾）の現役生のみ、高3時在籍者のみの合同実績です。一人で複数合格した場合は、それぞれの合格者数に計上しています。

※2023年4月現在

●在職期間（通算日数）

1 東久邇宮 稔彦（ひがしくにのみや なるひこ）●皇族
●1945.8〜10 (54) 　降伏・占領へ

2 幣原 喜重郎（しではら きじゅうろう）●外務省
●1945.10〜46.5 (226)

政 憲法改正案 (松本案) 提出▶GHQ拒否 (1946.2)

3 吉田 茂（よしだ しげる）(第一次)●日本自由党
●1946.5〜47.5 (368) 　ワンマン宰相

政 経 2・1ゼネスト中止指令 (1947.1)
政 日本国憲法施行 (1947.5)

4 片山 哲（かたやま てつ）●日本社会党
●1947.5〜48.3 (292) 　初の社会党首班

5 芦田 均（あしだ ひとし）●民主党
●1948.3〜10 (220)

政 経 政令201号公布 (1948.7)▶公務員の争議権禁止
●昭和電工疑獄事件で内閣総辞職

6 吉田 茂（よしだ しげる）(第二〜五次)●民主自由党▶自由党
●1948.10〜54.12 (2,248)

政 極東国際軍事裁判判決 (1948.11.12)
政 朝鮮戦争勃発 (1950.6)▶経 朝鮮特需 (1950〜53)
政 対日講和条約 (サンフランシスコ講和条約) (1951.9)
　▶日米安全保障条約調印 (1951.9)
政 「バカヤロー解散」(1953.3)
政 自衛隊発足 (1954.7)

7 鳩山 一郎（はとやま いちろう）●日本民主党▶自由民主党
●1954.12〜56.12 (745) 　悲運の政治家

政 保守合同 (自由党＋日本民主党) で自由民主党 (自民党)
　結成 (1955.11)▶「55年体制」の始まり
政 日ソ共同宣言調印 (1956.10)
政 国際連合加盟 (1956.12)

8 石橋 湛山（いしばし たんざん）●自由民主党
●1956.12〜57.2 (65) 　短命内閣

●首相の病気により内閣総辞職

9 岸 信介（きし のぶすけ）●自由民主党
●1957.2〜60.7 (1,241) 　昭和の妖怪

政 新日米安全保障条約強行採決 (1960.5)▶安保闘争激化

10 池田 勇人（いけだ はやと）●自由民主党
●1960.7〜64.11 (1,575) 　所得倍増

経 「国民所得倍増計画」策定 (1960.12)

11 佐藤 栄作（さとう えいさく）●自由民主党
●1964.11〜72.7 (2,798) 　長期政権

政 日韓基本条約調印 (1965.6)▶日韓国交正常化
経 戦後初の赤字国債発行 (1965.11)
政 公害対策基本法公布 (1967.8)
政 小笠原返還協定調印 (1968.4)
政 沖縄返還協定調印 (1971.6)
　▶日本人初のノーベル平和賞受賞 (1974.10)

12 田中 角栄（たなか かくえい）●自由民主党
●1972.7〜74.12 (886) 　今太閤

経 『日本列島改造論』(1972.6)
政 日中共同声明発表 (1972.9)▶日中国交正常化
経 円の変動為替相場制移行 (1973.2)
政 経 石油危機 (1973.10) で「狂乱物価」に

13 三木 武夫（みき たけお）●自由民主党
●1974.12〜76.12 (747) 　クリーン三木

政 ロッキード事件表面化 (1976.2)

14 福田 赳夫（ふくだ たけお）●自由民主党
●1976.12〜78.12 (714)

政 日中平和友好条約調印 (1978.8)

15 大平 正芳（おおひら まさよし）●自由民主党
●1978.12〜80.6 (554)

政 経 第5回先進国首脳会議 (東京サミット) 開催 (1979.
政 福田派との党内抗争で内閣不信任案可決▶「ハプニング
　解散」による衆参同時選挙で自民党圧勝 (1980.6)

16 鈴木 善幸（すずき ぜんこう）●自由民主党
●1980.7〜82.11 (864)

政 参議院に拘束名簿式比例代表制導入 (1982.8)

17 中曽根 康弘（なかそね やすひろ）●自由民主党
●1982.11〜87.11 (1,806) 　戦後政治の総決算

政 経 三公社民営化
　▶NTT、JT発足 (1985.4)、JR発足 (1987.4)
経 男女雇用機会均等法公布 (1985.6.1)
政 戦後初の現職首相による靖国神社公式参拝 (1985.8)
政 防衛費がGNP1%枠を突破 (1986.12)

18 竹下 登（たけした のぼる）●自由民主党
●1987.11〜89.6 (576) 　消費税

政 昭和天皇逝去 (1989.1)▶「平成」に改元
経 消費税 (税率3%) 導入 (1989.4)
●リクルート事件で首相辞任 (1989.6)

19 宇野 宗佑（うの そうすけ）●自由民主党
●1989.6〜8 (69)

政 参議院選挙で自民党大敗 (1989.7)▶「ねじれ国会」